Volker Koop

Alfred Rosenberg
Der Wegbereiter des Holocaust

Eine Biographie

BÖHLAU VERLAG KÖLN WEIMAR WIEN

Bibliografische Information der Deutschen Nationalbibliothek:
Die Deutsche Nationalbibliothek verzeichnet diese Publikation in der
Deutschen Nationalbibliografie; detaillierte bibliografische Daten sind
im Internet über https://portal.dnb.de abrufbar.

Umschlagabbildung:
Hitler und Rosenberg, 1938, © akg-images/TT News Agency

© 2016 by Böhlau Verlag GmbH & Cie, Köln Weimar Wien
Ursulaplatz 1, D-50668 Köln, www.boehlau-verlag.com

Alle Rechte vorbehalten. Dieses Werk ist urheberrechtlich geschützt.
Jede Verwertung außerhalb der engen Grenzen des Urheberrechtsgesetzes
ist unzulässig.

Lektorat: Annalisa Viviani, München
Umschlaggestaltung: hawemannundmosch, Berlin
Satz und Datenkonvertierung: Reemers Publishing Services, Krefeld
Druck und Bindung: Finidr, Cesky Tesin
Gedruckt auf chlor- und säurefreiem Papier
Printed in the EU

ISBN 978-3-412-50549-3 | eISBN 978-3-412-50711-4

Inhalt

- 7 Einleitung
- 11 Rosenberg: Hüter der NS-Weltanschauung und geschmähter Intellektueller
- 91 Der Dogmatiker des Antisemitismus
- 121 Der »Beauftragte des Führers«
- 159 »Hohe Schule« und »Einsatzstab Reichsleiter Rosenberg«
- 195 Das lang ersehnte Ministeramt
- 261 Der Kampf gegen die Kirche
- 273 Personenkult um den »Hüter der Idee«
- 295 Unbeirrt bis in den Tod

Anhang

- 307 Abkürzungen
- 310 Anmerkungen
- 339 Personenregister
- 309 Zitierhinweis
- 336 Ausgewählte Literaturhinweise

Einleitung

Es fällt nicht leicht, das Wesen, die Bedeutung, den Einfluss Alfred Rosenbergs zu beschreiben. Theoretisch hätte er einer der mächtigsten Männer des NS-Regimes sein können: Er hatte die nationalsozialistische Weltanschauung zu bewahren und vor Feinden – von innen und außen – zu schützen. Er kontrollierte das gesamte Kulturleben, verfasste Lehrpläne, war Leiter des Außenpolitischen Amtes der NSDAP und wollte – nach dem Krieg – die »Hohe Schule« als führende NS-Akademie etablieren. Der Kunstraub in den meisten der von Deutschland besetzten Ländern trug seinen Stempel und seinen Namen: »Einsatzstab Reichsleiter Rosenberg«. Er war Hauptschriftleiter des zentralen Parteiorgans *Völkischer Beobachter* und schließlich – neben einer Reihe weiterer Ämter – Reichsminister für die besetzten Ostgebiete.

Vor allem aber war Rosenberg einer der striktesten Antisemiten. Der übrigen NS-Führungsriege intellektuell weit überlegen, lieferte er dem »Führer«, Himmler, Göring und deren Handlangern das geistige Rüstzeug für die »Ausrottung des Judentums«, mithin zum Mord an über sechs Millionen Juden.

Jedes einzelne Amt hätte ihm eine gewisse Machtstellung sichern können, wenn Hitler nicht einige Hindernisse eingebaut hätte. Egal, wie wohlklingend ein Titel war: mit wirklicher Macht war nicht ein einziges von ihnen ausgestattet. Stets musste Rosenberg sich die Kompetenzen, die ihm seiner Überzeugung nach zustanden, mit anderen teilen. Als er beispielsweise endlich das lang ersehnte Staatsamt erhielt und Reichsminister wurde, machte ihm Hitler deutlich, dass ihm zwar kein deutscher Minister und keine Parteidienststelle in seine Amtsführung »hineinreden« dürfe, erklärte aber gleichzeitig, dass Himmler selbstverständlich Sonderrechte genieße wie auch der Bevollmächtigte für den Vierjahresplan, Reichsmarschall Hermann Göring. Das musste zwangsläufig zu permanenten Konflikten mit diesen beiden, aber auch mit der übrigen Führungsriege führen.

Alfred Rosenberg lebte in einer Scheinwelt: In seinen Tagebuchnotizen brachte er in geradezu penetranter Weise immer wieder das Lob zu

Papier, das ihm Hitler bei verschiedenen Gelegenheiten zollte – oder gezollt haben sollte. Rosenberg rühmte sich stets des Vertrauens, das er bei Hitler genoss. Doch mit dieser Einschätzung stand er weitgehend allein. Die Realität sah entschieden anders aus und man fragt sich, warum Rosenberg in einem Tagebuch, das schließlich nicht zur Veröffentlichung, sondern für ihn allein bestimmt war, realitätsferne vermeintliche Äußerungen Hitlers zu Papier brachte.

Zweifellos fühlte sich Rosenberg den übrigen Mitgliedern der NS-Führung intellektuell weit überlegen, und er war es wohl auch. Hinzu kam, dass er sich lange Zeit der Gunst Hitlers tatsächlich sicher sein konnte. Er sonnte sich in den Erinnerungen an die gemeinsame »Kampfzeit« und leitete hieraus eine besonders tiefgehende Verbundenheit mit dem »Führer« ab. Dass er nach und nach Hitlers Vertrauen und Sympathien verlor, ja nicht einmal mehr Zugang zu ihm hatte, wollte er lange Zeit nicht wahrhaben. Mit seinen andauernden Beschwerden über seine Reichsleiter- oder Reichsministerkollegen wurde er allen anderen schlichtweg lästig – an erster Stelle Hitler, dem immer wieder von Rosenberg ausgelöste Streitfälle zur Entscheidung vorgelegt wurden. Rosenberg hatte über die Jahre mit nahezu jedem Reichsleiter oder Reichsminister im Streit gelegen. Als er es sich dann aber auch noch mit Reichsleiter Martin Bormann, dem »Sekretär des Führers« und allmächtigen Chef der Partei-Kanzlei der NSDAP, verdarb, stand Rosenberg endgültig allein da.

Dabei hat er die nationalsozialistische Ideologie maßgeblich mitgeprägt. Ihn lediglich als »Chefideologen« zu bezeichnen, wäre zu oberflächlich. Rosenberg hat entscheidend die nationalsozialistische Weltanschauung formuliert und verbreitet. Er war es, der sich den Antisemitismus auf die Fahnen geschrieben hat, der die »Ausrottung« des Judentums philosophisch begründen und die Forderung nach ihr zum Allgemeingut machen wollte. Desgleichen bekämpfte er die Kirche – die katholische zumal – und ließ sich als der »Hüter der Idee« feiern. Er machte Himmler und Höß, Eichmann und Mengele das Morden leicht, weil er den Juden jeden menschlichen Zug nahm und den Deutschen einhämmerte, sie seien allenfalls »Parasiten« oder »Schmarotzer«. Damit führt auch kein Weg an der Feststellung vorbei: Rosenberg war Täter. Er war ebenso schuldig wie ein KZ-Kommandant, der nur ausführte, was Rosenberg als unumgänglich begründet hatte.

Neuer Streit war mit jedem Amt, das Hitler Rosenberg verlieh, vorprogrammiert. Dietrich Otto, lange Zeit Hitlers Pressechef, beschrieb Hitlers »Regierungssystem« so: »Er [Hitler] hat während seiner Regierungszeit alle Klarheit der Führung aus der Staatsorganisation beseitigt und ein völlig undurchsichtiges Netz von Zuständigkeiten geschaffen. Mussolini hatte das Prinzip der ›Ablösung der Wache‹. Hitler bediente sich des Systems der Doppelbesetzung und der Kompetenzkonflikte. Er hat konsequent Doppelbesetzungen vorgenommen und sich überschneidende Führungsaufträge ohne jede Abgrenzung der Kompetenzen erteilt. Auf dem Gebiete der Kultur stritten Goebbels und Rosenberg, auf dem Gebiet der Kunst rivalisierten Göring und Goebbels. In der Kontrolle des deutschen Schrifttums arbeiteten Goebbels, Rosenberg und Bouhler gegeneinander. In der Parteiorganisation hatten Ley und Bormann beide den gleichen Aufgabenkreis, und in der Parteischulung waren es Rosenberg und Ley, die gegeneinander standen. Gab es hier die Parteiamtliche Prüfungskommission, gab es dort Rosenbergs Hauptamt Schrifttum.«[1]

Rosenberg erhielt Aufgaben von Hitler, die er einfach nicht erfüllen konnte. Als Beauftragter für die Überwachung der gesamten weltanschaulichen Erziehung der Bewegung hätte er in nahezu jeden Politik- und Lebensbereich eingreifen müssen, denn weltanschauliche Fragen wurden nahezu überall berührt.

Das Reichsministerium für die besetzten Ostgebiete war vom ersten Tag seiner Existenz an arbeitsunfähig und überflüssig. Sobald Rosenberg sich daranmachte, das Ministeramt zu versehen, musste er zwangsläufig den Verantwortungs- und Gestaltungsbereich anderer beschneiden, was diese sich natürlich nicht gefallen ließen. Doch abgesehen davon hatte sich Rosenberg ohnehin nach Kräften und überall unbeliebt gemacht. Er war von einer maßlosen Selbstüberschätzung geprägt und ließ andere durchaus wissen, wie gering er sie einschätzte. Dass diese sich revanchierten, liegt auf der Hand.

Jürgen Matthäus und Frank Bajohr haben in höchst verdienstvoller Weise 2015 die 2013 wieder aufgefundenen Tagebücher von Alfred Rosenberg herausgegeben und kommentiert,[2] die vom US-Ankläger Robert Kempner nach den Nürnberger Prozessen 1946 in die USA mitgenommen worden waren. Für jeden zeitgeschichtlich Interessierten sind diese Tagebücher von unschätzbarem Wert.

Von wohl kaum einem anderen Repräsentanten des NS-Regimes ist derart umfangreiches Material wie von Alfred Rosenberg überliefert. Führend ist hier seiner Aufgabe entsprechend das Bundesarchiv in Berlin-Lichterfelde. Unterlagen zu Rosenberg, insbesondere zu seiner Funktion als Reichsminister für die besetzten Ostgebiete, finden sich im ITS-Archiv in Bad Arolsen. Das Institut für Zeitgeschichte in München verfügt über einen enormen Rosenberg-Bestand und auch das Bayerische Staatsarchiv, ebenfalls in München, muss bei den Recherchen zu dem Baltendeutschen einbezogen werden.

Die Flut an Dokumenten, zu denen die Gerichtsakten des Nürnberger Militärtribunals hinzukommen, macht es nahezu unmöglich, die Person Rosenberg in einem noch vertretbaren Umfang darzustellen. Viele Aspekte seines Handelns und Denkens können daher auch in diesem Buch nur angedeutet und angerissen werden, manche bleiben gar völlig unerwähnt. Mir lag insbesondere daran, die Rolle Rosenbergs im Zusammenhang mit dem Antisemitismus und damit dem Massenmord an über sechs Millionen Juden aufzuzeigen. Rosenberg mag sich stets gefällig gegeben haben. An seiner Schuld ändert das nichts. Der amerikanische Ankläger Kempner hat einmal gesagt, die Nürnberger Prozesse hätten ein Jahr zu früh stattgefunden. Man habe kaum stichhaltige Akten besessen. Später hätte man ihn nicht mehr gehängt. Tatsache aber ist: Mit jedem Brief, mit jedem Dokument erwies sich, dass Rosenberger nicht nur Teil, sondern entscheidender Mitgestalter und Träger des Mordsystems war.

Rosenberg: Hüter der NS-Weltanschauung und geschmähter Intellektueller

Entscheidende Begegnungen in München

Alfred Rosenberg wurde am 12. Januar 1893 im damals zu Russland gehörenden Reval als Sohn des Direktors eines deutschen Handelshauses geboren. Früh habe er Houston Stewart Chamberlains *Grundlagen des 19. Jahrhunderts* gelesen, was ihn sein ganzes Leben nachhaltig beeinflusst habe, heißt es in den Biographien, soweit sie im »Dritten Reich« verfasst wurden.[1] Nachhaltig bedeutet in diesem Fall antisemitisch, denn Chamberlain, der zu dieser Zeit in Bayreuth lebte, gehörte zu den vehementesten Antisemiten und produzierte eine Fülle von Schriften, von denen viele eines gemeinsam hatten: den Hass auf das Judentum und seine Verunglimpfung. Derart schon frühzeitig indoktriniert, besuchte Rosenberg die Oberrealschule in Reval, machte 1910 sein Abitur und studierte anschließend an der Rigaer Technischen Hochschule Architektur und nebenher Malerei.[2] Angeblich liebte er es schon als Schüler, im alten hanseatischen Reval auf der Suche nach Motiven herumzustreifen, von denen es in den uralten Höfen und Kirchen, den Hanse-Häusern und den winkligen Straßen ausreichend gab. Rosenberg brauchte bei Ausbruch des Ersten Weltkriegs nicht russischer Soldat zu werden. Studenten, sofern sie 1914 nicht Reserveoffiziere waren, waren vom Kriegsdienst befreit. Als die Hochschule von Riga nach Moskau verlegt wurde, setzte Rosenberg sein Studium dort fort, das er mit dem Diplom 1. Grades mit dem Entwurf zu einem Krematorium abschloss. Zu seiner Frau Hilda, geb. Leesmann, die er 1915 geheiratet hatte,[3] zurückgekehrt, meldete sich Rosenberg bei der deutschen Kommandantur in Reval als Kriegsfreiwilliger, wurde aber zurückgewiesen. So verdingte er sich zunächst als Zeichenlehrer am Gustav-Adolf-Gymnasium und an der Ritter- und Domschule in Reval. Am 30. November 1918 hielt er in Reval einen ersten öffentlichen Vortrag, und zwar über »Die Judenfrage und der Bolschewismus«, bei dem auch eine größere Zahl deutscher Soldaten anwesend war. Noch am selben Abend verließ er mit

Rosenbergs Haus in Reval, aus: *Schriften und Reden. Bd. I: Schriften aus den Jahren 1917–1921.* München 1943, S. 53.

einem Militärtransport Reval, »in der festen Absicht, das in meinen Kräften Liegende zu tun, um das deutsche Volk über die zerstörenden Kräfte in seinem Lande aufzuklären« – womit er das Judentum meinte.⁴ In Berlin blieb Rosenberg nur kurze Zeit und reiste stattdessen nach München weiter.⁵ Diese Stadt schien ihm für die politische Betätigung, wie sie ihm vorschwebte, geeigneter als die Reichshauptstadt. Er schloss sich der rechtsextremen, judenfeindlichen Thule-Gesellschaft an, in der auch sein späterer Vorgesetzter Rudolf Heß und der nachmalige Generalgouverneur des von Deutschland besetzten Polen, Hans Frank, der »Schlächter von Krakau«, zu finden waren.

Wesentlichen Einfluss auf seinen weiteren Lebensweg hatte vor allem aber die Begegnung mit Dietrich Eckart. Der Publizist und Verleger, dem übrigens der Kampfbegriff vom »Dritten Reich« zu verdanken ist, war 1915 von Berlin nach München gezogen und bewegte sich dort in völkisch-nationalen, antijüdischen Kreisen. In seinen *Letzten Aufzeichnungen* erinnerte sich Rosenberg an das erste Zusammentreffen:

> Ich kam nach München, ohne einen Menschen zu kennen. Der Zufall brachte mich mit einer baltischen Dame zusammen, der ich von meinen Plänen berichtete.⁶ Sie teilte mir mit, dass sie einen Menschen kenne, der hier bereits einen ähnlichen Kampf begonnen habe, wie ich ihn vorhatte. Er gebe zu diesem Zweck eine kleine Kampfschrift heraus. Ich merkte mir Namen und Anschrift. Am nächsten Tage sprach ich bereits bei Dietrich Eckart vor; mich empfing ein bärbeißig und doch freundlich dreinschauender Mann mit charaktervollen Gesichtszügen und markantem Kopf. Er schob die Hornbrille auf die Stirn hinauf und sah mich forschend an. Ob ich etwas Schriftliches habe? Ich ließ ein Vortragsmanuskript und zwei Aufsätze bei ihm; bereits am nächsten Tage klingelte er bei mir an. Die Sachen gefielen ihm sehr, ich möchte nochmals zu ihm kommen. […] Seitdem waren wir fast täglich zusammen, und wenn die alte Schriftstellerfaulheit über ihn kam, dann musste ich oft mehrere Hefte seiner ›Wochenschrift‹ hintereinander schreiben.⁷

Rosenberg zeigte sich von seinem Gönner tief beeindruckt und schrieb: »Eckart bedeutete für mich Anschluss an München, mein Schicksal.«⁸

Manuskriptseite aus Rosenbergs Erste Aufzeichnungen, »Von Form und Formung im Kunstwerk«, 1918.

Im Herbst 1918 war Eckart einer der führenden Köpfe beim *Münchner Beobachter,* dem Organ der rechtsradikalen Thule-Gesellschaft und Vorläufer des *Völkischen Beobachter.* Ab Dezember 1918 gab er zudem die antisemitische Zeitschrift *Auf gut deutsch* heraus,[9] mit der er einen »Sturm der Wiedergeburt« entfesseln wollte. In der Münchener Druckerei M. Müller & Sohn ließ er im Dezember 1918 die ersten 25.000 Exemplare drucken.[10] Das Echo war relativ gering, doch meldeten sich einige wenige bei Eckart, so auch Rosenberg. Ein paar Nummern der Wochenschrift waren inzwischen erschienen, und schon bald wurden auch Rosenbergs Aufsätze abgedruckt. »Wenn später die in der ›Weltgeschichte‹ immer wiederkehrende Dichterfaulheit über Eckart kam und er sich für politische Arbeiten unfähig fühlte, dann habe ich zum großen Teil 1919 und 1920 oft lange hintereinander die ganzen Arbeiten dieser Eckart'schen Zeitschrift bestritten«, schrieb Rosenberg. Dazu ist bei der Historikerin Margarete Plewnia zu lesen:

> Eckart verteilte mit Rosenberg Flugblätter in den Straßen Münchens, und als den beiden Männern während der Rätezeit der Boden zu heiß wurde, lud der Ältere den Jüngeren ein, mit ihm und seiner Familie ins Isartal zu fliehen. Als die Arbeit an der Zeitschrift wieder aufgenommen werden konnte, wurde er Eckarts rechte Hand. [...] Eckart stellte ihn in seinem Blatt schon bald als »meinen Freund Rosenberg« vor. Als er die Schriftleitung des *Völkischen Beobachters* übernahm, zog Rosenberg mit ihm in die Redaktion ein.[11]

Im Dezember 1920 kaufte Hitler das Blatt für 120.000 Papiermark, das folglich Parteiorgan der NSDAP wurde. Die Hälfte des Geldes soll von der Reichswehr gekommen sein. Als der *Völkische Beobachter* am 9. November 1923 erstmals verboten wurde, zählte er bereits 30.000 Abonnenten.

Es ergeben sich hier Widersprüche zur Schilderung von Zeitgenossen, die das Verhältnis von Eckart zu Rosenberg völlig anders sahen. Ernst Franz Hanfstaengl – Sohn eines wohlhabenden Verlegers, zu dieser Zeit (noch) Hitler-Intimus, finanzieller Unterstützer und später Auslandspressechef der NSDAP – schrieb in seinen Erinnerungen:

> Als ich Dietrich Eckart eines Nachmittags im Eher-Verlag an der Thierschstr. besuchte, fand ich ihn an seinem Schreibtisch, dem Weinen nahe; ein Bild

echter Verzweiflung. »Herrgott, Hanfstaengl«, kam es aus ihm heraus, »was machen wir bloß mit dem Kerl, mit diesem Rosenberg! Das kann ja nicht gut gehen. Das ist ja ein Nationalbolschewist erster Sorte. Der Bursche hat ja nicht die geringste Vorstellung von den elementarsten Lebensfragen. Nur was ihn und seine Baltischen an entgangenen und neu erträumten Pfründen im Osten interessiert, hat in seinen Augen Bedeutung. Und ein solcher Ignorant, dazu noch mit seinem so schönen kerndeutschen Namen steht als Chefredakteur am Kopf unserer Zeitung.« Wie recht Eckart mit seiner Beurteilung Rosenbergs hatte, offenbarte nicht zuletzt das enge Vertrauensverhältnis, das den Extremisten Rosenberg mit dem damaligen Umbruchredakteur des *Völkischen Beobachters,* einem ungarischen Juden namens Holoszi (zu deutsch: Holländer) verband. So manchen Morgen konnte man die beiden am Fenster eines Caféhauses Ecke Brienner- und Augustenstraße sitzen sehen, zwei Charaktere, die einander wert waren – Wortführer eines borniertes pangermanischen Ariertums, von denen der eine mit Sicherheit kein Arier und der andere ebenso sicher kein Germane war. Als ich Hitler einmal auf dieses seltsame Zweigespann ansprach, bestritt er mit aller Entschiedenheit, dass Hollschi-Holländer Jude sei, obwohl dieser selbst keinen Hehl daraus machte, Sohn eines Rabbiners zu sein. Ein weiteres Kabinettstückchen antisemitischer Überzeugungstreue Rosenbergs sollte ich nach 1933 durch Rudi Diels erfahren: Der damalige Leiter der Geheimen Staatspolizei erzählte mir: »Was kann man schon von einem Charakterakrobaten halten, der sich nach außen hin als wütender Antisemit aufspielt und hinter der Schlafzimmertür ein Verhältnis mit der Tochter eines ehemals prominenten jüdischen Redakteurs unterhält. Und das Schönste daran: Schon zweimal hat Rosenberg sein Ehrenwort gegeben, dass er das Verhältnis lösen werde und ist mit ihr noch heute liiert, ohne dass Hitler eingreift.«[12]

»Es ist nicht meine Absicht, nachträglich eine Untersuchung über den Stammbaum von Alfred Rosenberg anzustellen«, schrieb Ernst Hanfstaengl scheinheilig in seinem Buch *Zwischen Braunem und Weißem Haus.* »Immerhin bleibt aber interessant, was der *Osservatore Romano* in seiner Ausgabe vom 25. September 1937 behauptet hat. Danach ist der Vater von Alfred Rosenberg nicht Baltendeutscher, sondern Lette gewesen, seine Mutter eine 1867 in Petersburg geborene Französin, während der Vater seiner Großmutter Mongole und die Großmutter seines Urgroßvaters Jüdin gewesen sein soll. Der Journalist Franz Szell aus

Kowno, der diese Angaben den Nachforschungen des Staatsarchivdirektors Otto Lüw in Reval verdankte, soll seinerzeit diese Stammbaum-Unterlagen zuerst Frick und später den geschworenen Rosenberg-Feinden Göring, Gürtner und Neurath zum Kauf angeboten haben. Ich weiß nicht, mit welchem Erfolg.«[13]

Ende November 1923 wurde die Münchener Räterepublik ausgerufen. Rosenberg beschrieb die Stimmung und ließ dabei seinem Judenhass freien Lauf:

> München war nun in diesen Tagen in höchster Aufregung, die stille Stadt kaum wiederzuerkennen, und plötzlich bevölkerte sich dieses bürgerliche und kleinbürgerliche Münchner Zentrum mit sonderbar dunklen Gestalten, die offenbar aus allen Spelunken auf einmal ins Zentrum geströmt waren. Auf dem Maximiliansplatz vor dem Schillerdenkmal hielt ein zerlumpter Jude eine Brandrede und verschiedene Verbrechertypen standen schützend um ihn herum.

Er genoss offensichtlich seine Rolle als Agitator. So versuchte er, einer größeren Menschenmenge klarzumachen,

> dass die Bayern wohl irrsinnig geworden sein müssen, um kampflos sich eine derartige jüdische Diktatur, die jetzt kommen wird, gefallen zu lassen. Ich erzählte ihnen von meinen Erlebnissen in Russland und im Baltikum, bis einer der Herren schließlich sagte: »Das müssen Sie doch einer größeren Menge erzählen«, und ich weiß nicht wie es gekommen ist, plötzlich stand ich auf der Umfassung der Mariensäule vor dem Rathaus. Rundherum eine vieltausendköpfige, dicht gedrängte Menge und schmetterte meine erste öffentliche Rede in die Welt.[14] – Ich erzählte den Münchenern von den Mordmethoden des Kommunismus, von der Tatsache, dass diese kommunistische Welle vom Judentum geführt wurde, um alle echte nationale Überlieferung auch in Deutschland zu zerstören und dass, wenn die Dinge in Deutschland so weitertrieben, wie es hier den Anschein hat, eine furchtbare Zeit auch über Bayern hereinbrechen würde.[15]

Rosenberg bezeichnete es als ein »schicksalhaftes Zusammentreffen«, dass am Ende seiner Rede ein Auto durch eine Menschengasse hindurchfuhr und daraus vierseitige grüne Flugblätter mit einem

Sensenmann auf der Titelseite geworfen wurden. Es handelte sich um einen Aufruf »antisemitischer Art schärfster Natur, der sich in erbittertster Weise gegen die Judenherrschaft über Deutschland« wandte. Verantwortlich war die Thule-Gesellschaft, und der Text stammte von Franz Danehl, Musiker und Komponist und später »treuer Parteigenosse«.

Durch Eckart erfuhr Rosenberg von Hitler und beschloss, ihn kennenzulernen.[16] Er müsse lügen, wolle er behaupten, er »sei von ihm überwältigt worden, als bedingungsloser Anhänger, wie so viele erklärten, als ihm schon Leistung und Name vorausgingen«. Man habe eine nicht sehr ausführliche Unterhaltung über die bolschewistische Gefahr in dieser aufgewühlten Lage gehabt. Das brachte Rosenberg in seinen *Letzten Erinnerungen* nach Zusammenbruch des NS-Regimes zu Papier.[17] Bis dahin hatte es sich anders gelesen. Denn da sprach Rosenberg im Zusammenhang mit dem Treffen mit Hitler stets von einer »instinktmäßigen und geistigen Übereinstimmung, ein Phänomen der ganzen nationalsozialistischen Bewegung«. Fast die gesamten Jahre 1919–1923 habe er sich der nationalsozialistischen Bewegung gewidmet, eine Zeit, in der eine kleine Gruppe Menschen den »fanatischen Entschluss fasste, Deutschland zu befreien«.

Rosenberg war nun über lange Zeit einer der engsten Inspiratoren und Mitarbeiter Hitlers oder, wie es in einer zeitgenössischen Vita schwärmerisch hieß, »einer seiner treuesten Gefolgsmänner, der die Weltanschauung des Nationalsozialismus verbreiten, geistig vertiefen, begründen und genial deuten half«. Mit der Mitgliedsnummer 625 trat Rosenberg in die Deutsche Arbeiterpartei ein. Dabei ist zu berücksichtigen, dass die Nummerierung der Mitglieder erst bei 500 begann, um eine größere Mitgliedschaft zu suggerieren. Nach der Neugründung der Partei erhielt Rosenberg die noch niedrigere Mitgliedsnummer 18. Umso erstaunlicher ist es übrigens, dass Rosenberg später keinerlei Parteiauszeichnung bekam, vor allem nicht das »Goldene Parteiabzeichen« oder den sogenannten »Blutorden«, auf welche die führenden NS-Funktionäre so großen Wert legten. Er musste sich mit der »Coburg-Medaille« bescheiden. Am »Deutschen Tag« im Oktober 1922 war Hitler mit rund 650 bewaffneten SA-Leuten durch Coburg marschiert, wobei es zu Straßenschlachten mit Nazi-Gegnern kam. Zu den Teilnehmern auf Hitlers Seite gehörte auch Rosenberg.

Mitwirkung am NSDAP-Parteiprogramm

Wesentlichen Anteil hatte Rosenberg an der Formulierung des ersten NSDAP-Parteiprogramms. »Wesen, Grundsätze und Ziele der Nationalsozialistischen Deutschen Arbeiterpartei. Das Programm der Bewegung« war das Papier aus dem Jahr 1922 überschrieben. Rosenberg veröffentlichte es in der Sammlung seiner *Schriften aus den Jahren 1921–1923* im Wortlaut noch einmal, da es, so in der Vorbemerkung, »eines der wichtigsten Zeugnisse aus der Frühzeit der Bewegung darstellte«.[18]

Unmissverständlich war über die Partei, ihre Ausrichtung und ihre Aufgaben dort zu lesen:

> National [später mit dem Zusatz: nationalistisch] ist sie mit der ganzen Inbrunst uralten, nur verschütteten Wesens; sozialistisch in der Erkenntnis, dass dem Miterschaffer, Miterbauer eines Staates nicht, bestenfalls ein soziales Almosen zugeworfen werden darf, sondern dass der Staat als solcher die Pflicht hat, die Oberaufsicht über alles das zu führen, was alle seine Angehörigen bedürfen.
>
> In der weiteren Erkenntnis, dass dies alles nicht zu verwirklichen ist, ehe nicht der Bazillus unschädlich gemacht worden ist, der unser Blut und unsere Seele vergiftet: dem Juden und dem aus ihm geborenen jüdischen Geist mit seinen Anhängern aus dem deutschen Lager, wurde der rücksichtslose Kampf ohne Konzessionen gegen diese Verführer des deutschen Volkes aufgenommen. Und das heißt zugleich: Kampf aller geistig und körperlich Arbeitenden gegen die Drohnen und Parasiten.
>
> [...]
>
> Er [der Nationalsozialismus] erkennt, dass die einzelnen Stämme des deutschen Sprachgebietes zwar verschiedenen, aber unter sich nah verwandten Rassen angehören, dass manche Vermischungen unter diesen Stammesgenossen neue lebenskräftige Bildungen, u.a. den vielgestaltigen und doch einen deutschen Menschen, hervorgebracht haben, dass aber eine Vermischung mit der ihrem ganzen geistigen und körperlichen Bau grundverschiedenen und feindlichen jüdischen Gegenrasse nur Bastardisierung zur Folge gehabt hat.
>
> Deshalb fordert der Nationalsozialismus als grundsätzlichen 4. Punkt:
>
> Staatsbürger kann nur sein, wer Volksgenosse ist. Volksgenosse kann nur sein, wer deutschen Blutes ist, ohne Rücksicht auf Konfessionen. Kein Jude kann daher Volksgenosse sein.

5. Aus diesem Grundsatz ergibt sich natürlicherweise die Auffassung, dass der Jude – soweit er sich überhaupt in Deutschland aufhalten darf – sich als Gast anzusehen hat und demgemäß unter Fremdengesetz zu stellen ist gleich den Angehörigen fremder Völker, Staaten und Rassen. Deshalb lautet der 5. Punkt:
»Wer nicht Staatsbürger ist, soll nur als Gast in Deutschland leben können und muss unter Fremdengesetzgebung stehen.«
[...]
11. Punkt: Weil die feindliche politische Macht ganz überwiegend von verbündeten Börsen- und Revolutionsjuden ausgeübt wird, sind die Nationalsozialisten die schärfsten Antisemiten, sowohl aus der innersten Überzeugung, dass der Jude tatsächlich den »plastischen Dämon des Verfalls der Menschheit« darstellt, als auch aus der unerträglichen Tatsache heraus, dass ein schmarotzendes Wüstenvolk unser Schicksal zu bestimmen in der Lage ist.[19]

Verlangt wurde deshalb auch, die »volksausbeutenden Hebräerbanken« zu »säkularisieren«, also die Besitzer zu enteignen und das Bankenwesen zu verstaatlichen.

Was die NSDAP und ganz besonders Rosenberg hinsichtlich der Staatsangehörigkeit schon in diesem ersten Parteiprogramm anstrebten, setzte Hitler in dem Reichsbürgergesetz vom 15. September 1935 um. Denn dort hieß es in § 2:

(1) Reichsbürger ist nur der Staatsangehörige deutschen oder artverwandten Blutes, der durch sein Verhalten beweist, dass er gewillt und geeignet ist, in Treue dem deutschen Volk und Reich zu dienen.[20]

Man musste nicht Hitlers *Mein Kampf* gelesen haben, um die Richtung zu erkennen, die Deutschland unter den Nationalsozialisten einschlagen würde. Ein Blick in das NSDAP-Parteiprogramm oder in den *Völkischen Beobachter* hätte gereicht, um die Katastrophe zu erahnen, die sich nun anbahnte.

Der *Völkische Beobachter* – Rosenbergs Sprachrohr

Ein wichtiges Instrument für die Verbreitung seiner Ideologie, seiner Weltanschauung, war für Rosenberg der *Völkische Beobachter*. In Rosenbergs Sammelband *Kampf um die Macht* wurde die Aufgabe dieser Zeitung wie folgt beschrieben:

> Die Rolle, die der *Völkische Beobachter* in der Entwicklung der NSDAP gespielt hat, kann kaum überschätzt werden. Jahrelang, vor allem zu Beginn der Kampfzeit, ehe der Rednerapparat groß ausgebaut war, bildete er die einzige Verbindung zu der Zentrale in München. Durch ihn hat der Führer wieder und wieder seine Manifeste herausgegeben. Er überwachte und verkündete nicht nur die politischen, sondern auch die wirtschaftlichen, kulturellen und anderen Ideen der nationalsozialistischen Bewegung. Die Umänderung des Blattes von einer Wochenzeitung in eine Tageszeitung bedeutete damals für den Kampf der Bewegung etwas Außerordentliches und das erklärt die nachfolgenden Ausführungen, die Alfred Rosenberg im Zusammenhang mit dem Ausbau der Zeitung im großen Weltformat veröffentlichte. Dank der Verlagsleitung von Max Amann und der Hauptschriftleitung von Alfred Rosenberg ist dann der *Völkische Beobachter* nach der Machtübernahme zur ersten Zeitung Deutschlands und auch zum offiziellen Regierungsorgan geworden.[21]

Das Blatt steigerte seine Auflage zwischen Jahresbeginn 1921 und Herbst 1923 auf ca. 25.000 Exemplare und erschien seit dem 8. Februar 1923 als Tageszeitung.[22] Zwischenzeitlich, nach dem Verbot der NSDAP infolge des Hitler-Putsches im November 1923, musste auch der *Völkische Beobachter* sein Erscheinen bis zur Neugründung der Partei am 26. Februar 1925 einstellen. Bis 1931 stieg die Auflage dann kontinuierlich auf 120.000 Exemplare. Nach der Machtergreifung der Nationalsozialisten erfolgte eine rapide Auflagensteigerung von rund 336.500 Exemplaren 1934 auf etwa 1,7 Millionen 1944.

Diese Entwicklung dürfte jedoch keinesfalls auf Rosenberg zurückzuführen sein, denn beim *Völkischen Beobachter* handelte es sich mehr oder weniger um eine »Pflichtlektüre«, die jeder Nationalsozialist – und jeder Opportunist – beziehen musste. Die Qualität der Berichte ließ – wie bei fast jeder Parteizeitung – zu wünschen übrig. Beispielsweise notierte Rosenbergs damaliger Intimfeind Ernst Hanfstaengl, der *Völkische Beobachter* habe sich unter Rosenbergs Leitung nicht – wie erhofft – »zu einem interessanten Nachrichtenträger für ein breites Publikum« entwickelt, sondern vielmehr seine Leser nur noch mit dessen »Litaneien angeödet«.[23] Er sei – so Hanfstaengl weiter – regelmäßig in der Redaktion des *Völkischen Beobachters* gewesen, um »Rosenberg und seine Mitarbeiter zu einer etwas lesbareren Gestaltung des Blattes zu überreden«, sei aber nicht auf viel Gegenliebe gestoßen. Rosenberg habe nur Interesse für Nachrichten und Artikel gehabt, »die in hetzerischer Form seine antiklerikalen, antisemitischen und antibolschewistischen Vorurteile bestätigten«. Der Wahrheitsgehalt habe dabei keine große Rolle gespielt.

Die Tätigkeit Rosenbergs für den *Völkischen Beobachter* war am 4. April 1925 in München in Vertragsform gegossen worden.[24] Das Blatt wurde dabei durch den Geschäftsführer Max Amann vertreten. Demnach war Rosenberg verpflichtet, »die Hauptschriftleitung [Chefredaktion] unserer Tageszeitung nach den Anweisungen des als Herausgeber zeichnenden Herrn Adolf Hitler zu führen«. Ihm unterstanden alle Redakteure. Sollte, was häufig genug geschah, der Zeitung Schaden durch Artikel entstehen, trug hierfür in erster Linie der Hauptschriftleiter, dann der zuständige Redakteur die volle Verantwortung. »Ein Anspruch auf Ersatz der Prozesskosten oder gar etwaiger Strafen besteht in keinem Falle.« Der Verlag war nur in Ausnahmefällen bereit, Prozessbeihilfe zu gewähren, »wenn zu allenfälligen Prozessen führende Artikel unter genauer Bezeichnung des Beweismaterials für im Artikel enthaltene Behauptungen in einwandfreier Weise dem Herausgeber vor Abdruck vorgelegt werden«. Der Hinweis auf die Prozesskosten war durchaus begründet. Die Strafen, zu denen Rosenberg insbesondere wegen Beleidigung verurteilt wurde, gingen in die Tausende. Außerdem wurde er zweimal zu Gefängnisstrafen verurteilt, 1921 zu einer Woche, 1926 zu einem Monat, die er im Gefängnis Stadelheim in München absaß. Am 26. Oktober 1926 wurde der Vertrag um den Passus ergänzt, dass Rosenberg nur mit Zustimmung Amanns einer redaktionellen oder journalistischen Tätigkeit außerhalb des Dienstverhältnisses nachgehen durfte.[25]

Erwähnenswert ist, dass im Jahr 1925 zum ersten Mal auch die *Nationalsozialistischen Briefe,* erschienen, die vom Rosenberg-Gegenspieler

Joseph Goebbels redigiert wurden. Der deutsch-jüdische Schriftsteller Curt Riess, der sich engagiert gegen den Nationalsozialismus wandte, bemerkte dazu, dass es kaum einen Unterschied in der Sprache zwischen Goebbels und den Kommunisten gegeben habe: »Die Münchener Parteigrößen wurden nervös. Das war die Clique um Max Amann, den Verleger des *Völkischen Beobachters,* Alfred Rosenberg, seinen Chefredakteur, Gottfried Feder, Hitlers volkswirtschaftlichen Berater.«[26]

Jahre später äußerte sich Hitler während seiner »Tischgespräche« zu den Anfangsjahren des *Völkischen Beobachters.* Er schrieb Verlagsdirektor Amann das Verdienst am Wachstum des Blattes zu und nicht Rosenberg. Hitlers Stenograf Henry Picker hielt dazu fest: »Nach dem Abendessen erzählte der Chef von dem Geheimnis des Ausbaues des *Völkischen Beobachters* von einer kleinen Zeitung mit einigen 1000 Abonnenten zu einem Millionenunternehmen. Das Verdienst dieses Auf- und Ausbaues gebühre in erster Linie Reichsleiter Amann.« Dieser habe ihm oft von der günstigen Entwicklung der Finanzlage des *Völkischen Beobachters* mit dem ausdrücklichen Hinweis berichtet, Rosenberg und die übrigen Redaktionsmitglieder davon nicht zu verständigen, »da dann doch nur höhere Honorare von ihm erpresst würden«.[27] Pickers Darstellungen sind glaubwürdig. Nachdem er 1940/41 beim Stab des Stellvertreters des Führers in München gewesen war, kam er von März bis Juli 1942 als Oberregierungsrat und juristischer Mitarbeiter Hitlers ins Führerhauptquartier. In Vertretung von Heinrich Heim, SS-Standartenführer und eigentlich Adjutant von Martin Bormann, hatte er Hitlers Tischgespräche zu protokollieren.

Vom Zeitpunkt des Parteiverbots der NSDAP, von dem an auch der *Völkische Beobachter* nicht mehr erscheinen durfte, gab Rosenberg ab 1924 das Blatt *Der Weltkampf. Monatsschrift für Weltpolitik, völkische Kultur und die Judenfrage aller Länder* heraus. Bis zur Gründung der *Nationalsozialistischen Monatshefte* im Jahr 1930 führte er dort »den Kampf gegen die überstaatlichen Mächte« – also Bolschewismus und Judentum.[28] Jahrelang habe der *Der Weltkampf* die geistige Materialsammlung für diejenigen gebildet, »die die Bewegung in allen deutschen Gauen zum Siege führten«, hieß es in Alfred Baeumlers Einleitung zu Rosenbergs *Schriften aus den Jahren 1917–1921.* Bäumler war erst Amts-, später Dienstleiter des »Amtes Wissenschaft« des »Beauftragten des Führers für die Überwachung der geistigen Schulung und

Erziehung der NSDAP«. Als Verbindungsmann Rosenbergs zu den Universitäten war er vor allem für »die Beurteilung der zu berufenden Geisteswissenschaftler an Universitäten« zuständig. Verleger des *Weltkampfes* war Ernst Boepple, der zu den Mitbegründern der Deutschen Arbeiterpartei, der Vorläuferin der NSDAP, gehörte. Er musste mit dem arroganten Rosenberg manchen Strauß ausfechten, wie das folgende Schreiben zeigt:

> Sie wissen selbst, wie ich mich abgerauft habe, um den *Weltkampf* durchzuhalten, während Sie kühl lächelnd mir zusahen. Erwähnt soll gar nicht werden, welche Summen der Verlag in den *Weltkampf* gesteckt hat. Nicht zum Wenigsten fallen darunter Ihre Bezüge, die wahrlich vom Dezember bis Mai mit Mk. 500.- pro Monat nicht klein waren und die riesengroß im Verhältnis mit den anderen Ausgaben des Verlages waren. Des Weiteren möchte ich Sie daran erinnern, dass Sie bis zu der katastrophalen Lage im Sommer aufs Reichlichste von mir bevorschusst wurden und dass ich vollstes Verständnis für Ihre Geldbedürfnisse hatte. Dass Sie als Dank dafür mir die Gurgel zudrücken wollen, kann ich von Ihnen nicht verstehen.
>
> Ihr »freundschaftlicher Vorschlag«, meine geschäftliche Reise nach Berlin aufzuschieben und das dafür zurückgelegte Geld Ihnen auszuhändigen, nötigt mir ein verständnisloses Kopfschütteln ab. Ich mache doch diese Reise um den *Weltkampf* zum Verdienen zu bringen und ganz gewiss nicht, um mich in Berlin zu amüsieren. Würde es sich um meine persönlichen Dinge handeln, so würde ich Ihnen gegenüber selbstverständlich zurücktreten, aber für diese Notwendigkeiten des Geschäftes scheint Ihnen das Verständnis zu fehlen.
>
> Selbstverständlich bekommen Sie Ihre Arbeitskraft bezahlt, dafür hafte ich ja mit meiner ganzen Existenz und mit meinem Vermögen, wenn ich auch nicht verstehen kann, dass die Arbeit für den *Weltkampf* Sie in einem derart großen Umfang an Ihren anderen Arbeiten hindert, wie Sie es darstellen.
>
> Ich nehme also an, dass Sie im Hinblick auf das kommende Wintergeschäft hin zur Einsicht kommen und Geduld haben. Immerhin ist es für Sie angenehmer, auf das für Sie nicht schwer zu verdienende Honorar des *Weltkampfes* zu warten, anstelle eines völligen Ausfalles dieses Postens.[29]

Vorausgegangen waren Beschwerden und Forderungen Rosenbergs, mit denen sich Boepple keinesfalls einverstanden zeigen konnte: »Über die Höhe Ihres Guthabens scheinen Sie übrigens in einem kleinen Irrtum zu sein: Laut unseren Buchungen haben Sie seit Juli Mk. 422,35 erhalten, oder wurden für Sie ausgelegt. Des Weiteren wurden Ihnen am 8. Juli 1924 für Ihre Gerichtsschulden 120 Dollars = Mk. 504,- freundschaftlich, d.h. zins- und provisionsfrei zur Verfügung gestellt. Außerdem musste ich bei Herrn Ingenieur Pietsch für Dollar 100,-, die er Ihnen durch mich geliehen hat, gutstehen, die mir nun ebenfalls belastet sind. Sie haben bekommen Mk. 1600,-. Sie sehen also, dass der Saldo zu Ihren Gunsten nur noch G.Mk. 253,65 beträgt.«[30]

Die Antwort Rosenbergs an Boepple ließ nicht lange auf sich warten: Er habe keinesfalls »kühl lächelnd« zugeschaut, sondern alles getan, die gemeinsame Sache voranzubringen. Aber er habe in steigendem Maß das Gefühl gehabt, »von Ihnen nur als unbequemer Bettelnder angesehen zu werden«. Das Verhalten Boepples in den letzten Monaten habe ihn »sehr verstimmt«, schloss Rosenberg in der für ihn so kennzeichnenden arroganten Art.[31] *Der Weltkampf* wurde übrigens später vom Verlag der »Hohen Schule« erworben und in den Dienst von Rosenbergs »Institut zur Erforschung der Judenfrage« gestellt.

Randfigur beim Hitler-Putsch

Keine entscheidende Rolle sollte für Rosenberg der 8./9. November 1923, der missglückte Hitler-Putsch, spielen, auch wenn er seine Teilnahme daran in den folgenden Jahren und in allen Lebensläufen heroisierte. Er habe am Abend des 8. November 1923 »Hitler mit der Pistole in der Hand zum Podium des Bürgerbräukellers« begleitet, hieß es – nicht nur – bei Alfred Baeumler.[32] Doch bei dieser Darstellung handelte es sich eher um eine Glorifizierung in der Zeit des NS-Regimes, denn um eine Tatsachenbeschreibung. Um die Rolle Rosenbergs während des Putschversuchs ging es der Münchener Staatsanwaltschaft zum Beispiel bei der Vernehmung von Julius Streicher, dem Herausgeber des antisemitischen Hetzblattes *Der Stürmer*. Der Lehrer aus Nürnberg gab an, am 8. November 1923 telefonisch nach München bestellt worden zu sein.[33] Dort sei er zum Büro des *Völkischen Beobachters* gefahren, um sich zu erkundigen, wo er als Parteiredner auftreten solle. Er fragte einen

Wachhabenden, »ob Herr Hitler, Herr Rosenberg oder sonst jemand Verantwortlicher« irgendwo zu sprechen sei. Zur Antwort erhielt er den Hinweis, alle Redner, die in das Büro kämen, sollten in den Bürgerbräukeller fahren, dort gebe es eine große vaterländische Versammlung. Er habe von Hitler den Auftrag erhalten, die Bevölkerung über die neuen Verhältnisse zu informieren. Begeistert für die neue Sache, sei er mit einem mit SA-Leuten besetzten Lkw durch München gefahren. Überall hätten die Menschen gejubelt.

Hier sei noch einmal Ernst Hanfstaengl zitiert.[34] Er gab an, am 1. und 2. November dabei gewesen zu sein, als Hitler, Erich Ludendorff und der Deutschbalte – der beim Putsch umgekommene Diplomat Max Erwin von Scheubner-Richter – den Umsturz vorbereitet hätten. Kaum habe er an jenem Tag die Redaktionsräume des *Völkischen Beobachters* betreten, als ihm Rosenberg, offenbar in der Annahme, er zähle bereits zu den Eingeweihten, geheimnisvoll verkündet habe: »Wir bringen gerade die Proklamationen heraus!« Auf die Frage, was denn los sei, habe Rosenberg ihm in verschwörerischem Ton zugeraunt, in den nächsten Tagen beginne ein neues Kapitel, und »da heißt es – bereit sein«! Am »Tag X«, also am 8. November, habe Hitler das Zimmer betreten und erklärt: »Der Moment zum Handeln ist gekommen. Was das heißt, wissen Sie selbst. Doch darüber zu keiner lebenden Seele ein einziges Wort. Sie, Parteigenosse Rosenberg und Sie, Herr Hanfstaengl, gehören heute Abend zu meiner unmittelbaren Begleitung. Treffpunkt um 7 Uhr vor dem Bürgerbräukeller: Und vergessen Sie Ihre Pistolen nicht!« Bekanntermaßen scheiterte der Putschversuch, und alles sei ratlos und deprimiert gewesen.[35] Rosenberg habe der allgemeinen Stimmung mit den Worten Ausdruck gegeben: »Die ganze Sache ist verloren.« Bevor Hitler verhaftet wurde, habe er gerade noch Zeit für das Verfassen eines Testaments gehabt.[36] Darin wurde Rosenberg zum Parteivorsitzenden und Max Amann zu seinem Stellvertreter bestimmt, während Hermann Esser und Julius Streicher als weitere Mitglieder eines Quadrumvirats[37] genannt wurden.

Hanfstaengls Aussagen hatten in der Münchener Staatsanwaltschaft die Vermutung aufkommen lassen, Rosenberg könnte von Hitlers Putschplänen schon vorher gewusst haben. Zu seiner Beteiligung am »Umsturzversuch vom 8. und 9. Nov. 1923 unter Hinweis auf die Angaben des Ernst Hanfstängl [sic]« wurde er am 6. Juni 1924 befragt. In der ersten Hälfte des Dezembers 1918 sei er nach München gekommen, gab

Rosenberg an, habe zunächst an der Zeitschrift *Deutschlands Erneuerung* mitgearbeitet und sei dann ständiger Mitarbeiter der Wochenschrift *Auf gut deutsch* von Dietrich Eckart geworden. Außerdem habe er für »nationale Zeitungen und eine Reihe von größeren Schriften antibolschewistischer, völkischer Tendenz« geschrieben. Später habe er am *Völkischen Beobachter* und an der *Aufbaukorrespondenz über Ostfragen* mitgearbeitet. Durch Eckart habe er Anton Drexler und über diesen dann Hitler kennengelernt. Bei Sektionsversammlungen der NSDAP habe er mehrfach über Marxismus und seine Auswirkungen, über den Freimaurerorden und über die Judenfrage gesprochen: »Ich sah meine Aufgabe in der theoretischen Vertiefung des nat. soz. Gedankens und in der schriftstellerischen Verfechtung der völkischen Staatsauffassung.« Mitglied der Ortsgruppe München sei er 1920 geworden. Bayerischer Staatsbürger sei er seit dem 19. Februar 1923.

Zum Umsturzversuch selbst erklärte Rosenberg dann – anders als Hanfstaengl behauptet hatte –, er habe von den Vorbereitungen keine Kenntnis gehabt und auch nie an Besprechungen Hitlers mit führenden Kräften des »Kampfbundes« dazu teilgenommen. Gegen Mittag des 8. November sei Hitler in die Hauptschriftleitung gekommen und habe gefragt, ob er, Rosenberg, zum Vortrag von Generalstaatskommissar Gustav von Kahr am selben Abend im Bürgerbräukeller komme. Vermutlich würden dort programmatische Erklärungen abgegeben. Ferner fragte Hitler, ob sich eventuell eine Sondernummer des *Völkischen Beobachters* am 9. November ermöglichen ließe. Rosenberg erklärte, dies sei schon mehrfach der Fall gewesen und dem stehe sicher nichts im Wege. Er habe angenommen, dass Hitler Kahrs Erklärungen eine so große Bedeutung beimesse, dass er sofort dazu Stellung nehmen wolle. Am Nachmittag sei Hitler nochmals in die Schriftleitung gekommen und in das Zimmer des Oberkommandos der NS-Sturmabteilung gegangen. Nach einiger Zeit hätten »die Herren«, unter ihnen Hermann Göring und Wilhelm Brückner, das Haus verlassen. Hitler sei zu ihm ins Zimmer gekommen, habe gefragt, ob er nicht bald zum Vortrag gehen würde, und angeordnet, dass Rosenberg mit ihm im Auto fahre: »Hitler setzte sich darauf neben den Chauffeur, neben mir saß Herr [Ulrich] Graf. In dieser Besetzung des Autos fuhren wir zum Bürgerbräukeller.« Dort habe man sich ungefähr zehn Minuten den Vortrag von Kahr angehört, bis Hitler, der unter den Säulen des Bürgerbräukellers an der Eingangstür stand, sagte: »Nun geht's los.« Einen Augenblick später öffneten sich plötzlich die Türen, und Bewaffnete drangen in den Saal. Rosenberg weiter:

> Hitler zog eine Pistole aus der Tasche und schritt plötzlich vorwärts. Im entstehenden Gedränge schritt ich in seiner Nähe und stand während der späteren Ereignisse in der Nähe des Podiums. Ich war an jenem Abend in Zivilkleidung. Der nat.soz. Sturmabteilung gehörte ich nicht an. An den Unterhandlungen habe ich auch später nicht teilgenommen, sondern stand längere Zeit im Garderobenraum des Bürgerbräukellers und habe mich über die Ereignisse mit einigen bekannten ausländischen Journalisten unterhalten, u.a. längere Zeit mit Herrn Börndson [sic] aus Stockholm, Korrespondent des Afton Bladet.
> [...]
> Während meines Aufenthalts im Vorraum des Bürgerbräukellers sah ich, wie die Mitglieder der bayerischen Regierung in Begleitung von Offizieren oder Angehörigen des nat.soz. Stoßtrupps verhaftet und aus dem Saal geführt wurden. Ich erkundigte mich nach einem Herrn, worauf mir gesagt wurde, dass dies der Minister Gürtner sei. Letzteren kannte ich vorher nicht. Minister Schweyer glaubte ich aufgrund der Photographie zu erkennen. Hitler ging neben dem Ministerpräsidenten von Knilling, und im Vorübergehen hörte ich, dass Hitler von Knilling sein Bedauern aussprach, ihm dies antun zu müssen, worauf sich beide die Hand gaben.[38]

Des Weiteren gab Rosenberg mehrere Gedächtnislücken an, konnte sich dann aber daran erinnern, dass nach längerer Zeit von Scheubner-Richter aus dem Verhandlungsraum kam, ihm Manuskripte gab und erklärte, »die hier enthaltenen Proklamationen müssen am nächsten Tag im *Völkischen Beobachter* erscheinen«. Nach einiger Zeit verließ Rosenberg den Bürgerbräukeller und fuhr in die Schriftleitung: »Hitler habe ich vorher ganz flüchtig gesprochen, hierbei hat er mir nichts Wesentliches mitgeteilt.« Kein Wort also davon, dass Rosenberg Seite an Seite mit Hitler den Umsturz versucht hatte!

In der Redaktion des *Völkischen Beobachters* brachte Rosenberg das Erlebte zu Papier und bat einen Kollegen, einen kurzen Leitartikel zu verfassen:

> Wir besprachen dann noch den Text der großen Überschriften, worauf ich mich auf kurze Zeit nach Hause begab. Ich konnte aber nicht sehr lange

schlafen und war schon am frühen Morgen wieder in der Schriftleitung. Ich sah die ersten eingelaufenen Telegramme durch und fuhr dann sofort ins Bürgerbräu, wo ich eine sehr niedergedrückte Stimmung fand. Nachdem ich mir hatte erzählen lassen, dass man leider befürchten müsse, dass der Gen. Staatskommissar sein Wort zurückgezogen habe, begab ich mich wieder zurück in die Schriftleitung. Am späten Vormittag fuhr ich dann noch einmal in den Bürgerbräukeller und kam gerade hin, als sich der Demonstrationszug formierte. Ich stellte mich selbstverständlich ebenfalls mit vorne hin und gleich darauf setzte sich der Zug in Bewegung. Die näheren Ereignisse sind bekannt. Ich glaube, heute nicht darauf eingehen zu müssen.

Nach dem Zusammenstoß mit Landespolizei und Reichswehr ging Rosenberg »längere Zeit sehr niedergeschlagen durch die Straßen Münchens« und unterhielt sich nachmittags mit verschiedenen Kameraden in Cafés über die Ereignisse. Er blieb in der Folgezeit in München, hielt sich aber »selbstverständlich« nicht mehr in seiner Wohnung auf, da er befürchtete, verhaftet zu werden. Da der *Völkische Beobachter* verboten war, besprach er sich mit verschiedenen – nunmehr ehemaligen – Parteigenossen, was man tun könne,

> um beim Gen. St. Kommissariat den *Völkischen Beobachter* wieder frei zu bekommen und die Genehmigung zur Fortführung der NSDAP zu erlangen. Ferner habe ich mich verpflichtet gefühlt, mit Herrn Drexler darüber zu sprechen, in welcher Weise die Angehörigen der Gefallenen vom 9. November 1923 und die Angestellten der Zeitung entschädigt werden könnten. Verschiedene Versuche, die Zeitung freizubekommen, schlugen leider fehl, und so besteht sowohl das Verbot des Blattes als auch der Partei bis auf heute. Organisatorisch habe ich weder früher vor Auflösung der NSDAP oder innerhalb des Kampfbundes noch später nach Verbot dieser Verbände gearbeitet. Selbstverständlich trat in Anbetracht der Möglichkeit der Auflösung des Bayerischen Landtages die Frage der Wahlbeteiligung der völkischen Kreise heran, und ich bin für eine solche Beteiligung auch der Nationalsozialisten eingetreten. Ich habe zu diesem Zwecke mehrere Flugschriften verfasst, welche die Arbeit der vergangenen Monate darstellten. Während der Wahlarbeit habe ich mich ebenfalls in den Verhandlungen bemüht, die Einigkeit verschiedener völk. Strömungen herzustellen, und ich bin auch mündlich von Hitler gebeten worden, diese Unterhandlungen

zusammen mit anderen Freunden zu führen. Nach Abschluss der Wahl habe ich die Herausgabe einer Monatsschrift, betitelt *Der Weltkampf*, in die Wege geleitet.[39]

Mit den nach dem Zusammenbruch des Putsches nach Österreich geflüchteten ehemaligen führenden NS-Persönlichkeiten stand er in postalischer Verbindung. Meistens habe man sich nach der politischen Lage in Bayern erkundigt und über die persönlichen Verhältnisse in Österreich berichtet.»Soviel ich mich entsinne, sind einmal durch meine Hände 7 Millionen Kronen von der NSDAP in Österreich zum Besten der stellenlos gewordenen Angestellten des ‚Völkischen Beobachters' eingelaufen. Die Verteilung dieser 7 Millionen österreichischen Kronen erfolgte in entsprechender Weise durch mich. Ich für meine Person habe eine Entschädigung von 40 GM erhalten. Andere erhielten entsprechend ihrer Stellung abgestufte Beträge von etwa 40, 30 und 115 GM. Die 7 Millionen österr. Kronen wurden in etwa 8 derartige Beträge aufgeteilt. Ich bestreite, eine größere Summe als 40 GM für mich behalten zu haben. Nach meiner Umrechnung dürfte es sich bei 40 GM um 3-400.000 österr. Kronen gehandelt haben.«

Zwar war Rosenberg bei Hitlers Putschversuch an dessen Seite – eher: in dessen Nähe – zu finden, doch während die meisten der übrigen Beteiligten sich absetzten oder verhaftet wurden, blieb Rosenberg völlig unbehelligt. In einer Erklärung vom 16. Mai 1924 hatte sich der frühe Hitler-Unterstützer, der Bregenzer Emil Ganßer, dazu geäußert und Rosenberg schwere Vorwürfe gemacht:[40] Bei einer Aussprache hätten Amann, Esser und Hanfstaengl sich verwundert gezeigt, »dass Herr ROSENBERG[41] bis jetzt nie verhaftet worden sei, sich vielmehr ganz frei in München habe bewegen können, obwohl er auch bei Tage offen gesehen worden sei«. Er habe den Eindruck gewonnen, »dass Herr ROSENBERG ohne Weiteres der stillen Zusammenarbeit mit der Münchener Polizei beschuldigt wurde! Auch wurde eine Zusammenarbeit des Herrn ROSENBERG mit der Polizei in Salzburg als wahrscheinlich angenommen, welche zur Ausweisung des Herrn ESSER geführt habe«.

Hitler wurde bekanntermaßen zu einer außerordentlich milden Strafe verurteilt und saß für ein paar Monate in der Landsberger Festungshaftanstalt ein. Zu seinen Besuchern gehörte auch Alfred Rosenberg, wie die »Sprechkarten« zeigen.

8.4.1924: Herrn Alfred Rosenberg, Diplomarchitekt, 2. Schriftsteller. Staatsarchiv München.

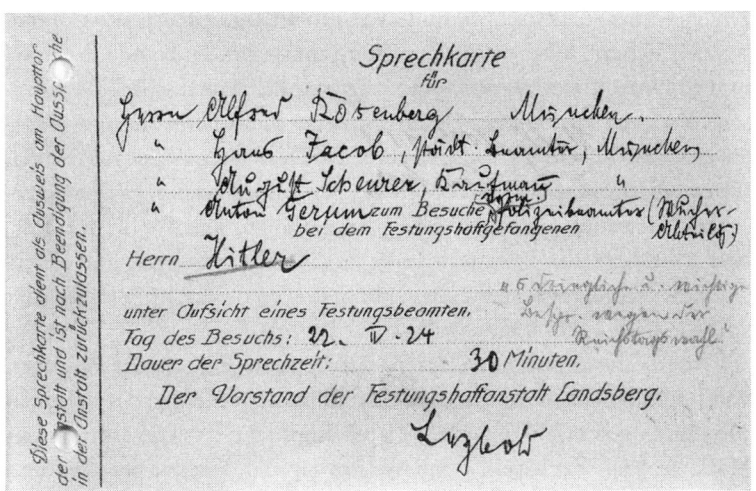

22.4.1924: Alfred Rosenberg, Hans Jacob, städt. Beamter, August Scheurer, Kaufmann, Anton Gerum. Handschriftlicher Vermerk: 6 dringliche und wichtige Vorgänge wegen der Reichstagswahl, 30 Minuten. Staatsarchiv München.

Weitere Besuche Rosenbergs bei Hitler fanden statt am:
8. April 1924, Dauer der Sprechzeit: 2 Stunden.
14. April 1924: Ministerialrat Dr. Roth, Buttmann, Glaser, Streicher, Dr. Hülf, Drechsler, Rosenberg, 30 Minuten ohne Aufsicht 14.30 bis 15.00 Uhr.
28. April 1924: Hanfstaengl, Amann, Weber, Krückner, Esser, Harbauer, Rosenberg, Jacob und Scheurer, ohne Aufsicht, 1 Stunde vormittags.
28. April 1924, dieselben Personen 1 Stunde nachmittags 2½ Uhr.
6. Mai 1925: Seine Exzellenz General Ludendorff, Herr Rosenberg, Oberl. a.D. Neumann, Oberstleutnant a.D. Krinkel und Dr. Weber – ohne Aufsicht.
23. Mai 1924: Gottfried Feder, Hans Jacob, Alfred Rosenberg, Josef Gerum zusammen 60 Minuten.
11. Juni 1924: Herr Rosenberg, Herr Lücke, Wien, 1 Stunde nachm. 2½ Uhr.

Die Landsberger Festungshaftanstalt und Hitlers Zelle konnten zu dieser Zeit sicherlich als «zentraler Treffpunkt» für die Feinde der noch jungen Demokratie bezeichnet werden, wie die Besuchslisten nachweisen. Während Hitlers kurzer Haftzeit in der Landsberger Festungshaftanstalt hielt Rosenberg die verbotene NSDAP zusammen. Abgesehen davon zählte er auch zu den Besuchern von Emil Maurice, Hitlers (jüdischem) Vertrauten und Fahrer, der vom 3. Mai 1924 gleichfalls in Landsberg inhaftiert war. Zusammen mit Exgeneral Ludendorff und Oberleutnant Neumann besuchte Rosenberg ihn am 6. Mai 1924 in der Zeit von 10.10 bis 12.35 Uhr.[42]

Die erwähnten «Sprechkarten» widerlegen übrigens die Aussagen von Julius Schaub, dem späteren Chefadjutanten Hitlers, der in seinen Memoiren geschrieben hatte: »Hitler empfing dort (Landsberg) niemanden. Frau Bechstein besuchte ihn einmal. Gregor Strasser und Ludendorff – täglich drei Stunden Besuchszeit (...) Rosenberg war damals nicht dabei. Einfluss Rosenbergs war sehr groß. Er war Chefredakteur des *VB*. Verhältnis zwischen Hitler und Rosenberg war immer gut.«[43]

Machtkämpfe und erste Feindschaften

Rosenberg war nie ein Organisator und ein politischer Führer schon gar nicht. Dennoch stand er für einige Zeit an der Spitze einer Partei bzw. einer parteiähnlichen Einrichtung: der Großdeutschen Volksgemeinschaft (GVG). Sie war Anfang Januar 1924 auf Hitlers Betreiben von Rosenberg und Hans Jacob gegründet worden. Jacob, Straßenbahnbeamter aus München, war im Jahr zuvor von Hitler zum stellvertretenden NSDAP-Vorsitzenden ernannt worden. Im Zusammenhang mit der GVG und insbesondere Rosenberg waren die Deutschvölkische Freiheitspartei (DVFP) sowie die Deutschnationale Volkspartei (DNVP) von Belang. Rosenberg und Gregor Strasser hatten sich mit dem DVFP-Vorsitzenden Albrecht von Graefe auf ein Bündnis bei den anstehenden Reichstagswahlen geeinigt. Hermann Esser und Julius Streicher, entschiedene Gegner eines solchen Bündnisses, verdrängten Rosenberg und Strasser jedoch aus der GVG-Führung.

Auf viel Widerstand schienen sie nicht gestoßen zu sein, denn Rosenberg erwies sich bereits hier mit organisatorischen Aufgaben völlig überfordert. Darüber klagte beispielsweise der Mannheimer Kreisleiter in einem Brief an »die Parteileitung, Herrn Rosenberg«.[44] Im Mittelpunkt der Beschwerde stand Helmuth Klotz, der bei der Reichstagswahl im Mai 1924 als Spitzenkandidat des Völkisch-Sozialen Blocks – einer Vereinigung unter anderem von NSDAP und DVFP – in Baden angetreten war. Dr.[Helmuth] Klotz sei ohne Auftrag der Landesleitung in München gewesen und habe sich von Rosenberg Direktiven geholt. Er erhebe Einspruch namens seines Kreisverbandes: »Sollte der Saustall nicht endlich aufhören, dass jedem, der nach München kommt, eine Vollmacht für einen Landesbezirk ausgestellt wird, so werden wir Ihnen in München die Verantwortung zuschieben müssen, wenn an einer völlig unfähigen Person eine Bewegung zusammenbrechen wird. Sollte die Leitung unserem Einspruch nicht nachkommen, so werden wir zur Selbsthilfe greifen. Wegen einer Person darf eine Bewegung zur Freude der Marxisten und Juden nicht zusammenbrechen.«[45]

Auf Freunde schien Rosenberg schon damals keinen oder nur geringen Wert gelegt zu haben. Er schien davon überzeugt zu sein, allein richtig zu handeln. Das bekam auch Gregor Strasser zu spüren, mit dem Rosenberg eigentlich hätte zusammenarbeiten müssen. Strasser war

1921 zur NSDAP gestoßen, hatte sich am Hitler-Putsch beteiligt und war 1925 nach Neugründung der Partei zunächst zum Reichspropaganda- und dann zum Reichsorganisationsleiter ernannt worden. Rosenberg warf ihm neben vielem anderen vor, sich in der 34. Ausgabe der *Nationalsozialistischen Briefe* gegen ihn geäußert zu haben, und griff sofort zur Feder. Anders als Strasser habe er es streng vermieden, eine persönliche Polemik zu führen. Er habe verschiedene Aufsätze Strassers nicht im *Völkischen Beobachter* veröffentlicht, um »unerquickliche« Debatten zu vermeiden. Wenn Strasser nun damit nicht einverstanden sei, wären ein paar Sätze besser gewesen. Noch besser hätte er »Herrn Hitler« um ein Gespräch zu dritt gebeten. In seinem Angriff habe Strasser zum Beispiel Rosenbergs Äußerung verschwiegen: »Das Ewige, welches wir durch alle wandelbaren Formen erhalten möchten, ist das Volk. Alles, aber auch alles hat der Stärkung jener rassischen Grundlagen zu dienen, welche die Güte der Nation gewährleisten.« Diese Anschauung bezeichnete Rosenberg als »Grundlage der nationalsozialistischen Bewegung«. Wenn Strasser nun meine, Rosenberg müsse eigentlich von einem Sozialnationalismus sprechen, antworte er ihm, dass der Nationalismus die Steigerung des Nationalen sei, der Sozialismus aber nicht die des Sozialen:

> Das Soziale ist das private milde Pflaster, während das Sozialistische ein staatliches, den Einzelnen und das Ganze gesundende Prinzip darstellt. Es ist also durchaus berechtigt, die Worte National und Sozialismus zu binden. [...] Nach diesen formalen Dingen werfen Sie mir so ziemlich unverblümt vor, dass ich vom ganzen nationalsozialistischen Gedanken eigentlich so gut wie nichts verstehe, wogegen mir scheint, dass Sie das Schwergewicht der nationalsozialistischen Revolution von der Veränderung eines wirtschaftlichen Grundsatzes aus beginnen, also durchaus äußerlich und ganz im Rahmen der sozialdemokratischen Propagandatätigkeit. Dies umso mehr, als sie von dem Kapitalismus ‚unabhängig von seinen Vertretern' sprechen, während der volksausbeutende Kapitalismus wesentlich getragen wird von einer anderen Rasse, die wir gerade als Träger des eigentlichen kapitalistischen Gedankens notwendig bekämpfen müssen.
>
> Wir sind der Überzeugung, dass der Kapitalismus in seiner heutigen Form ohne die Juden nie zur Herrschaft gekommen wäre. [...] Der Kapitalismus ist also auch kein abstraktes, wesenlos in der Luft schwebendes Gebil-

de, sondern als ein sich auswirkendes »Gesetz« an ein bestimmtes Blut gebunden. [...] Es ist überhaupt ein Unding zu glauben, dass durch irgendwelche technische Gesetze, selbst durch eine vollkomme Bedarfsdeckung, an und für sich jemals höhere Werte geschaffen werden könnten, wenn die rassischen Grundlagen nicht die Möglichkeit dazu bieten. Ein Gesetz kann wesentlich in einem gesunden Volke nur regulativ wirken und nicht erzeugend. Es gilt also *Menschen*[46] und das gute Blut zu schützen und hochzuzüchten, dann wird auch das Wirtschaftssystem seine eigentliche Auswirkungsmöglichkeit erhalten.[47]

Schon aus diesen Einlassungen wird erkennbar, dass für viele Parteigenossen Rosenbergs Schreiben schlicht unverständlich waren. Dies gilt umso mehr für seine ausschweifenden Werke wie *Der Mythus des 20. Jahrhunderts,* das zwar eine beachtliche Auflagenhöhe erreichte, aber von kaum jemandem gelesen, geschweige denn verstanden wurde.

Rosenberg ließ keine Gelegenheit aus, persönlich und politisch unliebsame Zeitgenossen zu desavouieren. Über Hermann Esser hatte sich Rosenberg am 1. März 1926 in einem Schreiben an »Herrn Hitler« in der Thierschstraße 41 beklagt. Esser gehörte zu den frühen Gefolgsleuten Hitlers, wurde 1934 bayerischer Wirtschaftsminister und war dann bis zum Ende des NS-Regimes Staatssekretär in Goebbels Reichsministerium für Volksaufklärung und Propaganda. Er habe einen Brief von Hermann Esser erhalten, berichtete Rosenberg, in dem dieser sich über mangelhafte Berichterstattung über ihn im *Völkischen Beobachter* beschwert habe. Nachdem er jahrelang im Interesse der Bewegung auf eine Klage gegen Esser und Hanfstaengl wegen fortdauernder Verleumdungen verzichtet habe, würden gewisse Leute eine derart großzügige Geste weder verstehen noch verwinden. Hitler habe ihm zugesagt, falls noch gegen ihn – Rosenberg – agitiert werden sollte, werde er rücksichtslos durchgreifen. Gegenüber Esser habe sich Rosenberg immer um größte Sachlichkeit bemüht. Dessen Reden seien oft ausführlicher wiedergegeben worden als der Hergang großer Massenveranstaltungen. Grundsätzlich habe er seinen Kollegen erklärt: »Die höchste Energie der Schilderung bleibt einzig und allein Ihren Reden vorbehalten, sämtliche anderen Pgg. treten hier zurück. [...] Im vorliegenden Fall sei nicht die einfache Mitteilung wiederholten stürmischen Beifalls gestrichen worden, sondern eine ›fett hervorgehobene Geschmacklosigkeit‹«.[48]

Über das Treuehalten diskutiere er mit Esser nicht. Dessen Brief stelle den Ausfluss von Bemühungen dar, ihn bei der ersten sich bietenden Gelegenheit aus dem *Völkischen Beobachter* hinauszuekeln. »Ich habe mich nach Kräften bemüht, den *Völkischen Beobachter* zu einem guten Blatte zu machen. Dass ihm auch heute noch manche Mängel anhaften, empfinde vielleicht gerade ich mehr als andere. Ich sehe in ihm aber den Vorläufer einer großen Zeitung, der politisch ernst genommen werden muss und auch nicht dazu da ist, in ein Privatorgan des Herrn Esser umgewandelt zu werden, um Eitelkeiten, wie sie ein Schmierenschauspieler hat, zu befriedigen.«[49]

In einem Schreiben an Hitler vom 18. August 1926 ging es ein weiteres Mal um Hermann Esser. Über ihn beschwerte sich Rosenberg in dieser Weise:

Sehr geehrter Herr Hitler,
gestern hat sich ein Vorfall zugetragen, der erneut Zwistigkeiten veranlasst wie sie längere Zeit überall vermieden worden sind. Herr Esser hatte Herrn Stolzing einen ausführlichen Bericht über das Eisenbahnunglück bei Langenbach übergeben, bei dem er zufällig gleich nach der Katastrophe anwesend gewesen war. Stolzing hatte die Unterschrift Esser weggelassen und nur H.E. unterzeichnet. Darauf kam Esser in die Schriftleitung, machte Stolzing eine Szene und forderte eine nachträgliche Erklärung, dass er der Verfasser des Aufsatzes sei. Ich habe Herrn Stolzing gesagt, dass er die Notiz nicht einrücken solle. Sie erinnern sich wohl noch an Essers unverschämten Brief von Ende Februar des Jahres. Ich bin nicht mehr auf ihn zurückgekommen, weil ich annahm, dass Esser ausscheiden werde. Nun da er gar beansprucht, im *V.B.* die Leitaufsätze unter seinem Namen zu veröffentlichen, muss ich das als eine Frechheit zurückweisen. Das ist so, als ob ein Mensch mich öffentlich beschimpft, dann in meine Wohnung kommt und sich häuslich niederlässt. Zudem bestand der wahre Hintergrund des ganzen Aufsatzes ja darin, sich durch eine Veröffentlichung im Zentralorgan der Bewegung als »rehabilitiert« hinzustellen. [...] Abgesehen von meinem Fall würde ein solch geradezu programmatischer Schritt das innere Zusammengehörigkeitsgefühl, das jetzt in der NSDAP herrscht, erneut aufs schwerste gefährden.[50]

Anfang August 1927 erhielt Rosenberg von Hitler die Aufforderung, anlässlich des Parteitags in Nürnberg am 19. August nachmittags den

Vorsitz der »Sondertagung über Pressefragen – redaktioneller Teil« zu übernehmen:»Als Referenten für die Sondertagung sind vorgesehen: die Pg. Weiss (Völk. Beobachter), Esser (Illust. Beobachter), Goebbels (Angriff).«[51] Für Rosenberg war dies Anlass, sich in einem handschriftlichen Brief an Hitler erneut massiv über Esser, der zu den wenigen Duzfreunden Hitlers gehörte, zu beschweren und sogar seinen Rücktritt anzubieten.

Sehr geehrter Herr Hitler!
Aus einem mir soeben zugeleiteten Schreiben an Herrn Bouhler ersehe ich, dass außer Hauptmann Weiss und Dr. Goebbels neuerdings auch Herr Esser als Referent für Pressefragen vorgesehen ist. Ich bedauere es sehr, Sie ausgerechnet jetzt nochmals belästigen zu müssen.

Wie Ihnen vielleicht noch erinnerlich, schrieb mir Esser Anfang 1926 einen unverschämten Brief, in dem er mir Unanständigkeit vorwarf. Ohne jeden wirklichen Anlass, bloß weil ihm ein Redebericht nicht gepasst hatte. Er drohte sogar, im Fall dies nochmals vorkommen sollte, vor die Öffentlichkeit zu treten! Ich erklärte Ihnen damals, dass derartige Dinge allein schon aus disziplinären Gründen nicht duldbar sein dürfen. Sie verurteilten Essers Brief gleichfalls als dumm und unverschämt. Nachdem ich vorgeschlagen hatte, Esser zu einer Entschuldigung zu veranlassen, sagten Sie, Sie würden ihm entsprechend schreiben und mir eine Abschrift übergeben. Ich erklärte mich sofort bereit, um Ihnen nicht noch mehr – wenn auch unverschuldete – Unannehmlichkeiten zu bereiten. Seitdem sind fast 1½ Jahre vergangen, ohne dass dieser Fall in irgendeiner Weise erledigt worden wäre. Mir ist Esser persönlich gleichgültig, vom Standpunkt des Interesses der Bewegung hat sich meine frühere Auffassung über ihn jedoch nur verstärkt.

Neuerdings taucht Esser mehrfach in der Schriftleitung auf, als sei nichts geschehen, selbstverständlich ohne zu grüßen, erlaubt sich sogar wieder über den V.B. zu schimpfen, weil sein Fall » angeblich nicht genügend aufgezogen« worden sei, belästigt die Herren am Telefon mit unnützen Anfragen usw. [...] An dieser Haltung ging der wilhelminische Staat zugrunde; die Duldung jüdischer Skrupellosigkeit verschaffte dem Judentum den Sieg. Ich fürchte, dass ähnliche Tendenzen bei uns schon sehr eingerissen sind und weiß, wie seelisch niedergedrückt das auf manche unserer Besten wirkt. Gerade in Anbetracht größerer Gesichtsfreunde [sic] scheint mir Derartiges von vornherein vermieden werden zu müssen.

Ich sage ganz offen, dass ich nur mit dem Gefühl, etwas für die Bewegung zu tun, bei einer Sitzung präsidieren würde, in der Herr Esser als Referent auftritt. Ich muss natürlich die Entscheidung der Sache Ihnen überlassen, fühle mich aber verpflichtet, Ihnen meine Anschauung zu unterbreiten, die sich bei Betrachtung auch anderer Fälle mir aufgedrängt hat.[52]

Rosenberg als Hauptschriftleiter

Hanfstaengl, bisher von Hitler und seiner Politik überzeugt, zeigte sich vom »Führer« zunehmend enttäuscht, und dazu hatte Rosenberg in erheblichem Maß beigetragen. Das formulierte Hanfstaengl so: »Als ich am 1. April 1925 den erstmals wieder als Tageszeitung erscheinenden *Völkischen Beobachter* zur Hand nahm, las ich im Impressum des Blattes als Chefredakteur den Namen des Mannes, den Hitler in den letzten Monaten im vertrauten Kreis oft genug maßlos beschimpft und beispielloser Treulosigkeit und Unfähigkeit geziehen hat – Rosenberg. Deutlicher konnte sich Hitlers Empfindungsleere gegenüber den moralischen Qualitäten seiner nächsten Mitarbeiter kaum noch manifestieren.«[53]

Grundsätzlich machte Rosenberg sich wenig Freunde, ein Wesenszug, der sich in seiner Zeit als Hauptschriftleiter des *Völkischen Beobachters* noch verstärken sollte. Mit Ernst Boepple, Gregor Strasser, Hermann Esser und schon bald mit Ernst Hanfstaengl lag er im Streit. Später kamen Reichsleiter oder Minister hinzu.

Rosenberg hatte in seinen ersten Münchener Jahren zum Duell aufgefordert und sich u.a. deshalb auch vor der Münchener Staatsanwaltschaft verantworten müssen. Als Hitler Duelle grundsätzlich verboten wissen wollte, ordnete er an, dies im *Völkischen Beobachter* bekannt zu geben und zu erläutern. »Alfred Rosenberg, der baltendeutsche Chefredakteur des *Völkischen Beobachters* runzelte die Stirn, als er Hitlers Botschaft las. Zum einen ging ihm die merkwürdige Methode der Befehlsübermittlung gegen den Strich. Zum andern hielt er als ehemaliger Corps-Student am Ehrenkodex der Waffenstudenten fest. Aber er gehorchte, schrieb mit Rotstift ›Dringend absetzen‹ auf den Zettel und gab ihn in die Setzerei. Triumphierend kam Henny zurück in die Geschäftsstelle und sagte mir: ›Der Führer hat's verboten.‹ [...] Ich lief hinüber zum *Völkischen Beobachter,* und zwar gleich in die Setzerei. Mit Rosenberg zu reden, hatte keinen Zweck. Er musste als Chefredakteur die Befehle des Herausgebers Hitler ausführen.«[54] Hanfstaengl fand die Seitenform, in die Hitlers Duell-Verbot eingerückt worden war. Heimlich hob er die fett gesetzten Zeilen heraus und wechselte sie gegen eine gleich lange Notiz aus dem Stehsatz heraus. Niemand merkte etwas.

Hitler bekam einen Wutanfall, als er am nächsten Tag in Nürnberg seine Zeitung aufschlug. Er stellte Rosenberg am Telefon zur Rede, tobte über Sabotage in der Setzerei und beauftragte den Verlagsdirektor Max Amann mit der Untersuchung des Falls.

Trotz solcher Episoden entwickelte sich der *Völkische Beobachter* unter Rosenbergs Leitung zu einem Massenblatt. Wohl weniger, weil Käufer und Leser sich von der Qualität angelockt fühlten, als vielmehr weil der *V.B.* als Parteiorgan gelesen werden musste. Einige Wochen vor der Machtergreifung 1933 wurde das Blatt zur Tageszeitung, und ein paar Monate später fand es seine endgültige Gestalt. Rosenberg feierte dieses Ereignis in der Ausgabe vom 29. August 1933 unter der Überschrift »Unser Wille, unser Weg, unser Ziel«:

> Mit der heutigen Ausgabe erscheint der *Völkische Beobachter* endlich in der Form, wie sie uns seit Jahren vorschwebte. Unsere alten Freunde wissen, welche Anstrengungen es die junge, verspottete und verleumdete Bewegung gekostet hat, zuerst das Wochenblatt zu erwerben und es dann zur Tageszeitung umzugestalten. Immer wieder, wenn es schien, als ob wir nahe am Ziel wären, musste der Plan aufgegeben werden, bis dank der großmütigen Spende einer deutschen Frau im Februar dieses Jahres die Tageszeitung doch Tatsache wurde. Aber aus technischen Gründen konnte auch sie noch nicht in einem Format erscheinen, wie es in Aussicht genommen war und das der Bedeutung unserer Bewegung auch äußerlich entsprochen hätte.
>
> Dank dem Entgegenkommen des Buchgewerbehauses Müller & Sohn steht jetzt die neue Rotationsmaschine da und der *Völkische Beobachter* tritt in einen neuen Abschnitt seiner Tätigkeit. Wir haben uns mittlerweile im In- und Ausland ständige Mitarbeiter gesichert, sodass unsere Leser dauernd genau über die weltpolitische Lage unterrichtet werden. Aber wir werden nach wie vor unseren Standpunkt vertreten, dass namentlich in der heutigen Zeit eine Zeitung nicht ein geistiger Müllkasten zu sein hat, in den wahllos alle »Meldungen« und »Betrachtungen« nebeneinander geworfen werden, sondern dass eine Zeitung das Werkzeug eines Staatsgedankens darstellen muss. Und zwar offen und rücksichtslos. Uns widert die sogenannte

»Unparteilichkeit« gewisser Presseerzeugnisse ebenso an wie die verlogene Propaganda der unter »geistiger demokratischer« oder auch »nationaler« Flagge segelnden Blätter.[55]

Als Hauptschriftleiter regierte Rosenberg weniger mit Argumenten als vielmehr mit Dienstanweisungen. Am 29. November 1933 ordnete er beispielsweise Folgendes an: Es sei in letzter Zeit öfters vorgekommen, »dass außerordentlich wichtige Ereignisse wie Ermordungen von S.A. Kameraden, Reichswehrsoldaten und ähnliches im V.B. auf der 2. Seite oder im Innern des Blattes veröffentlicht worden sind, dazu noch ohne jeden Kommentar. Ferner wurden Besuche beim Kanzler und ähnliche oft außenpolitisch sehr wichtige Angelegenheiten meist schematisch im außenpolitischen Teil im Innern des Blattes veröffentlicht«. Grundsätzlich gehörten alle wichtigen Nachrichten auf die Seite 1. Das seien: »alle Äußerungen des Führers, jeder Besuch beim Reichskanzler, jede Todesmeldung über einen Kameraden, jede besonders hervorragende Äußerung eines fremden Staatsmannes, sei es gegen uns, sei es in bemerkenswerter Weise für uns«. Dazu müssten all diese Nachrichten kommentiert werden. Fühle sich »einer der Herren Schriftleiter im Augenblick aus irgendwelchen Gründen« hierzu nicht in der Lage, solle er sich an den Chefredakteur wenden.[56]

Am 13. Juni 1934 monierte er, »dass in verschiedenen Fragen der Haltung des V.B. auf politischen und kulturellen Gebieten« unterschiedliche Weisungen ergangen seien.[57] Weil dadurch Unsicherheiten unter den Schriftleitern entstehen könnten, ordnete Rosenberg an, sich vor Erlass mit ihm in Verbindung zu setzen. Am 1. Dezember 1934 untersagte er den führenden Redakteuren, sich unmittelbar schriftlich an den Verlag zu wenden.[58]

Für die Amtsführung Rosenbergs als Schrift- bzw. Hauptschriftleiter des *Völkischen Beobachters* mögen wenige weitere Beispiele genügen. Er beschwerte sich am 19. November 1943, gerade vom Reichsbauerntag in Goslar zurückgekehrt, über ein großes Bild von Adolf Hitler auf der letzten Seite des Blattes mit dem Text: »Ein Volk, ein Führer, eine Zeitung.« Er halte eine solche Reklame für absolut unmöglich und nehme an, dass der »Führer« Einspruch dagegen erheben werde. »Es geht nicht an, dass der Name des Führers so stark mit einer Zeitung, und sei es selbst der *Völkische Beobachter,* verknüpft wird, da der V.B. ja schließlich auch einmal diese oder jene Ansicht zur Sprache bringt, auf die man nachher vielleicht von misswollender Seite den Führer gegen seinen Willen festzunageln versuchen könnte. Im Übrigen ist die Umwandlung des Spruches ›Ein Führer, ein Reich, ein Volk‹ in ›Ein Führer, ein Volk, eine Zeitung‹ alles andere als geschmackvoll.«

Rosenberg – Agent der Entente?

Lange Zeit – zumindest bis zur nationalsozialistischen Machtergreifung und dann der Gleichschaltung der Presse – gab es in Medien Gerüchte nicht nur um Rosenbergs »nicht arische« Herkunft, sondern auch um sein Tun während des Ersten Weltkriegs. Die sozialdemokratische Zeitung *Vorwärts* behauptete beispielsweise, Rosenberg habe sich in dieser Zeit in Paris aufgehalten. Eine Verleumdungsklage Rosenbergs gegen den Schriftleiter des *Vorwärts* war die Folge. Er fühlte sich beleidigt und wollte Genugtuung. Dazu äußerte sich der Rechtsanwalt des Beklagten vor dem Amtsgericht München am 12. Februar 1931 wie folgt: Die Empfindlichkeit des Privatklägers, Rosenberg, sei bemerkenswert. »Er und seine Zeitung führen den politischen Kampf grundsätzlich mit der Waffe der Beleidigung des Gegners.« Der *Völkische Beobachter* habe gewagt zu behaupten, bestimmte namentlich bezeichnete Führer der deutschen Sozialdemokratie hätten während des Kriegs für Geld einem französischen Offizierspion ihre Dienste zur Verfügung gestellt. Demgegenüber sei der Kläger selbst, also Rosenberg, vor einigen Jahren vom Amtsgericht Berlin-Mitte mit einer Geldstrafe von 300 RM belegt worden weil er dem verstorbenen Reichstagsabgeordneten Dr. Paul Levi vorgeworfen hatte, dass er während des Kriegs in englischem Sold gestanden habe. »Wer selbst die Ehre anderer so wenig achtet, hat kein Recht, für sich Ehrenschutz zu verlangen«, war die Auffassung des Vorwärts-Anwalts. Er führte ferner an, der Vorwurf, dass Rosenberg während des Krieges als russischer Staatsangehöriger für die Entente in Paris gegen Deutschland gewirkt habe, von nationalsozialistischer Seite zuerst aufgestellt worden sei, und zwar in *Der Nationalsozialist* von Otto Strasser. Dem habe Rosenberg nicht widersprochen.[59]

In dem Artikel »Hitler, der Landesverräter«, der Ausgabe 505 des *Vorwärts* vom 28. Oktober 1930 sei behauptet worden, Alfred Rosenberg habe »den Weltkrieg als Russe in Paris verbracht und weigert sich hartnäckig gegenüber den Anfragen und Anklagen der Strasser-Leute, sich von dem nicht ganz leichten Vorwurf reinzuwaschen, dass er in jener Zeit für die Entente und gegen Deutschland gewirkt« habe.[60] In Nr. 252 der Zeitung *8 Uhr – Abendblatt* vom 28. Oktober 1930 habe es geheißen: »Ein Russe – Nazi-Abgeordneter! Enthüllungen über Hitlers intimsten Freund und Helfer Alfred Rosenberg« – »Bei Licht besehen: Ein echter deutscher Mann war während des Krieges wo? Alfred Rosenberg, jetzt Nazi-Reichstagsabgeordneter und Chefredakteur des *Völkischen Beobachters* in der ›großen Zeit‹ als Russe in Paris für die Entente tätig?« Einen ähnlichen Bericht habe die *Münchener Post* am 4. November 1930 in ihrer Ausgabe Nr. 254 veröffentlicht.

Rosenberg selbst war in seinen Attacken auf politische Gegner nicht eben zimperlich. Im November 1931 hieß es in einer Anklageschrift gegen Rosenberg, er sei »hinreichend verdächtig: veröffentlicht und zwar durch Verbreitung einer periodischen Druckschrift die verfassungsmäßig festgestellte republikanische Staatsform des Reiches beschimpft und böswillig und mit Überlegung verächtlich gemacht zu haben«. In der Ausgabe 30 des *Völkischen Beobachters*, Bayernausgabe, hatte er unter der Überschrift »Mussolini und Schubert. Die Geschichte eines Botschafters in Rom« u.a. Bezug darauf genommen, dass Mussolini sich Zeit gelassen hatte, den neuen deutschen Botschafter Karl v. Schubert zu empfangen. Von Schubert hatte im Vorfeld gesagt, mit diesem »Kerl« wolle er nichts zu tun haben. Rosenfeld kommentierte: »Es war nicht weiter verwunderlich, dass ein ganzer Kerl wie Mussolini nun seinerseits mit einem Menschen nichts zu tun haben wollte, der das neudeutsche System in seiner Windelweichheit so in absoluter Reinheit verkörpert.« Und weiter: »War es nötig, gerade diesen Mann nach Rom zu entsenden? Wenn dies ein Zeichen von Nichtachtung für Mussolini sein sollte, so setzte man Mussolini zugleich in die Lage, der Regierung der deutschen Novemberrepublik dieses mit Zinsen zurückzuzahlen.« Es folgten diffamierende Sätze über Karl v. Schubert, der als »politisch in hohem Grade minderwertiger Charakter« hingestellt wurde. Rosenberg sprach in seinem Artikel verächtlich von der »Novemberrepublik«, mithin – so die Anklage – in »besonders verletzender und roher Weise« von einem »minderwertigen und der Achtung der Volksgenossen unwürdigen Gebilde«. Rosenberg räumte schließlich ein, als verantwortlicher Schriftleiter strafrechtlich verantwortlich zu sein, meinte aber, der Artikel tangiere das Republikschutzgesetz[61] nicht, sondern richte sich ausschließlich gegen Karl v. Schubert. Es sollten durch den Artikel lediglich ehemalige Monarchisten, die sich jetzt als extreme Demokraten gebärdeten, getroffen werden.

Rosenberg als Außenpolitiker

Mittlerweile gehörte Rosenberg dem Reichstag an. 1930 war er über die Reichsliste in das Parlament gewählt worden und nun ein Abgeordneter der 107-köpfigen NS-Fraktion, die ihn in den außenpolitischen Ausschuss des Reichstags entsandte. Schon kurz nach der Machtübernahme durch die Nationalsozialisten zeigte sich, so ein Papier vom 24. Januar 1934, »ein ungeheures Interesse des Auslands an der nationalsozialistischen Bewegung«.[62] Dies sei sowohl diktiert von dem Versuch, »die neue Lebenserscheinung zu begreifen«, als auch von dem Bemühen, Material zu finden, um »die vielfach verhasste deutsche Revolution aufs Äußerste zu bekämpfen«. In dieser Situation ordnete Hitler die Bildung des Außenpolitischen Amts (APA) der NSDAP an und ernannte am 1. April 1933 Rosenberg zum Chef des neuen Amtes. Kurz darauf bestimmte Hitler ihn am 2. Juni 1933 zum Reichsleiter der NSDAP, doch brachte dieses kaum Machtgewinn mit sich. Zwar war das Amt des Reichsleiters, von denen es 18 gab, eines der höchsten innerhalb der NSDAP, doch hatte angesichts des strikten »Führerprinzips« auch weiterhin Hitler das alleinige Sagen. Rosenberg stand nun einer relativ großen Partei-Institution vor. Zum APA gehörten:
»die Abteilung I (Organisation, Leiter Pg. Schumann), die das Material aus aller Welt zu sichten und aufzubereiten und die Korrespondenz zu führen hatte,
die Abteilung II (Allgemeine Ost-und Personalfragen, Leiter Arno Schickedanz). Der Leiter war gleichzeitig Personalchef und Rosenberg unmittelbar unterstellt,
die Abteilung III (Außenhandel und Südosteuropa, Leiter Werner Deitz),
die Abteilung IV (Bund deutscher Osten, Leiter Franz Lüdtke).«[63]
Rosenberg ordnete ferner die Errichtung eines einheitlichen »Ostbundes« unter der Schirmherrschaft des Brandenburger Gauleiters Wilhelm Kube an. Kube war korrupt und wurde 1936 seines Amtes

enthoben, nachdem er behauptet hatte, in der Frau des Obersten Parteirichters Walter Buch flösse jüdisches Blut – es handelte sich immerhin um die Schwiegermutter von Hitlers »Sekretär« Martin Bormann. Und der konnte natürlich eine solche Behauptung nicht unwidersprochen und unbestraft hinnehmen denn er hätte gegen die NS-Rassengesetze verstoßen. Später begegneten sich Rosenberg und Kube erneut. Kube wurde reaktiviert und zum Generalkommissar für Weißruthenien mit Sitz in Minsk ernannt. 1943 wurde er Opfer eines Bombenattentats.

Der genannte »Bund deutscher Osten (B.d.O)«[64] gliederte sich in 16 Landesgruppen und hatte u.a. das »grenzmärkige Deutschtum« zu pflegen und eng mit dem von Rosenberg gegründeten »Kampfbund für deutsche Kultur« zusammenzuarbeiten. Ferner gab es innerhalb des APA Referate für Presse und Archiv, Amerika sowie das Privatsekretariat des APA. Einmal im Monat veranstaltete das Amt einen sogenannten Bierabend mit führenden NS-Größen. In einer Darstellung wurde als erster Redner Stabschef Ernst Röhm hervorgehoben, dessen Vortrag über die SA »außerordentliches Interesse« gefunden hatte. »Die ungeschminkte Darstellung aus dem Munde eines Soldaten, der seinerseits alles tun möchte, um eine zweite Katastrophe zu vermeiden, hat sicherlich einen starken Eindruck hervorgerufen«, hieß es.[65] Davon war in einer weiteren, nicht datierten Darstellung nicht mehr die Rede.[66] Herausgehobene Positionen hatten Erwin Knauer, der die Geschäfte führte, sowie Thilo von Trotha an der Spitze des Privatsekretariats. Er hatte baltische Wurzeln, war seit 1932 Sekretär von Rosenberg und kam im Februar 1938 bei einem Autounfall ums Leben. Sein Nachfolger wurde Werner Koeppen. Nunmehr existierten vier APA-Gliederungen, und zwar:

das Amt für Länderreferate unter Leitung von Stabsleiter Arno Schickedanz, mit den Abteilungen England und Ferner Osten (Kapitänleutnant Horst Obermüller),

die Abteilung Naher Osten (Georg Leibbrandt),

die Abteilung Süd-Osten (Ferdinand Duckwitz),

die Abteilung Norden (Thilo von Trotha).

Daneben gab es das Amt für akademische Auslandsarbeit unter Leitung von General Ewald v. Massow. Werner Deitz stand an der Spitze des Amts für Außenhandel und Karl Römer leitete die Presseabteilung/Archiv. Über das Privatsekretariat Rosenbergs hieß es: »Wenn wir erklären, dass wir mit allen Kräften bestrebt sind, einen auf Ehre und Gleichberechtigung beruhenden Frieden zu machen, so ist das nicht eine Phrase, sondern tief begründet in unserem Bewusstsein, dass die Überwindung der sozialen Nöte, die Überwindung der ganzen marxistischen Theorien des 19. Jahrhunderts, nur durch die Tat erwiesen werden kann und dass diese Tat nur im Rahmen eines friedlichen Europa durchzuführen ist. So ist sich das APA bewusst, nach besten Kräften die Politik des Führers unterstützt, und alle jene, die sich an das APA wandten, über das Wesen der nationalsozialistischen Bewegung wahrheitsgetreu und eindringlich aufgeklärt zu haben. Es ist sich bewusst seiner obersten Aufgabe, die Politik des Führers, aber auch der gesamten nationalsozialistischen Bewegung in allen ihren Einheiten vermittelt zu haben, damit sein Wille die Gefolgschaft aller findet, was auf dem außenpolitischen Gebiet von besonderer Wichtigkeit ist.«[67] Durch die gleichzeitige Beauftragung des Chefs des APA mit der Überwachung der Schulung und Erziehung der gesamten nationalsozialistischen Bewegung auch auf dem außenpolitischen Gebiet sei das nun in den Vordergrund gerückt worden.

Hanfstaengl hatte sich bisher als führender Außenpolitiker der NSDAP gesehen, doch nunmehr sank sein Stern unaufhörlich. Philip Metcalfe beschreibt in seinem Buch *Berlin 1933. Das Jahr der Machtergreifung* den Niedergang: »Nun musste er hilflos zusehen, wie Hitler sich an Göring, Goebbels und Rosenberg, die Radikalen in der Partei, um Rat wandte.

In einem der roten Empfangsräume des Kaiserhofs[68] hörte er zufällig, Rosenberg solle Staatssekretär im Außenministerium werden, als erster Schritt zu seiner Ernennung zum Außenminister. Rosenberg war Putzi[69] schon lange verhasst. In Panik hastete Putzi über die Straße zum Außenministerium und verlangte, Baron von Neurath zu sprechen. Er bat ihn, Alarm zu schlagen und notfalls zum Reichspräsidenten zu gehen. Rosenbergs Ernennung musste unter allen Umständen verhindert werden.«[70]

Hanfstaengl wollte sich damit nicht abfinden.[71] Sein Feld sei die auswärtige Politik, sein Verbündeter sei von Neurath und er sei weiterhin »ein Gegner Rosenbergs und seiner unglückseligen Ideen«. Hanfstaengl behauptete, Hitler habe versprochen, Rosenberg auf ein »Abstellgleis« zu schieben, doch dann habe er gegenüber Innenminister

Wilhelm Frick gemeint, das »Beste wäre natürlich, den Parteigenossen Rosenberg als Staatssekretär ins AA zu übernehmen«.

Der Plan scheiterte. Rosenberg wurde zum Trost eine prächtige Villa im Tiergartenviertel zur Verfügung gestellt; dort konnte er sich als Chef des APA der NSDAP betätigen, was seinen Einfluss glücklicherweise zunächst beschränkte.«[72]

Dass ausgerechnet Rosenberg an der Spitze des APA stehen sollte, verwunderte eine Reihe von Angehörigen der NSDAP-Führung, denn eine glückliche Hand hatte er bis dahin auf diesem Gebiet wahrlich nicht bewiesen. Im Gegenteil. So war er Anfang Dezember 1931 im Rahmen der ersten offiziellen Auslandsreise eines führenden Nationalsozialisten nach England gereist und hatte dort Gespräche u.a. mit dem britischen Kriegsminister Lord Hailsham sowie mit Lord Lloyd geführt. Nach der Machtergreifung fuhr Rosenberg – nunmehr als Leiter des APA – im Mai 1933 erneut nach England.

Vor dem Hintergrund des Boykotts von jüdischen Geschäften vom 1. April 1933 und der Bücherverbrennung am 10. April war die britische Öffentlichkeit weitgehend gegen das NS-Regime eingestellt. Premierminister MacDonald weigerte sich, Rosenberg, der sehr ungeschickt agierte und auch nicht Englisch sprach, zu empfangen. Er verließ England zwei Tage früher als geplant.

Voller Häme monierte Ernst Hanfstaengl, dass Rosenberg »gelegentlich Beutezüge in meinem Bereich [unternahm], ebenso wie Bohle, der seine auslandsdeutsche Organisation aufbaute«.[73] Ernst-Wilhelm Bohle war Chef der NSDAP Auslandsorganisation (AO), die lange Zeit im Auswärtigen Amt eine eigene Organisation hatte. Allerdings – so Hanfstaengl weiter – habe ihm Goebbels die meisten Schwierigkeiten bereitet. Hitler habe seine Freude an diesem Hin und Her auf allen Ebenen gehabt, denn es ermöglichte ihm, überall die Kontrolle auszuüben. Als Chef des Auslandsamtes der NSDAP habe Rosenberg London besucht und sich dort »glücklicherweise« gründlich blamiert. Ein Kranz, den er am Grabmal des unbekannten Soldaten niederlegt habe, sei in der folgenden Nacht in die Themse geworfen worden. Hanfstaengl weiter: »Hitler, der ihn bis zum Schluss protegierte, sich aber über seine Nützlichkeit kaum Illusionen machte, tat so, als ob er seinen Besuch in England für einen Erfolg hielt. Ich wusste es besser und sagte es in der Reichskanzlei ohne Umschweife, sodass sich Hitler mit der Bemerkung umwandte: ›Hanfstaengl, Sie treiben Ihre Kritik gegen den Parteigenossen Rosenberg zu weit. Wenn das nicht aufhört, werde ich Sie entlassen.‹«[74]

Philip Metcalfe beschrieb in *Berlin 1933* Rosenbergs Amt wie ihn auch selbst als »eine erbärmliche Einrichtung: ein ›Königreich‹ von Zeitungsausschnitten aus der internationalen Presse, das von einer Handvoll ›Experten‹ für die verschiedenen Bereiche ›regiert‹ wurde. Es war Hitlers Gewohnheit, Ämter zu schaffen und es dann ihren Inhabern zu überlassen, wie sie sie ausfüllten. Rosenberg bekam einen Titel, aber kein Geld«.

Über Rosenbergs vorzeitige Abreise aus London meinte Metcalfe, dieser habe sich selbst in die Schlagzeilen gebracht, »da er so taktlos war, an einem englischen Kriegerdenkmal ein Hakenkreuzgebinde niederzulegen«.[75]

Rosenberg hoffte indessen inständig, seinen permanenten Kritiker Hanfstaengl loszuwerden, und schrieb am 12. März 1935 in sein Tagebuch: »Mehrere Besuche beim Führer, der jetzt, endlich, einen so kranken u. bösartigen Schädling wie Dr. Hanfstaengl fallen lässt. Erkannt hat er ihn natürlich schon lange als ›feigsten u. geizigsten Menschen, den ich kenne‹, aber amtlich ist er auch heute noch nicht entlassen. Was aber wohl bald folgen wird.«[76]

In dieser Phase fühlte sich Rosenberg zum einzig wirklich kompetenten Außenpolitiker der NSDAP berufen. In seinem Tagebuch beklagte er sich über Goebbels, der mit seinen Reden viel außenpolitisches Unheil anrichte:

> Dr. G. hat eine ganze Mauer gegen uns aufgerichtet u. die Stellung eines Reichsministers mit der Rolle eines Vorstadtagitators verwechselt – ihm fehlt jedes Maßvermögen und nur aus Selbstgefälligkeit angefüllt kann man keine Außenpolitik betreiben. [...] Hatte meinen Urlaub unterbrochen, um angesichts der außenpolitischen Lage mit Heß zu sprechen. Fuhr im Wagen nach München und erklärte mit aller mir zu Gebote stehenden Eindringlichkeit, dass durch derartige außenpolitische Reden wie die von Dr. G. das Deutsche Reich in schwerste Gefahr gerate, bloß weil ein Mensch ohne Maßvermögen seiner Zunge und seiner Selbstgefälligkeit freie Bahn lasse. Dann Ersuchen, mir eine Generalvollmacht für die Außenpolitik der gesamten Bewegung zu erteilen. Heß wird das dem Führer vortragen.[77]

Durch seinen Fauxpas in London – und auch durch seine permanenten judenfeindlichen Attacken – hatte sich Rosenberg selbst aus dem Rennen um das Amt des Außenministers gebracht. Chef der APA zu sein, war ein billiger Trost und reichte ihm bei Weitem nicht, was er auch häufig durchklingen ließ.

Ungeachtet der Tatsache, dass ihn auch 1933 kein wirklicher Ruf an die Parteispitze oder in ein Staatsamt ereilte, beschloss Rosenberg, in die Reichshauptstadt umzuziehen. Anders als 1918 spielte sich nunmehr das politische Geschehen an der Spree und weniger an der Isar ab.

Einen tiefen Einblick in die Verfassung von Rosenberg gibt eine Randnotiz, die seinen Umzug von München nach Berlin zum Inhalt hat. Es ist sicherlich nicht übertrieben, Rosenberg als kleinkariert zu bezeichnen. Er wollte in eine Wohnung in der Tiergartenstraße 8 in Berlin ziehen, doch ergaben sich einige kleine Hindernisse. Deshalb wandte er sich am 9. Oktober 1933 an die zuständige Hausverwaltung und beschwerte sich:

> Meinen Einzug zum 15. August d. J. hatte ich in Aussicht genommen unter der selbstverständlichen Voraussetzung, dass die Wohnung beziehbar sei. Das war aber nicht der Fall, und so habe ich meinen Umzug immer wieder hinausschieben musste, weil die Wohnung ja auch in den ersten Tagen des September noch lange nicht in Ordnung war.
>
> Es ist also nicht meine Schuld, sondern durch die Verzögerung ihrer Hersteller ist die Wohnung nicht bezugsreif gewesen. Ich muss sogar jetzt noch feststellen, dass alle Schlösser und die dazugehörigen Schlüssel nicht in Ordnung sind, sodass ich vollkommen neue einsetzen muss, die ich im Interesse der Ordnung auf meine eigene Rechnung nehme.
>
> Was die Herrichtung des Wintergartens betrifft, so ist diese nur unter dem ausdrücklichen Hinweis, dass die Kosten vom Besitzer selbst zu tragen seien, vorgenommen worden. [...]
>
> Man kann doch wohl heute dem Mieter nicht zumuten, alle überlebten Gegenstände eines alten Hauses mit zu übernehmen. Ich meinerseits trage die Mietkosten für den ganzen September, obgleich, wie gesagt, in den ersten 10 Tagen des Monats die Wohnung nicht beziehbar war, und ich glaube, dadurch auch meinerseits ein Entgegenkommen entsprechender Art gezeigt zu haben.[78]

Gute Kontakte zum Norweger Vidkun Quisling

Trotz einiger Misserfolge mochte Rosenberg von der Außenpolitik nicht lassen, wobei er sich insbesondere den Beziehungen zu norwegischen Rechtsextremisten, vor allem der faschistischen Partei Nasjonal Samling und deren Gründer Vidkun Quisling, widmete. Der Sohn eines evangelischen Pfarrers hatte die Kriegsakademie mit einem hervorragenden Abschluss verlassen, ging als Diplomat nach Moskau und wurde 1931 Kriegsminister, bevor er 1933 diesen Posten wieder abgab. Am 13. Mai 1933 gründete er die Nasjonal Samling (Nationale Einheit), die anfangs stark religiös geprägt war, sich aber bald zu einer prodeutschen und stark antisemitischen Bewegung entwickelte. Rosenberg hatte früh Kontakt zu Quisling aufgenommen und drängte Hitler, ihn zu empfangen.

Anfang Dezember 1939 hielt sich Quisling in Berlin auf und wurde u.a. von Rosenberg und Admiral Erich Raeder empfangen. Dabei entwickelte er einen Plan über einen Staatsstreich in Norwegen. Am 16. Dezember 1939 unterhielt sich Hitler – durch Vermittlung und auf Drängen von Rosenberg – selbst mit Quisling über diese Fragen. In dem Bericht über die Tätigkeit des Außenpolitischen Amtes der NSDAP für die Jahre 1933–1943 ist unter dem Titel »Politische Vorbereitungen für die militärische Besetzung Norwegens« ausgeführt, dass Hitler in seiner Unterhaltung mit Quisling sagte, er würde eine neutrale Haltung Norwegens sowie ganz Skandinaviens vorziehen, da er nicht wünsche, den Krieg räumlich auszudehnen oder andere Nationen in den Konflikt hineinzuziehen. Sollte der Feind versuchen, den Krieg auszuweiten, so wäre er gezwungen, sich gegen ein derartiges Unternehmen zu schützen. Er versprach Quisling finanzielle Unterstützung und wies die Untersuchung der damit in Zusammenhang stehenden militärischen Fragen einem besonderen militärischen Stab zu.

Bereits seit Beginn des Zweiten Weltkriegs drängte das Oberkommando der Wehrmacht (OKW) zur Sicherung der europäischen Nordflanke sowie aus kriegswirtschaftlichen Gründen auf eine Invasion in Norwegen.[79] Verschiffung und Transport des für die deutsche Rüstung unentbehrlichen Erzes aus dem neutralen Schweden erfolgten in den Häfen Norwegens und entlang seiner westlichen Küste. Die Kriegsfähigkeit des Deutschen Reichs wäre bei einem Abschneiden der Rohstoffzufuhr durch eine britische Blockade nur wenige Monate gewährleistet gewesen. Seit Anfang 1940 forderte auch der Oberbefehlshaber der Marine, Erich Raeder, vehement die Besetzung Norwegens, um Marinestützpunkte für die Seekriegführung gegen Großbritannien im Atlantik zu schaffen. Am 8./9. April begann die deutsche Invasion, und bis Juni standen etwa 130.000 Soldaten in Norwegen.

Während im äußersten Norden des Lands die erbittert geführte Schlacht um Narvik erst Ende Mai entschieden war, rückte die Wehrmacht in Süd- und Mittelnorwegen zügig ins Landesinnere vor. Durch massive Einsätze der Luftwaffe begünstigt, vereinigten sich am 30. April die von Trondheim und Oslo vormarschierenden Truppen bei Dombås. Nach der Besetzung Dänemarks boten vor allem die dänischen Flugplätze ideale Ausgangspositionen für die letztlich entscheidende Luftunterstützung sowie für die dringend benötigte Nachschubversorgung. Aufgrund der deutschen Westoffensive zogen die Alliierten ihre Truppen ab dem 3. Juni aus Norwegen ab. Auf Weisung des nach London geflüchteten Königs Haakon VII. kapitulierten die norwegischen Streitkräfte am 10. Juni.

Schon am 9. April 1940 hatte Quisling den Staatsstreich verkündet und eine Regierung eingesetzt, die nur wenige Tage alt und dann durch einen »Verwaltungsrat« als Notregierung abgelöst wurde. Das Sagen in Norwegen hatte Josef Terboven, der im April 1940 Reichskommissar geworden und höchster Repräsentant Hitlers in Norwegen war. Am 1. Februar 1942 übernahm Vidkun Quisling das Amt des norwegischen Ministerpräsidenten, das jedoch mit keinerlei Macht ausgestattet war und wurde damit Chef einer Marionettenregierung von Hitlers Gnaden. Terboven, ehemals NSDAP-Gauleiter von Essen, beutete das Land rigoros aus und wurde zur Symbolfigur deutscher Unterdrückungspolitik. Rosenberg hielt Terboven für ein »Unglück«, da er weder Kenntnis von Norwegen noch Interesse an nordischen Fragen hatte.[80]

Rosenberg beobachtete die Entwicklung in dem skandinavischen Land mit Skepsis, schließlich war er dem Land verbunden und hatte Hitler Quisling anempfohlen. Am 14. August 1942 wandte er sich an den Chef der Reichskanzlei, Reichsminister Lammers, und schilderte seine Bedenken. Er habe verstärkt das Gefühl, dass die deutschen Chancen in Norwegen nicht genutzt worden seien. Es habe »persönlich makellose Leute« gegeben, »die eine, wenn auch kleine, so doch bewusste und einsatzbereite Opposition gegen das ganze bisherige norwegische demokratische Regime darstellten«. Diese Opposition sei in den zurückliegenden beiden Jahren stark angewachsen und die Nasjonal Samling habe ihre Männer auch für die Waffen-SS im Osten zur Verfügung gestellt. Die Ernennung Quislings zum Ministerpräsidenten sei so aufgefasst worden, dass nunmehr die neue norwegische Verwaltung – selbstverständlich unter Berücksichtigung aller deutschen militärischen Notwendigkeiten – freiere Hand bekäme und der übergeordnete Posten eines Reichskommissars nicht so hervortreten würde wie früher. Viele Norweger seien jetzt aber zu der Überzeugung gekommen, von deutscher Seite aus beschränke man sich »auf eine den Norweger demütigende Form der politischen und wirtschaftlichen Behandlung«. Es sei deshalb kein Wunder, wenn aus den für Deutschland einsatzfähigsten Menschen nach und nach eine eng norwegisch-nationalistische Stimmung entstehe. All die Bemühungen, die in den früheren Jahren von ihm, Rosenberg, ausgegangen seien und die Quisling zur Vertrauenshaltung gegenüber dem Führer veranlasst hätten, würden immer mehr vereitelt werden. So sei es kränkend, »wenn z.B. norwegische Angehörige der Waffen-SS bei einer Äußerung, dass sie auch für ein freies Norwegen eintreten, zur Strafe 50 Kniebeugen machen müssten unter dem Motto: ›Das macht Ihr [...] jetzt für Norwegens Freiheit‹.« Deutschland hätte, so Rosenbergs Fazit, in gewissen Fragen einer germanischen Bewegung großzügiger gegenübertreten können, ohne das Geringste zu riskieren. »So, wie die Dinge laufen, verwandelt es einsatzbereite Freunde in nationalistische Gegner.«[81]

Bemerkenswert, aber auch für Rosenberg kennzeichnend, ist, dass er die Vorbereitungen für die Besetzung Norwegens für sich in Anspruch nahm oder – wie er es formulierte – »die ganze politische Vorbereitung des Norwegenproblems über mich gegangen ist«.[82] Quisling habe seine »Offiziersehre in die Hand des Führers gelegt« und ihm und seinen Mitarbeitern derart vertraut, dass er alle Wünsche und Mitteilungen für Hitler ihm übergeben habe. Um die Mission durchzuführen, sei Pg. Scheidt von der Front nach Norwegen geholt worden. Er habe die Mission so erfolgreich durchgeführt, dass nichts zu Ohren der gegnerischen Kräfte gelangt sei. »Der Führer hat mir Ende April 1940 nach dem geglückten Unternehmen gesagt, dass er diesen verwegenen Handstreich wohl kaum riskiert hätte, wenn er nicht durch mich die konkreten Vorgänge im Lager unserer norwegischen Regierungsgegner und über die Tätigkeit der Engländer und Franzosen zur Kenntnis erhalten hätte.«[83]

Lob und Anerkennung vom »Führer«

Der Historiker Max Domarus begann 1932 mit der systematischen Sammlung von Hitler-Äußerungen. Sein vierbändiges Werk *Hitler. Reden und Proklamationen 1932–1945. Kommentiert von einem deutschen Zeitgenossen* ist eine ergiebige Quelle auch im Hinblick auf das sich verändernde Verhältnis Hitlers zu Rosenberg, das anfänglich von einer gewissen Freundschaft und schließlich von Missachtung seitens Hitlers geprägt war. Dasselbe gilt natürlich und ganz besonders für Rosenbergs Tagebuchaufzeichnungen. Bei Domarus ist beispielsweise unter dem Datum 31. Dezember 1933 folgendes Anerkennungsschreiben Hitlers zu finden:

> Mein lieber Parteigenosse Rosenberg!
> Eine der ersten Voraussetzungen für den Sieg der nationalsozialistischen Bewegung war die geistige Zertrümmerung der uns gegenüberstehenden feindlichen Gedankenwelt. Sie, mein lieber Parteigenosse Rosenberg, haben seit der Zeit Dietrich Eckarts nicht nur unentwegt den Angriff gegen diese Ideenwelt geführt, sondern durch die politische und weltanschauliche Leitung des Zentralorgans der Partei unerhört dazu beigetragen, die weltanschaulich einheitliche Durchdringung unseres politischen Kampfes sicherzustellen. Am Abschluss des Jahres der nationalsozialistischen Revolution drängt es mich daher, Ihnen, mein lieber Parteigenosse Rosenberg, aus ganzem Herzen für die wahrhaft großen Verdienste zu danken, die Sie sich um die Bewegung und damit um das deutsche Volk erworben haben.
> In herzlicher Freundschaft und dankbarer Würdigung
> Ihr
> Adolf Hitler[84]

Dieses Schreiben wird so ganz nach Rosenbergs Geschmack gewesen sein, denn er lechzte geradezu nach Anerkennung durch seinen

»Führer«. In seinen Tagebuchaufzeichnungen führte er gleich in der ersten Eintragung, am 14. Mai 1934 an, er sei am 4. Mai 1934 beim »Führer« gewesen.[85] Er habe ihn darüber unterrichtet, dass Vizekanzler Franz von Papen bei seinem jüngsten Besuch in der ungarischen Hauptstadt Budapest erklärt habe, Rosenberg bedeute nichts mehr und sei erledigt. Rosenberg wusste noch mehr zu berichten: Deutschlands Botschafter in Rom, Ulrich von Hassel, habe Propagandaminister Joseph Goebbels einen Klagebrief über Rosenberg schicken wollen. Als er gehört habe, dass Rosenberg zum Leiter des Außenpolitischen Amtes der NSDAP (APA) ernannt worden sei, habe »der neue Parteigenosse« [von Hassel war 1933 in die NSDAP eingetreten, d. Verf.] den Brief aus dem Kuriergepäck herausnehmen lassen. Für Rosenberg noch wichtiger: »Zum Schluss dankte mir der Führer mit mehrfachem Händedruck für meine Arbeit.«

Am 2. August 1934 war Rosenberg vormittags kurz bei Hitler, dann nachmittags erneut.[86] Zunächst unterhielt er sich mit Hanns Kerrl, dem Reichsminister für kirchliche Angelegenheiten, und dann kam Hitler über private und außenpolitische Fragen auf Mystisches zu sprechen, nämlich darauf, dass Hindenburg am 20. August gestorben sei. Entscheidend für Rosenberg war jedoch der Satz: »Den allerbesten Nachruf über ihn haben Sie geschrieben, Rosenberg.« Für Rosenberg hatte der Tod Hindenburgs durchaus positive Seiten: »Ein Großer ist dahin. Aber die NSDAP hat freie Bahn erhalten, um ihr Reich zu vollenden. Kostbare Zeit musste vergehen, vieles konnte getan werden u. wurde aus Sabotage unter Berufung auf H. unterlassen. Jetzt ist der Führer *alleiniger*[87] Herr über Deutschland. Alle Voraussetzungen für den n.s. Staat sind endlich vorhanden.«[88]

Von Beginn ihrer Bekanntschaft an glorifizierte Rosenberg Hitler in einem unerträglichen Maß. Zu Hitlers Geburtstag am 20. April 1923 formulierte er beispielsweise: »Wir können schon heute sagen, dass der Name Hitler nicht nur für uns einen mystischen Klang angenommen hat. Unter diesem Namen wird das deutsche Volk einmal geschieden werden in Spreu und Weizen. Dieser Name geht schon eben als Symbol durch die ganze Welt. Gehasst ist er und geliebt, wie alles Große.«[89]

Zweiundzwanzig Jahre später, nach Ende des »Dritten Reichs« und als Angeklagter vor dem Alliierten Militärtribunal in Nürnberg klang das ganz anders. Im Gespräch mit dem amerikanischen Gerichtspsychologen Gustave M. Gilbert äußerte er sich am 28. Dezember 1945 zu dem von Hitler praktizierten »Führerprinzip« folgendermaßen: »Das Volk verfiel darauf, Hitler zu einem Idol zu erheben und ihm zu blinder Treue verpflichtet zu sein. Das war nicht der ursprüngliche Gedanke. Ich habe sogar in meinen Reden gesagt, diese Konzentration der Macht sei nur eine kriegsbedingte Notwendigkeit. Doch das soll nicht heißen, dass das Führerprinzip verkehrt war.«[90]

Das Volk soll Hitler zum Idol erhoben haben? Doch wohl nur, weil Gefolgsleute wie Rosenberg in bedingungsloser Treue Hitler glorifizierten. So ganz mochte sich Rosenberg selbst als Gefangener der Alliierten nicht von Hitler lösen. Nicht der »Führer« trug demnach Rosenbergs Ansicht zufolge die Schuld an allem Schrecklichen, ließ er Gilbert wissen. Und auch das musste sich der Gerichtspsychologe anhören: »Sie können uns nicht für die Schandtaten, die geschahen, zur Verantwortung ziehen. Das war nicht die ursprüngliche Idee. Oh, ich gebe zu, wir tragen eine gewisse Verantwortung dafür, dass wir eine Partei aufbauten, die ein Misserfolg war und abgeschafft werden sollte. Aber Schuld im Sinn strafbarer Handlungen ... Verschwörungen und all das ... das waren höchstens Hitler, Himmler, Bormann und vielleicht Goebbels. Doch die sind tot. Wir haben keine Schuld. Himmler ist in Wirklichkeit der Schuldige.«[91] Mit dieser Sichtweise exkulpierte sich Rosenberg gewissermaßen selbst, denn er war ja Gefolgsmann Hitlers und nicht Himmlers.

In der Sammlung von Rosenberg-Schriften aus den Jahren 1917 bis 1921 schrieb Alfred Baeumler, Rosenberg habe Hitler sofort als »seelischen und politischen Mittelpunkt eines neuen Deutschlands« gesehen: »Adolf Hitler war für ihn der Seelenerwecker der Nation und zugleich der Einzige, dem er zutraute, dass er die Verantwortung für das Ganze übernehmen und tragen könne. [...] ›Ob auf den Schlachtfeldern in Frankreich, ob vor Tausenden seiner Freunde und Feinde, ob vor einem Gericht, überall ist er sich gleich geblieben: der Führer, der Mann, der die Sehnsucht der Besten verkörperte, ihrem Drängen Ausdruck verlieh bis zur Tat, über die Tat hinaus.‹ So schrieb Rosenberg während des Hitlerprozesses im Februar 1924, in der dunkelsten Zeit, während derer er am Wiederaufbau der zerschlagenen Partei wirkte, in der *Großdeutschen Zeitung,* die damals den *Völkischen Beobachter* zu ersetzen suchte. [...] Wenn deutsches Wesen nicht ein Traum einer versunkenen Vergan-

genheit ist, sondern überhaupt noch als seelische Kraft im Volke schlummert, dann wird dieses Volk seinen Erwecker einstmals doch als Führer emportragen auf den Platz, wohin er gehört.«[92]
In der Ausgabe des *Völkischen Beobachters* vom 13./14. März 1932 legte Rosenberg im Hinblick auf die Reichstagswahlen folgendes Bekenntnis zu Hitler ab:

> Adolf Hitler ist heute der Staatsanwalt der deutschen Nation, er soll morgen ihr Richter sein. Jetzt ist an die deutsche Nation die Pflicht herangetreten, ihm diese Treue zu danken. Nicht aus Sentimentalität, sondern aus der klaren Erkenntnis, dass in keines Mannes Hand das Schicksal Deutschlands besser gewahrt ist als in der Faust Hitlers. [...] Immer hat er recht gehabt, die anderen haben uns ins Verderben geführt, wollen aber nicht abtreten, sondern uns noch weiter missregieren. Und wir wollen den Führer, der durch seine Leistung Führer geworden ist, mit allen Kräften stützen. [...] So gilt der Gruß dieses erwachten, kämpfenden Deutschlands der Zukunft Adolf Hitlers. Ein deutscher Volksherzog im heutigen Gewande als Ausdruck ewiger Werte des Germanentums. Was gesund und kraftvoll ist, kürt deshalb am 13. März den Schmied der deutschen Seele. Heil Hitler!

Im Oktober 1936 lud Hitler Rosenberg auf den Obersalzberg ein, wo er ihn in seinem neuen Domizil begrüßte. Voller Pathos brachte Rosenberg das Erlebte zu Papier. »Mit Rührung zeigte mir der Führer seine Bilder, sein Arbeitszimmer. Als ich das Bild des verstorbenen Fahrers Schreck betrachtete, sagte er: ›Es beginnt einsam um uns zu werden. Vieles ist ersetzbar, aber nie gemeinsame Erinnerungen.‹ Dann musste ich erzählen, wie ich Dietrich Eckart kennengelernt hatte. Er sagte, dass er mich ja bei E. zum ersten Mal gesehen hatte. ›In der schwarzen Sammetjacke, die Sie damals trugen.‹«[93] Im Anschluss an diese rührselige Szene erörterten die beiden, wie der Weltbolschewismus besiegt werden könne. Die Schlüsselrolle sollte dabei – wie sollte Rosenberg es auch anders formulieren – ihm zukommen:

> Dann folgte mein dreistündiger Vortrag. Zuerst der Plan zur Sicherung aller an die Sowjet-Union grenzenden Staaten. [...] Die Arbeit gegen den Weltbolschewismus müsse jetzt die wichtigste Aktion sein. Es sei erstaunlich, wie oberflächlich das Ausland dieses Problem betrachte. Wir seien die Einzigen,

die es begriffen hätten. Und unter uns sei keiner, der es so beherrsche wie ich. Er wollte mir hierfür eine Vollmacht geben als seinem Beauftragten in dieser Frage. Die Welt müsse wissen, dass die geistige u. organisatorische Zentrale zur Abwehr dieser Weltzerstörung in Deutschland liege. Wenn das deutschjapanische Abkommen jetzt veröffentlicht werde, so müsse er den japanischen Botschafter z.B. an eine Stelle weisen, die bevollmächtigt sei, die Arbeit zu führen; das sollte ich sein.[94]

1937 erhielt Rosenberg aus der Hand Hitlers den erstmals vergebenen deutschen Nationalpreis, der als Gegengewicht zum Nobelpreis gedacht war. In einer geradezu penetranten Weise feierte sich Rosenberg in seinen Tagebuchnotizen selbst:

> Nach dem Parteitag
> Als entscheidendes Zeichen dieser Tage wurde von Partei und Ausland die Auszeichnung für mich durch Verleihung (als Erstem unter den Lebenden) des Nationalpreises empfunden. Mit Recht, denn *alle* empfanden, dass diese Verleihung *mehr* war als eine wissenschaftliche Angelegenheit. Mit mir verknüpft sich nun einmal der Begriff des erbittertsten Kampfes gegen Rom. Ich habe ihn trotz aller »wissenschaftlichen« Bemühungen, mich tot zu machen, durchgehalten, ich habe zu meinem Werk gestanden. Und wenn der Führer auch amtlich sich zurückhalten musste, so hat er mich doch den Kampf führen lassen. Die Herausstellung meiner Person war somit Reichs-Programm geworden; die »privaten Ansichten« zu Grundlagen der ganzen Revolution des Führers erklärt worden. Ein ausl. Presse-Attaché sagte mir ein paar Tage darauf, ein päpstl. Organ hätte die Preisverleihung an mich als Schlag ins Gesicht des Hl. Vaters erklärt. Dieser Hl. Vater hat dann auch vor deutschen Pilgern »mit Kummer« erklärt, es sei schrecklich, dass einer, der alles Katholische angreife »zum Propheten des Reiches« erklärt worden sei.[95]

Nur drei Personen hätten um die Preisverleihung gewusst, gab Rosenberg an:

> Als ich 14 Tage vorher den Führer fragte, wen er sich denn als Preisträger auserwählt habe, bekam er plötzlich Tränen in die Augen und sagte: »Den ersten Preis des Reiches können doch nur Sie erhalten. Sie sind doch der Mann ...« Ich dankte ihm gerührt, daran hatte ich überhaupt nicht gedacht.

Als ich das Urban[96] sagte, fing er fast an zu heulen u. sagte: Endlich hat man an *Sie* gedacht.
Als mein Name dann auf der Kulturtagung fiel, ging es wie ein fühlbarer Ruck durch alle u. dann setzte ein Beifall ein, von einer einmütigen Wucht. Ohne Ende. Und ich *wusste* nun, dass ich mir das Herz der alten Partei erkämpft hatte, die durch die große Geste des Führers nun wie befreit war. Die Gauleiter haben z.T. geheult. Ein Teil ging später zum Führer und dankte ihm für diese Tat. Der gute Röver[97] sagte dem Führer: »Das ist der schönste Tage *meines* Lebens.«[98]

Abends habe er mit alten Kameraden zusammengesessen, und es sei bemerkt worden, »dass es Dr. G. sein musste, der auf Befehl des Führers die *Begründung* der Preisverleihung zu verlesen hatte. [...] Jetzt musste er vorlesen, dass erst eine spätere Zeit überhaupt begreifen werde, was A.R. für die Gestaltung des n.s. Reiches bedeute.«[99]

Demgegenüber ist in Goebbels' Tagebüchern zu lesen:

26. Juni 1937: Besprechung der Kandidaten für Nationalpreis. Ich habe jetzt eine ganze Reihe zusammen. Aber Rosenberg? Das will mir partout nicht in den Sinn.[100]
27. Juli 1937: Lange Aussprache mit dem Führer: Ich lege ihm Vorschläge für Nationalpreis vor. Er tendiert stark zu Rosenberg. Aber will sich alles noch mal überlegen.[101]
15. August 1937: Mit Gerland[102] Organisationsfragen des Parteitages besprochen [...] Die politischen Reden halten Rosenberg, Dr. Dietrich und ich. Rosenberg über Russland, ich über Spanien.[103]
3. September 1937: Führers Meinung Nationalpreis: Rosenberg, Sauerbruch und Furtwängler. Ein merkwürdiges Dreigespann. Rosenberg passt so gar nicht da hinein. Aber der Führer will ihm ein Pflaster auf die Wunden des unbefriedigten Ehrgeizes legen. Und das ist auch gut so. Im Übrigen fällt die Entscheidung erst in Nürnberg selbst.[104]
4. September 1937: Ich lese Rosenbergs Rede. Sie ist nicht berühmt geworden. Er bringt immer dasselbe. Er hat ein neues Buch geschrieben *Protestantische Rompilger*. Wieder mit sehr ungeschickten Formulierungen. Er hat ein großes Talent, Porzellan zu zerschlagen.[105]
7. September 1937: Mit Führer Nationalpreisträger durchgesprochen: Wir haben uns auf folgender Basis geeinigt: Troost noch mal ehrenhalber über das

Grab hinaus. Dann Rosenberg, Sauerbruch und Filchner. Eine ganz ulkige Zusammenstellung. Ein scharfer Parteimann und ein Mann der freien Medizin. Dazu noch ein bedeutender Forscher. Das macht einen guten Eindruck.«[106]

Distanzierung von Rosenbergs *Der Mythus des 20. Jahrhunderts*

Rosenberg bestand stets darauf, alleiniger »Partei-Philosoph« zu sein. Konkurrenz duldete er nicht. Das musste beispielsweise Hitlers Pressechef Otto Dietrich erfahren. Empört notierte Rosenberg am 26. Dezember 1934, Dietrich fange an, plötzlich »philosophische Grundlagen der Bewegung« legen zu wollen, und dies »ausgerechnet mit der Aufnahme der universalistischen Idee, die wir seit Jahren bekämpfen«. Rosenberg verbot, Dietrichs Vortrag zu Schulungszwecken zu verwenden oder in der Presse positiv zu besprechen. Dietrichs philosophischen Ausflug bezeichnete er als »graue Begleiterscheinungen eines doch großen Kampfes«. Aber »der Empfang, den mir die Partei jetzt *überall* macht, zeigt, dass *sie* verstanden hat, dass es jetzt nicht mehr um ›Propaganda‹, sondern um Gestaltung geht. Mein *Mythus* hat jetzt 250.000 Auflage, ein Jahrhunderterfolg. Rom hat deshalb alle Kräfte mobilisiert und die Studien zum *M. d. 20. J.* herausgegeben, um mich wissenschaftlich zu erledigen.«[107]

Die römische Zeitung *Osservatore Romano* schreibe wütend, das Buch sei viel gefährlicher als die Deutsche Glaubensbewegung. Selbstbewusst meinte Rosenberg: »Das glaube ich auch, weil auf der Ebene des Ringens um Werte der Kampf Roms nicht mehr so aussichtsreich ist wie früher.« In der Tat hatte der Vatikan Rosenbergs *Mythus des 20. Jahrhunderts* auf den Index gesetzt. Und gegen die Praxis, keine Gründe für Entscheidungen öffentlich bekannt zu geben, hatte das Heilige Offizium in der Ausgabe 36 vom 14. Februar 1934 folgende Begründung für die Indizierung genannt: »Das Buch macht verächtlich und verwirft von Grund aus alle Dogmen der katholischen Kirche; ja sogar die Fundamente der christlichen Religion selbst; es verficht die Notwendigkeit der Einführung einer neuen Religion bzw. einer neuen deutschen Kirche und stellt den Grundsatz auf, dass heute ein neuer mythischer Glaube im Entstehen sei; ein mythischer Glaube an das Blut; ein Glaube, der es für

Der Mythus des 20. Jahrhunderts

Eine Wertung der seelisch-geistigen Gestaltenkämpfe unserer Zeit

Von
Alfred Rosenberg

51.–52. Auflage

> Diese Rede ist niemand gesagt, denn der sie schon sein nennt als eigenes Leben, oder sie wenigstens besitzt als eine Sehnsucht seines Herzens. Meister Eckehart

1935

Hoheneichen-Verlag München

wahr hält, auch die göttliche Natur des Menschen könne durch das Blut verteidigt werden; ein Glaube, der von klarster Erkenntnis gestützt, feststellt, das nordische Blut stelle jenes Geheimnis dar, durch das die alten Sakramente ersetzt und überwunden werden.«[108]

Hitler und mit ihm wohl die meisten NS-Führungskräfte waren hingegen vom *Mythus des 20. Jahrhunderts* nicht so überzeugt, wie Rosenberg und wie es die Auflagenzahlen suggerierten. Henry Picker beispielsweise dokumentierte Hitlers Ansicht, die er am 11. April 1942 kundtat, folgendermaßen:

»Beim Abendessen betonte der Chef, dass Rosenbergs *Mythus* nicht als ein parteiamtliches Werk angesehen werden könne. Er, der Chef, habe es seinerzeit ausdrücklich abgelehnt, diesem Buch parteipäpstlichen Segen zu geben, da schon sein Titel schief sei. Denn man könne nicht sagen, dass man den ›Mythus des 20. Jahrhunderts‹, also etwas Mystisches, gegen die Geistesauffassungen des 19. Jahrhunderts stellen wolle, sondern müsse als Nationalsozialist sagen, dass man den Glauben und das Wissen des 20. Jahrhunderts gegen den Mythus des 20. Jahrhunderts stelle.«[109]

Damit nicht genug. Hitler soll sich Picker zufolge auch über die Leser- bzw. Käuferschaft geäußert haben: »Bemerkenswert sei, dass die Hauptleserschaft dieses Rosenberg'schen Werkes nicht nur bei den Altparteigenossen zu suchen sei. Man habe in der ersten Zeit nach Erscheinen des Buches sogar die größten Schwierigkeiten gehabt, um überhaupt die Erstlingsauflage absetzen zu können. Erst als das Werk in einem Hirtenbrief erwähnt worden sei, sei es gelungen, die ersten 10.000 Exemplare loszuwerden. Dass der Münchener Kardinal Faulhaber so dumm gewesen sei, auf einer Bischofskonferenz Zitate aus dem *Mythus* anzuführen und anzugreifen, habe erst die zweite Auflage ermöglicht. Als das Buch dann auf den Index gekommen sei, da man eine Häresie der Partei unterstellt habe, sei die Nachfrage nach dem Buch weiter gestiegen. Und als dann von der katholischen Kirchen all die Kampfschriften gegen die Rosenberg'schen Gedankengänge mit all ihren Erwiderungen herausgekommen seien, sei die Auflagenziffer auf 170.000 beziehungsweise 200.000 heraufgeklettert.«[110]

Hitlers Pressechef Otto Dietrich stützt diese Ansicht: »Nach außen war Hitler in Anbetracht der gefühlsmäßig empfindlichen Schwierigkeiten des Problems auf eine Politik der Zurückhaltung gegenüber den

Konfessionen bedacht. Rosenbergs *Mythus des 20. Jahrhunderts* hat er nur nach schweren Bedenken auf dessen Drängen als inoffizielle Arbeit zum Druck freigegeben. Aber er hat den Heißspornen in der Partei, Himmler und insbesondere Bormann, der unaufhörlich gegen die Kirchen wühlte, keine Zügel angelegt, sondern sie eher unterstützt und durch seine internen, drastischen kirchenfeindlichen Äußerungen ermutigt.«[111] Und bei Domarus war unter dem 8. Januar 1940 zu lesen: »Am 21. Januar übertrug Hitler dem ›weltanschaulichen Schulungsleiter der Partei‹, Alfred Rosenberg, von dem man seit 1933 in der Öffentlichkeit wenig mehr hörte, ein neues Amt. Er konnte bekanntlich dessen verschrobene kultische Ideen nicht leiden und spottete gewaltig über den *Mythus des 20. Jahrhunderts.*«[112]

Wie unterschiedlich Wahrnehmungen sein können, demonstrierte einmal mehr Rosenberg. Max Amann habe ihn besucht und dabei von einem Gespräch mit Hitler erzählt. Er habe Hitler empfohlen: »Wenn Sie etwas ganz Großes lesen wollen, dann lesen Sie R's Buch.« Hitler, der das Buch bereits kannte, habe geantwortet: »Ja, wenn R's Gebeine längst bleichen werden, wird man noch immer von diesem Buch sprechen.«[113]

Die Arroganz Rosenbergs brach einmal mehr durch, als er sich an dieser Stelle auch zu Reichskirchenminister Kerrl äußerte. »Kerrl, kaum gesund geworden, hetzt bei seinen Leuten gegen den *Mythus*. Geistige Nullen empfinden eine Leistung ja stets als Vorwurf.« Da Kerrl zu dieser Zeit das geplante nationalsozialistische Schulgesetz ablehnte und der Auffassung war, es sei für den Nationalsozialismus selbstverständlich, »den konfessionellen Religionsunterricht obligatorisch zu machen«, hakte Rosenberg nach: »Das Leben fördert also Untergründe nach oben, die man inmitten des politischen Kampfes bei vielen nicht vermutete. Bei Kerrl kommt also ein geistiger Domestike zum Vorschein.«[114]

»In eigener Sache« äußerte sich Rosenberg 1935 zur Kritik der katholischen Kirche an ihm und dem *Mythus des 20. Jahrhunderts*, und einmal mehr wird seine völlige Selbstüberschätzung sichtbar. In den letzten Monaten hätten die persönlichen Angriffe gegen ihn derartige Formen angenommen, »dass es einige Jesuiten und Kardinäle wagen, mir Geschichtsfälschung, d.h. also bewusste Entstellung der Geschichte, vorzuwerfen und gar kommunistische Quellen als meine Hilfen anzugeben«. Um sein »sachliches Ansehen« zu verteidigen, werde er deshalb demnächst eine Antwort an die »Dunkelmänner unserer Zeit« herausgeben. Er tue das nicht in parteiamtlicher Funktion, sondern als Verfasser des *Mythus*.[115]

Realitätsleugnung und Selbstüberschätzung werden auch aus einer anderen Äußerung erkennbar. Im Vorwort zur Auflage, mit der die 150.000-Marke überschritten wurde, meinte er:

> Der *Mythus* hat heute tiefe, nicht mehr auszutilgende Furchen in das Gefühlsleben des deutschen Volkes gezogen. Immer neue Auflagen sind ein deutliches Zeichen dafür, dass ein entscheidender geistig-seelischer Umbruch zu einem geschichtlichen Ereignis heranwächst. Vieles, was in meiner Schrift scheinbar absonderliche Idee war, ist bereits staatspolitische Wirklichkeit geworden. Vieles andere wird, so hoffe ich, noch als weiteres Ergebnis des neuen Lebensgefühls seine Verkörperung finden.[116]

Künder des neuen deutschen Menschen

Selbst wenn Hitler gegenüber Rosenbergs *Mythus* skeptisch gewesen sein mag, wird sein »Beauftragter« Berichte wie den folgenden aus der Zeitung *Nordland,* Wochenschrift für gottgläubige Deutsche, vom 2. November 1940 umso lieber gelesen haben:

»Die Geschichte kennt nur wenige Bücher, denen bahnbrechende Wirkung beschieden ist. Ihre Macht über die Geister ist dann vergleichbar mit der Macht, welche die großen handelnden Persönlichkeiten auszuzeichnen pflegt. Zwar führen sie nicht selbst in das Reich der Freiheit, aber in kühnem Fluge der Gedanken weisen sie der Tat den Weg zu einem neuen, dem Blick bisher verborgenen Ziel. [...]«

Rosenberg habe die Lehre von den unvergänglichen Charakterwerten der germanisch-nordischen Rassenseele verkündet. »Wie ein erratischer Felsblock erhob sich sein Werk im geistigen Suchen der Zeit, als Offenbarung von Millionen begrüßt und in seiner Wirkung so umfassend, dass es auch noch dem Gegner die Fragestellung aufzuzwingen vermochte. [...]

Man kann es nicht genug bewundern, mit welch intuitiver Gewissheit Rosenberg das Bild dieses neuen Menschentypus mit all seinen für die Bereiche der Politik und Kultur sich ergebenden Konsequenzen in einer Zeit entworfen hat, die innerlich richtungslos den verschiedensten

Ideologen und Götzen nachlief und äußerlich immer näher an den Abgrund des Chaos zu rücken schien. [...] Am Ende einer alten Epoche stehend, hat er den Herzschlag eines neuen Zeitalters bereits in den alten Formen und überkommenen Einrichtungen schlagen gehört.«[117]

An dieser Stelle sei ein Zeitsprung in das Jahr 1946 erlaubt: Rosenberg und andere hatten sich vor dem Nürnberger Militärtribunal zu verantworten. Am 24. Mai 1946 war vormittags der ehemalige Reichsjugendführer Baldur von Schirach vernommen worden. Dabei hatte sich durch eine Frage von Rosenbergs Anwalt herausgestellt, dass Schirach den *Mythus des 20. Jahrhunderts* nie gelesen hatte. Der amerikanische Gerichtspsychologe G. M. Gilbert beobachtete Rosenbergs Reaktion, der in Wut geraten sei und seinen Anwalt beschimpft habe, weil er eine derart törichte Frage gestellt habe.»Als die Angeklagten den Gerichtssaal verließen, um zum Essen zu gehen, fragte ich jeden von ihnen, ob er jemals Rosenbergs *Mythus* gelesen habe. Keiner hatte ihn gelesen. Die meisten lachten darüber, nur Streicher behauptete, es sei ein sehr tiefgründiges Werk und für ihn etwas zu ›hochgeistig‹. Ich sagte zu Rosenberg, er solle sich nichts daraus machen, dass keiner der Angeklagten den Mythos gelesen habe. ›Ich schreibe aber keine Bücher, damit sie keiner liest! Wer hat diesen blöden Anwalt geheißen, danach zu fragen?‹ Rosenberg kochte vor Wut.«[118]

Am 25. und 26. Mai 1946 besuchte Gilbert Rosenberg in seiner Zelle:

> Rosenberg war verärgert, weil Schirach seinen, Rosenbergs, Einfluss als unbedeutend abgetan hatte. Er behauptete, er habe niemals irgendwen gezwungen, den *Mythus* zu lesen; er sei aber überrascht gewesen, wie viele Menschen aus allen Schichten ihn gelesen hätten. Ich fragte ihn, wie er über Schirachs Verurteilung des Antisemitismus dachte. Er erwiderte erregt, dies alles sei jetzt angesichts der Judenvernichtung leicht gesagt; er versuche jedoch zu beweisen, dass es die Rassenideologie seit vielen Jahrhunderten in vielen Ländern gegeben habe.»Und nun ist sie plötzlich ein Verbrechen geworden, nur weil die Deutschen sie in die Tat umgesetzt haben.« Ich fragte ihn nochmals, ohne auf die Gründe seiner früheren Einstellung näher einzugehen, ob er nicht jetzt erkenne, welch gefährliches Spielzeug das Rassevorurteil sei, und ob Schirach nicht recht habe, wenn er sage, dass jeder,

der dieses Vorurteil noch nach den Massenmorden von Auschwitz hege, ein Verbrecher sei.

Rosenberg vermochte dies nicht einzusehen; er erging sich vielmehr beharrlich in historischen Überlegungen. Die katholische Kirche vertrete ebenfalls eine fanatische Ideologie, und aus dem gleichen Grunde sei die polnische Politik seit 150 Jahren immer gegen Deutschland gerichtet gewesen. Martin Luther habe eine antikatholische Ideologie gepredigt, sie sei damals gerechtfertigt gewesen, habe aber zum großen Blutvergießen des Dreißigjährigen Krieges geführt. [...] Es gäbe in der Welt verschiedene Rassen und Nationalitäten, der Kampf läge in der Natur des Menschen! Das anglo-amerikanische oder, besser gesagt, das amerikanisch-englische Volk habe jetzt die Führung in der Welt; es müsse sie behalten, sonst würde Russland die Welt beherrschen!

Er hielt die UNO lediglich für das Werkzeug des einen oder anderen, um sich die Vorherrschaft in der Welt zu erzwingen. Vor dem Führerprinzip gebe es kein Entrinnen. Wie dem auch sei, Amerika werde sehr bald mit seinem eigenen Rassenproblem fertig werden müssen, wieder Rosenberg voller Hoffnung.[119]

Abfuhr vom *Völkischen Beobachter*

Im Zusammenhang mit dem *Mythus des 20. Jahrhunderts* sei ein Blick auf so etwas Profanes wie die Einkünfte Rosenbergs aus seiner schriftstellerischen Tätigkeit erlaubt, die ihn in erheblichem Umfang in Anspruch nahm. Aus einem Schreiben des Zentralverlags der NSDAP vom 14. März 1935 an Rosenberg ging hervor, dass *Der Mythus* zu diesem Zeitpunkt bereits die 52. Auflage erreicht hatte. Die folgenden Zahlen machen deutlich: Es wird Rosenberg bei seinen Schriften auch oder besonders um die Verbreitung seiner Ideologie, um Macht und Einfluss gegangen sein – ordentlich verdient hat er daran auch.

Am 14. März 1935 waren vom Parteiverlag 45.787,86 RM gutgeschrieben worden. Das ergab inkl. einer Zahlung von 40.800 RM vom 6. März gesamt 98.671,91 RM.[120]

Mit Stand vom 31. Dezember 1934 hatten seine Schriften diese Auflagen erzielt und folgende Einkünfte generiert:[121]

Blut und Ehre, 4. Auflage 10.000, auf Lager 1548
8452 verkauft à 45 Pfg. = 3803,40 RM
Sumpf, 1. Auflage 4500, früher honoriert: 2407 = 2093, auf Lager 313
1.780 verkauft à 30 Pf. = 534 RM
Religion des Meister Ekkehart, 1. Auflage 5000, davon auf Lager 439
4561 à 8 Pfg. = 364,88 RM
Revolution in der bildenden Kunst, 1. Auflage 4850, davon bereits honoriert: 1360, auf Lager 1014
2476 verkauft à 3 Pfg. = 74,28 RM
Wesensgefüge, 10. Auflage 5000, 11. Auflage: 5000,
10.000 à 10 Pfg. = 1000 RM
Der Mythus des 20. Jahrhunderts, 13.–50. Auflage, 40.000 à 90 Pfg. = 36.000 RM
51.–52. Auflage: 10.000, davon auf Lager 5540
Verkauft: 4457 à 90 Pfg. = 4011,30 RM
Gesamt: 45.787, 86 RM

Ein Jahr später, mit Stand vom 31. Dezember 1935, ergaben sich folgende Verkaufszahlen bzw. Honorareinnahmen:
Blut und Ehre, 5. und 6. Auflage, 15.000 à 45 Pfg. = 7532,10 RM
Dietrich Eckart, 2. Auflage 5000à 0,40 Pfg. = 1811,60 RM
Dunkelmänner, 28.–31. Auflage, 80.000 à 12 Pfg. = 7419 RM
Der Mythus des 20. Jahrhunderts, 71.–90. Auflage, 112.481 Exemplare à 90 Pfg., = 78.767, 10 RM
Geschenkausgabe: 1. Auflage 10.000, verkauft 927 à 1,20 RM = 1112,40 RM
Die Religion des Meister Eckhart, 2. Auflage, 5000, verkauft: 1845 à 8 Pfg. = 147,60 RM
Gesamt 96.789,80 RM

Stand 31. März 1942 (nur Einnahmen)
Dunkelmänner: 787,92 RM
Mythus des 20. Jahrhunderts, Dünndruck: 37.260 RM
Novemberköpfe: 1561,50 RM
Das Parteiprogramm: 2010 RM
Protestantische Rompilger: 671,05 RM
Revolution der bildenden Kunst: 12,39 RM

Verteidigung: 124,72 RM
Zionismus: 218,16 RM
Hier spricht H:. 13,50 RM
Spur der Juden: 494,26 RM
Gesamt: 43.153,32 RM

Obwohl für Rosenberg die Herausgabe von kleineren Schriften bis hin zu voluminösen Büchern eine einträgliche Einnahmequelle war, waren Verlage in der Regel nicht erfreut, wenn Rosenberg ihnen seine Manuskripte anbot und lehnten sie häufig ab. Das änderte sich erst mit dem wachsenden Einfluss der NSDAP und parteieigenen Verlagen.

Auch das Manuskript des *Mythus des 20. Jahrhunderts* war bei den unabhängigen Verlagen zunächst auf wenig Gegenliebe gestoßen. Vom Verlag R. Oldenbourg erhielt Rosenberg im Juli 1927 beispielsweise eine ablehnende Nachricht: »Unter Bezugnahme auf Ihren Besuch und die Vorlage eines Inhalts-Verzeichnisses des von Ihnen verfassten Werkes *Der Mythus des zwanzigsten Jahrhunderts*, teilen wir Ihnen mit, dass unsere Verlagsbuchhandlung sich leider nicht zur Verlagsübernahme dieses Werkes entschließen konnte.«[122] Der Stoff verlange mindestens eine Ausgabe in zwei Bänden, die bei der Situation im Verlagsbuchhandel und dem erforderlichen hohen Verkaufspreis ein außerordentliches geschäftliches Risiko darstelle. Andererseits werde bei der Herausgabe in knappster Form in nur einem Band die Wirkung zu sehr abgeschwächt.

Vom Münchener Verleger Julius Friedrich Lehmann, der u.a. die Monatsschrift *Volk und Rasse* herausgab, bekam Rosenberg eine Absage mit geradezu vernichtender Kritik. Das ganze Buch sei zum großen Teil nur auf Lehren entstanden, die er in seinem eigenen Verlag herausgegeben habe. Das Buch entspringe einem Geist, der ihm seelenverwandt sei. Zweierlei müsse ein solches Buch erreichen: »Einmal den Gesinnungsfreunden eine Stütze und ein Stab zu sein, sondern man müsse vor allem seinen Gegnern das Ideal, für das man kämpfe, in einem solchen Lichte zeigen, dass sie sagen: ›Hier wird etwas geboten, was mir bisher fehlte; hier wird besseres geboten, als ich besaß.‹« Er stimme der Kritik an der katholischen Kirche zu, aber wenn man seinen katholischen Brüdern den Weg zu einer deutschen Wiedergeburt zeigen wolle, dann dürfe man sie innerlich nicht so verletzen, dass sie von vornherein sich gekränkt und beleidigt fühlen. Auch er, Lehmann, betrachte die katholische Kirche für eine mindestens ebenso große Gefahr wie das Judentum. Aber die katholische Kirche biete ihren Gläubigen offenbar etwas, denn sonst hätte sie nicht die Herrschaft über die Massen. »Wenn ich hoffen könnte, das Ziel, dem ich zustrebe, zu erreichen oder zu fordern, wenn ich hoffen würde, durch Ihr Buch Tausenden von Arbeitern, die heute im katholischen Lager stehen, die Augen zu öffnen und sie zu uns herüberzuziehen, wenn ich glauben würde, dass Ihr Buch, ähnlich wie Chamberlains *Grundlagen*, auch von Katholiken begeistert gelesen würde, sodass ich, selbst wenn ich einen nur ganz bescheidenen buchhändlerischen Erfolg hätte, mich damit trösten könnte, dass Ihr Buch wenigstens weite Kreise geistig befreit, so würde ich den Verlag trotz aller Bedenken übernehmen. Solange ich mir aber sage, dass die kritische Art Ihrer Behandlung durch das wenige Positive, was das Buch bietet, gerade auf die Kreise nicht wirkt, auf die es wirken sollte, kann ich mich leider nicht entschließen, [es] in den Verlag zu übernehmen.« Arbeiter und Katholiken erreiche das Buch nicht, »weil es nicht so viele Verbesserungsvorschläge und Anregungen bringe, dass eine durstige Seele dadurch ihr Genügen finde.« Komme das Buch heraus, sei er aber gern bereit, dafür zu werben.[123]

Lehmann gehörte im Übrigen zu den früheren Förderern der NSDAP. Die Absage schien Rosenberg ihm nicht zu verübeln. Im Mai 1928 unterstützte Lehmann ihn bei der Gründung des »Kampfbundes für deutsche Kultur« und wurde von Rosenberg in den Vorstand berufen.

Schmerzlicher noch als Lehmanns Absage muss ein Schreiben des *Völkischen Beobachters*, unterzeichnet von Max Amann, gewesen sein, dem Rosenberg immerhin als Hauptschriftleiter angehörte. Gleich im ersten Satz hieß es: »Wir danken für das Angebot Ihres neuen Manuskripts und müssen Ihnen mitteilen, dass wir als Verleger nicht in Betracht kommen.« Die Herausgabe eines solchen, zu umfangreichen Buches sei nicht rentabel. Der Verkaufspreis würde etwa fünf Reichsmark betragen müssen und damit die finanzielle Leistungsfähigkeit der meisten Kunden übersteigen. Die wirtschaftliche Lage der Parteigenossen, die wohl in der Hauptsache als Abnehmer in Erwägung gezogen werden müssten, sei äußerst misslich. »Selbst ein glänzendes antisemitisches Werk eines Schweden, das wir wegen des großen Umfangs nicht verlegen konnten«, habe man Herrn Lehmann unentgeltlich angeboten. Dieser habe das Buch als vorzüglich bezeichnet, den Verlag aber gleichfalls abgelehnt.[124]

Auch der Eugen Diederichs Verlag in Jena verzichtete auf Rosenbergs Angebot: »*Der Mythus des zwanzigsten Jahrhunderts* [würde] doch in nur sehr bedingtem Maße eine Ergänzung zum Frühgermanentum mit den Helden der Völkerwanderungszeit, der Christianisierung und dem ersten Auftreten der Germanen sein.« Man schicke daher das Inhaltsverzeichnis mit Dank zurück.[125]

Selbst Rosenbergs übrige Manuskripte fanden in den Zwanzigerjahren keinesfalls eine begeisterte Aufnahme bei den Verlagen. Im Gegenteil. Rosenberg musste geradezu hausieren gehen und stieß nur allzu häufig auf Ablehnung. Der Verlag K. F. Koehler verzichtete im November 1925 dankend auf die Herausgabe von Rosenbergs *30 Novemberköpfe – Von Versailles nach Locarno* und begründete das folgendermaßen: Nach reiflicher Überlegung sei man sich darüber klar geworden, »dass Ihr Werk zweifellos lebhaften Anklang in einem bestimmten, jedoch begrenzten Kreise finden wird«. Mit Rücksicht auf die gegenwärtige schwierige Lage im Buchhandel sei kein kostendeckender Absatz zu erwarten. Vielleicht aber ergebe sich später einmal die Möglichkeit zur Zusammenarbeit.[126]

Während der Buchhandel in wirtschaftliche Schwierigkeiten geraten war, hatte Rosenberg gleichzeitig selbst finanzielle Probleme und bemühte sich bei den Verlagen um Vorschüsse. Bei Arthur Götting, dem Chef der Deutschvölkischen Verlagsanstalt, hatte Rosenberg angeregt, den Preis für seine Bücher zu erhöhen, denn dann würde er auch ein höheres Honorar erhalten. Götting lehnte ab. Zum einen habe er festgestellt, dass im Leipziger Buchhandel im zurückliegenden Jahr nicht ein einziges Rosenberg-Buch verkauft worden sei. Sollte er auf den Vorschlag eingehen, würde das lediglich »höhere Verpflichtungen Ihnen gegenüber« bedeuten. Er selbst aber hätte in absehbarer Zeit gar keine Möglichkeit, auch nur seine Auslagen wieder hereinzuholen. Er habe Rosenberg vorgeschlagen, »einen Posten Ihres Buches selbst abzunehmen und dort vertreiben zu lassen, um so schon vorzeitig das Honorar« zu bekommen.[127] Darauf sei dieser aber nicht eingegangen.

Der bereits genannte, ihm durchaus wohlgesonnene J. F. Lehmanns Verlag zeigte sich dagegen großzügig: »Man habe 5000 Exemplare der *Weltfreimaurerei* von Friedrich Wichtl gedruckt, wovon die Hälfte der Auflage bei Erscheinen zu honorieren wäre und zwar mit 5% vom Nettopreise.« Da der Ladenpreis infolge gestiegener Papier- und Druckkosten von 5 auf 6 Mark erhöht werden musste, erhalte auch Rosenberg eine entsprechende Erhöhung des Honorars um 20%. »Wie Sie mir mitteilten, haben Sie für Ihre Frau noch eine größere Schuld zu zahlen und legen Wert darauf, den Betrag unbedingt abgleichen zu können. Ich will Ihnen unter diesen Umständen das gesamte Honorar für die 5000 Stück im Voraus zahlen, muss Sie aber bitten, dass auch Sie Ihr Möglichstes tun, dass die Auflage abgesetzt wird.« Lehmann fügte dem Schreiben 975 Mark in bar bei und hoffte, »Ihnen damit ein Stück Ihrer Sorge abgenommen zu haben«.[128] Am 19. Dezember 1927 mahnte Lehmann, es seien noch 1700 Exemplare vom *Verbrechen der Freimaurerei* auf Lager. Nun gelte es, vor einer zweiten Auflage, »diese an den Mann zu bringen«. Rosenberg möge doch bei der Besprechung von Wichtl auch stets einen Hinweis auf sein eigenes Buch *Verbrechen der Freimaurerei* bringen. Rosenberg war in diesen Jahren offensichtlich nicht in der Lage – oder nicht gewillt –, alle seine Rechnungen zu begleichen. Das Münchener Buchgewerbehaus M. Müller & Sohn hatte am 11. Mai und 16. November 1926 Rosenberg Mahnschreiben geschickt und schrieb am 21. Januar 1927 erneut, dass ein Betrag von 250 Reichsmark offenstehe und eine kleine Akontozahlung erwünscht sei.[129]

Später brauchte sich Rosenberg um die Veröffentlichung seiner Pamphlete jedoch keine Sorgen mehr zu machen. Mit dem Hoheneichen-Verlag verfügte er praktisch über seinen hauseigenen Verlag. Denn am 31. Oktober 1938 hatten der »Leiter des Zentral Partei-Verlags, Reichsleiter Max Amann, und der Beauftragte des Führers für die Überwachung der gesamten geistigen und weltanschaulichen Schulung und Erziehung der NSDAP, Alfred Rosenberg« einen bemerkenswerten Vertrag geschlossen. Der Hoheneichen-Verlag sollte ausgebaut werden, und zwar mit dem Schwerpunkt wissenschaftlicher und kulturpolitischer Werke. Der künftige Hoheneichen-Verlag wurde verpflichtet, die Werke, die von Rosenberg dem Verlag übergeben wurden, herauszubringen. Das Lektorat des künftigen Hoheneichen-Verlages sollte Rosenbergs Dienststelle übernehmen, die dafür auch noch vom Verlag »entschädigt« wurde.

Die maßlose Selbstüberschätzung

In seiner Selbstwahrnehmung sah sich Rosenberg intellektuell Hitler überlegen, auch wenn er das natürlich so nicht äußerte. Von keinerlei

Selbstzweifeln geplagt, reihte sich Rosenberg als »gefährlichsten Mitarbeiter« Hitlers ein, den man deshalb besonders attackiere: Der Weltanschauungskampf, so notierte er am 24. Februar 1935, scheine immer schärfere Formen anzunehmen. »Der üble Kardinal Faulhaber hat in München gesprochen u. u.a. mein Werk in giftigster Weise angegriffen. Da man den Führer *noch* nicht anzutasten wagt, will man seine gefährlichsten Mitarbeiter madig machen.«[130] Die Antwort werde nicht ausbleiben. »An sich könnte man Faulhaber einsperren, das aber wäre politisch unzweckmäßig. Es müsse vielmehr eine Atmosphäre geschaffen werden, dass das Volk um ihn u. seinesgleichen herum einen Bogen macht, wenn es sie trifft.«

Sein politisches Umfeld lehnte Rosenberg wohl ohne Ausnahme ab. Das galt besonders für Propagandaminister Goebbels. Die unterschiedlichen Welten, in denen führende Nationalsozialisten lebten, zeigten sich exemplarisch in Tagebuchnotizen über den Nürnberger Reichsparteitag von 1936. Goebbels widmete Rosenbergs Auftritt zwei Kommentare: »Rosenberg redet seinen alten Quatsch«, meinte er zu dessen Auftritt auf der Kulturtagung.[131] Und über Rosenbergs Rede am Nachmittag urteilte er am 11. September 1936: »Rosenberg spricht. Fast nur totes Material, mit toter Stimme vorgetragen. Wirkt nicht. Dann meine Rede.«[132]

Man mag kaum glauben, dass sich Goebbels und Rosenberg zum selben Sachverhalt äußerten. Denn Rosenberg hielt am 17. September 1936 in seinem Tagebuch fest:

> Der Parteitag war der geschlossenste aller bisher abgehaltenen. Meine Rede auf der Kulturtagung ging in der weltanschaulichen Behauptung amtlich einige Schritte vor. Der Passus, dass der weltanschauliche Glaube von früher ruhig ästhetisch zu verehren sei, ist begriffen worden. [...] Am Nachmittag vor der Rede besuchte ich den Führer auf seinem Zimmer wegen der Unterschrift der Preis-Urkunden. Er sagte: »Ihre beiden Reden waren ganz ausgezeichnet. Was meine betrifft, so glaube ich, dass sie Ihnen gefallen werden«, und schlug mir lachend auf die Schultern. Diejenigen Tapferen, die die »Ära Rosenberg« gern erledigt sehen wollten, haben nun – wenigstens eine Zeit lang – ihre Fahnen wieder anders gedreht.[133]

Damit nicht genug des Eigenlobs:

Den Kongress durfte *ich* als erster Redner eröffnen; sie ging über alle Sender. Schaub sagte mir später, der Führer habe geäußert, R. ist unser bester Kopf, seine Reden brauche ich gar nicht durchzusehen, sie sind so kristallklar, dass kein Wort zu verändern ist. Die Rede hat ihr Weltecho nicht verfehlt, der N.S. hat seinen weltpolitischen Nachweis für seine Thesen erhalten. Dr. Goebbels' Rede hatte diesmal festere Struktur, die Nachweise über die Gräueltaten in Spanien waren sehr eindrucksvoll. Beide Reden gemeinsam waren wohl einer der schwersten Schläge, die das weltbolschewistische Judentum erlitten hat.[134]

Immerhin konzedierte er nun, dass Goebbels' Rede zusammen mit seiner eine gewisse Wirkung erzielt hatte. Im Zusammenhang mit Rosenbergs Anspruch, Philosoph zu sein, ist übrigens folgende Bemerkung von Albert Speer aufschlussreich: »Ein bevorzugtes Ziel der Goebbels'schen Scherze war Rosenberg, den er gern als ›Reichsphilosoph‹ bezeichnete und anekdotisch herabsetzte. Im Falle Rosenbergs konnte Goebbels sicher sein, den Beifall Hitlers zu finden, und so griff er das Thema so oft auf, dass seine Erzählungen einem einstudierten Theater glichen, in dem verschiedene Akteure auf ihren Einsatz warteten.«[135]

Intrigen, Beleidigungen und Konkurrenzkampf

Rosenberg und Goebbels verband, wie bereits erwähnt, eine unüberbrückbare Rivalität. Die Tagebücher Rosenbergs und Goebbels' gewähren einen tiefen Einblick in den Zustand der NS-Partei- bzw. Staatsführung. Von Kollegialität keine Spur, stattdessen gegenseitige Beleidigungen und Intrigen. Goebbels widmete in seinen Tagebüchern Rosenberg überdurchschnittlich viele Einträge – Rosenberg seinem Widersacher Goebbels ebenfalls. Heftige Kritik übte Rosenberg beispielsweise an Goebbels' sogenannter Sportpalast-Rede vom Mai 1934. Goebbels hatte in schärfster Weise gegen Juden polemisiert und u.a. erklärt, der in einem Teil des Auslands noch bestehende Boykott deutscher Waren sei auf die deutschen Juden zurückzuführen. Die Auslandsjuden hätten ihren deutschen Glaubensgenossen dadurch einen schlechten Dienst erwiesen; denn selbst wenn der Boykott zu einer ernsthaften Bedrohung würde, so würden die Juden in Deutschland nicht frei ausgehen. Zugleich warnte Goebbels Juden davor, wieder auf den Theaterbühnen und in den Redaktionen auftreten zu wollen. Nur wenn sie sich still und bescheiden zurückzögen und keinen Anspruch auf Gleichwertigkeit erhöben, würden sie in Ruhe gelassen werden.

Für Rosenberg war dies Anlass zu einem Seitenhieb: »Warum die Attacken gegen die Juden? *Stürmer*-Sondernummer! Goebbels-Rede im Sportpalast![136] [...] Jedenfalls aber: erneut verschlechterte Stimmung: u. *alles, was* dazu Anlass gab, *war* auch nicht notwendig, die *Stürmer*-Nr. ebenso wenig wie die Form der Goebbels-Rede, wo der Agitator von 1938 wieder einmal über den Minister siegte in der Selbstberauschung durch die Rede u. vor dem billigen Applaus durch antisemitische Argumente.«[137]

Um kein Missverständnis aufkommen zu lassen: Es ging Rosenberg keinesfalls um eine irgendwie geartete Schonung der Juden, sondern ausschließlich um das Verhältnis Deutschlands zu Großbritannien und um die Erweiterung seiner persönlichen Kompetenzen und damit um Machtzuwachs.

In ihren Tagebüchern lieferten sich Goebbels und Rosenberg einen regelrechten Schlagabtausch, der ihre gegenseitige Abneigung verdeutlicht. Goebbels ließ keine Gelegenheit aus, Rosenberg in ein schlechtes Licht zu rücken:

21.8.1935
Zum Führer. [...] Rosenberg, Himmler und Darré müssen ihren kultischen Unfug abstellen.[138]

13.10.1935
Samstag: Büro Arbeit. Dann ausführliche Aussprache mit dem Führer. [...] Scharf gegen Rosenberg. Er wird ihm seinen Kulturbund verbieten.[139]

10.3.1936
Abends Herrenhaus. [...] Der Führer hält eine sehr witzige, geistreiche und gelockerte Rede. Über die Wahl. Mit Bosheiten gegen Rosenberg und Schirach.[140]

17.7.1936
Mittags Obersalzberg. [...] Innenpolitisch: Er ist geladen auf Rosenberg, der einen sehr schlechten Film und auch sonst noch allerhand Unsinn gemacht hat.[141]

27.8.1936
Rosenberg beklagt sich über die schlechte Behandlung seines Filmes »Der deutsche Wald«. Sie stammt vom Führer. Ich kann nichts daran machen.[142]

21.10.1936
In Sachen Rust und Rosenberg denkt der Führer wie ich. Vieles im Argen. [...] Mit Dr. Dietrich [Hitlers Pressechef] gewitzelt. Er hat viel unter Rosenberg zu leiden.[143]

2.11.1936
Des Führers Rede an mich steht groß und überragend im V.B. Die konnte man bei Rosenberg nicht mehr unterschlagen.[144]

9.9.1937
Gute Rede von Rosenberg, vorzüglich in Aufbau, Stil und Gedankenführung.[145]

6.1.1938
Rosenberg Herausgeber V.B., Weiß Chefredakteur. Das war auch notwendig.[146]

31. Januar 1938
Überreichung des Nationalpreises an Frau Troost, Rosenberg, Filchner, Bier und Sauerbruch. Der Führer richtet an alle sehr freundliche Worte. Vor allem an Rosenberg und Filchner.[147]

Erst nach einem halben Jahr, am 31. Januar 1938, überreichte Hitler die Urkunden und Ehrenzeichen des Deutschen Nationalpreises. Rosenberg zeigte sich bewegt: »In einer wunderbar gearbeiteten Lederkassette. Ich schäme mich fast, einen solch kostbaren Stern zu tragen. Der Führer übergab mir das Zeichen mit folgenden Worten: ›In diesem Augenblick bewegt mich das Gefühl der Dankbarkeit für Ihre langjährige Treue und Loyalität und die zielweisende Arbeit, die Sie geleistet haben.‹«[148]

Auch Rosenberg attackierte Goebbels in seinen Tagebüchern:

6.2.1939
Am 4.2. sprach Urban[149] wieder mit Hanke[150], der ehrlich sich um eine Zusammenarbeit bemüht, dabei schüttete er etwas sein Herz aus, als U. darauf hinwies, wie schwierig es sei, da über Dr. G. vom Gauleiter bis zur Waschfrau in *abfälligster* Weise gesprochen wird. Hanke sagte, er hätte selbst sein Amt niederlegen wollen. Der Führer sei tief erschüttert gewesen u. habe Hanke gesagt: er habe Dr. Goebbels aus staatspolitischen Gründen gehalten, aber innerlich sei er mit ihm fertig. Er wisse, dass er ihn stütze auf Kosten seines eigenen Ansehens.

Dr. F.[151] sagte mir neulich: auf sexuellen Zwang eines Vorgesetzten gegenüber weiblichen Angestellten bestehe Zuchthaus. Dr. G. als Reichsminister hat sich dutzendfach dieses Delikts schuldig gemacht u. hat Hanke versucht, daran zu beteiligen. Ihm schlägt nur Verachtung entgegen als Antwort auf jene schädigende jahrelange Haltung u. Missbrauch des ihm von dem Führer geschenkten Vertrauens.[152]

1.3.1939 abends
Komme soeben vom Empfang, den der Führer dem diplomatischen Korps alljährlich gibt. Dort erzählte mir Darré[153] Folgendes: Auf dem Empfang der Partei in München (am 25.2.) hätte Goebbels erklärt, wenn dem Führers ein Leben nicht passe, so hätte er sich das 1924 überlegen sollen! Trotz der Kenntnis der Schäbigkeit des Charakters von Dr. G. war ich über die Offenheit doch erstaunt. [...]
G. sei ein Eiterproduzent. Bis 1933 hätte er diesen Eiter auf Isidor Weiss[154] verspritzt. Als der fort war, begann das Besprizen unserer sauberen Westen.[155]

22.8.1939
Im Übrigen: Im Zusammenhang mit der Stellungnahme des Führers zu Goebbels' Churchill-Rede hatte er noch zu Göring gesagt: »Ich freue mich immer, wenn ich mit Rosenberg zusammen rede, wie z.B. auf dem Parteitag. Seine Reden sind klassisch, etwas anderes als das Geschwafel von G. Dieser hatte mich gebeten, doch mit ihm (auf der Kulturtagung) zu sprechen; das werde ich niemals tun.«[156]

11.12.1939
Während des Essens [mit Hitler] war auch Goebbels da. Das, was der Führer vor 3 Tagen am Tisch ohne ihn sagte, wiederholte er mit denkbarster Schärfe in seiner Gegenwart: die Wochenschau sei geistlos und ohne tieferes Interesse zusammengestellt. [...] Dr. G.: Aber wir haben doch gute (Ritter-)[157] nationale Filme. Führer: Ja, einige allgemein-patriotische, aber keine nationalsozialistischen. Viele Dinge seien kritisiert worden, an den jüdischen Bolschewiken hätte sich unser Film nicht herangetraut. [...] So ging es etwa 20 Minuten, von G. verstummte jede Verteidigung. Er hat diese Mittagsstunde – in meiner Gegenwart dazu – verflucht, wie selten eine Stunde. Seine unerschöpfliche Arroganz ist jetzt auch dem geduldigen Führer zu viel geworden.[158]

19.1.1940
In diesen Tagen besuchte mich Amann u. berichtete von einer Unterredung mit Dr. G.; A. hatte in Polen Verleger u. Schriftleiter eingesetzt. G. habe nachher »inspiziert« u. die Leute wieder entlassen. Darauf ist A. zu G. ins Ministerium gegangen und hat ihm – zwei Stunden lang – die Wahrheit gesagt. Was ihm einfalle, was er mit seinem miserablen Ministerium sich eigentlich denke. Kein Mensch wolle noch etwas von ihm wissen.[159]

Betteln um ein Ministeramt

Nach mehreren weiteren Hinweisen auf Hitlers Lob (14.11.1936): »Heute veröffentlichte ich den vom Führer schon als sehr gut bezeichneten Aufsatz über die Revisionspolitik«[160] und: 22.11.1936: »Die Gauamtsleiter-Tagung a.d. Burg Vogelsang ist außerordentlich u. lehrreich verlaufen. [...] Nachher sagten mir die Pgg.: Dass Rosenberg eine klare Linie hat, das wussten wir, aber andere sagten sehr Verschiedenes. Nach der Rede des Führers hat R. eine glänzende Bestätigung gefunden.«[161]

Eigentlich hätten in Rosenberg Zweifel darüber aufkommen müssen, ob er die Haltung Hitlers richtig einschätze. Denn weder zum Nationalpreis noch zu den übrigen vermeintlichen oder tatsächlichen Belobigungen durch Hitler passt dessen Weigerung, Rosenberg mit einem wirklich wichtigen Staatsamt zu betrauen. Am 6. Februar 1938 richtete Rosenberg deshalb einen Brief an Hitler, der an Peinlichkeit kaum zu überbieten war und in dem er um ein Ministeramt geradezu bettelte:

Mein Führer!

Da ich Sie hier nicht sprechen konnte, habe ich gebeten, am Dienstag empfangen zu werden, und heute, da die vorliegende Frage mich zutiefst berührte, Parteigenossen Göring über Folgendes unterrichtet:

Sie, mein Führer, hätten mich mit einem Auftrag zur Sicherung der nationalsozialistischen Weltanschauung und Abwehr des Bolschewismus betraut, dessen Formulierung seit Längerem unter Hinzuziehung von Dr. Lammers besprochen würde. Dieser Auftrag sollte verbunden werden mit der Umbenennung des Außenpolitischen Amtes der NSDAP im Sinne des Auftrags und damit, wie ich glaubte annehmen zu müssen, die eventuelle Ernennung von Pg. v. Ribbentrop vorbereiten.

Durch die Verfügung des 4. Februar wurde Pg. von Ribbentrop zum Reichsaußenminister ernannt, ohne dass zugleich mein Auftrag veröffentlicht wurde. Dadurch stände ich vor der Situation, dass nach einem von früher her amtierenden Außenminister nunmehr ein Nationalsozialist an seine Stelle getreten und ins Geheime Reichskabinett berufen worden sei, ohne dass der Reichsleiter des Außenpolitischen Amtes der NSDAP, das, da der Auftrag noch nicht unterzeichnet ist, de facto noch besteht, in irgendeiner Weise in Betracht gezogen wurde. Für den 10. Februar seien die Diplomaten wieder meine Gäste, zu den üblichen Vorträgen im Hotel Adlon. Ich fühle mich vor aller Welt bloßgestellt und in meiner Ehre berührt. Ich könne vor das Ausland nicht hintreten, eine Absage der Einladung aber verschlimmere die Lage nur. Darüber hinaus sei meine Tätigkeit für die weltanschauliche Erziehung ebenso mit erschüttert, da sie gleichsam auch desavouiert erscheine. Man könne nur annehmen, dass ich für irgendein Vergehen bestraft würde, wobei Sie, mein Führer, noch vor wenigen Tagen so freundlich meine langjährige Treue und Loyalität bestätigt hätten.

Parteigenosse Göring erwiderte, nach dieser eingehenden Darstellung, er könne mich voll begreifen und müsse mir zustimmen. Er werde beim Führer für den Auftrag, dessen beiliegenden Wortlaut er durchlas, wärmstens eintreten.

Ich sagte darauf, durch die Errichtung des Geheimen Rates sei eine neue Lage entstanden. Die Führung einer Abwehr des Bolschewismus sowie die richtige Leitung der weltanschaulichen Erziehung seien nur durch dauernde genaue Unterrichtung möglich, ich schlüge vor, zu erwägen, den Auftrag mit einer Berufung in den Geheimen Kabinettsrat zu verbinden.

Parteigenosse Göring stimmte auch hier zu, sagte aber, in den Rat kämen nur Reichsminister, und auch hier würde er seinerseits Ihnen, mein Führer, vorschlagen, mich zum Reichsminister zu ernennen und mich in den Geheimen Rat zu berufen (ohne damit ein Ministerium zu errichten). Parteigenosse Göring regte an, noch einmal mit Dr. Lammers Rücksprache über die staatsrechtliche formale Seite des Auftrages zu nehmen. Ich traf Dr. Lammers, der verreist war, nicht an, jedoch einen kurzen Brief, indem er mitteilte, Sie, mein Führer, hätten noch keine Entscheidung getroffen; es sei möglich, dass er nach Berchtesgaden befohlen werde, er bat mich jedoch, Ende der Woche mit ihm Rücksprache zu nehmen.

Da die anfangs geschilderte Lage wohl nicht in Betracht gezogen worden war, bitte ich Sie, mein Führer, auch unter Fürsprache von Parteigenossen Göring, mich so schnell als irgend möglich zu empfangen. Es geht, verzeihen Sie, wenn ich das einmal erwähne, um das Ansehen und die Ehre eines Mannes, der Ihnen 18 Jahre gedient hat und dessen Wirksamkeit durch die geschilderte Lage unterbunden ist.«[162]

Goebbels kommentierte damals für sich: »Als der Führer als Nachfolger, der eventuell einmal in Frage kommen könnte, Rosenberg nennt, bin ich geradezu entsetzt. Rosenberg anstelle von Ribbentrop, das hieße vom Regen in die Traufe zu kommen. Rosenberg würde den Apparat Ribbentrops nicht verkleinern, sondern vergrößern. Er ist ein blasser Theoretiker und besitzt zu einer praktischen Politik nicht die geringste Begabung.«[163]

Um seine Ehre schien es Rosenberg auch zu gehen, als er gegenüber Hitler sogar die Möglichkeit der Entlassung aus dem Amt ansprach. Am 16. April 1946 sagte er vor dem Nürnberger Militärtribunal aus, er habe achtmal beim Führer wegen der Ermordungen in der Ukraine interveniert, persönlich Vortrag gehalten und schriftliche Gesuche eingereicht. »Als nun im Jahre 1944 sich auch der Reichsführer-SS nicht nur mit der Polizei, sondern auch mit der Politik der Ostgebiete befasste, und ich seit Mitte November 1943 zu einem Vortrage im Führerhauptquartier nicht mehr ankommen konnte, da habe ich es schließlich zum letzten Mal versucht, dem Führer noch einmal einen Vorschlag einer großzügigen Ostpolitik zu machen und zu gleicher Zeit ihn bei einer Ablehnung sehr deutlich gebeten, von meiner weiteren Beschäftigung Abstand zu nehmen.«[164] Diese Urkunde ist ein Schreiben an Dr. Lammers zunächst vom 12. Oktober 1944, in dem es anfangs heißt:

Ich bitte Sie, mein Führer, mir zu sagen, ob Sie meine Tätigkeit in dieser Richtung noch wünschen; da es mir nicht möglich gewesen ist, Ihnen mündlich Vortrag zu halten, die Probleme des Postens aber an Sie von verschiedenen Seiten herangetragen und besprochen werden, so muss ich angesichts dieser Entwicklung der Annahme Raum geben, dass Sie diese meine Tätigkeit vielleicht nicht mehr als notwendig erachten. Hinzu kommt noch, dass aus mir nicht bekannten Quellen die Gerüchte von der Auflösung des Ostministeriums ausgestreut werden, ja, dass diese Gerüchte in dienstlichen Schreiben an oberste Reichsbehörden aufgrund verschiedener erhobener Forderungen angeben werden. Unter solchen Umständen ist eine zweckentsprechende Arbeit, mein Führer, nicht möglich, und ich bitte Sie, mir Ihre Weisungen zukommen zu lassen, wie ich mich angesichts der entstandenen Lage der Dinge zu verhalten habe.

Vor dem Nürnberger Militärgericht räumte Rosenberg wiederholt ein, Hitler um ein Ministeramt gebeten zu haben. Auf die Frage des sowjetischen Chefanklägers Andrejewitsch Roman Rudenko: »Sie hatten davon geträumt, ein Mitglied des Geheimen Reichskabinetts zu werden?«, antwortete Rosenberg: »Ja, das ist richtig.«
Es entspann sich folgender Dialog:

RUDENKO: Und Sie hofften auch, Reichsminister zu werden?
ROSENBERG: Als die Frage akut wurde für meinen Auftrag, ist über die Form dieses Auftrages lange hin und her gesprochen worden. Dr. Lammers als Beauftragter des Führers sagt mir, der Führer beabsichtige entweder einen Reichsinspektor einzusetzen, weil die beiden Reichskommissare ...
RUDENKO: Angeklagter Rosenberg! Ich verlese das Dokument. Es ist nicht lang:
»6. April 1938, Mein Führer! Da ich Sie hier nicht sprechen konnte ...«
In diesem Brief haben Sie Ihrem Empfinden zum Ausdruck gegeben, durch die Ernennung des Angeklagten Ribbentrop zum Reichsaußenminister zurückgesetzt worden zu sein, nicht wahr?
ROSENBERG: Ja, ja.
RUDENKO: Sie waren der Ansicht, dass der Posten des Reichsaußenministers im Kabinett Hitler von Ihnen hätte besetzt werden können. Angeklagter Rosenberg, ist das richtig?

ROSENBERG: Ja, und ich finde es auch nicht niederschmetternd, dass ich nach so vielen Jahren Tätigkeit nicht auch den Wunsch geäußert hätte, im staatlichen Dienst des Deutschen Reiches verwendet zu werden. [...]
RUDENKO: Haben Sie darum gebeten, in das Geheime Reichskabinett aufgenommen zu werden?
ROSENBERG: Jawohl!
RUDENKO: Haben Sie den Posten eines Reichsministers angestrebt?
ROSENBERG: Ich habe mitgeteilt, dass ich mit Pg. Göring über diese Ernennung gesprochen hätte, und da ich vom Führer beauftragt war, mit der ideologischen Erziehung der Partei und das politische Außenamt in der Partei noch bestand, und dadurch unter Umständen in der Partei der Eindruck entstanden wäre, als ob ich irgendwie vom Führer abgelehnt würde, bat ich daher den Führer, mich persönlich in dieser Angelegenheit zu empfangen. Ich finde es durchaus selbstverständlich, dass ich den Wunsch geäußert habe, über eine für meine Person wichtige Sache zu sprechen.[165]

Angesichts der zahlreichen Streitigkeiten mit Funktionärskollegen und der Tatsache, dass er eben lange Zeit kein Staatsamt bekommen hatte, brauchte Rosenberg offensichtlich ständig Lob von außen, um vor sich selbst bestehen zu können. Er benötigte es augenscheinlich zur Selbstbestätigung, denn wozu sonst hätte er es in einem persönlichen, vertraulichen Tagebuch festhalten sollen, das kein Dritter lesen sollte? Bemerkenswert ist darüber hinaus, dass er Lob für sich oft mit einem Seitenhieb auf seinen Widersacher Goebbels – oft nur »G.« genannt – verband, den er als Konkurrenten um Hitlers Gunst empfand.

12.2.1937
Habe gesprochen vor der Kriegsakademie, vor allen Leitern der Nationalpol. Schulen der Wehrmacht, vor der Nord. Gesellschaft, vor den SA-Führern Sachsens, wo mich Schepmann[166] in rührender Weise begrüßte. Dann vor 1400 Gauwirtschaftsberatern aus dem ganzen Reich. Die Feststellung, dass ich konsequent die n.s. W.-A. [Weltanschauung] verteidigt und mich nicht geändert habe, löste minutenlangen Beifall aus. Die Erkenntnis so mancher Eitelkeitswettrennen beginnt offenbar ziemlich allgemein zu werden.[167]

Anfang Oktober 1937
Dann die Rede auf dem Münsterplatz in *Freiburg*. Die Stadt vollgepropft mit Menschen, Girlanden, Fahnen, jubelnder Empfang wie auf dem Parteitag in Nürnberg. Das schwarze Freiburg u. Badener Land hat so etwas noch nie gesehen: der radikale antirömische Ketzer in der bischöflichen Hochburg vom *Volk* wie ein König empfangen. Wie mir der Kreisleiter später schrieb, war diese Rede auf dem Münsterplatz ein Durchbruch erster Art.[168]

25.11.1937
Soeben von Sonthofen zurück. [...] In mir erblickten die Kreisleiter wohl den Gegenpol zu Dr. G. Ich wurde ostentativ mit Beifall empfangen; nach der Rede standen die 1500 Mann auf und bereiteten mir eine nicht enden wollende Ovation. Das Herz der Bewegung habe ich mir erkämpft, das ist die große Freude angesichts der manchmal scheinbar vergebens gewesenen Abwehr gegen die Vergiftung der Partei durch die Eitelkeit des Dr. G.[169]

Januar 1938
Paar Tage darauf fuhr ich nach München u. hatte dann im Sonderzug des Führers Zeit, ihm alles Nähere zu berichten. [...] Dann besprachen wir Einzelheiten des Auftrages an mich; Staatsrechtliches wäre mit Lammers zu beraten.

Später erzählte der Führer wieder Geschichten aus der Kampfzeit.

Ich sagte ihm, dass ich mich jetzt in Dahlem angekauft u. eingerichtet hätte; ob er mir nicht einmal die Freude eines Besuches machen würde? Er sagte bereitwilligst zu.

Am 12. kam der Führer dann u. gratulierte mir herzlichst zum 45. Geburtstag. Er schenkte mir eine Büste Dietrich Eckarts. »Als Erinnerung an den Mann, bei dem wir uns kennengelernt haben.« Und dann gab er mir sein Bild im Silberrahmen mit folgender Widmung: »Meinem alten treuesten Mitkämpfer Alfred Rosenberg mit den besten Glückwünschen zu seinem 45. Geburtstag in herzlicher Freundschaft Adolf Hitler.«

Eine schönere Anerkennung meines 19-jährigen Kämpfens an der Seite des Führers war nicht denkbar.[170]

Hatte Hitler 1938 Göring und Rosenberg zu deren Geburtstagen noch zu Hause besucht,[171] kam später nur noch Göring in den Genuss dieser Ehre. »Am Nachmittag des 12. Januar (1941) machte Hitler einen Besuch bei Göring, um ihm zu seinem 48. Geburtstag zu gratulieren.

Dem fast gleichaltrigen Alfred Rosenberg sandte er nur ein Glückwunschtelegramm. Allerdings hatte es Rosenberg vorgezogen, seinen Geburtstag außerhalb Berlins zu verbringen, wie der Presse vieldeutig mitgeteilt wurde.«[172] Auffallend auch die Unterschiede, die Hitler 1941 anlässlich der Doppel-Geburtstage machte.[173] Zum 50. Geburtstag ließ Hitler Göring durch Generalfeldmarschall Wilhelm Keitel als Geschenk eine »künstlerisch ausgeführte Urkunde über seine Ernennung zum Reichsmarschall« überreichen. Rosenberg dagegen sandte er durch Schaub lediglich ein Handschreiben mit »herzlichsten Glückwünschen«.

Ganz anders liest sich das jedoch in Rosenbergs Tagebüchern. Denn dort hat er anlässlich seines 50. Geburtstags noch einmal uneingeschränktes Lob von Hitler festgehalten. Diesen Geburtstag habe er nicht übergehen können, schrieb Rosenberg, immerhin sei er – mit Göring – ein »Stück Geschichte der n.-s. Revolution« geworden. HJ- und BdM-Chor, Gratulationscour im Ministerium und »rührende Briefe aus allen Kreisen des Volkes. [...] Am meisten ergriffen war ich vom Handschreiben des Führers. Wir beide wissen, *wie* verschieden wir sind, ihm ist bekannt, dass ich manche Menschen, die er wohl aus Gründen höherer Staatsräson im Vordergrunde wirken lässt, als Schädlinge ansehe. Aber stets hat der Führer mir auch in bestimmten Stunden seine Wertschätzung zum Ausdruck gebracht. Was er mir jetzt sagte, war das Schönste dieses 12.1.43. Nicht nur die sachliche Anerkennung, vor allem die persönliche Wertung, Ich habe ihm geantwortet, dass ich *jetzt* wohl aussprechen dürfe, dass ich die ganzen Jahre ihm und s. Werk gegenüber nie in der Treue geschwankt habe u. dass es die größte Ehre meines Lebens gewesen sei, an s. Seite kämpfen zu dürfen.«[174] Es ist bemerkenswert, wie es Rosenberg gelingt, sich selbst zu täuschen und sich vorzumachen, er stehe weiterhin in Hitlers Gunst.

Zumindest Göring und Rosenberg schienen sich –zeitweise – zu schätzen. Das jedenfalls ist anzunehmen, wenn Rosenbergs Tagebucheintragungen – wie die folgende – der Wahrheit entsprechen:

> Ich war mit meiner Rede zur Kulturtagung bis an die Grenze des amtlich Möglichen gegangen. Der Papst hatte sich ebenso unverfroren wie ungeschickt gegenüber d. Rassenfrage verhalten u. seine Sender die gröbsten Beleidigungen veröffentlicht. Ich hatte darauf eine deutliche, aber gut stilisierte

Antwort entworfen, die vom Führer ohne ein Wort der Änderung genehmigt worden war. Diese Rede schlug durch wie nur irgendeine, und der Führer schüttelte mir ostentativ danach die Hand. Göring meinte: »Diese Rede ist ein Monument« u. erbat sie sich als Andenken in Leder gebunden. Die andere *Kongress*-Rede behandelte das Problem Autorität u. Freiheit. Der Führer hatte sie noch nicht gelesen. Er sagte mir: »*Ihre* Reden brauche ich nicht zu lesen, sie sind immer richtig. Bei Goebbels muss ich nur aufpassen, dass keine Unvorsichtigkeiten geschehen.«[175]

Hingewiesen sei schon an dieser Stelle, dass Göring später Erich Koch als Reichskommissar für die Ukraine ins Spiel brachte und damit einen der entschiedensten Gegner Rosenbergs. Die Wertschätzung Rosenbergs durch Göring schien sich also sehr in Grenzen gehalten zu haben.

Werner Koeppen, SA-Standartenführer, persönlicher Adjutant Rosenbergs, dann Leiter der Kanzlei Rosenberg, musste ab 1941 über einen längeren Zeitraum als Rosenbergs Verbindungsmann ins Führerhauptquartier an Essen mit Hitler teilnehmen. Die dort geführten Gespräche protokollierte er, und ihnen ist zu entnehmen, dass Hitler sich zumindest anfangs noch nach Rosenberg erkundigte. Bei der Mittagstafel am 6. September 1941 hatte Hitler wissen wollen, wie es dem Reichsminister gesundheitlich ginge:

> Ich teilte, entsprechend dem Telefongespräch vom 6.9. vormittags, mit, dass der Gesundheitszustand des Reichsministers leider nicht so sei, dass eine Teilnahme an dem Besuch in Riga am 10.9. ohne die Gefahr einer erneuten Verschlechterung des Gesundheitszustands des Reichsministers nicht möglich sei, dass der Reichsminister dem Führer aber für die Einladung, an dem ersten Besuch in seiner Vaterstadt teilzunehmen, außerordentlich zu Dank verpflichtet sei. Der Führer betonte ausdrücklich, dass ihm die Wiederherstellung der Gesundheit des Reichsministers wichtiger sei als die Teilnahme an dem Flug nach Reval. Der Führer erzählte dann der Runde, dass der Reichsminister das Pech gehabt habe, dass ihm vor einigen Jahren ein Gepäckträger ein schweres Gepäckstück sehr unglücklich auf den Fuß gesetzt habe, dass noch jetzt Komplikationen einträten.[176]

Bevor Rosenberg dann doch noch Minister wurde, hatten ihn seine engsten Mitarbeiter, Bräutigam und Leibbrandt, dazu bewegen wollen, im Führerhauptquartier engsten Kontakt mit Hitler zu halten. Leibbrandt sollte in Berlin bleiben und Bräutigam ins Oberkommando des Heeres wechseln:

> In diesem Dreieck wollten wir uns gegenseitig die Bälle zuwerfen. Besonders kam es uns darauf an, Rosenberg ins Führerhauptquartier zu bekommen, da bei einem Vorrücken des Heers im Osten eine Menge schneller Entschlüsse erforderlich sein würden, z.b. wenn es gelte, das Problem der Baltenstaaten zu lösen, den Bolschewismus durch ein anderes Regime zu ersetzen ...
> Rosenberg stimmte meiner Entsendung zum OKH zu, lehnte es selbst aber kategorisch ab, Berlin zu verlassen. Wie richtig der Plan Leibbrandts gewesen war, zeigten uns schon die nächsten Monate. Rosenberg wünschte die Genehmigung Hitlers selbst bei Entscheidungen, die bei jeder anderen Behörde ein Referent aufgrund seiner Kenntnisse der allgemeinen Richtlinien getroffen hätte. Hitler aber wurde von Monat zu Monat schwerer zugänglich – Kabinettssitzungen haben während des ganzen Krieges nicht stattgefunden –, und so wurden von Rosenberg eben kaum noch Entscheidungen getroffen, selbst nicht in Fragen, die eine solche dringend benötigte. Als das OKH beim Vorrücken der deutschen Truppen im Osten fragte: »Wo bleibt denn Rosenberg? Warum tritt er nicht in Erscheinung?«, kam aus Berlin die Antwort: »Der Herr Reichsminister bewahrt eine vornehme Zurückhaltung.« Dieser Bescheid erregte größte Heiterkeit und ging von Mund zu Mund, aber die Enttäuschung über den Kunktator war groß und allgemein.[177]

Bräutigam, der Rosenberg genauestens beobachten konnte, kam schließlich zu dem Ergebnis: »Rosenberg besaß einfach nicht das Format, sich durchzusetzen, zumal er von Hitler bis zum Schluss des Krieges nicht mehr zu einer eingehenden Aussprache empfangen wurde und seine Kompetenz auch weitgehend beschnitten war.«[178]

Es brauchte lange, bis Rosenberg einsah, dass andere in der Gunst Hitlers an ihm vorbeigezogen waren. Das galt natürlich in erster Linie für den machtbesessenen Martin Bormann, an dem als Leiter der Partei-Kanzlei und »Sekretär des Führers« niemand mehr vorbeikam. Am 7. August 1943 äußerte sich Rosenberg in seinem Tagebuch über Bormann wie folgt:

Soeben aber hat es mir einen wirklichen Stich gegeben. Ein scheinbar nicht hervorstechendes Ereignis hat mir gezeigt, wie sehr die alte geschichtliche Form der Hof-Kamarilla auch bei uns sich ganz skrupellos u. mit Erfolg durchzusetzen begonnen hat. Der nach dem Heß-Abgang ernannte Leiter der Partei-Kanzlei Bormann ist ein Mensch mit praktischem Verstand, robust und entschlossen. Eine energische Geschäftsführung für die Partei war also nach Heß' Unfähigkeit sehr zu begrüßen, und es begann die Probe, ob B. dieser Aufgabe gewachsen war. D.h. ob er gerecht und unparteiisch dem Führer bei s. täglichen Vortrag das Vorliegende unterbreiten würde. Dass er eine gewisse Personalpolitik begann u. in Fragen etwa der Gauleiter-Nachfolger *ihm* Sympathische zum Zuge bringen will – ist noch menschlich verständlich.

Aber bald zeigte sich etwas ganz anderes. B. hat während der Kampfzeit weder als Redner noch als Schriftsteller eine Idee verteidigt, geschweige denn solche selbst in die Welt gesetzt. Er hat auch keine Organisation aufgebaut. Er leitete früher die Hilfskasse d. NSDAP, s. Frau ist die Tochter von Buch. Er kam zu Heß als Stabsleiter, war oft b. Führer, baute dann – durchaus befähigt als Gutsinspektor – die Gemüseanlagen, Ställe usw. a. d. Obersalzberg, die anderen dortigen Großbauten, u. ist sicher dem Führer in manchen praktischen Dingen zur Hand gegangen. Der Führer hatte sich an ihn gewöhnt u. brauchte ihn, wenn er einem R-Minister, Gauleiter usw. eine unmittelbare Weisung zugehen lassen wollte.

Nun war Bormann an der Macht, denn niemand, der von ihm Schreiben erhielt, konnte unterscheiden, ob hier persönlicher Befehl des Führers vorlag oder B's Anschauung. Und nun setzten die Komplexe einer solchen Natur wie B. ein: gewisse Männer waren ihm zu groß. Darunter in erster Linie ich. *Ein* Vorfall wird hier besonders den Anstoß gegeben haben. B. hatte sich auf das Gebiet des Weltanschaulichen begeben u. einem Gauleiter den Standpunkt des N.S zum Christentum mitgeteilt u. dann sich gedrungen gefühlt, diesen Brief auch an die anderen Gauleiter zu verschicken. Mit mir hatte er sich *nicht* verständigt, wie es selbstverständlich gewesen wäre. Ich hörte nun von diesem Schreiben u. ersuchte um seine Übersendung.

Ich fand nun eine gänzlich unzulängliche, klobige Arbeit, die mit der Würde der NSDAP unvereinbar war. [...] Ich teilte B. mit, dass ich die Form nicht für glücklich hielte u. legte ihm einen Entwurf grundsätzlicher Art bei, wie *ich* mir im Eventualfall eine Aufklärung über das Problem denken würde, fügte aber hinzu, dass ich der Ansicht sei, die Versendung derartiger Arbeiten heute für unzweckmäßig zu halten. Der Abstand zwischen den beiden Erzeugnissen war auch für B. klar. In einem Gespräch sagte er mir, er habe ja nie gewollt, hier eine große Sache zu starten, *ich* sei selbstverständlich derjenige, der allein diese Probleme formulieren könne usw. Vielleicht meinte er dies im Augenblick ehrlich.

Auf jeden Fall ging dann aber merklich das Bemühen los, mein Partei-Amt anzuführen, die Mitarbeiter der P-Kanzlei, welche die große Arbeit der Dienststelle nicht leugnen konnten, bemühten sich nach Kräften, Aufgaben anderen zuzuschanzen, junge Leute, die noch nichts geleistet hatten, begannen gönnerhaft, meine Mitarbeiter zu kritisieren.

In Sachen des Schrifttumsamtes hat dann B. den Führer sicher nicht voll unterrichtet, um mir dies Amt sacht zu nehmen u. Bouhler zuzuschanzen. Diesem hat er die Arbeit der »Kanzlei des Führers« abgenommen u. wollte ihn irgendwie beruhigen. Hier kamen dann zwei Briefe, in denen sehr deutlich, angeblich auf Wunsch des Führers, ausgeführt wurde, die Aufgabe im Osten beschäftige mich als Lebensaufgabe *voll,* deshalb könne ich doch ruhig Bouhler mein Schrifttumsamt überlassen. Dass Bouhlers Amt tot, ideenlos war, wusste B. natürlich genau.[179]

Rosenberg und Hitler entfremdeten sich immer mehr. Hatte Hitler angeblich in früheren Jahren seine Manuskripte erst gar nicht sehen oder abnehmen wollen, musste er nun bei Bormann kleinlaut darum bitten, dass dieser dem »Führer« die Texte »wenn irgend möglich, zur Genehmigung vorlege, verbunden mit dem Vorschlag, dass diese Ansprache über die Reichssender gehört und im wesentlichen Wortlaut in der deutschen Presse veröffentlicht wird«.[180]

Das Aufzeigen der Grenzen

Nur vordergründig um die Kirchenpolitik ging es in einer Auseinandersetzung, bei der Rosenberg und Bormann sich gegenseitig der Kompetenzüberschreitung bezichtigten. Im Oktober 1943 hatte Rosenberg sich darüber beklagt, dass Bormanns »Dienststelle für Kirchenpolitik« ihn bei der Problematik »Konfessionsunterricht an den aus den luftgefährdeten Gebieten verlegten Schulen« beteiligt hatte. Natürlich sei Bormann hier federführend, doch die in seinem Arbeitsbereich gemachten Erfahrungen »würden diese oder jene Würdigung von Punkten noch vorsehen, die vielleicht in ihrer Dienststelle aufgrund einer ganz anderen Aufgabenstellung nicht gesehen zu werden brauchen«.[181] Bormann war aber nicht gewillt, Rosenbergs Kritik hinzunehmen. Vielmehr fand er schon bald Gelegenheit, Rosenberg seine nunmehr sehr engen Grenzen aufzuzeigen. Anlass war eine Besprechung von Rosenbergs Mitarbeitern mit Vertretern der Unterabteilung Kirchenwesen am 10. März 1944 in Krakau. Ihm sei berichtet worden, so Bormann, dass Fragen wie beispielsweise die konfessionelle Betreuung der Volksdeutschen und die staatliche Behandlung der verschiedenen Kirchen im Generalgouvernement erörtert und im Detail besprochen worden seien.[182] Es folgten fast zwei Seiten massiver Belehrung: Eine solche Besprechung entspreche in keinem Fall »dem § 3 der Verordnung zur Durchführung des Erlasses des Führers über die Stellung des Leiters der Partei-Kanzlei vom 16. Januar 1942 (RGBl. I S. 35)«. Bormann zitierte zahllose seiner Rundschreiben, dazu den »Willen des Führers«, nach dem der Leiter der Partei-Kanzlei »in den konkordatsfreien Gebieten des Reiches und auch in den angegliederten und besetzten Gebieten, in denen eine Zivilverwaltung eingerichtet ist, durch seine Beratung der zuständigen Stellen für eine einheitliche Behandlung der politisch-konfessionellen Angelegenheiten« sorgt, um dann zu schließen: »Ich wäre Ihnen daher dankbar, wenn in Zukunft diesen Ausführungen voll Rechnung getragen und von derartigen Besprechungen unter allen Umständen abgesehen würde.«

Wie isoliert Rosenberg inzwischen war, zeigt besonders drastisch der nachfolgende Brief vom 7. September 1944, bei dem Werner Koeppen gegenüber Stabsleiter Helmut Stellrecht, der sich im Urlaub befand, kein Blatt vor den Mund nahm. Mittlerweile hatte Rosenberg weder Zugang zu Himmler noch gar zu Hitler:

> Wie ich soeben vom Ministerbüro erfahre, hat der Reichsleiter heute Vormittag wieder telefonisch mit Bormann gesprochen, jedoch ist es auch dabei nicht zu einer festen Abmachung eines Termins beim Führer gekommen. […] Für den Fall, dass die beabsichtigte Unterredung beim Führer in absehbarer Zeit doch zustande kommt, haben wir dem Reichsleiter ein kurzes Stichwortprotokoll ausgearbeitet. […] Es ist mit Absicht möglichst scharf und krass gehalten, um das Unmögliche der ganzen Situation zu betonen.

Meine Versuche, wenigstens ein Telefongespräch zwischen dem Reichsführer und dem Reichsleiter zustande zu bringen, waren am Dienstagabend so weit vorangekommen, dass ich mit Obersturmbannführer Grothmann, dem Adjutanten des Reichsführers, sprechen konnte. [...] Leider ist dieses Gespräch nicht gekommen und auch bisher kein weiterer Bescheid des Reichsführers. Meine Versuche, den Reichsleiter durch einen Termin bei Generalfeldmarschall Keitel in die Wolfsschanze zu bringen, sind bisher leider auch durch die Ablehnung des Reichsleiters gescheitert. Z. Zt, bemühe ich mich, für heute Abend oder morgen früh einen Termin mit Dr. Lammers zustande zu bringen, der augenblicklich in Berlin ist.[183]

Aber auch in dem Chef der Reichskanzlei hatte Rosenberg schon lange keinen Befürworter mehr. Als er in der zweiten Jahreshälfte 1944 »Grundsätze einer europäischen Neuordnung« Hitler vorlegen wollte, musste er über Lammers um einen Termin nachsuchen und erlebte eine entschiedene Abfuhr. Er werde »den Führer gelegentlich um seine Willensbildung darüber bitten«, schrieb Lammers und fügte hinzu, er glaube »schon jetzt sagen zu können, dass es im gegenwärtigen Augenblicke nicht angebracht sein würde, für eine solche Aufgabe eine besondere Organisation der Ihnen vorschwebenden Art ins Leben zu rufen«.[184] Die Wörter »gelegentlich« und »nicht angebracht« wurden von Rosenberg unterstrichen.

Natürlich sah Rosenberg die Gründe für die Isolation nicht etwa bei sich, sondern machte die Partei-Kanzlei und dort an erster Stelle Bormann dafür verantwortlich. In seinen Tagebuchaufzeichnungen sprach er unter dem Datum vom 22. Oktober 1944 von »langen Auseinandersetzungen mit unserer Bürokratie der sich aufblähenden Parteikanzlei«:

Diese wechselnden Referenten, die wenig gelernt haben u. nicht den Wunsch besitzen zu lernen, pochen umso mehr auf ihre »Vollmachten«. Tendenz: *mir* »natürlich« alle Möglichkeiten, aber Verweigerung des Apparats, d.h. jene Werkzeuge wegzuorganisieren, die mir die Arbeiten überhaupt ermöglichen. [...] Es ist um den Führer ein Mangel an Ernst, ein Bramabarsieren gewesen, das ein Gefühl für den Riesen-*Raum* im Osten nicht hatte u. sich die Probleme gar nicht wirklich vorstellen *wollte*. [...] Ich habe, da ich beim Führer noch immer keine Möglichkeit eines mündlichen Vortrages hatte, ihm eine schriftliche Fixierung meines Standpunktes u. bestimmte Vorschläge übersandt.[185]

Vier Tage später, am 26. Oktober 1944, lamentierte er, der ja immerhin weiter Reichsleiter und Reichsminister war, dass er seit nunmehr acht Monaten keine Möglichkeit eines persönlichen Vortrags bei Hitler gehabt habe, während sich »alles Mögliche« in der Ostpolitik austobe und zum »Führer« komme:

> Meine Denkschrift liegt da, ob sie dem Führer als Ganzes vorgelegt wird, ist zweifelhaft. Bei solchem Lauf der Dinge ist es kein Wunder, dass ein großes Reich gefährdet wird u. aus Mangel an politischer Stabilität wie gefühlsmäßiges Hin und Her an die Stelle fester Führung tritt. [...] Das Problem von echtem u. falschem Herrentum taucht also auch hier auf. Bormann hat eine große Auszeichnung erfahren, u. einen Mann mit Arbeitskraft u. gesundem Menschenverstand hätten wir alle begrüßt. Aber wenn er, der die 20 Jahre über keinen eigenen Gedanken geformt, keine Organisation aufgebaut u. verteidigt hat, nun einen Richter aus dem Vorzimmer des Führers spielen will, müssen Konflikte entstehen, die ich jedenfalls nur zu gerne vermeiden will. Da aber außer B. andere R-L. nur selten zum Führer kommen, ist er zum Durchgang aller Wünsche geworden. Er weiß, was das bedeutet, u. sorgt möglichst, dass es so bleibt.[186]

Eine weitere Abfuhr erhielt Rosenberg durch ein Fernschreiben, das vom 13. November 1944 datiert. Darin hatte Lammers ihn darüber informiert, dass der persönliche Adjutant Hitlers, Obergruppenführer Schaub, mitgeteilt habe, aus Gründen, auf die er nicht näher eingehen könne, könne er Rosenbergs Bitte um persönlichen Vortrag beim Führer vor dem 16. November nicht mehr unterbreiten: »Sie würden daher in der nächsten Zeit nicht mehr darauf rechnen können, vom Führer empfangen zu werden.« Obergruppenführer Schaub habe auch bestätigt, dass Hitler in der »Angelegenheit Wlassow« gegenüber dem Reichsaußenminister und dem Reichsführer-SS endgültige Entscheidungen getroffen habe. »Unter diesen Umständen«, so der Rat von Lammers, »glaube ich, Ihnen anraten zu müssen, sich wegen ihrer Bedenken gegen die vorgesehene Behandlung der Angelegenheit Wlassow unmittelbar mit dem Reichsaußenminister und dem Reichsführer-SS in Verbindung zu setzen.«[187]

Noch einmal, am 12. Dezember 1944, brachte Rosenberg seinen ganzen Frust über seine Lage zu Papier. Im Zusammenhang mit Andrei

Andrejewitsch Wlassow, dem Chef der Russischen Befreiungsarmee, drang er »auf einen Vortrag beim Führer«, denn diese Frage sei »ebenso kriegswichtig wie viele andere, die beim Führer zum Vortrag gelangt sind«. Konsterniert hielt er zugleich fest: »Empfang nicht möglich.« Rosenberg zählte eine Reihe drängender Probleme auf, über die entschieden werden müsse: »Dann Flakhelferaktion, weißruthenischer Handwerkereinsatz, Kosakenrückführung von Don/Kuban über Weißruth. nach Norditalien, Lehrgänge in Warschau u. Einsatz d. Lagerleiter, Betreuung der Kriegsversehrten der Legionen usw. Eine allmählich gut anlaufende Arbeit für den Fall der Sinnesänderung des Führers.«[188]

Im Herbst 1944 hatte er einen schriftlichen Bericht an Hitler geschickt, da »Empfang die ganze Zeit abgelehnt«. Die verworrene Lage wird aus den folgenden Zeilen ersichtlich:

> Sende an den Führer am *12.10.44* eine Denkschrift über das ganze Vorgehen. Stellungnahme zu W's Manifest u. Vorschläge. Lammers ist nicht im F.H.Q. u. sendet das alles an Bormann zwecks Übergabe. *Beide* teilen mit, Ihnen sei nichts davon bekannt, dass ein Manifest W's beim Führer liege. Durch Telefonat am *2.11.44* stelle ich fest, dass Bormann meine Denkschrift *nicht* vorgelegt hat. »Führer bettlägerig« gewesen. Auch bis zum 9.11. nichts gelesen. [...]
>
> Über das Schmerzliche u. Empörende der *persönlichen* Seite, werde ich später schreiben. Die Gefühle sind eben noch zu frisch dazu. Sie sind auch angesichts des Schicksals des Reiches weniger wichtig. Nur das Vorgehen gewisser Herren beim Führer zeigt, *wie* heute Reichspolitik gemacht wird. Keine Sachlichkeit mehr, keine Stetigkeit und keine Kenntnis, weil man dazu Mühe braucht. [...] Das Ende: man wird *mich* für das bisherige Versagen verantwortlich zu machen versuchen.[189]

Die letzte Eintragung in Goebbels' Tagebüchern im Zusammenhang mit Rosenberg stammt vom 19. März 1945. Besetzte Ostgebiete gab es kaum noch, doch Rosenberg klammerte sich an sein Ministeramt: »Fast wie ein Witz wirkt es in dieser kritischen Lage des Reiches, dass Rosenberg sich noch immer nicht dazu bereitfinden lässt, das Ostministerium aufzulösen. Man könnte mit dem Knüppel dareinschlagen, denn was nützt alles gutes Zureden, wenn die Borniertheit der sogenannten Prominenten einfach keine Vernunft annehmen will.«[190]

Einst hatte sich Rosenberg geweigert, sein Ministerium in den besetzten Ostgebieten zu errichten, was sicherlich sinnvoll gewesen wäre. In Berlin, im Zentrum der Macht, wollte er residieren. Dass er als Minister stets Herrscher ohne Untertanen gewesen war, wollte er ebenso wenig einsehen wie die Tatsache, dass er über Macht niemals verfügte. Die »Berliner Adresse« war ihm bis zu dem für ihn bitteren Ende wichtig. Auch dies zeugt von Rosenbergs Realitätsferne.

Der Dogmatiker des Antisemitismus

In der relativ kurzen Zeit ihrer Herrschaft haben die Nationalsozialisten systematisch über sechs Millionen Juden umgebracht. Erklärtes Ziel war es, das Judentum vollständig zu eliminieren.

Mit dem Massenmord an den Juden und anderen Minderheiten werden gemeinhin an erster Stelle Hitler selbst und als Organisator der Vernichtungslager der Reichsführer-SS, Heinrich Himmler in Verbindung gebracht. Doch sie brauchten Helfer wie Adolf Eichmann, den Auschwitzer KZ-Kommandanten Rudolf Höß oder den sadistischen Arzt Josef Mengele. Vor allem aber bedurfte es eines gesellschaftlichen Klimas, in dem die Bevölkerung zumindest in ihrer schweigenden Mehrheit das Morden tolerierte, wenn nicht gar aktiv unterstützte, in jedem Fall aber wegsah.

In Alfred Rosenberg hatten die Täter des Nationalsozialismus den Spiritus rector gefunden, der den kompromisslosesten Antisemitismus predigte. Er lieferte ihnen die ideologische Rechtfertigung für ihr mörderisches Handeln und wurde damit – auch wenn er das später nie wahrhaben wollte – selbst zum Täter. Die NS-freundliche *Anglo-German Review* sang im März 1938 eine Lobeshymne auf Rosenberg: »Rosenberg, der Balte, in einer Atmosphäre des Antisemitismus aufgewachsen, zeigte sich als der Hauptstimmenmacher für den antisemitischen Kurs des neuen Deutschlands.«[1]

Noch unverblümter als Hitler in *Mein Kampf* verlangte Rosenberg in unzähligen Reden und Schriften das Ausmerzen des Judentums und des jüdischen Lebens. Über Rosenbergs *Schriften zur Judenfrage* hieß es anlässlich des 50. Geburtstags des Verfassers: »Seit den Anfängen der Bewegung haben der Führer und seine Mitkämpfer keinen Zweifel darüber gelassen, dass der Einfluss der jüdischen Gegenrasse mit Stumpf und Stiel aus dem organisch gewachsenen deutschen Volkskörper ausgerottet werden muss, damit in dem Lebensraum des deutschen Volkes der zersetzenden Macht des Judentums eine unüberbrückbare Schranke gesetzt werde.«[2]

Es sei kein Zufall, dass die erste Schrift Rosenbergs, 1919 geschrieben, sich mit diesen aktuellen Fragen beschäftige. Denn der »Drang zu Wucher und Betrug, das gleichbleibende Moment des Judentums, dieser Urtrieb der jüdischen Rasse, könne weit zurück in die Geschichte bis in die Zeiten der freiwilligen Auswanderung aus Palästina« verfolgt werden. Rosenberg bescheinigte »artfremden Einfluss«, »religiöse Intoleranz«, »einen dämonischen Drang«, und »Instinkte des Hasses«. Auf sechs Manuskriptseiten wurde den Lesern geradezu eingehämmert, es gelte, »den jüdischen Weltbetrug unschädlich zu machen«. Erinnert wurde an Rosenbergs Parteitagsrede von 1935, in der er verkündet hatte, dass »mit Niederschlagung des Kommunismus und der Ausschaltung des Judentums in Deutschland eine neue Epoche der Völkergeschichte begonnen habe«.

Mit seiner Anstiftung zum Massenmord stieß Rosenberg auf fruchtbaren Boden. Denn im ausgehenden 19. und in den ersten Jahrzehnten des 20. Jahrhunderts war Antisemitismus eine Erscheinung, die in allen Ländern Europas anzutreffen war, in Deutschland jedoch eine besondere Ausprägung fand. So gab es in Dresden seit 1881 die Deutsche Reformpartei. Fünf Jahre später wurde in Kassel die Deutsche Antisemitische Vereinigung gegründet. Sie war von 1887 bis 1903 mit dem Bibliothekar Otto Böckel im Reichstag vertreten. Dieser engagierte sich zudem im Deutschen Volksbund, in dem sich »national gesinnte Männer« gegen »die erdrückende Übermacht des Judentums« zusammenfanden.[3] Auf dem Antisemitentag in Bochum beschlossen Anfang Juni 1889 verschiedene judenfeindliche Strömungen (mit Ausnahme der christlich-sozialen Partei Adolf Stoeckers) gemeinsame Grundsätze und Forderungen. Da man sich nicht über den Namen einigen konnte, gab es nach Kassel eine Antisemitische Deutschsoziale Partei und eine Deutschsoziale Partei und ab Juli 1890 die von Böckel in Erfurt gegründete Antisemitische Volkspartei, die ab 1893 Deutsche Reformpartei hieß. Im Reichstag errangen Vertreter antisemitischer Gruppierungen 1890 fünf und 1893 sechzehn Mandate. Ernst Henrici war zusammen mit dem Reichstagsabgeordneten Wilhelm Pickenbach 1894 Gründer des Deutschen Antisemitenbunds. Auch die DAP bzw. dann die NSDAP hatte schon in ihren frühen Programmen dem Antisemitismus eine herausragende Bedeutung beigemessen, doch die ideologische Untermauerung war letztlich Alfred Rosenberg vorbehalten geblieben.

Auch wenn andere, sprich Hitler, letztlich entschieden: Es war an erster Stelle Rosenberg, der unablässig den Hass auf Juden und das Judentum schürte und den »Führer« zumindest in den ersten Jahren ihrer Bekanntschaft und Zusammenarbeit stark beeinflusste.

Vor dem Nürnberger Militärtribunal meinte sein Verteidiger Alfred Thoma am 9. Juli 1946, Rosenberg wolle nicht, dass es so hingestellt werde, »als habe auf seine Bücher und auf seine Reden und Schriften niemand gehört«.[4] Und der amerikanische Gerichtspsychologe Gustave M. Gilbert notierte nach einem Besuch in der Zelle des Angeklagten Rosenberg, dieser sei verärgert, »weil Schirach seinen, Rosenbergs, Einfluss als unbedeutend abgetan hatte. Er behauptete, er habe niemals irgendwen gezwungen, den *Mythus* zu lesen, er sei aber überrascht worden, wie viele Menschen aus allen Schichten ihn gelesen hätten«.[5] Selbst nach dem Zusammenbruch des NS-Regimes und nachdem das Ausmaß des Holocaust vor aller Augen sichtbar wurde, pochte Rosenberg darauf, mit seinen Aussagen und Schriften Einfluss genommen zu haben, mithin mitverantwortlich zu sein.

Gleichzeitig aber wies er in seinen letzten Aufzeichnungen, die er in seiner Nürnberger Zelle verfasste, jede Mitschuld an der systematischen Tötung von Millionen Menschen zurück: »Jene Befehle zur physischen Massenvernichtung des jüdischen Volkes, die Hitler offenbar nachweislich geben hat, [seien] den härtesten Gegnern des Judentums nicht in den Sinn gekommen.«[6]

Instrument für die demagogischen Tiraden war anfangs die von Dietrich Eckart seit dem 7. Dezember 1918 »gegen die Novemberverbrecher, das Judentum und die Zinsknechtschaft gerichtete Wochenschrift *Auf gut Deutsch*«, an der seit Februar 1919 Alfred Rosenberg und Gottfried Feder mitarbeiteten.[7] Feder war Wirtschaftstheoretiker und früher Anhänger Hitlers. Während des Hitler-Putschs hatte er mit Max Amann in München ein Propagandahauptquartier eingerichtet. Später wurde er von Hitler mit der »Wahrung der programmatischen Grundlagen der NSDAP« beauftragt. Damit war er in dieser Hinsicht der Vorgänger Rosenbergs. Außerdem gab er ab 1927 die Schriftenreihe *Nationalsozialistische Bibliothek* heraus.

In besonderer Weise nutzte Rosenberg das NS-Kampfblatt *Völkischer Beobachter*, um seine Thesen zu verbreiten. Diese Parteizeitung war die Bühne, von der er als Schriftleiter und dann als Hauptschriftleiter agitierte. Kaum eine Ausgabe gab es, in der Rosenberg nicht mindestens einen Artikel schrieb und gegen Bolschewisten, mehr noch gegen Juden oder gegen beide zu Felde zog.

Ernst Hanfstaengl gehörte zu den wenigen, die sich gegen Rosenbergs Antisemitismus stellten, allerdings erfolglos, wie sich immer wieder erwies. In seinen Memoiren behauptete er, dass Hitler, weitaus mehr als er ursprünglich vermutet hatte, unter dem Einfluss von Rosenbergs »Rassenmythos und dessen Scharlatanerien als Antisemit, Kirchenfeind und Antibolschewist« gestanden hatte.[8]

Über den *Völkischen Beobachter* – und durch eine immens hohe Zahl von Reden und Aufsätzen – nahm Rosenberg sicherlich mehr Einfluss auf die Haltung der Bevölkerung und ihre Einstellung zu den Juden als irgendein anderer Reichsleiter oder Reichsminister. Das Zentralorgan der NSDAP spendete Rosenberg dann auch zum 50. Geburtstag 1943 Lob: »Mit der ganzen Wucht seines kämpferischen Geistes warf er sich dem jüdisch-bolschewistischem Geschmeiß entgegen.«[9]

Die *Protokolle der Weisen von Zion*

In seinem bedingungslosen Antisemitismus bezog sich Rosenberg zum einen auf den Briten Houston Stewart Chamberlain, vor allem aber auf die *Protokolle der Weisen von Zion*. In einer Ausarbeitung für das Deutsche Historische Museum schreibt der Historiker Johannes Zechner u.a., »diese erstmals 1903 in der judenfeindlichen Presse des zaristischen Russland erschienene antisemitische Textsammlung enthielt angebliche Mitschriften jüdischer Geheimsitzungen zum Ziel der ›Weltherrschaft des Judentums‹. [...] Bis zur nationalsozialistischen Machtübernahme erschienen in Deutschland insgesamt 33 Ausgaben des Textes. [...] Die in den *Protokollen* geäußerte These einer ›jüdischen Weltverschwörung‹ war auch grundlegender Bestandteil im Gedankengerüst des NS-Antisemitismus. Mit ihnen wollte das NS-Regime die stetige Radikalisierung der antijüdischen Politik legitimieren, die nach Beginn des Zweiten Weltkriegs explizit mit einem Deutschland von ›jüdischen Bolschewisten und Kapitalisten‹ aufgezwungenen Krieg begründet wurde.«[10] Dabei hatte die Londoner Tageszeitung *The Times* die Hetzschrift schon 1921 als Fälschung entlarvt. Neben Hitler war es vor allem Rosenberg, der immer wieder die *Protokolle* heranzog. 1923 gab er selbst eine Fassung der *Protokolle* heraus und schrieb in der Einleitung u.a., es gebe das uralte jüdische Streben, das vom ›Du sollst alle Völker fressen, die dein Gott dir geben wird‹ herüberreicht bis in die Gegenwart. Im 19. Jahrhundert habe man sich auf die Umsetzung vorbereitet, die Anfang des 20. Jahrhunderts fast vollendet gewesen sei. Instinkt, uralter Wüsteninstinkt wirkte hier mit, rassische Inzucht und eine jahrtausendealte Erziehung, einen Plan durchzuführen, welcher in der Politik unserer Zeit sichtbar wird. Das Erscheinen der sogenannten *Protokolle der Weisen von Zion* hat Millionen von Europäern die Schleier von den Augen gerissen. [....] Es ist Zeit, dass die Welt erwacht und den Zerstörern des völkischen Staatsgedankens ein für allemal das Handwerk legt.«[11]

Natürlich nutzte Rosenberg den *Völkischen Beobachter*, um den Antisemitismus in Deutschland zu schüren – und zugleich die Auflage seiner Ausgabe der *Protokolle* zu steigern. Im *Völkischen Beobachter* vom 29. August 1923 unterstellte er den »Weisen von Zion« folgende Aussage: »Wir haben eine unwahre Staatslehre erdacht und sie unermüdlich den Nichtjuden eingeflößt, ohne ihnen Zeit zur Besinnung zu lassen. Das geschah, weil wir unser Ziel nur auf Umwegen erreichen können, da der gerade Weg über die Kraft unserer zerstreuten Stämme geht. Zu diesem Zwecke haben wir die geheimen jüdischen Freimaurerlogen gegründet. Niemand kennt sie und ihre Ziele, am allerwenigsten die Ochsen von Nichtjuden, die wir zur Teilnahme an den offenen Freimaurerlogen bewogen haben, um ihren Stammesbrüdern Sand in die Augen zu streuen.«[12]

Noch 1944, als sich die Niederlage des nationalsozialistischen Regimes längst abzeichnete, wurde mit Hochdruck an Übersetzungen von Rosenbergs *Die Protokolle der Weisen von Zion und die jüdische Weltpolitik* gearbeitet.[13] Der *Welt-Dienst* des Internationalen Instituts zur Aufklärung über die Judenfrage – in verschiedenen offiziellen Schriften wurde es als Institut der NSDAP zur Erforschung der Judenfrage oder auch als Institut zum Studium der Judenfrage bezeichnet – war mit Übersetzungen u.a. ins Italienische, Holländische, Russische, Französische, Ukrainische, Polnische und Dänische beauftragt worden. Die polnische Ausgabe verzögerte sich, weil ein Teil des Manuskripts auf dem Postweg verloren gegangen war, und die norwegische Übersetzung verzögerte sich, weil die Übersetzerin abgereist war.

Antisemit seit frühester Jugend

Am 30. November 1918 sprach Rosenberg in seiner ersten öffentlichen Rede in dem von ihm angemieteten Saal der Schwarzhäupter, einer jahrhundertealten Vereinigung von Kaufgesellen, in Reval. 1941 hieß es in einer Laudatio, dass er »schon in dieser Rede [...] die Wurzeln der Zersetzung, die das Judentum mit Hilfe des Marxismus in die Völker hineinträgt, und der Anarchie des Bolschewismus« bloßgelegt habe.[14] Die *Anglo-German Review,* die Zeitschrift des britischen nazifreundlichen Anglo-German Fellowship, lieferte im März 1938 vermeintliche Hintergründe für Rosenbergs Antisemitismus.[15] Rosenberg habe als 15-Jähriger die Bibliothek seines Vaters durchwühlt und sei auf das Buch *Die Grundlagen des 19. Jahrhunderts* von Houston Stewart Chamberlain gestoßen, ein viel gelesenes Buch, in England das meist gelesene überhaupt. Von Chamberlain bezogen die Nationalsozialisten ein Großteil ihrer Ideologie, der Rassentheorie und Weltanschauung. »Er war Engländer von Geburt, Franzose durch Erziehung, Deutscher aus Überzeugung: Houston Stewart Chamberlain, einer der Erzväter modernen Rassenwahns und ein Apostel germanischer Herrlichkeit.

Am Ende des Ersten Weltkriegs war Rosenberg Zeichenlehrer, doch der deutsche Zusammenbruch und die Bedingungen von Versailles trieben ihn zur Tat. Er rief die Bürger Revals zu einer Massenkundgebung und wetterte gegen die Niederlage, den Marxismus und die Juden, erinnerte an die Traditionen des deutschen Volkes und rief zu Ordnung, Konsolidierung und Wiederaufbau auf. Dann fuhr er nach Berlin und von dort nach München. Hier verkündete er nicht nur die Überlegenheit des deutschen Volkes, sondern wies auch auf die Quelle aller Störungen hin: die Juden.[16] Rosenberg – so die von dem aus deutsch-baltischen Hause stammenden Friedrich von der Ropp bestimmte, NS-sympathisierende *Anglo-German Review* weiter – begegnete Eckart, und als dessen Mitarbeiter begann er seine Gedanken zur Rassenhygiene und zur deutschen Erneuerung zu entwickeln.

Schon vor der Begegnung mit Hitler im Jahre 1919 hatte Rosenberg seinem Antisemitismus freien Lauf gelassen. So schrieb er zum Beispiel am 10. August 1918, also noch im Baltikum, über die Befreiung der Russen von der Leibeigenschaft: »Da setzten sich an Stelle des Gutsbesitzers die wucherischen Juden und saugten dem unerfahrenen Volke das letzte Blut aus den Adern. Die Armut und die Rückständigkeit der russischen Bauern in Weißrussland und Südrussland ist zu einem großen Teil ihr Machwerk.«[17] Und in den *Schriften aus den Jahren 1917–1921* heißt es in dem Beitrag »Der Jude und der Deutsche« unter Punkt 10:

> Nicht immer blieb der Jude, sobald er an Einfluss gewann, der kühle Geschäftsmann und Politiker; oft riss ihn irgendeine Unersättlichkeit zum Maßlosen hin und hatte schließlich für ihn selbst die bittersten Folgen. Die Aussaugung und der Wucher, weniger gierig betrieben, der weniger hervorgekehrte religiöse und nationale Hochmut hätten ihm viele Leiden völlig erspart; aber die jüdische Grundidee der Auspowerung aller Völker, wie sie Dostojewski, Fichte, Goethe und sonstige Großen erkannten, geboren aus der tiefsten Abneigung gegen alles Nichtjüdische, hat aus dem scheinbar kalten Juden letzten Endes immer einen leidenschaftlichen Hasser gemacht. Dieser Hass ist so alt wie das Judentum selbst und kommt überall, je nach Richtung, die ihm offen steht, zum Vorschein. Die heutige Zeit ist nun ein Tummelplatz kaum beherrschter jüdischer Leidenschaften, die sich mit einer zielbewussten, von unermesslich reichen Männern gelenkten Weltpolitik verbunden haben. Das deutsche Volk hat der Jude von jeher gehasst.[18]

Gerade in Deutschland eingetroffen, setzte Rosenberg seine antisemitische Kampagne fort. In der Wochenschrift *Auf gut deutsch* schrieb er ohne Umschweife:

> Die Arbeit der deutschen Antisemiten soll sein, dieser grausamen Notwendigkeit (einer Judenverfolgung), die unbedingt eintreten wird, wenn die jüdische Unersättlichkeit einen nicht mehr zu überbietenden Höhepunkt in der Beherrschung des deutschen Volkes erlangt hat, einen legalen Ausweg zu verschaffen, indem sie fordern, dass die Juden auf Grund eines Gesetzes aus allen Staatsämtern entfernt werden. Ein Volksreferendum muss schlimmstenfalls darüber entscheiden. Wird aber auch dieses hintertrieben und verhindert, dann muss *das*[19] eintreten, was sich mit unentrinnbarer Folgerichtigkeit durch alle Jahrhunderte hindurch wiederholt hat: die Judenverfolgung.[20]

In zynischer Weise machte Rosenberg schon hier die Juden für die unter den Nationalsozialisten einsetzende Verfolgung bis hin zum Holocaust selbst verantwortlich.

Während Rosenberg sich also bereits in Reval ganz konkret über die Judenverfolgung geäußert hatte, stammen Hitlers erste – eher noch vage – schriftlich belegte antisemitische Forderungen aus der zweiten Hälfte des Jahres 1919. In einem vierseitigen Schreiben vom 16. September 1919 antwortete Hitler auf die Frage des Soldaten Adolf Gemlich nach seiner Haltung gegenüber dem Judentum und erklärte, gelegentliche Pogrome seien nicht genug; letztes Ziel müsse »unverrückbar die Entfernung der Juden überhaupt sein«.[21] Diesen Brief hatte das Simon-Wiesenthal-Zentrum 2011 aus privater Hand gekauft. Er beweist den Gleichklang von Rosenberg und Hitler, die sich 1919 in München begegneten – in der Judenfrage und letztlich in ihrer Lösung.

Viele der Forderungen Rosenbergs, soweit sie den Kampf gegen das Judentum betrafen, finden sich in späteren NSDAP-Programmen oder im Regierungshandeln der NSDAP nach der Machtübernahme 1933 wieder.

Das von Rosenberg bereits 1919 verlangte »Gesetz zur Entfernung aller Juden aus Staatsämtern« wurde mit den Nürnberger Rassegesetzen 1935 traurige Realität. Und auch das Gefasel des Reichsführers-SS, Heinrich Himmler, vom »guten Blut« ist in vielen Teilen nichts anderes als ein Nachbeten der Blut-und-Ehre-Ideologie Alfred Rosenbergs.

Plädoyer für die Euthanasie

Rosenberg gilt als derjenige, der die nationalsozialistische Weltanschauung entscheidend geprägt und formuliert hat. In den Schulungsbriefen der NS-Reichsleitung hatte er ein weiteres Forum, um Funktions- und Mandatsträger nachhaltig zu beeinflussen. Besonderen Wert legte er dabei auf die »Rassenkunde« als eine »früher nur angedeutete, heute in großen Zügen bereits festgelegte und siegreiche Weltanschauung«. Die NSDAP sei, so hieß es in geradezu manischem Sendungsbewusstsein, »nicht nur eine politische und soziale Kampfbewegung«, sondern alles umfassend »eine weltanschauliche Neugeburt«, deren Wesen bestehe darin, »dass Blut und Charakter als zwei verschiedene Äußerungen des gleichen Wesens hingestellt werden«. Die NSDAP sei berufen, von Deutschland aus anstelle einer verschwommenen Menschheit eine organische und von gegenseitiger Achtung getragene Gliederung der Völker und Staaten auf diesem Erdball herbeizuführen.²²

In einem Aufsatz aus dem Jahr 1936 verstieg sich Rosenberg zu der Äußerung, das Blut, das scheinbar im Ersten Weltkrieg gestorben war, habe in der nationalsozialistischen Bewegung begonnen, wieder lebendig zu werden. Wenn er schrieb: »Die ewigen Gesetze der Natur kennen nur die Erhaltung des Gesunden und nicht des Kranken. Hier handelt es sich um das Sein oder Nichtsein des Volkes, und in diesem Kampf darf keine falsch empfundene Humanität führen«, dann ist das nichts anderes als die Aufforderung zur Sterilisation oder zum Töten. Ohne die Sterilisation gebe es in wenigen Jahrhunderten »auf zwei deutsche Menschen einen Idiot«, und alle kulturellen Schätze würden vernichtet, behauptete Rosenberg. Eine Diskussion darüber, ob die Sterilisation christlich oder unchristlich sei, würde bedeuten, »dass die Förderung des Geistesschwachen und -kranken christlich und die Förderung des Gesunden und Starken heidnisch sei«. Es sei »eine Lebensnotwendigkeit für Deutschland sowohl für die anderen Nationen, [...] die hemmungslose Vermehrung von Erbkranken, Geistesschwachen, Idioten und rückfälligen Verbrechern zu verhindern«. »Das germanische Ehrgefühl und den Schutz des gesunden Blutes werde man gegen alle Angriffe verteidigen, denn wenn ein Volk durch Entartung und Verfall in seinem Mark getroffen sei, dann sei es innerlich auf dem Sterbebett und wird untergehen.«²³

Dem Germanentum und dem »gesunden« bzw. »guten Blut« hing später auch Himmler bedingungslos an. Er brauchte nur in Rosenbergs Schriften zu blättern, um sein mörderisches Vorhaben vor sich und anderen zu rechtfertigen. Denn Rosenberg hatte damit nichts anderes gefordert als die Euthanasie, von den Nationalsozialisten dann rigoros unter der Tarnbezeichnung »T 4« – benannt nach dem Sitz der Dienststelle in der Berliner Tiergartenstraße 4 – umgesetzt. Über 70.000 Menschen mit körperlichen oder geistigen Behinderungen wurden unter Federführung von Philipp Bouhler, dem Leiter der »Kanzlei des Führers«, systematisch umgebracht.

In seinen *Letzten Aufzeichnungen* prophezeite Rosenberg entsprechend seiner Rassenideologie den Vereinigten Staaten von Amerika den Untergang: »Vierzehn Millionen Neger und Mulatten, vier bis fünf Millionen Juden, davon zweieinhalb Millionen in New York, ferner

Japaner im Westen usw. kann Amerika nicht ertragen, wenn es das Erbe der Pioniere erhalten will.«[24] Sein Menschenbild offenbarte er noch einmal in aller Deutlichkeit, als er schrieb, nie werde »ein noch so gläubiger Hottentotte Kathedralen bauen, nie ein Neger eine Fünfte Symphonie dichten, ja kaum einmal verstehen«.[25] Von dieser Überzeugung rückte Rosenberg bis zu seinem Tod nicht ab. Zeit seines Lebens war er Rassist. Engagiert setzte er sich für eine »neue Wissenschaft« ein, für die »Rassenkunde«. Sie sei nichts weiter als ein »riesengroßer Versuch der deutschen Selbstbesinnung«, formulierte er in dem Aufsatz »Der Kampf um die Weltanschauung«.[26]

Sachsens NSDAP-Gauleiter Martin Mutschmann, einer der wenigen, zu denen Rosenberg auch private Beziehungen unterhielt, würdigte zu Rosenbergs 50. Geburtstag insbesondere seinen Einsatz gegen Bolschewismus und Judentum. »Dem Kampf gegen den jüdischen Bolschewismus als weltanschaulichem Gegenprinzip zum Lebensgesetz des deutschen Volkes, der seinen Eintritt in das politische Leben unmittelbar veranlasste, ist Alfred Rosenberg unbeirrbar treu geblieben«, stellte er fest. Damit sei er zum »Mitgestalter der nationalsozialistischen Weltanschauung«, zum »Deuter des deutschen Wesens und der deutschen Aufgabe geworden«. Gegen Judentum und Bolschewismus hätten nach 1918 viele gekämpft, doch: »Neben dem Führer aber gibt es niemanden, der so klar, logisch und intuitiv wie Rosenberg die weltanschaulichen Grundlagen für den Neubau herbeischaffte, die wir nun als das Bessere an Stelle der liberalistischen Fehlkonstruktion und der bolschewistischen Anarchie stellen.« Mutschmann fuhr fort: »Niemals wieder soll eine Generation entstehen, die müde und schwach von diesem Kampf ablässt und damit dem jüdischen Feind neue Einbruchsmöglichkeiten bietet. Der zerstörerische Einfluss der jüdischen Gegenrasse auf alle organisch gewachsenen Kulturen und auf jedes echte Volkstum kann nicht ausführlich und überzeugend genug dargestellt werden, damit für alle Zeiten der zerstörenden Tätigkeit des Judentums eine unüberbrückbare Schranke gesetzt ist und sich auch künftige Geschlechter der Tragweite unseres Ringens gegen diesen schmarotzenden Spaltpilz bewusst werden.«[27]

Der staatsfeindliche Zionismus[28]

Der Hass gegen das Judentum und gegen den Bolschewismus zog sich wie ein roter Faden durch Rosenbergs Leben. Unter dem Titel »Die Krise des nationalen und sozialen Gedankens« formulierte er folgendermaßen: Zwölf Millionen Männer »der weißen Rasse« seien im Ersten Weltkrieg gefallen. Auf diese Weise seien Anlagemöglichkeiten für das Leihkapital geschaffen worden, damit »die Geschicke aller Staaten vermittels einer einzigen (Gold-) Währung so geleitet werden, wie es den Interessen einiger jüdischer Finanzbanditen entspricht«.[29]

In zahllosen Aufsätzen ließ Rosenberg seinem Antisemitismus freien Lauf. Nachstehend können zwangsläufig nur einige wenige exemplarische Angriffe gegen das Judentum wiedergegeben werden.

»Wollte der Jude nichts anderes als sein Volkstum bewahren, kein Deutscher würde etwas dagegen haben. Aber er nimmt es sich inmitten seines Gastvolkes heraus, dieses mit seinem Schmutz zu bewerfen und alles Nichtjüdische zu verhöhnen. Hier gilt es einzugreifen«, verlangte Rosenberg in seinem Aufsatz »England und der deutschfeindliche Zionismus«, den er in *Schriften aus den Jahren 1921–1923* veröffentlichte.[30] Als Konsequenz forderte er, Farbe zu bekennen:

> Kein Deutscher hat die Juden in der Entwicklung ihrer Nationalkultur gestört. Dass sie wenig oder gar keine jüdischen Schulen und Universitäten haben, ist nicht unsere Schuld. Aber die gewährte nationale Freiheit ist beim Juden zu einer ungeheuerlichen Frechheit ausgewachsen. Derart, dass, wie wir sahen, jeder Versuch, das um seine Existenz ringende deutsche Volk vor der Überflutung mit jüdischen Bolschewisten aus Polen, jüdischen Verseuchern unseres Lebens, jüdischen Zerstörern unseres Staates zu bewahren, von eben denselben Juden, die die Wahrung des Nationalen als einzige organische Grundlage jeder Kultur hinstellen, als »perfides Mittel«, »reaktionäre Hetze« usw. ungestraft bezeichnet werden darf. Es geht auf Biegen und Brechen, es heißt entweder – oder. Wer heute nicht Farbe bekennt, darf sich nicht Deutscher nennen.[31]

Rosenberg verfasste zahllose Beiträge, in denen er das Judentum massiv angriff. Seine »Hauspostille« dabei war naheliegend der *Völkische Beobachter*. Darüber hinaus veröffentlichte er vor allem nach der nationalsozialistischen Machtergreifung eine große Zahl von Aufsätzen auch in anderen Blättern. Hinzu kam, dass er ungewöhnlich viele Reden hielt, die dann zusätzlich Widerhall in der gleichgeschalteten deutschen Presselandschaft fanden. Bedingt durch die Vielzahl seiner Ämter hatte Rosenberg nach 1933 mehr Möglichkeiten als jedes andere Mitglied der NS-Führung, seine Ideologie zu verbreiten. Man darf wohl davon ausgehen, dass seine antisemitischen Tiraden nicht ohne Einfluss auf die übrigen NS-Funktionäre und auf die öffentliche Meinung waren.

Rosenberg hat stets Worte als Waffe eingesetzt. Ihm war bewusst, dass er die Juden entmenschlichen und dämonisieren musste, um den Hass auf sie auch bei den noch Zögernden zu schüren. Im Zusammenhang mit Juden und Judentum verwendete er daher u.a. folgende Begriffe: deutschfeindlich, anmaßend, unersättlich, entsittlicht, zügellos. Juden waren für ihn: ein schmarotzendes Wüstenvolk, Schmarotzer, Großwucherer, Parasiten, Wuchergebilde, Ausbeuter, Zersetzer, Hetzer, Blutsauger, plastische Dämonen des Verfalls der Menschheit. Sie leisteten Maulwurfarbeit, täuschten, besaßen Ausbeutungskraft, saugten am Mark aller Völker, bauten Lügenfassaden auf, waren frech, gehörten Geheimgesellschaften an und setzten »volksausbeutende Hebräerbanken« ein.

Die »Ausschaltung«, »Ausscheidung« und »Judenverfolgung« waren für Rosenberg ebenso unausweichlich wie die »endgültige Klärung und Lösung des auf allen Völkern lastenden Judenproblems« oder eine »tatkräftige Operation«. Er verlangte die »restlose Beseitigung der Juden aus allen Posten, Ämtern, öffentlichen Vertretungen, leitenden Wirtschaftsstellen und Kulturanstalten«.

Mit einer solchen Sprache trug Rosenberg wesentlich zu einem gesellschaftlichen Klima bei, in dem Juden per se als Feinde Deutschlands gesehen wurden und bei denen man bei ihrer Verfolgung im günstigsten Fall wegsah, wenn man nicht gar mitmachte. Und schlimmer noch: Systematisch gestand Rosenberg den ihm verhassten Juden keinerlei menschliche Attribute zu.

Dank seiner vielen Funktionen und Ämter hatte Rosenberg zahlreiche Möglichkeiten, seinen antisemitischen Kampf zu führen, und er ließ kaum eine Gelegenheit aus. Auf dem Reichsparteitag der NSDAP 1935 polemisierte er:

> Das Judentum hat sich klar und deutlich ausgesprochen, wie es schon immer triumphierte, wenn es sich am Ziel seiner Wünsche glaubte; aber es hat,

dessen sind wir als Nationalsozialisten heute überzeugt, zu früh triumphiert! Mit dem Sieg der nationalsozialistischen Bewegung hat das Judentum, nahe an der Weltherrschaft, seinen stärksten Gegenstoß erhalten und zugleich mit ihm ist der Bolschewismus, der Gesamtmarxismus in Deutschland niedergeworfen und darf auf der Erde Hermann des Befreiers, Friedrich des Großen und Adolf Hitlers niemals mehr auferstehen.[32]

Es verwundert kaum, dass sich auch in Rosenbergs Tagebüchern immer wieder antisemitische Ausbrüche finden. Am 23. August 1936 notierte er:

> Lese eben »Jude u. Arbeiter« aus dem Institut zum Studium der Judenfrage. Altes Bekanntes, aber doch auch einige neue historische Daten. Immer wieder fasst mich die Wut, wenn ich mir überlege, *was* dieses jüdische Parasitenvolk Deutschland angetan hat. Hier ist Instinkt und Plan gemeinsam seit vielen Jahrzehnten am Werk gewesen. Jedenfalls habe ich aber eine Befriedigung: hier das meine zur Aufdeckung dieses Verrats beigetragen zu haben. Denn wie mir die alten Gauleiter wie Rust[33], Sauckel[34], Roever[35] usw. immer wieder erzählen: mit meinen Aufsätzen im *V.B.*, mit dem »Weltkampf« in der Tasche sind sie in Tausende von Versammlungen gezogen. Hier fanden sie Richtung und Material zum Kampf gemeinsam.[36]

Wie »Richtung und Material« aussahen, zeigen die folgenden Beispiele aus dem *Völkischen Beobachter*. In den Ausgaben vom 20. März und 17. April 1921 war dort unter der Überschrift »›Deutsche‹ Freimaurerei« zu lesen: »Nie ist die Judenfrage in ihrer ganzen Größe greifbarer für jeden Unbefangenen gewesen als heute, nie hat das Judentum seiner Anmaßung so freien Lauf gelassen wie jetzt. Keine Frage lässt sich behandeln, kein Gebiet deutschen Lebens kann man betreten, ohne auf den jüdischen, deutschfeindlichen Einfluss zu stoßen.«

Als rhetorische Frage sollte die Überschrift »Eine antisemitische Internationale?« im *Völkischen Beobachter* vom 14. April 1921 aufgefasst werden. Dort hieß es: »Der Juden Macht hat von jeher auf einer Täuschung beruht. Im Dunkel der Geheimgesellschaften, unter Decknamen in der Presse und im Schrifttum, als ungesehener Herr im Bankhause, als unbekannter Besitzer aller Telegraphenbüros und als ebenso unbekannter Gläubiger der Regierungen, dauerte seine Macht genauso lange als der Glaube des ausgebeuteten Volkes an seine Lügenfassaden vorhanden war, oder bis er, unersättlich von Natur, sein Antlitz gar zu offensichtlich zeigte.«

Es stellt sich die Frage, wie Rosenberg den weiteren Text aufgefasst wissen wollte, in dem er eine »tatkräftige Operation« ankündigte: »Der Jude ist uns in jeder Beziehung weit unterlegen. Er zehrt an unserer Großmütigkeit, wie der Efeu sich mit tausend Wurzeln an der Eiche ansaugt. Eine tatkräftige Operation wird sich auch in unserer Zeit mit Naturnotwendigkeit ergeben. Es gilt nur auch, weiter zu schauen, eine unpersönliche Schranke zu schaffen, die den Schmarotzer hindert, nochmals Wurzel fassen zu können.«

Zur Dokumentation der zügellosen Judenhetze seien im Folgenden weitere Beispiele angeführt:

VÖLKISCHER BEOBACHTER, 2. JUNI 1921: »VÖLKERSCHANDE!«
»Selbst der Kenner des jüdischen Wirkens der letzten Jahrzehnte und der jüdischen Finanzdiktatur in allen Ländern wird heute doch Tag für Tag aufs Neue über die frechen Anmaßungen des Judentums erstaunt sein. Zügellos in jeder Hinsicht, streckt der Jude, zur Macht gelangt, immer anmaßender und unvorsichtiger die Hand nach neuen Instrumenten seiner Herrschaft aus. Er schiebt immer neue Söhne Israels aus dem dunklen Hintergrund an das Rampenlicht, sodass allmählich auch trübe Augen sehend werden.«

VÖLKISCHER BEOBACHTER, 4. AUGUST 1921: »DER POGROM AM DEUTSCHEN UND AM RUSSISCHEN VOLKE«
»Das Judentum hatte nach gelungener Unterhöhlungsarbeit am 9. November alle Hoffnung, Deutschland endgültig durch einen verblendeten Teil der Deutschen zugrunde zu richten. Der deutsche Volkscharakter hatte sich jedoch als noch immer wurzelstark genug erwiesen, um zu widerstehen. Da wurde die Maulwurfarbeit von neuem vorgenommen. Jüdische Schmierfinken versuchten es, die Männer, die mit ihrem ganzen Sein ihr Vaterland geschützt hatten, zu verunglimpfen. [...] Wer es gut mit dem deutschen Volke meint, der muss dem gesamten Judentum den Kampf ansagen und unermüdlich fordern: restlose Beseitigung der Juden aus allen Posten, Ämtern, öffentlichen Vertretungen, leitenden Wirtschaftsstellen und Kulturanstalten. Das weitere wird sich dann finden. [...]

Der unveränderliche und tiefste Wesenszug der Juden ist seine gierige Unersättlichkeit. Durch falsche Überduldsamkeit hat der Deutsche seine Interessen zugunsten des Juden zurückgestellt und hat sich einreden lassen, die Zurückweisung jüdischer Anmaßung sei nicht fortschrittlich, sei – reaktionär. [...] Noch glaubt das deutsche Volk in seiner Ritterlichkeit, sich nicht an den ›Verfolgten‹ vergreifen zu dürfen, obgleich die Sturmtruppen des Judentums bedeutend zahlreicher sind, als die Gefolgschaft der Männer, die unser Unheil erkannt haben.«

VÖLKISCHER BEOBACHTER, 26. NOVEMBER 1921: »DER JÜDISCHE BOLSCHEWISMUS«
»Dass der Bolschewismus nur Mittel, nicht Ziel ist, weiß jeder, der die jüdische Politik durchschaut: Mittel zur Ausrottung alles Wurzelstarken, zur Entsittlichung der Völker, zur Vernichtung der nationalen Wirtschaft, um sie später auf ‚legale Weise‘ für ein Butterbrot zu erwerben. [...] Das Strafgericht des russischen Volkes wird einmal keinen Juden mehr in Russland dulden.«

VÖLKISCHER BEOBACHTER, 31. MAI 1922: »GEGEN DIE JÜDISCHE BANKENPEST«
»Die Könige sind vertrieben, die Bankjuden sind an ihre Stelle getreten. Das war der Sinn der Verbrechertat vom 9. November 1918. Die ›Freiheit‹ eines Volkes wurde zwar vollendet, aber nicht die des deutschen, sondern des hebräischen. [...] Wie in München, so vollzieht sich der Ausbau des Wuchernetzes über ganz Deutschland. Bis in die kleinsten Städte dringen die Sendlinge des Ausbeutergeistes, und niemand ist da, der ein Machtwort dagegen einlegt. [...] In welchen Verklausulierungen dem deutschen Volk der neue Weltbetrug der jüdischen Weltfinanz schmackhaft zubereitet wird, spielt keine Bedeutung in der Erkenntnis, dass das deutsche Volk zum Lohnsklaven für die ganze Welt verwendet werden soll. ›Reparationen‹ nach Westen ohne Unterlass, nach Osten Lieferung von Kulis, um die Sowjetjuden von neuem zu stützen. [...] Es gibt nur eine Front: die Einigkeit aller Deutschen gegen die internationale jüdische Bankenpest und gegen die internationale jüdische Sowjetseuche.«

Völkischer Beobachter, 30. August 1923: »Deutschland und der Völkerbund«
»Was würde der Eintritt in den Völkerbund bedeuten? [Er] würde die Anerkennung, die unterschriftlich beglaubigte Anerkennung der internationalen Börsendiktatur bedeuten, Deutschland würde durch diese neue Unterwerfung sich offen und willig als Sklavenkolonie bezeichnen und einen Abgesandten des hebräischen Konsortiums als unumschränkten Herrn und Gebieter willkommen heißen.

Der Weltkampf, Juni 1924: »Jüdische Weltpolitik«
»In den Tresoren der Wallstreet-Juden liegt das in Edelmetall umgemünzte Blut von zwölf Millionen Männern der weißen Rasse! Das ist das Ergebnis des ungeheuerlichsten Weltkampfes, der den Juden tatsächlich nicht geschadet, sondern sie ›nur gefördert‹ hat. [...] Aus dem internationalen Bankenstaat der jüdischen Weltbörse gilt es, einen Staat nach dem anderen herauszulösen oder herauszuschlagen, bis jenes Wuchergebilde zusammenfällt, das am Mark aller Völker saugt, aus der Kraft der andern sich seine Macht schafft.

Völkischer Kurier, 21./22. September 1924: »Ein Blick auf den Völkerbund«
»Als der Völkerbund seine Arbeit begann, erklärte der erste Generalsekretär dieses Instituts auf seinem Besuch beim Oberrabbiner Ginsburger, der Völkerbund sei sich seiner ›Pflicht gegen die Juden‹ bewusst und kein Hilferuf werde von nun an ungehört verhallen. Diese Zusage konnte er mit bestem Gewissen machen, denn schon anfangs war der Völkerbund als ein vornehmlich jüdisches Werkzeug deutlich erkennbar: Holland, Frankreich, Spanien waren durch eine Anzahl Hebräer vertreten, die Sektion zur ›Bekämpfung‹ des Mädchenhandels erhielt eine jüdische Leitung, Vorsitzender der wichtigsten Abteilung, der politischen, wurde der französische Jude Paul Mantoux. Und Präsident des Bundes wurde der Jude Paul Hymans aus Belgien. [...] Das Münchner *Jüdische Echo* schrieb schon vor vier Jahren (Nr. 53, 1920): ›Das jüdische Volk sieht in den Prinzipien des Völkerbundes die Verwirklichung der Brüderlichkeit der Völker, die der jüdische Prophetismus verkündet hat, und es hofft, dass der Völkerbund immer mehr dazu gelangen wird, die Konflikte zwischen den Nationen verschwinden zu machen und das hebräische Volk von seinem

schrecklichen Schicksal zu befreien.‹ Dieses schreckliche Schicksal besteht z.b. in der Tatsache, dass die hebräischen Herren in Moskau Millionen Russen haben verhungern und ermorden lassen; es besteht darin, dass die Westjuden und ihre Banken heute alle Welt aussaugen. Von diesem Schicksal wollen auch wir die Juden einst befreien. Aber nicht durch den Völkerbund, sondern durch Mittel, die die Zukunft uns bringen wird.«

VÖLKISCHER BEOBACHTER, 22. MÄRZ 1922: »DER VÖLKISCHE KAMPF«
»Ist das deutsche Volk ein solches Pack, dass man ihm zumuten darf, die jetzt offenbare Diktatur der jüdischen Börsen- und Revolutionsbanditen stillschweigend zu ertragen? Hier gibt es nur ein Ja oder Nein. Alles andere ist ›unsauberer Antisemitismus‹. [...] Während Deutschland von allen Hebräern besudelt wird – ›Reigen‹-Prozess,[37] Magnus-Hirschfeld, Sternheims ›Hose‹, Hardens Verhöhnungen, Rathenaus Auswucherungssystem, Börsenjubel usw. –, führt das Parteiorgan der Deutschnationalen Volkspartei nicht den schärfsten Kampf gegen die ganze Brut, sondern fürchtet sich vor ›antisemitischen Einseitigkeiten‹.«

VÖLKISCHER BEOBACHTER, 5. JUNI 1930: »15 MILLIONEN JUDEN SAGEN ENGLAND DEN KAMPF AN«
»Zwischen dem Weltjudentum und Großbritannien ist es zu einem ernsten Zerwürfnis gekommen. Geführt vom Zionismus war England vom Judentum zum Schutzherrn der jüdischen ›Rechte‹ ausersehen worden. [...] Tatsächlich hat denn auch England die jüdischen Anmaßungen immer wieder unterstützt, obwohl alle englischen Beamten und Offiziere, die in Palästina zu tun hatten, antijüdisch werden mussten, wenn sie die Frechheiten des auf den Schutz der englischen Soldaten pochenden Zionisten beobachteten. Mit riesigen Geldern wurden den zum Ruin getriebenen Arabern ihre Länder abgekauft und diese in steigendem Maße von ihrem Heimatboden verdrängt. [...] Darüber hinaus aber zeigt sich: 1. die jetzt nachweisbare Einheitlichkeit und Organisiertheit des Alljudentums in aller Welt; 2. die wahre Natur der Juden, die sich gegen alle richtet, die eigene Lebensinteressen vertreten; die engste Union zwischen der Führung der marxistischen Internationale und der jüdischen Hochfinanz zwecks Festigung der jüdischen Macht und Aufteilung der Völker mit Hilfe des Klassenkampfes.«

GELEITWORT ZU *DIE WELTFRONT*, 1935[38]
»Die Wahrheit über das Judentum bricht sich unaufhaltsam Bahn. Ganz von selbst entsteht eine wirkliche Weltfront anständiger Menschen gegen das Judentum und dessen zum Teil bewusste, zum Teil unbewusste – durch seine Rassensubstanz bedingte – zersetzende Tätigkeit. Die Ausschaltung des Judentums aus dem politischen, kulturellen und wirtschaftlichen Leben der großen arischen Nationen wird deren Gesundung sowie eine Entgiftung der internationalen Atmosphäre zur Folge haben und damit zur Erhaltung des Friedens wesentlich beitragen. Der Kampf ist auf der ganzen Linie aufgenommen und wird das auf allen Völkern lastende Judenproblem einer endgültigen Klärung und Lösung entgegenführen.«

ROSENBERGS TAGEBUCH, 24. FEBRUAR 1935[39]
»Deutschland kann naturgemäß nicht *alle* Mächte gleichzeitig angreifen. Der Kampf gegen das Judentum war notwendig. Ist das Reich machtpolitisch gesichert, so wird auch die jüdische Hetze allmählich unwirksam werden.«

REDE ROSENBERGS AM 18. AUGUST 1935 IN HEILIGENSTADT IM EICHSFELD[40]
»Nach dem Sieg von 1933 hätten alle Nationalsozialisten den früheren Gegnern gegenüber ein ritterliches Gefühl empfunden. Selbst den Juden gegenüber sei die deutsche Revolution anders verfahren, als es sonst in der Geschichte üblich gewesen wäre und hätte sich mit den allernötigsten Maßnahmen begnügt. Das alles wäre aber missverstanden worden, und in zunehmenden Maße könnte beobachtet werden, dass sich die Gegner von früher wiederfinden und die gemeinsame Front, in der sie uns 14 Jahre lang bekämpft hätten, im Geheimen erneut aufzurichten bemüht wären. [...] Die jüdische Boykottbewegung gegen Deutschland hat wieder zugenommen, die Lügen über Deutschland werden in verstärktem Maße von der jüdischen Presse in der Welt verbreitet.«

ALFRED ROSENBERG: »DIE KRISE DES NATIONALEN UND SOZIALEN GEDANKENS«[41]
»Der Antisemitismus von heute ist nicht ein vorübergehender Unwille über einige jüdische Großwucherer, auch nicht eine wandelbare

Empörung über hereinflutende Juden aus Polen, Galizien, Bessarabien, sondern nur das erste flackernde Vorzeichen einer neuen Staats- und Weltanschauung, einer vor sich gehenden, tiefen, inneren Überprüfung unserer gesamten Vergangenheit. [...] Die erste Voraussetzung für eine Gesundung aller Völker ist deshalb die restlose Ausscheidung des Judentums aus allen Staaten im Bewusstsein jedoch, dass mit dem Juden auch der Träger eines bestimmten staatlichen und wirtschaftlichen Zustandes fällt und man sich im Klaren darüber zu sein hat, was zu tun ist, um eine echte Staatsordnung herzustellen.«

ALFRED ROSENBERG: »WELTJUDENTUM UND BOLSCHEWISMUS«, REDE IN KÖLN AM 13. SEPTEMBER 1935[42]
»Um die weltgeschichtliche Erscheinung des Bolschewismus zu begreifen, muss man einsehen, dass es nicht nur im Pflanzen- und Tierleben Parasiten gibt, sondern ganz nüchtern wissenschaftlich gesprochen auch im Menschendasein. [...] Wenn viele Fürsten der Vergangenheit aus persönlicher Machtgier die Juden als Geldverleiher oder Steuerpächter einsetzten, so geschah das aus der bereits erprobten Beobachtung über ihre Ausbeutungsfähigkeit. Diese Ausbeutungskraft haben die Juden aber nicht dadurch erworben, dass sie als Wucherer eingesetzt worden waren, sondern, da man sie als Parasiten kannte, wurden sie als solche verwendet. Ein Blutegel erhält seine Saugfähigkeit nicht dadurch, dass man ihn auf die Haut setzt, sondern man setzt ihn auf die Haut, weil man seine Blutsaugerkraft beobachtet hat. Diese charakteristische parasitäre Eigenart, die nie auf schöpferische Arbeit, sondern nur auf Auswertung fremder Kräfte bedacht ist, ist Blutbedingtheit der Juden, niedergelegt in seinem Religionsgesetz. [...] Als die Völker aus tausend Wunden bluteten, da stürzten sich dann mit innerer Notwendigkeit der jüdische Parasit auf diese Wunden und versuchte, wie Marx es theoretisch getan hatte, nun in der Tat, diese Wunden immer weiter aufzureißen. Es ist deshalb Naturnotwendigkeit gewesen, dass in der bolschewistischen Bewegung überall und ausnahmslos der Jude als der Einpeitscher der Revolten gegen die europäische Kultur gestanden hat und noch heute steht.«

ALFRED ROSENBERG: *DER MYTHUS DES 20. JAHRHUNDERTS,* 1935[43]
»Wenn irgendwo die Kraft eines nordischen Geistesfluges zu erlahmen beginnt, so saugt sich das erdenschwere Wesen Ahasvers an die

erlahmenden Muskeln; wo irgendwo eine Wunde aufgerissen wird am Körper einer Nation, stets frisst sich der jüdische Dämon in die kranke Stelle ein und nutzt als Schmarotzer die schwachen Stunden der Großen dieser Welt. Nicht als Held sich Herrschaft erkämpfen ist sein Sinnen, sondern sich die Welt ›zinsbar‹ zu machen, leitet den traumhaft starken Parasiten. Nicht streiten, sondern erschleichen, nicht Werten dienen, sondern Entwertung ausnutzen, lautet sein Gesetz, nach dem er angetreten und dem er nie entgehen kann – solange er besteht.«

ALFRED ROSENBERG: *DER MYTHUS DES 20. JAHRHUNDERTS*, 1935[44]
»Wo auf dieser Welt sich auch Schmarotzerkeime bildeten, stets haben sich diese zum Judentum hingezogen gefühlt. Das jüdische Schmarotzertum als eine zusammengeballte Größe leitet sich also her vom jüdischen Mythus, der von Gott Jahwe zugesagten Weltherrschaft. [...] Der Charakter der Juden in ihrer zwischenhändlerischen Tätigkeit und Zersetzung fremder Typen ist sich stets gleich geblieben.«

Die Judenfrage als Faktor der Außenpolitik im Jahre 1938

In seinen Überlegungen im Zusammenhang mit dem Judentum zeigte sich Rosenberg stets kompromisslos. So nutzte er als Leiter des Außenpolitischen Amtes der NSDAP (APA) auch diese Bühne, um das Judentum zu verteufeln. Auszüge aus einer Rosenberg-Rede, die dieser am 15. Januar 1938 in Detmold gehalten hatte, wurden an alle diplomatischen und konsularischen Vertretungen im Ausland geschickt. Darin wandte sich Rosenberg strikt gegen einen »Judenstaat« in Palästina, da dieser dem Weltjudentum nur einen völkerrechtlichen Machtzuwachs bringen würde:

> Das Judentum erstrebt heute einen Judenstaat in Palästina. Aber nicht etwa, um den Juden in aller Welt eine Heimat zu geben, sondern aus anderen Gründen: Das Weltjudentum müsse einen kleinen Miniaturstaat haben, um exterritoriale Gesandte und Vertreter in alle Welt senden und durch diese seine Herrschaftsgelüste vorwärtstreiben zu können. Vor allem aber will man ein jüdisches Zentrum, einen jüdischen Staat haben, in dem man die jüdischen Hochstapler aus aller Welt, die von der Polizei anderer Länder

verfolgt werden, unterbringen, mit neuen Pässen ausrüsten und dann in andere Teile der Welt schicken kann. Es ist zu wünschen, dass die Judenfreunde in der Welt, vor allem die westlichen Demokratien, die über so viel Raum in allen Erdteilen verfügen, den Juden ein Gebiet außerhalb Palästinas zuweisen, allerdings nicht, um einen jüdischen Staat, sondern um ein jüdisches Reservat einzurichten.«[45]

Unzufrieden zeigte sich Rosenberg mit der antisemitischen Propaganda, für die weitgehend sein Erzrivale Joseph Goebbels verantwortlich zeichnete. Mit besonderer Freude wird er daher bei einem der wenigen Treffen mit Hitler am 17. November 1943 »eine weitere Intensivierung der antijüdischen Propaganda, insbesondere über die in Deutschland befindlichen Kriegsgefangenen und Ausländer« vorgeschlagen haben: »Der Führer unterstrich diesen Vorschlag des Reichsministers nachhaltig und ordnet an, dass die von der Reichsleitung zu diesem Zweck herausgegebene Zeitschrift ihn verstärkter Auflage erscheinen soll. Papierkontingent und Geld seien hierfür zur Verfügung zu stellen.«[46]

Wie schlecht es um das Verhältnis der führenden NS-Kräfte untereinander bestellt war, zeigt sich auch am Beispiel der Frage eines Judenstaates. Nachdem in der Dienststelle Rosenberg das Gerücht aufgetaucht war, Goebbels habe erklärt, Deutschland habe gegen die Errichtung eines selbstständigen Judenstaates nichts einzuwenden, wurden entsprechende »Erkundigungen« eingeholt – es wurde nicht etwa bei Goebbels oder in dessen Ministerium direkt nachgefragt. Reichshauptstellenleiter Georg Ebert bestätigte in einer »Aktennotiz für den Reichsleiter« am 30. April 1943 den Sachverhalt. Goebbels habe das vor zehn ausgesuchten, wichtigen Schriftleitern der Auslandspresse erklärt. »In den Kreisen, die hier in Berlin von dieser Stellungnahme gehört haben, ist eine beträchtliche Erregung entstanden«, stellte Ebert fest.[47]

Eine Niederlage erlitt Rosenberg im Zusammenhang mit einem für Krakau geplanten antisemitischen Kongress. Er hatte Hitler in der Angelegenheit um Zustimmung gebeten, zunächst keine Antwort erhalten und sich dann telefonisch bei Bormann nach dem Sachstand erkundigt. Bormann teilte ihm mit, ein Schreiben von ihm sei unterwegs, er habe dem »Führer« Rosenbergs Brief auch vorgelegt, doch »sei der Führer der Überzeugung, dass der angegebene Termin (Mitte Juli) in Anbetracht der Ereignisse ungünstig sei und der Kongress verschoben werden solle«.[48] In dem angekündigten Schreiben hatte Bormann Hitlers Ansicht dargelegt, der erneut betont habe, der vorgesehene Zeitpunkt sei »höchst unglücklich«.[49]

Völlig unsensibel wollte Rosenberg wissen, ob Bedenken bestünden, die Vorbereitungen weiterzuführen und sich auf Anfang September einzustellen, »ohne natürlich nach außen hin einen Termin zu nennen«. Vorgesehen hatte er eine internationale Beteiligung, doch stoppte Hitler das Projekt wegen der inzwischen eingetretenen Veränderung des politischen Klimas und Machtgefüges endgültig. Dennoch formulierte Rosenberg vorab schon einmal eine Resolution, die von den Kongressdelegierten verabschiedet werden sollte. Sie verdient es in ihrer nicht zu übertreffenden Deutlichkeit, weitgehend im Wortlaut abgedruckt zu werden.

Rosenberg blieb bei seinen Vorbereitungen und bat am selben Tag Geheimrat Eugen Fischer, Freiburg, »die Führung einer rassenbiologischen Arbeitsgemeinschaft« zu übernehmen, ergänzte aber sein Schreiben um den Hinweis, dass der Kongress »aus bestimmten Gründen« verschoben werde müsse, die Vorbereitungen jedoch weiterliefen.[50] Rosenberg schrieb: »Das Judentum ist ein *allen* Völkern gänzlich fremdes parasitäres Element in der Entwicklung der Menschheit« und fuhr dann fort, es sei dem Judentum gelungen,

> sich immer wieder neu in einem Lande einzunisten, um beim Vergessen der früheren Gefahr wieder in jene Länder zurückzugelangen, aus denen es einstmals vertrieben worden war. Die Gründe dieser gleichlaufenden Entwicklung liegen in der Tatsache, dass der Jude nirgends ein organisch aufbauendes Element der europäischen Kultur, sondern stets ein Element der Zersetzung und des geistigen und materiellen Zwischenhandels gewesen ist.
>
> In den letzten Jahrzehnten ist das Judentum der Träger sowohl einer kapitalistischen Ausbeutung als auch der bolschewistischen Weltzersetzung geworden, und hat namentlich in den schwachen sozialen Kreisen nach dem ersten Weltkrieg seine Position in allen Völkern verstärkt und steht heute als Führer der gesamten Hetze gegen die alte Kultur Europas und ihrer Verteidiger sowohl im weltkapitalistischen als auch weltbolschewistischem Lager als die beide einigende Kraft der Zersetzung Europas gegenüber.
>
> In der Erkenntnis dieser uns alle bedrohenden physischen und moralischem, politischen und militärischen Weltgefahr rufen wir alle Völker auf, ihre Kultur und den europäischen Kontinent, aber auch die Heimat der

anderen von Juden bedrohten Völker zu schirmen, um durch Ausmerzung des gesamten Parasitismus die Grundlagen für die Erneuerung der europäischen Kultur und die Voraussetzungen für eine Befriedigung der Welt herzustellen. Erst nach Ausscheidung dieser Krankheitskeime kann an den Aufbau des vielfach zerstörten Lebens gegangen werden. Deshalb sind wir einmütig der Überzeugung, dass die Judenfrage für Europa erst dann gelöst ist, wenn kein (einziger) Jude mehr auf dem europäischen Kontinent vorhanden ist und wenn die Folgen des jüdischen Wirkens auch geistig und kulturell ausgeschieden sind.[51]

»Wenn kein einziger Jude mehr auf dem europäischen Kontinent vorhanden ist.« – Wenn ein solcher Satz in einem Resolutionsentwurf aus dem Juni 1944 enthalten ist, dann kann damit nur die physische Vernichtung der Juden gemeint gewesen sein. Denn zu dieser Zeit war von einem Madagaskar-Plan oder einem ähnlichen Plan keine Rede mehr, der Massenmord an den Juden war in vollem Gange, allein im Vernichtungslager Auschwitz wurden Tag für Tag Tausende von Juden umgebracht.

Und gegenüber Thomas J. Dodd, dem amerikanischen Ankläger in Nürnberg, gab Rosenberg zu, in einer Unterredung mit Hitler am 14. Dezember 1941 zur Judenfrage gesagt zu haben: »Ich stände auf dem Standpunkt, von der Ausrottung des Judentums nicht zu sprechen. Der Führer bejahte diese Haltung und sagte, sie hätten uns den Krieg aufgebürdet, und sie hätten die Zerstörung gebracht; es sei kein Wunder, wenn die Folgen sie zuerst träfen.«[52]

Vor dem Nürnberger Militärtribunal gab sich Rosenberg wie so viele andere nichtwissend. Dabei gibt es zahlreiche Beweise dafür, dass er über die auch von ihm jahrzehntelang geforderte Verfolgung des Judentums informiert war – und nichts gegen sie unternahm.

Verharmlosend, bisweilen auch höchst zynisch räumte er ein, zumindest andeutungsweise vom Judenmord gehört zu haben. Im Nürnberger Gerichtssaal ging es am 16. April 1946 um die »Erschießung von Saboteuren, Erschießungen auch von Juden, von Pogromen an Juden durch die einheimischen Bevölkerungen im Baltikum«, wozu Rosenberg wie folgt Stellung nahm:

Ich habe gehört, dass in Kiew eine größere Anzahl von Juden erschossen worden sei, dass aber der größte Teil der Juden Kiew verlassen hätte, und die

Summe dieser Meldungen hatte zwar die Einsicht der furchtbaren Härten namentlich aus manchen Berichten aus Gefangenenlagern bei mir zur Folge, aber, dass hier ein Befehl zur persönlichen Vernichtung des gesamten Judentums vorlag, konnte ich nicht annehmen, und wenn in unserer Polemik auch von der Ausrottung des Judentums die Rede gewesen ist, so muss ich doch sagen, dass dieses Wort allerdings unter den heute vorliegenden Bezeugungen einen furchtbaren Eindruck machen muss, unter den damaligen Voraussetzungen aber nicht als eine persönliche Ausrottung, persönliche Vernichtung von Millionen von Juden aufgefasst wurde.«[53]

Über die »furchtbaren Härten« war Rosenberg ausführlich von van der Milwe vom Reichsamt für Wiederaufbau informiert worden. Dieser hatte ausgesagt: »Als der mir bekannte Mayer-Mader im September 1941 kaukasische Kriegsgefangene für Luftlandeaktionen bei den Ölquellen aus den Kriegsgefangenenlagern aussuchen sollte, aussuchen wollte, lernte ich zum ersten Mal die Verhältnisse in den Lagern kennen. [...] Der Lagerleiter, Mayer-Mader, berichtete über die Verhältnisse in den Lagern. Morgens, in einem großen Lager hinter Warschau, meldet der Adjutant dem Kommandanten, einem reaktivierten Oberst, die Todesfälle. Der Kommandant zählt sie zuletzt zusammen und äußert: ›Es sind ja nur 600 Mann heute.‹ – ›Ja, Herr Oberst‹, ist die Antwort, ›die Meldungen von den und den Abteilungen fehlen noch.‹ – ›Na ja, dann kommen wir ja wieder auf unsere 800.‹«[54]

Mayer-Mader berichtete »von Fällen von Menschenfresserei und davon, wie unsere an sich gutmütigen Landesschützen bei vermeintlichem Ungehorsam mit Kolben auf die Gefangenen einschlugen. SS-Kommandos suchten aus den Lagern Juden heraus, wobei sie natürlich durch die äußerlich ähnlichen Merkmale der Kaukasier viele Kaukasier heraussuchten und umbrachten. Auf diese Weise lernte ich die Verhältnisse in den Lagern kennen. Sie erregten meine Besorgnis, einmal wegen der Schande, die sie für uns bedeuteten, und aus militärischen und politischen Gründen«. Der einzige Mann, den van der Milwe im Bereich des Ostministeriums kannte, war Hans-Wilhelm Scheidt. 1939/40 war Scheidt der Verbindungsmann von Rosenberg zu Quisling gewesen. Rosenberg beauftragte ihn dann als Verwaltungschef der »Hohen Schule in Vorbereitung« und holte ihn in das Ostministerium. Dort leitete er das Ressort I.6. Kultur.

Scheidt suchte van der Milwe auf, der ihn aufforderte, mit ihm zu Rosenberg zu gehen. »Rosenberg war aufrichtig entsetzt. Deutschland müsse wohl, wo es notwendig sei, hart und fest auftreten, doch dies sei doch in keiner Weise möglich.« Ob entsetzt oder nicht – Rosenberg war sehr wohl über das brutale Vorgehen von SS und Wehrmacht informiert. Er war von van der Milwe so angetan, dass er ihn am 12. November 1941 zum Stellvertreter Scheidts und später – im Februar 1943, als Scheidt Soldat wurde – als Ministerialdirigenten zu dessen Nachfolger berief.

Abteilungsleiter Otto Bräutigam richtete am 19. Mai 1942 ein Schreiben an das Auswärtige Amt, das keinen Zweifel daran lässt, dass Rosenberg durchaus über die Verfolgung und der Massenmord an den Juden informiert war:

> Wie mir der Generalkommissar von Nikolajew mitteilte, sind Grenzübertritte von Juden in den letzten Wochen nicht mehr erfolgt. Ein erheblicher Teil der Juden in Transistrien ist gestorben, weitere Juden sind nach Odessa zurücktransportiert worden.
> Der einzige Mann, den ich im Bereich des Ostministeriums kannte, war Scheidt. Ich suchte ihn deshalb auf. Ich hatte zwar das eine oder andere gehört, aber er hatte nicht gewusst, dass diese Lager so entsetzlich seien.
> [...]
> Inzwischen hatte Scheidt mit Rosenberg gesprochen. So wurde ich am 12.11.1941 Stellvertreter Scheidts und Leiter der Abteilung Kulturpolitik im Ostministerium. Als später, im Februar 1943, Scheidt Soldat wurde, wurde ich Ministerialdirigent und Nachfolger Scheidts.[55]

Bis zum Ende des NS-Regimes blieb Rosenberg strikter Antisemit. Mitte 1944 sprach er gegenüber Max Amann, dem Reichsleiter und Präsidenten der Reichspressekammer, von dem von deutscher Seite »verstärkten Kampf gegen das Judentum«.[56] In einer Aussprache dazu habe ihm der »Führer« »die Durchführung eines großen internationalen Kongresses übertragen, der die Judenfrage von europäischer Schau aus behandeln soll«. Im Übrigen habe Hitler der Erhöhung der Auflage des *Welt-Dienst* zur »Betreuung der fremdvölkischen Arbeiter« um 160.000 Exemplare zugestimmt. Weil »von unseren Feindmächten eine projüdische Propaganda aufgezogen wird, wie sie die Geschichte noch nicht gesehen hat«, müsse man mit außergewöhnlichen Maßnahmen antworten. Er bat Amann, ihm als »Bundesgenosse im Kampf gegen das Judentum« zur Seite zu stehen.

Amanns Zusage ließ nicht lange auf sich warten. Er habe seinen Stabsleiter angewiesen, das notwendige Papierkontingent zu besorgen. Fast nostalgisch mutet Amanns Schlussbemerkung an. Die außergewöhnliche politische Lage und die kommenden Ereignisse würden »die alten Kampfgefährten des Führers sehr bald wieder näher zusammenbringen«. Das sei gar nicht so schlecht, denn der Krieg habe »leider den Zusammenhang unserer Schar etwas gelockert«.[57]

Mit seiner Zusage hatte sich Amann allerdings übernommen, worauf Rosenberg wenig später einging. Die Papierbewirtschaftungsstelle der Reichspressekammer habe die Lieferung von monatlich 12.000 kg Papier abgelehnt und auch das Propagandaministerium könne nicht aushelfen. Damit werde es zu der »antijüdischen Aktion großen Umfangs«, mit der Millionen von Ausländern erreicht werden könnten, nicht kommen, resümierte Rosenberg.[58]

Auch nach seiner Verhaftung wollte Rosenberg in seiner Nürnberger Zelle nicht von seinem Rassenwahn Abstand nehmen. Beim Nürnberger Prozess hatte Carl Hänsel, Assistent der Verteidigung der als verbrecherische Organisation angeklagten SS und des SD, Rosenberg folgende Frage gestellt:

> Man könnte also [...] drei Gruppen von Maßnahmen gegen die Juden unterscheiden: Einmal bis 1933, bis zur Machtergreifung, das wäre die propagandistischen Maßnahmen; zweitens, nach 1933, die Maßnahmen, die in den Gesetzen gegen die Juden ihren Niederschlag fanden; und schließlich, nach dem Kriege, gewisse Maßnahmen, die zweifelsfrei zu den Verbrechen gegen die Menschlichkeit gehören.
>
> Rosenberg: Ungefähr so, ja.[59]

Der mehrfach erwähnte Psychologe Gustave M. Gilbert führte eine Reihe von Gesprächen mit ihm und musste feststellen, dass Rosenberg von an seiner Rassenideologie keinen Millimeter abweichen wollte.

> 13.–14. April 1946 Rosenbergs Zelle
> Ich fragte ihn dann, ob er nicht, abgesehen von rechtlichen Erwägungen, einige Besorgnis wegen seines Antisemitismus habe. »Nun, das hängt davon

ab, wie man es betrachtet. Natürlich, nach alledem, was sich ereignet hat, muss ich sagen, es ist schrecklich, wie sich die Dinge entwickelt haben. Aber so etwas kann man nicht im Voraus sagen. Sehen Sie, 1934 forderte ich noch in einer Rede eine ritterliche Lösung der Judenfrage. Ich versichere Ihnen, niemand hätte sich träumen lassen, dass es auf Massenmord hinauslaufen würde.«[60]

An Rosenbergs Geburtstag am 12. Januar 1946 besuchte Gilbert ihn erneut in seiner Zelle, und dieser verteidigte wiederum seine Rassentheorien:

Der Nationalsozialismus gründete sich nicht auf Rassenvorurteile. Wir wollten lediglich unsere eigene rassische und nationale Einheit bewahren. Ich habe nicht gesagt, die Juden seien minderwertige Menschen. Ich habe nicht einmal behauptet, dass sie eine andere Rasse seien. Ich erkannte nur, dass die Vermischung verschiedener Kulturen zu keinem guten Ergebnis führt. Dadurch gingen die griechische und die römische Kultur unter. Die Juden wollten nicht nur ihre völkische Eigenart bewahren, sondern, sage ich, auch größere Macht dadurch haben. Aber das wollten wir auch. Sehen Sie sich doch an, wie die Juden in vergangenen Jahrhunderten gezwungen wurden, sich taufen zu lassen. Das ist nun wirklich rassische Überheblichkeit und eine unglaubliche Vermessenheit der Kirche. Es ist dasselbe wie mit den Missionsversuchen der heutigen Kirche. Da schickt die eine Sekte eine Missionsgruppe nach China, die andere nach Siam und eine Dritte nach Timbuktu oder Swaziland. Das ist einfach verfluchter Hochmut und zeigt völlige Verachtung für das Recht der verschiedenartigen Gruppen, ihre eigene Kultur zu behalten. Was passiert also? Die armen Chinesen hören höflich zu – sie sind ja Buddhisten und Anhänger des Konfuzius, denken sich aber: Zum Teufel, ein bisschen Christentum kann auch nicht schaden und mischen es auch noch unter, gut dosiert. Nennen Sie das Demokratie?[61]

Einige NS-Repräsentanten hatten sich im Verlauf des Militärtribunals vom Antisemitismus distanziert, so auch Baldur von Schirach. In der Verhandlung am 24. Mai 1946 hatte er gemeint: »Wenn aber auf dem Boden der Rassenpolitik und des Antisemitismus ein Auschwitz möglich war, dann muss Auschwitz das Ende der Rassenpolitik und das Ende des Antisemitismus sein.«[62]

Als Gilbert von Rosenberg wissen wollte, wie er Schirachs Verhalten beurteilte, antwortete Rosenberg »erregt«, dies alles sei jetzt angesichts der Judenvernichtung leicht gesagt. Er versuchte jedoch zu beweisen,

> dass es die Rassenideologie seit vielen Jahrhunderten in vielen Ländern gegeben habe. »Und nun plötzlich ist sie zum Verbrechen geworden, bloß weil die Deutschen sie in die Tat umgesetzt haben!« Ich fragte ihn nochmals, ohne auf die Gründe seiner früheren Einstellung näher einzugehen, ob er nicht jetzt erkenne, welch gefährliches Spielzeug das Rassenvorurteil sei, und ob Schirach nicht recht habe, wenn er sage, dass jeder, der dieses Vorurteil noch nach den Massenmorden von Auschwitz hege, ein Verbrecher sei. Rosenberg vermochte dies nicht einzusehen; er erging sich vielmehr beharrlich in historischen Überlegungen. [...] Man könne den geistigen Vater einer Ideologie nicht für deren Folgen verantwortlich machen. Schließlich fragte ich ihn, ob er mir nicht beipflichte, dass alle fanatischen Ideologien gefährlich seien und dass die Menschheit endlich erkennen müsse, dass Vernunft und Toleranz einfach erforderlich seien, wenn wir weiterbestehen wollen. Er hielt das theoretisch für eine durchaus lobenswerte Gefühlsregung, die der Praxis jedoch nicht standhalten könne. Es gäbe in der Welt verschiedene Rassen und Nationalitäten, der Kampf läge in der Natur des Menschen. [...] Amerika werde sehr bald mit seinem eigenen Rassenproblem fertig werden müssen, wiederholte Rosenberg voller Hoffnung.[63]

Auch der ehemalige Generalgouverneur Hans Frank, der als der »Schlächter von Krakau« bekannt wurde, hatte sich vor Gericht reumütig gezeigt. Rosenberg zeigte sich davon keineswegs beeindruckt. Gegenüber Gilbert meinte er:

> »Ja. Frank ist ein imponierender Redner, wie ich Ihnen gesagt hatte. [...] Aber er ist gefühlvoll und musikalisch, und diese musikalischen Leute sind alle überschwänglich. Man kann nie im Voraus wissen, was er sagen wird. Deutschland ist auf tausend Jahre entehrt! Das geht doch wirklich zu weit.« – »Aber finden Sie nicht, es war an der Zeit, dass jemand seine Schuld zugibt und das Kind beim Namen nennt?«, fragte ich. »Diese Massenmorde sind das Fürchterlichste, das je in der Geschichte der Menschheit stattgefunden hat.« Rosenberg hielt mit dem Auf- und Abschreiten in seiner Zelle inne und dachte über die Frage nach, dann flüchtete er sich wieder

zu seiner üblichen historischen Defensivbeweisführung. »Ja, das stimmt schon. Aber wie steht es mit der Ermordung der 3000 Chinesen im Opiumkrieg und den etwa 3 Millionen Chinesen, die die Engländer mit ihrem Opiumhandel zugrunde richteten? Und was ist mit den 300.000 Menschen, die in Japan durch eine Atombombe zugrunde gingen? Und mit all den Luftangriffen auf unsere Städte? Das ist doch auch alles Massenmord, nicht wahr?« – »Der ganze Krieg war unnötiger Massenmord. Und Sie verdanken ihn Ihrem Führer, der ihn vorsätzlich anzettelte, als in keinem Land der Welt das Volk ihn wollte – nicht einmal Ihr eigenes Volk. Selbst Göring gibt das zu. Sie können sich selbst einen Teil der Schuld zuschreiben, wegen Ihres Führerprinzips und Ihrer eigenen Propaganda, die ständig Hass erzeugt, statt nach Versöhnung zu streben.« Rosenberg krümmte und wand sich, gab Begründungen und machte Gegenangriffe, Es wäre sicherlich nicht seine Schuld, sagte er, dass der Krieg ausbrach und die Dinge sich so ins Extreme entwickelten. Es wäre der Versailler Frieden und die bösen rachsüchtigen Franzosen und die imperialistischen Engländer und die Bedrohung durch die kommunistische Weltrevolution usw., usw.[64]

Als 1946 die Richter des Nürnberger Militärtribunals ihre Urteile sprachen, ging Alfred Rosenberg davon aus, der Todesstrafe entrinnen zu können. Schließlich hatte man ihm keinen direkten Tötungsbefehl nachweisen können, war er – aus seiner Sicht – allenfalls Schreibtischtäter. Vernichtungslager wollte er nie betreten, ja, von ihrer Existenz nicht einmal etwas gewusst haben. Im Gegenteil habe er sich sogar gegen die willkürliche Erschießungen, wie sie der für die Ukraine zuständige Reichskommissar Erich Koch angeordnet hatte, gewandt.

Rosenberg wurde dennoch zum Tode verurteilt. Die Historiker Joe Heydecker und Johannes Leeb charakterisierten ihn folgendermaßen: »Der Reichsminister für die besetzten Ostgebiete, Alfred Rosenberg, war sicher nicht der Tätertyp, sondern gefiel sich eher in der Pose des Denkers, die er allerdings auch nur unvollkommen beherrschte. Der amerikanische Historiker Bradley Smith vergleicht den inneren Kreis um Hitler mit einer Horde von Schülern, die sich und dem Anführer pausenlos ihre Kaltblütigkeit demonstrierten. Da tat sich der Philosoph Rosenberg natürlich schwer. Aber gerade weil er bei Hitler als Außenseiter galt, wollte er diesem wiederum wenigstens phasenweise beweisen, dass er den Fanatikern wie Goebbels, Bormann und Himmler ebenbürtig war. Sein Besatzungsregime im Osten war deshalb besonders brutal und die Dokumente der Anklage reichten für mehr als nur ein Todesurteil aus.«[65]

Am 1. Oktober 1946 sprach das Gericht sein Urteil. Rosenberg wurde in allen vier Anklagepunkten schuldig gesprochen. Die Richter ordneten ihn als »Parteiphilosoph« ein, womit der Sachverhalt der Verschwörung gegeben war. Des Verbrechens gegen den Frieden wurde er schuldig gesprochen, weil er als Leiter des Außenpolitischen Amtes an der Vorbereitung des Angriffs auf Dänemark und Norwegen beteiligt war. Ebenso waren die Richter überzeugt, Rosenberg der Kriegsverbrechen und der Verbrechen gegen die Menschlichkeit überführt zu haben. Entscheidend hierfür waren seine Funktionen als Leiter des Einsatzstabs und als Reichsminister für die besetzten Ostgebiete sowie sein Beitrag zur Beschaffung von Zwangsarbeitern. In den frühen Morgenstunden des 16. Oktober 1946 wurde Rosenberg hingerichtet. Dazu heißt es: »Alfred Rosenberg nennt nur seinen Namen. Dem Geistlichen, der ihn fragt, ob er für ihn beten soll, gibt er mürrisch zur Antwort: ›Nein danke‹.«[66]

Rosenberg hat zwar persönlich keinen Mordbefehl erteilt, nicht gefoltert und kein KZ geleitet. Den Tod hat er dennoch verdient. Denn er war es, der dem Holocaust den Boden bereitet und den Nationalsozialisten die »philosophische« Rechtfertigung für den Mord an Millionen von Juden geliefert hat.

Der »Beauftragte des Führers«

Alfred Rosenberg gehörte zu den frühen Wegbegleitern und »Stichwortgebern« Hitlers. In seinem Antisemitismus konnte ihn kaum jemand übertreffen, nicht einmal der »Führer« selbst. Dennoch wurde er bei der Machtergreifung der Nationalsozialisten am 30. Januar 1933 von Hitler bei der Verteilung attraktiver und lukrativer Posten übergangen.

Neben Hitler als Reichskanzler gehörten seinem ersten Kabinett von der NSDAP u.a. als Innenminister Wilhelm Frick und als Minister ohne Geschäftsbereich bzw. dann auch als Luftfahrtminister Hermann Göring an. Frick hatte am sogenannten Hitler-Putsch teilgenommen und war mit Hitler in Landsberg inhaftiert gewesen. Er war Führer der NSDAP-Reichstagsfraktion und in Thüringen erstes NSDAP-Mitglied einer Landesregierung. Göring hatte sich ebenfalls am Hitler-Putsch beteiligt und war dabei schwer verletzt worden.

Das Auswärtige Amt unterstand bis zum 5. Februar 1938 Konstantin von Neurath, dann Joachim von Ribbentrop. Ab 29. Juni 1933 war Alfred Hugenberg Reichsminister für Ernährung und Landwirtschaft; er galt als Hitlers »Steigbügelhalter«. Ihm gehörte die Universal Film AG (Ufa). Von 1928 bis 1933 war er Vorsitzender der Deutschnationalen Volkspartei (DNVP).

Ihm folgten im Ministeramt Richard Walther Darré und Herbert Backe. Joseph Goebbels übernahm das neu geschaffene Reichsministerium für Volksaufklärung und Propaganda am 13. März 1933. Er hatte zu diesem Zeitpunkt bereits eine Parteikarriere hinter sich, u.a. hatte er 1924 die NSDAP-Ortsgruppe Mönchengladbach gegründet und war 1926 Gauleiter von Groß-Berlin geworden. Außerdem hatte er 1927 das Kampfblatt *Der Angriff* gegründet. Reichsminister für Wissenschaft, Erziehung und Volksbildung wurde am 1. Mai 1934 Bernhard Rust. Er gehörte der NSDAP seit 1925 an und war 1928 NSDAP-Gauleiter von Hannover-Nord geworden.

Kurt Schmitt leitete das Wirtschaftsministerium vom 29. Juli 1933 an und galt eher als »Feigenblatt« für die Industrie, die sozialrevolutionäre Forderungen der Partei fürchtete. Nach dem Röhm-Putsch wurde er von Hjalmar Schacht abgelöst, dem Hermann Göring und schließlich Walther Funk folgten. Reichsminister des Innern war lange Zeit Wilhelm Frick, der am 24. August 1943 Heinrich Himmler weichen musste, der als Reichsführer-SS ohnehin zu den Mächtigen im Land gehörte. Kirchliche Angelegenheiten waren ab 16. Juli 1937 das Ressort von Hanns Kerrl. Minister ohne Geschäftsbereich waren schließlich Max Amann, Ernst Röhm, Rudolf Heß, und Philipp Bouhler leitete die Privatkanzlei Hitlers. Rudolf Heß blieb bis zu seinem Schottland-Flug Stellvertreter des »Führers«, und Heinrich Lammers leitete vom 1. Dezember 1937 an die Reichskanzlei. Otto Meissner, Albert Bormann[1], Fritz Todt und Albert Speer waren weitere Namen auf Hitlers »Besetzungsliste« der Ämter.

Bedenkt man, dass Rosenberg sehr früh zu Hitler gestoßen war, ebenfalls beim Hitler-Putsch dabei gewesen war und schließlich die Partei während der Zeit der Inhaftierung Hitlers halbwegs zusammengehalten hatte, dann kann man nachvollziehen, dass er sich 1933 zurückgesetzt fühlte. Auch er hatte natürlich und voller Enttäuschung registriert, dass keiner derer, die nun in den Vordergrund rückten, mehr für die Partei getan hatte als er. Aber: Rosenberg wurde erst am 17. November 1941 Reichsminister – und dies mit einer sehr eingeschränkten Zuständigkeit für die besetzten Ostgebiete. Diese späte »Belohnung« mit einem Staatsamt hat ihn sichtlich tief getroffen, wie er Hitler schrieb und später auch mehrfach vor dem Nürnberger Militärtribunal deutlich machte.

Es gab wohl keinen zweiten nationalsozialistischen Führer, der so streitsüchtig war wie Rosenberg. Zum einen lag dies daran, dass er von Hitler zwar stets Ämter mit wohlklingenden Titeln bekommen hatte, aber nie die entsprechenden Kompetenzen und Machtmittel, die Ämter auch wirklich auszufüllen. Egal, welche Funktion man nimmt – die des Beauftragten des Führers für die Überwachung und Erziehung der Weltanschauung in der NSDAP oder die des Reichsministers für die besetzten Ostgebiete –, es handelte sich stets um Einrichtungen, bei denen Rosenberg zur Erfüllung seiner Aufgabe jeweils in andere Ressort eingreifen musste. Angesichts der schwammigen Begriffe von Überwachung und Weltanschauung waren Konflikte vorprogrammiert.

Auch andere NS-Führungskräfte lagen miteinander im Streit – zumindest zeitweise, um sich dann wieder zu verbünden –, doch kein anderer beschäftigte mit Schlichtungsversuchen den Chef der Reichskanzlei, Heinrich Lammers, und letztlich Hitler selbst derart stark und anhaltend wie eben Rosenberg.

Durchaus konsequent verfocht Rosenberg das, was er für seine Interessen hielt. Rücksicht auf Personen war ihm ebenso fremd wie das Eingehen von Bündnissen, und so war niemand vor seinen Attacken sicher. Die Anlässe für seine Beschwerden waren aus dritter Sicht häufig eher nichtig.

Im Jahr der »Machtergreifung« war Rosenberg also noch leer ausgegangen. Erst am 24. Januar 1934, zum ersten Jahrestag der nationalsozialistischen Machtergreifung, bedachte Hitler ihn mit einer Aufgabe, die zunächst einmal bedeutsam klang: mit der »Überwachung der gesamten geistigen und weltanschaulichen Schulung und Erziehung der NSDAP, ihrer Gliederungen sowie des Werkes ›Kraft durch Freude‹«. Auf das von ihm erhoffte Staatsamt musste Rosenberg auch weiterhin warten. Abgesehen davon, dass es sich bei seiner Parteifunktion um ein Wortungetüm handelte, war auch die Aufgabe Rosenbergs so angelegt, dass er, da er sich Kompetenz um Kompetenz erkämpfen musste, wenig Freunde gewinnen konnte, wollte er eigenen Ansprüchen genügen und etwas im Sinne der von ihm mit entwickelten »Weltanschauung« bewirken.

Der Historiker Saul Friedländer geht übrigens davon aus, dass die Berufung zum »Beauftragten des Führers« lediglich als »Trostpflaster« für Rosenberg erfolgte.[2] In den ersten Monaten des Jahres 1933 sei der Feldzug gegen die Juden zusätzlich durch einen erbitterten Konkurrenzkampf erschwert worden, den Goebbels und der Parteiideologe Alfred Rosenberg um die Kontrolle über die Kultur im neuen Reich ausfochten. Hitler hatte zunächst Goebbels den Vorzug gegeben, indem er ihn die Reichskulturkammer gründen ließ. Nicht lange danach wurde jedoch – Friedländer zufolge – ein gewisses Gleichgewicht wiederhergestellt, als Rosenberg im Januar 1934 zum »Beauftragten des Führers für die Überwachung der gesamten geistigen und weltanschaulichen Schulung und Erziehung in der NSDAP« ernannt worden war.

Rosenberg aber gab sich mit dem eigens für ihn geschaffenen Parteiamt nicht zufrieden. Er strebte ein Staatsamt an, das jedoch weiterhin auf sich warten ließ. In einem Rundschreiben an alle Gauleiter verkündete er am 11. September 1935, dass im Rahmen des 7. Reichsparteitags der NSDAP in Nürnberg der »Führer« ihn am selben Tag mit der Bildung eines Kultursenats beauftragt habe. Ziel sei es, »auf dem Gebiete der Kunst und Wissenschaft alles das auszulesen und zu fördern, was an schöpferischen Kräften im Sinne des Nationalsozialismus in Deutschland tätig ist. Damit ist parteiamtlich eine mich beratende Zentralstelle geschaffen worden. Die Kulturtagungen der Reichsparteitage der NSDAP sollen in Zukunft nach dem Willen des Führers zu einem geistigen Olympia ausgestaltet werden«.[3]

Einen Eindruck von dem Apparat, der Rosenberg allein in seiner Funktion als »Beauftragter« zur Verfügung stand, vermittelt die nachstehende Aufstellung:

Vorläufiger Aufbau der Dienststelle des Beauftragten[4]
Reichsleiter: Alfred Rosenberg
Stabsleiter: Hauptamtsleiter Gotthard Urban
Schulung: Hauptamtsleiter Dr. [Max] Frauendorfer (Organ: Der Schulungsbrief) z.bV. Hauptstellenleiter [Hans-Wilhelm] Scheidt, Geschäftsführer der Arbeitsgemeinschaft für die Schulung der gesamten Bewegung
Kunstpflege: Amtsleiter D. Walter Stang
Organisation: Nationalsozialistische Kulturgemeinde, 1,5 Millionen Mitglieder. Die Organe: Die NS-Kulturgemeinde, Bausteine zum deutschen Nationaltheater, Die Musik, Die völkische Kunst, Deutsche Bühnenkorrespondenz, Volkstum und Heimat
Abteilung für Prüfung der Denkmäler der Bewegung: Robert Scholz

Schrifttumspflege
Hauptstellenleiter: Hans Hagemeyer
(Organisation: Reichsstelle zur Förderung des deutschen Schrifttums), 20 Hauptlektoren, 600 Lektoren. Organ: Die Bücherkunde, Dienst am deutschen Schrifttum, Überwachung der Büchereien der Bewegung: Dr. Bernhard Kummer
Geschichte: Prof. Dr. [Walter] Frank (Präsident des Reichsinstituts für Geschichte des neuen Deutschlands, Berlin)
Vor- und Frühgeschichte: Hauptstellenleiter Prof. Dr. Hans Reinerth (Leiter des Reichsbundes für deutsche Vorgeschichte)
Arische Weltanschauung und Volkskunde: Hauptstellenleiter Prof. Dr. Wolfgang Schultz (Universität München)

Allgemeine weltanschauliche Fragen und Archiv: Hauptstellenleiter Matthes Ziegler (Schriftleiter der NS-Monatshefte, Schriftleiter der Mitteilungen zur weltanschaulichen Lage)
Nordische Fragen: Hauptstellenleiter Thilo von Trotha (Organisation nordische Gesellschaft, Organe: Der Norden, Rasse, Nord-Korrespondenz
Verbände: Stellenleiter Heinz Schaefer
Presse: Hauptstellenleiter Dr. Karl Böhmer (auch für das Außenpolitische Amt der NSDAP), Unterabteilung: Pressestelle und »Informationsdienst«
Verwaltung: Hauptstellenleiter Walter Heil

Dem Beauftragten des Führers für die gesamte geistige und weltanschauliche Erziehung der NSDAP unterstehen ferner folgende Einrichtungen:
1. Die Arbeitsgemeinschaft für die Schulung der gesamten Bewegung
2. Der Kultursenat

Wie Rosenberg sein Amt verstand, zeigte er u.a. am 11. Oktober 1935 mit folgender Anordnung in dem Rundschreiben Nr. 10 an die Gauleiter:

Soeben ist ein Vortrag des Amtsleiters der NS-Gemeinschaft »Kraft durch Freude«, Parteigenosse Horst Dressler-Andress, unter dem Titel »Arbeit und Kunst« im Druck erschienen. Dieser Vortrag ist in dieser Form nicht geeignet, eine aufklärerische und erzieherische Wirkung auszuüben, er lässt im Gegenteil Verwirrung befürchten. Ich untersage deshalb in meiner Eigenschaft als Beauftragter des Führers für die Überwachung der gesamten geistigen und weltanschaulichen Schulung und Erziehung der NSDAP ihrer Gliederungen sowie des Werkes »Kraft durch Freude« die Verbreitung dieses Vortrages. Ferner bitte ich, sofort veranlassen zu wollen, dass eine Ankündigung oder Besprechung des Vortrages in der Presse Ihres Gaues unterbleibt.[5]

Auch und gerade in seiner Eigenschaft als Hauptschriftleiter des *Völkischen Beobachters* achtete Rosenberg auf weltanschaulich korrekte Darstellungen. Im Mai 1935 beschwerte er sich über einen Beitrag unter dem Titel »Weihe der Missions-Flugzeuge und -Kraftwagen«. Es könne nicht angehen, so wetterte Rosenberg, »dass das Zentralorgan der Partei den erbittertsten Feind unserer Bewegung in fotografischer

Wiedergabe zeigt, zugleich mit einem Text, der von besonderer Feierlichkeit der ganzen Angelegenheit spricht«.[6] Der *Völkische Beobachter* hätte sehr gut eine sachlich kurze Notiz bringen und sich damit begnügen können, belehrte er den Chef vom Dienst J. Berchtold. Drei Aufnahmen, zumal mit dem Konterfei des Kardinals Faulhaber, gehörten nicht ins Zentralorgan der Bewegung.

Rosenberg hatte es sich zum Ziel gesetzt, nationalsozialistisches Denken und Handeln in der gesamten Gesellschaft durchzusetzen. Dabei sollte natürlich der von ihm geleitete *Völkische Beobachter* Vorbild sein. In einer Denkschrift für Hitler beschrieb Rosenberg, wie er sich das künftige Deutschland vorstellte.[7] Demnach sollte »das ganze deutsche Leben [...] totalitär durch die NSDAP erfasst werden. Sie stellt somit die geistige und politische, die weltanschauliche und kulturelle Hoheit über alle Erscheinungsformen«.

Heftige Kritik an den bisherigen Zuständen und damit an den Funktionären, die die entsprechenden Einrichtungen verantwortlich geleitet hatten, verband Rosenberg mit seinen Zielsetzungen:

I. Die NSG »Kraft durch Freude«
Die Bezeichnung »Kraft durch Freude« ist ein Programm. In ihm liegt begründet die Gestaltung und Erhebung des Gemüts, der Stählung der Nervenkräfte, des Leibes, der Pflege der Arbeitsstätte usw. Dieser Aufgabe hat sich die D.A.F. mit Liebe, Hingabe, mit größtem Einsatz und großem Erfolg hingegeben.« Es sei bezeichnend, dass es in dem Bestreben, immer neue Gebiete des Lebens zu erfassen, schon heute kein Halten mehr gebe. KdF habe eine große Anzahl marxistischer Bildungsanstalten übernommen und sei nun gleich mit 20.000 oder 30.000 Vorträgen über alle möglichen Themen vorgegangen. Die ursprüngliche Idee, die KdF zugrunde lag und fruchtbar für Deutschland geworden sei, erscheine schon verwischt. Persönlichkeiten, die sicher für eine Aufgabe ausgezeichnet waren, übernähmen nun Gestaltungsaufgaben auf anderen Gebieten in einer Weise, die jegliche Übersichtsmöglichkeiten verhindere, umso mehr, »als die Leitung von Kraft durch Freude entgegen dem mir vom Führer gewordenen Auftrag sich ständig weigert, mir auch nur den geringsten Einblick in diese ganzen Vortragsreihen und Vortragszyklen zu gewähren«.

Entgegen einer weiteren schriftlichen Abmachung führe KdF nicht an sich begrüßenswerte Volksabende und Kabarettunternehmungen durch, »sondern auch unmittelbar wertende Auslesetätigkeit auf dem Gebiet der Konzerte und Theater«. Nunmehr beschäftige sich KdF auch mit grundsätzlichen kulturellen, kunstpolitischen und kunstwertenden Reden und sehe sich deshalb gezwungen, immer neue Ämter und Dienststellen einzurichten. »Wenn die Entwicklung so weitergeht, so ist praktisch damit eine zweite Partei entstanden«, warnte Rosenberg und fuhr fort: »Aus einem an sich großen und wertvollen Auftrag, aus einer Gedankengestalt ist ein zum Teil formloses, zum Teil dilettantisches, zu einem Teil sogar gefährliches Unternehmen geworden.« Die Notwendigkeit und der Wille, möglichst viele Menschen zu Leibesübungen zu veranlassen und möglichst vielen Erholung auf Reisen zu ermöglichen, sei einfach auf Kunst und Wissenschaften übertragen worden. Aber: »Ich kann Millionen von Menschen zum Wandern bringen, ich kann aber nicht Hunderttausende zu kulturellen und wissenschaftlichen Vorträgen zwingen. [...] Es gibt heute schon kaum noch ein Gebiet, das nicht von Kraft durch Freude bearbeitet wird. Die Folge davon ist, dass eine für große Gebiete segensreiche Organisation ihre Gestalt verloren hat und nun gleichsam wie ein Ölfleck sich formlos und anmaßend über das ganze Leben Deutschlands verbreitet.«

II. Der Reichskultursenat

Rosenberg monierte, dass im Reichskultursenat zahlreiche Personen vertreten seien, »die man nicht als nationalsozialistisch bezeichnen kann« und die »in keiner Weise für die nationalsozialistische kulturelle Bildung infrage kommen«. Als Beispiel nannte er UFA-Generaldirektor Klitzsch. »Die UFA war unter seiner Leitung das beinahe verjudetste Unternehmen in Deutschland geworden. Es mag richtig gewesen sein, ihn als Geschäftsmann zu behalten«, man habe ihn aber nicht als Reichskultursenator benennen und als Repräsentanten der nationalsozialistischen Weltanschauung hinstellen können.

Der Reichskultursenator und Vizepräsident der Reichsfilmkammer Weidemann habe zusammen mit den »ausgesprochensten Kunstbolschewisten in Amerika sich an einer Ausstellung ›Deutsche Kunst‹ beteiligt«. Es müsse daher verhindert werden, dass der Reichskultursenat »als irgendwie für die NSDAP verbindlich in Erscheinung treten kann«. Mit einer solch drastischen Formulierung dürfte Rosenberg vor allem auf Goebbels gezielt haben, der die Verantwortung für die Reichskulturkammer trug.

Rosenberg ging dann noch auf die NS-Kulturgemeinde ein, die sich seiner Ansicht nach aus »kämpferischen und ehrbewussten Kräften« zusammensetzte, die die »Kampftruppe zur Eroberung des neuen Reiches geschaffen« hätten.

Sein Fazit schließlich: »Ich bin der Überzeugung, dass der organisatorische Ansatz für kulturelle Gestaltung bei der NS-Kulturgemeinde richtig war, genauso wie er nach meiner Überzeugung falsch ist bei der Ausbreitung von Kraft durch Freude und wie er bei der Zusammensetzung des Reichskultursenates überhaupt nicht vorhanden war.«

Rosenberg habe übrigens mit Goebbels ein längeres Gespräch geführt, dieser habe einem Entwurf zur gemeinsamen Arbeit beigepflichtet, die Zustimmung aber später zurückgezogen. Es sei um Folgendes gegangen:

> Durch einen Kabinettsbeschluss wird eine 8. Kammer der Reichskulturkammer gegründet, die den Zweck hat, jene gesetzliche Maßnahmen durchzuführen, damit auch die Kultur-Empfangenden in einer gesicherten und durch keine Reibereien gestörten Form zum Nutzen aller Kulturinstitute zusammengeführt werden können.
>
> Das Amt für Kunstpflege in meiner Dienststelle wird zu einem Reichsamt unter meiner persönlichen Leitung oder zu einem Hauptamt unter der Leitung des jetzigen Amtsleiters soweit ausgebaut, dass es auch in den Gauen und Kreisen vertreten ist.
>
> Die NS-Kulturgemeinde wird als ein der Partei angeschlossener Verband anerkannt und erhält die Aufgabe, das kulturelle Veranstaltungswesen unter Überwachung der für jedes Gebiet zuständigen Parteidienststelle durchzuführen.

Zur Erläuterung: Um die Gleichschaltung der Kultur durchführen zu können, wurde am 22. September 1933 durch Gesetz die Reichskulturkammer als Körperschaft öffentlichen Rechts gegründet. Den Vorsitz der neuen Einrichtung als Präsident übernahm Goebbels selbst. Die Kammer war als Dachorganisation für sieben Einzelabteilungen (Reichsfilm-, Reichsmusik-, Reichstheater-, Reichspresse-, Reichsschrifttumskammer,

Reichskammer der bildenden Künste und Reichsrundfunkkammer) zuständig. Ihnen wurden die bis dahin existierenden Berufsverbände untergliedert, und sie erfassten mit ihren insgesamt 250.000 Mitgliedern das gesamte kulturelle Leben. Über die genannte 8. Kammer wollte Rosenberg Einfluss auf die Reichskulturkammer gewinnen.

Streit gab es immer wieder um die Befugnisse, die Rosenberg für sich reklamierte, auf die seine Kollegen jedoch nicht widerstandslos verzichten wollten. Dies galt mehr oder minder bis zum Ende des Regimes.

Rosenberg hatte den Erlass Hitlers, der ihn zum »Beauftragten« gemacht hatte, aktualisieren und fortschreiben lassen wollen. Es begann in Partei und Kabinett eine heftige Debatte, was unter dem Begriff »Überwachung« zu verstehen sei, der sich Rosenbergs Parteigenossen keineswegs unterziehen lassen wollten. Ebenso wollten sie von Rosenberg keine Weisungen hinnehmen. So waren auf einer Chefbesprechung am 9. Februar 1940 Bedenken gegen die Formulierung geäußert worden, dass der »Beauftragte des Führers« berechtigt sei, »für Partei und Staat jene Weisungen zu erteilen und Maßnahmen anzuordnen«. Befürchtet wurde, dass Rosenberg aufgrund dieser Vollmacht berechtigt sei, »einen Ministerialrat wegen einer weltanschaulich nicht einwandfreien Rede abzusetzen bzw. die Absetzung anzuordnen«. Rosenberg entgegnete, »dass die laufende Personalpolitik eines Reichsministers durch Auftrag und Vollmacht nicht behindert werde«. Den Vorschlag, seinen Auftrag auf allgemeine Weisungen zu begrenzen, lehnte er allerdings ab. Er begründete seine Haltung damit, dass sich die Gefahr des Dogmatisierens ergebe. Er fasse aber seinen Auftrag so auf, »dass nach bestem Wissen und Gewissen aufgrund einer 20-jährigen Tätigkeit auf weltanschaulichem Gebiete ich zwar in bestimmten Fragen unbedingt hart sein muss, dass aber mit dieser Härte verbunden auch eine Großzügigkeit parallel gehen muss. Eine allgemeine Anweisung z.B., dass die Geschichte auf rassischer Grundlage zu schreiben sei, sei zwar selbstverständlich, wie das aber geschehe, zeige nur allein der konkrete Fall, der allein bei der Behandlung des Problems zur Verurteilung vorliege.«[8]

Da im Folgenden nicht jede Auseinandersetzung in aller Ausführlichkeit dargelegt werden kann, sollen nur einige exemplarisch herausgegriffen werden.

So war es beispielsweise zu erheblichen Differenzen zwischen dem Reichsjugendführer Baldur von Schirach und Rosenberg gekommen. Im

Kern ging es darum, dass Rosenberg von der Reichsjugendführung verlangt hatte, dass sie ihm ihre Führerzeitschrift vor Druck zur Freigabe vorzulegen habe. Der nun entstehende Briefwechsel war nach Rosenbergs Überzeugung der Versuch Schirachs, »sich jeder geistigen Beeinflussung zu entziehen, aber die unreifen philosophischen Ergüsse mancher neuer Mitarbeiter als amtlich anzuerkennen«.[9] In einem »Umlauf« wurde die Beilegung des Zerwürfnisses verkündet:

> Die Differenzen zwischen dem Reichsjugendführer und Reichsleiter Rosenberg sind durch eine persönliche Aussprache beigelegt. Der Reichsjugendführer hat seinen Entschluss, aus den Arbeitsgemeinschaften für die Schulung der gesamten Bewegung und für Deutsche Volkskunde auszutreten, zurückgezogen. Reichsleiter Rosenberg hat die Zensur über die Zeitschrift *Wille und Recht* aufgehoben.
>
> Die Zusammenarbeit zwischen unserer Dienststelle und der Reichsjugendführung ist – sofern sie unterbrochen war – wieder aufzunehmen; darüber hinaus aber kameradschaftlich und aufs engste weiterzuführen.[10]

Oft waren die Anlässe für Streitigkeiten eher nichtig – zumindest aus der Sicht Dritter. So beklagte sich Rosenberg beim »Stellvertreter des Führers« Rudolf Heß, darüber, dass Philipp Bouhler bei einem Schriftwechsel mit ihm den falschen Briefkopf gewählt habe. Es sei abwegig, wenn Bouhler die Auseinandersetzung als Chef der »Kanzlei des Führers« führe, richtig wäre es, wenn er dies als Vorsitzender der Parteiamtlichen Prüfungskommission zum Schutze des NS-Schrifttums (PPK) im Stab des Stellvertreters des Führers tue. Er, Rosenberg, habe Heß als Bouhlers Vorgesetztem bereits am 25. November 1938 von einer Fälschung berichtet. Er wollte das Wissen um die Schande, dass ein Reichsleiter der NSDAP Parteibefehle fälscht, auf möglichst wenige Menschen beschränkt wissen. Es handle sich nicht um eine verleumderische Behauptung, sondern um die Feststellung einer Tatsache. »Bouhler bestreitet ja auch gar nicht die textlichen Veränderungen ohne Heß' ausdrückliche Genehmigung, glaube aber, dazu berechtigt gewesen zu sein.«

Vorausgegangen waren Auseinandersetzungen um die Prüfung von Schul-und Lehrbüchern. In diesem Zusammenhang warf Rosenberg Bouhler vor, mithilfe von »bewussten Fälschungen« den eklatanten

Versuch zu unternehmen, »vor aller Öffentlichkeit erneut den Auftrag des Führers an mich ungültig zu machen: Aus der selbstständigen Prüfung und dem Auftrage entsprechenden Entscheidung über die geistige und weltanschauliche Haltung ist nur eine Mitarbeit ›in diesem Rahmen‹, nämlich im Rahmen der Begutachtung der Lehrmittel durch die PPK und des Reichserziehungsministeriums geworden.«
Er sei, so beklagte sich Rosenberg, in dieser Angelegenheit »seit nunmehr über einem Jahr ohne Genugtuung« und müsse auf Klärung bestehen.[11]
Der geschilderte Vorwurf Rosenbergs gegen Bouhler fand seinen vorläufigen Höhepunkt am 8. Februar 1940 in einem Schreiben Rosenbergs an Heß:

Die Angelegenheit der durch Herrn Bouhler vorgenommenen Fälschung eines von Ihnen angeordneten »Wortlautes«, darüber hinaus aber die andauernd gegen meinen Führerauftrag gerichtete Tätigkeit der »Parteiamtlichen Prüfungskommission« drängt zu einer Entscheidung umso mehr, als auch bisher unbeteiligte Dienststellen mit den unerfreulichen Vorkommnissen befasst werden.
Der Lebenskampf, in welchem das Reich steht, gestattet es nicht, dass auf die Dauer innerhalb der Parteiführung schwerwiegende Gegensätze bestehen, Parteibefehle missachtet werden oder organisatorische Fehlkonstruktionen weiter aufrechterhalten werden. Im Hinblick hierauf bin ich meinerseits bereit, auf jede persönliche Genugtuung – auf die ich in anderen Zeiten bestanden hätte – zu verzichten, und gestatte mir, Ihnen zur Bereinigung der Gesamtfrage – Verhältnis Parteiamtliche Prüfungskommission zum Beauftragten des Führers für die Überwachung der gesamten geistigen und weltanschaulichen Schulung und Erziehung der NSDAP – folgende Vorschläge zu unterbreiten:
A. 1. Sie treffen die Feststellung, dass der Vorsitzende der PPK disziplinwidrig gehandelt hat, indem er
    a) einen von Ihnen gegebenen Befehl nicht befolgt hat
    b) den Wortlaut einer von Ihnen zur Herausgabe bestimmten Anordnung geändert hat, ohne hierzu mein Einverständnis einzuholen
    c) durch diese Änderung die mit der Anordnung von ihnen bezweckte Entscheidung in das Gegenteil verkehrte.
2. Disziplinäre Konsequenzen (Verfahren beim obersten Parteigericht) aus dieser Verfehlung werden nicht gezogen.

[...]
4. Der Vorsitzende der PPK gibt mir gegenüber die Erklärung ab, dass er nach Kenntnis der Sachlage seine Behauptung, ich hätte den Text einer Rede von ihm eigenhändig gefälscht, nicht aufrecht erhält und bedauert, sie erhoben zu haben. Hiervon macht er den Dienststellenchefs, die durch ihn Kenntnis von der Behauptung erhielten, Mitteilung.

5. Das Aufgabengebiet der PKK und deren Verhältnis zu dem mir vom Führer erteilten Auftrag wird entsprechend den ihnen vorliegenden Vorschlägen des Reichsorganisationsleiters [...] neu geordnet und von ihnen durch Erlass einer entsprechenden Anordnung festgelegt. Hierbei ergeben sich folgende Möglichkeiten und Gesichtspunkte:

a) Das Vorhandensein einer Parteiamtlichen Prüfungskommission zum *Schutze* des NS-Schrifttums wird nicht mehr als *dringend* notwendig erachtet, sie ist daher aufzulösen.

b) Die von der PPK herausgegebene NS-Bibliographie erscheint – unter wesentlicher Einschränkung – als Stoffsammlung weiter, Herausgabe erfolgt durch das Amt Lehrplanung in Verbindung mit dem Amt Schrifttumspflege der Dienststelle des Beauftragten des Führers für die Überwachung der gesamten geistigen und weltanschaulichen Schulung und Erziehung der NSDAP.

c) Der Reichsleiter Bouhler erteilte Auftrag, Führer-Zitate nachzuprüfen, wird durch Reichsleiter Bouhler als Chef der Kanzlei des Führers weiterhin ausgeführt. Diese Tätigkeit macht das Vorhandensein der PPK *nicht* notwendig.

d) Der Reichsleiter Bouhler erteilte Auftrag, das Material für die Geschichte der Bewegung zu sichten, wird von ihm weiterhin ausgeführt. Hierbei steht ihm das Hauptarchiv der NSDAP (im Stabe des Stellvertreters des Führers) zur Verfügung, das ohnehin die Sammlung allen Materials für die Geschichte der Bewegung ausübt. – Das Vorhandensein der POK ist auch hierfür nicht notwendig.

B. 1. Die Parteiamtliche Prüfungskommission bleibt als Dienststelle im Stabe des Stellvertreters des Führers bestehen. Ihre Tätigkeit wird auf den ihr ursprünglich erteilten Auftrag umfassen:

2. Schutz des nationalsozialistischen Schrifttums vor Konjunktur-Erscheinungen.

3. Überprüfung der Richtigkeit von in Druckschriften angeführten Darstellungen der NSDAP, ihrer Organisation und ihrer Geschichte, von Daten über führende Persönlichkeiten der NSDAP. zurückgeführt.
4. Die NS-Bibliographie wird dahingehend begrenzt, dass sie lediglich ein fortlaufend ergänztes Nachschlagewerk über die die NSDAP unmittelbar berührenden Reden, Artikel und Druckschriften darstellt. Vor Drucklegung sind die einzelnen Folgen der NS-Bibliographie den Beauftragten des Führers zur Durchsicht einzureichen.
5. Die Nachprüfung der Führer-Zitate geht, wie unter A.3. vorgeschlagen, an den Chef der Kanzlei des Führers über, da diese Tätigkeit nichts mit der PPK zu tun hat.
6. Der Auftrag zur Sichtung des Materials der Geschichte der Bewegung wird von Reichsleiter Bouhler mit Hilfe des Hauptarchivs der NSDAP ausgeführt. Wegen Druck und Herausgabe bleibt im Hinblick auf die Aufgaben der Hohen Schule alles Weitere vorbehalten. [...]

Ich hoffe, meinerseits alles getan zu haben, um den ganzen bedauerlichen Fall zu beenden und bemerke, dass ich *von diesem Brief* keiner anderen Stelle Mitteilung gemacht habe.[12]

Die Auseinandersetzung zwischen Rosenberg und Bouhler war vorprogrammiert. Nur wenige Wochen, nachdem Hitler Rosenberg zu seinem »Beauftragten« ernannt hatte, wurde am 16. April 1934 die Parteiamtliche Prüfungskommission zum Schutze des nationalsozialistischen Schrifttums (PPK) gegründet. Sie sollte verhindern, dass Autoren und Institutionen sich ohne Prüfung und Zustimmung als Wortführer der NSDAP ausgaben. Unter anderem hatte sie die korrekte Wiedergabe von Hitler-Zitaten zu überwachen. Leiter der PPK wurde Philipp Bouhler, der im November 1934 zusätzlich zum Chef der »Kanzlei des Führers der NSDAP« berufen wurde.

Rosenberg, der die gesamte geistige und weltanschauliche Schulung und Erziehung in der NSDAP zu überwachen hatte, und Bouhler, der der Prüfungskommission vorstand, mussten angesichts der Doppelung von Aufgaben zwangsläufig aneinandergeraten, Sie beobachteten und kontrollierten sich gegenseitig – ganz im Sinn von Hitlers Stil, die Regierung zu führen.

Um eine vermeintliche Fälschung – oder Verfälschung – ging es in einem weiteren Schreiben von Martin Bormann an Göring, Himmler und Rust. Dieses Mal wurden Rosenberg entsprechende Vorwürfe gemacht.

Es sei Reichsleiter Bouhler bekannt, dass ein entscheidender Satz eines bereits vorliegenden Presseberichts über die von Bouhler am 30. Oktober 1937 in Weimar zur Eröffnung der Woche des deutschen Buches gehaltenen Rede von Reichsleiter Rosenberg eigenhändig für die Veröffentlichung im *Völkischen Beobachter* sinnentstellend geändert worden sei.

Der Chef vom Dienst des *Völkischen Beobachters* habe schriftlich erklärt, er habe einen ihm telefonisch von Weimar übermittelten Bericht ohne jede Änderung zum Satz gegeben. Und der nach Weimar entsandte Schriftleiter habe bekräftigt, dass er den entsprechenden Teil der Rede so verstanden und nach bestem Wissen wiedergegeben habe. Bormann konstatierte, somit sei erwiesen, dass auch der von Reichsleiter Bouhler erhobene Vorwurf unrichtig war.

Hitlers Stellvertreter war inzwischen bei der Suche nach Ursachen für den dauernden Zwist zu dem Ergebnis gekommen, dass »die gegenseitig erhobenen Vorwürfe und Schwierigkeiten zwischen den beiden Reichsleitern letzten Endes auf Überschneidungen in der praktischen Arbeit zurückzuführen sind. Die Überschneidungen wiederum sind Ergebnis nicht völlig klarer Abgrenzungen in den ihnen erteilten Aufträgen. Die endgültige Scheidung ihrer Arbeitsgebiete kann nur der Führer vornehmen. Der Führer kann sich erst nach Beendigung des Kriegs hiermit befassen. Bis dahin hat der Stellvertreter des Führers durch vorläufigen Eingriff versucht, die Reibungsmöglichkeiten zu verringern.« Beiden Reichsleitern wurde zur Auflage gemacht, künftighin keine ehrverletzenden Vorwürfe mehr gegeneinander zu erheben, geschweige denn diese Vorwürfe zu verbreiten, indem sie anderen Personen zugeleitet werden.[13]

Rosenberg gab keine Ruhe und wollte offenbar auch nicht auf das Ende des Kriegs warten. Er wandte sich am 28. Februar 1942 direkt an Bormann und beklagte sich darüber, dass dieser den Eindruck erwecke, als habe er, Rosenberg, seine Vorwürfe »gleichsam aus dem Nichts« erhoben:

> Der vom Stellvertreter des Führers versandte Entwurf wurde zur Herausgabe an Reichsleiter Bouhler geleitet und mir und dem Reichserziehungsminister zur Kenntnis zugesandt. Damit war eine Parteiurkunde geschaffen.

1. In dem Brief an Herrn Bouhler stand ferner ausdrücklich drin, dass in der Bescheinigung über die Zulassung des infrage kommenden Lehrstoffes ein Vermerk aufgenommen werden müsste, demzufolge ich von der weltanschaulichen Seite her keine Bedenken gegen das Erscheinen des betreffenden Buches hätte. [...][14]

Es war Rosenbergs Aufgabe, seine Parteigenossen ebenso zu überwachen wie die Repräsentanten des Staatsapparats. Dies konnte er aber nur durch Bespitzelung tun, auf die ein ständiges Eingreifen in die Geschäftsbereiche anderer folgte. Er musste sich demnach Rechte anmaßen, die die übrige NS-Hierarchie keinesfalls abzutreten bereit war. Als penibel hatte sich Rosenberg bereits beim *Völkischen Beobachter* gezeigt, und auch als »Beauftragter des Führers« wollte er seine vermeintlichen Rechte gegenüber allen anderen durchsetzen. Ausführliche Schriftwechsel zwischen Rosenberg und den übrigen Beteiligten, dann Meldung an den »Führer« und schließlich dessen Entscheidung – das wurde zu einem häufig geübten Procedere.

Hatte er schon in früheren Jahren von Hitler Ermahnungen bekommen, die Gerichte nicht zu sehr zu beschäftigen, weil dies der »Bewegung« schade, scheute sich Rosenberg nun nicht, selbst gegen hohe Parteifunktionäre zu Felde zu ziehen.

Exemplarisch hierfür ist die Auseinandersetzung mit Robert Ley. Ley war Reichsleiter wie Rosenberg und Chef der Deutschen Arbeitsfront (DAF). In seiner Funktion als Stabsleiter der Parteiorganisation (PO) hatte er Hitler vorgeschlagen, Rosenberg mit der Überwachung der geistigen und weltanschaulichen Schulung und Erziehung der Partei und aller gleichgeschalteter Verbände sowie des Werkes »Kraft durch Freude« zu betrauen. Die Funktionen des amtierenden Reichsschulungsleiters sollten davon nicht berührt werden. Dieser Einsatz und auch die Tatsache, dass Ley als Leiter der Deutschen Arbeitsfront über beinahe unbegrenzte Finanzmittel verfügte, konnten Rosenberg nicht davon abhalten, wegen der Nichteinhaltung von Verträgen »Klage gegen Parteigenossen, Reichsleiter Dr. Robert Ley« zu erheben.[15]

Rosenberg wandte sich in dieser Angelegenheit an den obersten Parteirichter, Walter Buch, den Schwiegervater von Martin Bormann. Er fügte als Beweismittel zwei Verträge vom 19. Januar 1935 bei. Sie betrafen Abkommen, die Ley als Leiter der Deutschen Arbeitsfront sowie des

Werkes »Kraft durch Freude« mit Rosenberg als dem Beauftragten für die Überwachung der gesamten geistigen Schulung und Erziehung der NSDAP abgeschlossen hatte. Aus diesen Verträgen ging nach Ansicht Rosenbergs hervor, dass die ihm unterstehende NS-Kulturgemeinde aus dem organisatorischen Verhältnis zur NSG »Kraft durch Freude« ausscheidet. Danach sollte sie »bestimmte kulturell/weltanschauliche Aufgaben« übernehmen. In einem zweiten Vertrag verpflichtete sich die NS-Kulturgemeinde, ihren Veranstaltungsapparat der NSG »Kraft durch Freude« zur Verfügung zu stellen. Für diese Gesamtarbeit bewilligte Ley einen Jahresbetrag von 4,3 Millionen RM.

Vereinbarung, Berlin 6. Januar 1935
1. Der ROL als Leiter der Deutschen Arbeitsfront und der nationalsozialistischen Gemeinschaft »Kraft durch Freude« stellt dem Beauftragten des Führers für dessen gesamte Kulturarbeit einen jährlichen Etat von 4,3 Millionen Mark zur Verfügung.
2. Als Gegenleistung stellt die dem Amt für Kunstpflege bei dem Beauftragten des Führers unterstehende nationalsozialistische Kulturgemeinde gemäß der Anordnung vom 6.1.34 ihren gesamten Apparat zur Verfügung zum Zwecke der Durchführung der ihr durch diese Anordnung von der nationalsozialistischen Gemeinschaft Kraft durch Freude übertragenen Aufgaben.
3. Diese Vereinbarung läuft zunächst bis zum 31.12.36; sie kann ab 1.1.1937 mit halbjähriger Kündigung zum Jahresende gelöst werden.
4. Soweit die nationalsozialistische Gemeinschaft »Kraft durch Freude« besondere künstlerisch-kulturelle Einrichtungen (Theaterbetriebe u. dergl.) unterhält oder künftig einrichten will, die, wie bisher, aus den allgemeinen Etatmitteln der NS-Kulturgemeinde nicht bestritten wurden, wird sie diese Mittel durch einen Sonderzuschuss, der von der zuständigen Dienststelle der nationalsozialistischen Gemeinschaft Kraft durch Freude bei der Deutschen Arbeitsfront anzufordern ist, nach erfolgter Bewilligung der nationalsozialistischen Kulturgemeinde zur ausschließlichen Verwendung für den gedachten Zweck als Treuhänder übergeben.
5. Die Prüfung der Verwendung der Mittel steht dem Schatzamt der Deutschen Arbeitsfront zu, unbeschadet der Rechte des Reichsschatzmeisters.

Nach Abschluss dieses Vertrags ergab sich insofern ein Missverständnis, als Ley meinte, der Etat von 4,3 Millionen Reichsmark hätte dem Etat der NS-Kulturgemeinde entsprochen, als sie noch Teil der NSG »Kraft durch Freude« war. Dieser belief sich damals aber nur auf 3,6 Millionen RM im Jahr. Entsprechend wurde nun die Jahreszahlung auf diese Summe festgelegt. Nach weiteren Querelen reduzierte die DAF den zu zahlenden Jahresbetrag auf 3 Millionen RM und überwies auch nur die nun erneut gesenkten Raten. Rosenberg war bereit, dies hinzunehmen, wollte aber den Vertrag um zwei Jahre verlängern, was wiederum Ley nicht zugestehen mochte. Ende 1935 verbreiteten dann Mitarbeiter Leys das Gerücht, die NS-Kulturgemeinde sei pleite und werde überhaupt kein Geld mehr bekommen. Rosenberg beklagte sich gegenüber Parteirichter Buch: »Dieses Gerede war geeignet, den moralischen und organisatorischen Kredit der NS-Kulturgemeinde außerordentlich zu schädigen.«[16]

Ley erwies sich für Rosenberg stets als schwer einzuschätzender Gesprächspartner. Der Chef der Deutschen Arbeitsfront hatte im Februar 1936 folgenden Vermerk zu seinem dienstlichen Verhältnis zu Rosenberg verfasst:

Auf Befehl des Führers wurde die Dienststelle eines Beauftragten für die Überwachung der gesamten geistigen Schulung und Erziehung der NSDAP gebildet. Die in der Bezeichnung dieser Dienststelle zum Ausdruck kommende Aufgabe erfordert zu ihrer Verwirklichung einerseits eine Zusammenarbeit des Beauftragten mit den Schulungseinrichtungen sämtlicher Gliederungen der Partei, andererseits eine klare Aufgabentrennung, bei der insbesondere die vom Führer befohlene Überwachung als Aufgabe des Beauftragten und die Durchführung der Schulungsarbeit als Aufgabe der Führer der Gliederungen der Partei klar abgegrenzt sind.

Die Aufgabe der Überwachung erfordert Einfluss auf den Lehrstoff, den Lehrplan und den Lehrkörper der weltanschaulichen Schulung aller Gliederungen der Partei.

Lehrstoff
Die Bereitstellung des weltanschaulichen Lehrstoffes ist Angelegenheit des Beauftragten (für die Überwachung).

Der weltanschauliche Lehrplan aller Gliederungen wird im Benehmen mit dem Beauftragten bis zum April eines jeden Jahres fertiggestellt.

Lehrkörper
Der Leiter des Hauptschulungsamtes im Dienstbereich des ROL sowie die Schulungsleiter der einzelnen Organisationen der Partei werden im Einvernehmen mit dem Beauftragten vom ROL vorgeschlagen.[17]

Im Mai 1936 stellte Ley dann tatsächlich von heute auf morgen die gesamten Zahlungen ein, und es bedurfte wochenlanger Auseinandersetzungen, um nach und nach doch Gelder zu bekommen. Schließlich erklärte Ley, er werde überhaupt keine Zahlungen mehr leisten, es sei denn, dass sich die NS-Kulturgemeinde als Ganzes sich ihm personellorganisatorisch vollkommen ein- und unterordne. Davon konnte natürlich keine Rede sein, denn die NS-Kulturgemeinde stellte eine gewisse und zudem die einzige »Hausmacht« für Rosenberg dar. Dieser intervenierte dann auch und bat das Oberste Parteigericht der NSDAP, die vorliegende Klage gegen Reichsleiter Ley in beschleunigter Weise durchzuführen. Er verwies darauf: dass

1. die Gültigkeit des wirtschaftlichen Abkommens, dessen Unterzeichnung ja auch Reichsleiter Dr. Ley nicht leugnet, als bestehend anzuerkennen entsprechend nicht nur den Grundsätzen von Treu und Glauben, sondern auch entsprechend der einfachsten gerichtlichen Verpflichtung wie sie bei jedem unterzeichneten Vertrag vorliegt.
2. die Auszahlung aller aufgelaufenen Rückstände zu veranlassen. [...]

Da es zu keiner Übereinstimmung mit Ley kam, schaltete dieser Hitler persönlich ein und brachte am 26. November 1936 zu Papier, was nur als Ohrfeige für Rosenberg gewertet werden kann: Er habe mit dem Führer das gesamte Schulungsproblem besprochen. Es gebe volle Übereinstimmung mit ihm. Dagegen stehe fest, »dass Rosenberg seine Aufgaben falsch sehe«, wenn er sich immer wieder »in die von mir veranlassten organisatorischen Maßnahmen einmischt oder gar einen Anspruch auf die praktische Durchführung der Schulung erheben« würde. »Ein erneuter Beweis hierfür ist [...] Ihr Eingriff ›Luftkriegsakademie Gatow‹«, warf Ley Rosenberg vor, »wo sie bekanntlich dem Hauptschulungsamt das Halten von Vorträgen untersagten und die weiteren Verhandlungen mit der Luftkriegsakademie selbst führten. Der Führer [...] hat erklärt, dass derartige Methoden einfach unmöglich seien und von ihm missbilligt würden. [...] Abgesehen davon, dass ich Ihnen als Reichsleiter nicht unterstehe, werde ich aus Gründen der Autorität und mit Rücksicht auf das Ansehen der Partei weiterhin derartige Machenschaften nicht dulden.«

Über das bisweilen sehr niedrige Niveau der Auseinandersetzungen und gegenseitigen Beschuldigungen gibt der nachstehende Vorgang Auskunft: Er, Ley, habe im Gespräch mit Reichsleiter Amann festgestellt, dass Rosenberg sich außerordentlich für seine Umgebung interessiere. Da er nicht annehme, dass Rosenberg persönliches Interesse an den Männern seines Stabes habe, sondern die Gerüchte nur verbreitet würden, »um mein Ansehen zu schädigen, muss ich hiergegen schärfste Verwahrung einlegen«. Mit einer zynischen Bemerkung schloss Ley: »Um zum Schluss die finanzielle Seite kurz zu berühren, glaube ich, dass es Ihnen unter Berücksichtigung all dieser Umstände peinlich sein wird, von mir bzw. der Deutschen Arbeitsfront weitere Zahlungen entgegenzunehmen.«[18]

Für Rosenberg bedeutete diese Ankündigung einen geradezu »erpresserischen finanziellen Druck«.[19] Gegenüber Fritz Wiedemann, einem der Hitler-Adjutanten, meinte er am 30. November 1936[20], Ley habe in den zurückliegenden Monaten so gut wie nichts gezahlt. Deshalb sei er gezwungen gewesen, einen größeren Kredit aufzunehmen. Er habe in Goslar den Obersten Parteirichter Buch befragt, und dieser habe erklärt, dass Verträge einzuhalten seien. Da es sich um zwei Reichsleiter handle, müsse Hitler eine Entscheidung herbeiführen. Er werde »den Führer deshalb um Schutz gegenüber einem Vorgehen [bitten], das buchstäblich allen nationalsozialistischen Grundsätzen widerspricht«. Am 2. Dezember ordnete Ley an, das Schatzamt möge einen Betrag von 100.000 RM überweisen.[21]

Intellektuelle Überlegenheit als Waffe

Rosenberg hätte zufrieden sein können, gab aber keine Ruhe. Am 7. Januar 1937 wandte er sich schriftlich an Ley, weil dieser angeblich falsche Behauptungen über Rosenberg aufgestellt hatte. Süffisant begann er als der Sprachgewandtere seine intellektuelle Überlegenheit auszuspielen:

Sie belieben in letzter Zeit, sich in Ihren Rundschreiben und Anordnungen auf den Namen des Führers zu berufen. Ich habe es als selbstverständlich betrachtet, dass ich Äußerungen, die der Führer mir nach meinen Darlegungen gemacht hat, nicht ohne seine ausdrückliche Genehmigung dazu verwerte, um mich auf sie in Anordnungen und Ausführungen innerhalb der Partei zu berufen.

Einem Ley-Brief entnehme er,

dass Sie wie üblich offenbar auch dieses Mal beim Führer mir Absichten unterschoben haben, die ich niemals hatte, und dann aufgrund dieser falschen Darstellungen Ihre weiteren Darlegungen gemacht haben. Wenn sie so falsch gewesen sind wie die Angaben, die Sie in Ihrem Briefe machen, so wäre es nicht verwunderlich, wenn der Führer Ihnen – unter Voraussetzung der Richtigkeit des von Ihnen Angeführten – recht gegeben hätte. Ich möchte Ihnen deshalb, wie schon früher ausgeführt, da es Ihnen nicht passt, davon Notiz zu nehmen, noch einmal mitteilen, dass ich niemals die Absicht gehabt habe, Ihnen Ihr Schulungsamt abzunehmen. Ich stehe nach wie vor auf dem Standpunkt, dass genauso, wie die politischen Leiter durch den Reichsorganisationsleiter in ihre kommende Tätigkeit eingewiesen werden müssen, so auch die Führer der verschiedenen Gliederungen der Partei in gleichem Maße diese Verpflichtung fühlen. Ich habe daher auch nach wie vor nicht die Absicht, die Organisationsarbeit der Schulung innerhalb des Bereichs des Reichsorganisationsleiters zu beanspruchen. Die Dinge liegen einmal wieder genau umgekehrt, als Sie es darzustellen belieben. Nicht ich erhebe Anspruch auf organisatorische Bestimmungen und organisatorische Durchführung der Schulung, sondern Sie bemühen sich in gesteigertem Maße, den mir vom Führer gewordenen Auftrag – Inhalt und Richtung der weltanschaulichen Schulung zu bestimmen – zu missachten.

Im Übrigen habe Ley eine Anordnung herausgegeben, ohne sich mit ihm abzustimmen:

Sie haben sich hier bewusst sowohl über eine klare, angesichts vorliegender Verhaltensformen notwendige Anordnung des Stellvertreters des Führers, also auch ebenso bewusst über einen mir vom Führer erteilten Auftrag hinweggesetzt.

Denn in der Anordnung handle es sich nicht um irgendwelche organisatorischen Fragen, sondern um eine grundsätzliche weltanschauliche Erziehungshaltung der NSDAP:

> Was nun den Schluss Ihres Schreibens, nämlich die finanzielle Seite betrifft, da haben Sie durchaus recht, wenn Sie glauben, dass die Annahme von Geldern Ihrerseits mir peinlich sein muss. Es ist mir nicht nur einfach peinlich, sondern es ist mir außerordentlich peinlich, mich in der Lage zu sehen, dass ein Reichsleiter der NSDAP seine eigenen Unterschriften für null und nichtig ansieht, dass der Leiter der Deutschen Arbeitsfront sich auch als solcher weigert, obgleich ihn seine Unterschrift dazu verpflichtet, Rücksicht auf die soziale Notlage von Tausenden von Angestellten der NS-Kulturgemeinde zu nehmen[22]

Entsprechend informierte Rosenberg auch Hitler.[23] Eine große Zahl von Angestellten der NS-Kulturgemeinde würden von heute auf morgen arbeitslos, und eine Reihe wesentlicher Einrichtungen, Wanderbühnen usw. müssten aufgelöst werden, wenn nicht die Zahlungen der Bank der Deutschen Arbeit weiter eingingen. Der Chef der Reichskanzlei, Lammers, teilte Ley nun mit, »dass der Führer darauf seine Entscheidung, wonach die Zahlungen nur noch einen Monat zu leisten wären, rückgängig gemacht und angeordnet habe, unter Einhaltung des seinerzeit abgeschlossenen Vertrages die Zahlungen so lange weiterzuleisten, bis eine endgültige Entscheidung über die NS-Kulturgemeinde getroffen sei. Über die Höhe der Zahlungen solle sich Ley umgehend mit Rosenberg verständigen«.

Rosenberg erfuhr in dieser Situation, dass Ley in München erwartet wurde und rechnete damit, dass dieser versuchen werde, mit Hitler zusammenzukommen, um dort doch noch seine Vorstellungen durchzusetzen. »Erfahrungsgemäß wird unter Umständen Dr. Ley die Dinge einseitig und nicht objektiv darzustellen versuchen.«[24] Er wolle daher die immer wiederkehrenden Behauptungen von Ley von vornherein entkräften.

Schließlich musste Reichsjugendführer Baldur von Schirach als Vermittler an Hitler herantreten. Er legte ihm folgende «Vereinbarung zur Bereinigung der Meinungsverschiedenheiten zwischen Reichsleiter Dr. Ley und Reichsleiter Rosenberg» vor:

Jeder der beiden Reichsleiter nimmt diejenigen schriftlichen oder mündlichen Äußerungen zurück, die der andere Reichsleiter als beleidigend auffasst, und bedauert diese Äußerungen.

Um zukünftige Auseinandersetzungen zu vermeiden, werden sämtliche zwischen den beiden Reichsleitern bestehenden vertraglichen Bindungen aufgehoben. Reichsleiter Dr. Ley zahlt an Reichsleiter Rosenberg als Abfindung für die Vereinbarung vom 19. Juni 1935 den Betrag von 2,5 Millionen Reichsmark.

Die beiden Reichsleiter verpflichten sich, baldmöglichst zu einer kameradschaftlichen Aussprache über alle zwischen ihnen bestehenden Meinungsverschiedenheiten zusammenzukommen.[25]

Es braucht nicht betont zu werden, dass ein kameradschaftliches oder wenigstens kollegiales Verhältnis zwischen Rosenberg und Ley nicht mehr zustande kommen konnte. So brachte Rosenberg anlässlich eines Treffens mit Heß am 24. September 1939 folgende Erkenntnis in seinem Tagebuch zu Papier:

Heß stimmte hier mit Hinweis auf die Tätigkeit Dr. Leys zu. Sein Riesengeld der DAF verführe ihn, über das Geld Einfluss auf verschiedene Organisationen zu nehmen. Ich: Jawohl, ich habe es bei der NS-Kulturgemeinde gesehen. Hier wurde ein richtiger Gedanke durch pures *Geld* kaputt gemacht. Das kommt daher, dass man bis auf heute bei Dr. Ley Führung u. Finanzverwaltung *nicht* getrennt hat, wie es Grundsatz der Partei ist. Sein neuer »Organisationsentwurf« ist u.a. der Versuch, mich hinter meinem Rücken um mein Lebenswerk zu bringen.[26]

Ein anderes Mal musste Hitler eingreifen, als es um einen Kompetenzstreit zwischen Rosenberg und dem damaligen Botschafter Joachim von Ribbentrop ging. Rosenberg hatte gehofft, nach Neuraths Ausscheiden aus dem Amt des Außenministers 1938 dessen Nachfolge antreten zu können. Hitler gab jedoch Ribbentrop den Vorzug. In einem Brief, der in Görings Schreibtisch gefunden wurde, beklagte sich Rosenberg: Er erinnerte an die alte Kampfgemeinschaft, an die Teilnahme am Putschversuch vom 9. November 1923 und an seine stets bewiesene unverbrüchliche Treue. Wenn er als Leiter des Außenpolitischen Amtes nun nicht zum Außenminister berufen werde, schade das seinem Prestige und werde so ausgelegt, dass er nicht mehr das Vertrauen des Führers genieße.[27]

Ribbentrop war bequemer, nicht so doktrinär wie Rosenberg. Der trat leiser, wenn er merkte, dass er nicht auf Gegenliebe stieß, verlor aber seine Ziele nicht aus den Augen. Die Enttäuschung, nicht Außenminister geworden zu sein, hat nach Ansicht von Rosenbergs späterem Mitarbeiter Otto Bräutigam in Hitler wohl den Entschluss reifen lassen, ihm 1941 bei passender Gelegenheit als Trost das Amt des Reichsministers für die besetzten Ostgebiete zu geben. Damit verlor das Auswärtige Amt seine Zuständigkeit für die wichtigsten außenpolitischen Bereiche. Hitler war es damit wieder einmal gelungen, dass zwei seiner Führungskräfte sich gegenseitig belauerten und keiner von beiden zu mächtig werden konnte. Der Ausbruch der offenen Feindschaft zwischen Rosenberg und Ribbentrop war damit vorprogrammiert. Ebenso, um der Zeit vorzugreifen, die mit Himmler, der als Reichsführer-SS und vor allem als Reichskommissar für die Festigung deutschen Volkstums über zahlreiche Kompetenzen verfügte, auf deren Einhaltung er nach Ernennung von Rosenberg zum Reichsminister bestand.

Noch im Jahr vor der Ernennung Ribbentrops zum Außenminister hatten Rosenberg und Ribbentrop Hitler Vorschläge für eine gedeihliche Kooperation vorgelegt. »Um für die allgemeinen außenpolitischen Aufgaben und zur Bekämpfung des Weltbolschewismus alle inneren Kräfte in tätiger Zusammenarbeit auszurichten«, haben Reichsleiter Rosenberg und Botschafter von Ribbentrop die nachstehenden Vorschläge dem Führer unterbreitet und zwecks Durchführung der vorzuschlagenden Beauftragungen folgende Vereinbarungen getroffen, um deren Bestätigung sie den Führer bitten:

1. Pg. Rosenberg und Pg. von Ribbentrop werden in allen weltanschaulichen, antikommunistischen und außenpolitischen Fragen eng zusammenarbeiten. Reichsleiter Rosenberg wird neben der gesamten geistig-kulturellen und weltanschaulichen Erziehung und Schulung maßgebend und federführend für die Abwehr des Weltbolschewismus sein. Botschafter Ribbentrop ist im Rahmen der NSDAP maßgebend für die außenpolitischen Fragen.
2. In diesem Sinne wird das außenpolitische Amt der NSDAP des Reichsleiters Rosenberg umbenannt in: »Dienststelle des Beauftragten des Führers zur Abwehr des Bolschewismus«. Sinnentsprechend wird bei der allgemei-

nen Benennung in Bezug auf die Erziehung und Schulung die in der Beauftragung des Pg. Rosenberg angegebene Benennung gebraucht. Das Büro des Pg. von Ribbentrop führt die Bezeichnung: »Beauftragter des Führers für die außenpolitischen Fragen der NSDAP«. Die endgültige Bezeichnung der beiden bereits heute bestehenden Dienststellen und die Form ihrer und ihrer Leiter Eingliederung in die Parteiorganisation bestimmt der Führer.

3. Aufgabe der Dienststelle von Reichsleiter Rosenberg ist es, das gesamte Material zu Abwehr des Bolschewismus zu sammeln, zu sichten und den infrage kommenden Stellen in maßgebender Weise zuzuleiten. Für die Erfüllung seines Auftrages beruft Reichsleiter Rosenberg die von den verschiedenen sich mit dem Bolschewismus befassenden Dienststellen als verantwortlich bezeichneten Persönlichkeiten, darunter auch einen Vertreter des Pg. Ribbentrop. Ebenso wird Pg. Rosenberg einen Verbindungsmann in die Dienststelle des Pg. von Ribbentrop delegieren. Pg. Rosenberg führt die von außen herantretenden Unterhandlungen über die weltbolschewistischen Tätigkeiten und vertritt die Initiativen, die notwendig erscheinen, um den kommunistischen Einfluss zurückzuweisen. Aufgabe der Dienststelle des Pg. von Ribbentrop ist es, im Rahmen der allgemeinen Außenpolitik die notwendigen Maßnahmen zu treffen, wie sie vom Führer in Einhaltung seiner außenpolitischen Linien vorgezeichnet werden. Durch die Tatsache, dass der Bolschewismus nicht nur ein weltanschauliches, sondern auch ein eminent weltpolitisches Problem ist, dann aber auch, weil die Außenpolitik nicht selten weltanschaulich bedingt erscheint, wird die Tätigkeit der beiden Dienststellen sich zeitweise überschneiden. Bei Eintreten von Überschneidungen soll ein freundschaftlicher Ausgleich getroffen werden. Das Gleiche gilt für Sondergebiete, wobei namentlich die Tätigkeit von Pg. von Ribbentrop in Bezug auf Polen und Japan, die Tätigkeit von Pg. Rosenberg in Bezug auf den Südosten, den Nordosten und die Sowjetunion berücksichtigt werden soll.

4. [...]
5. Pg. Rosenberg und Pg. von Ribbentrop werden gemeinsam die Auswahl und die Erziehung des für die weltanschauliche, antikommunistische und allgemeine außenpolitische Arbeit notwendigen Nachwuchses aus der Partei in die Hand nehmen. Die Heranbildung dieses Nachwuchses soll erfolgen im Rahmen des unter Leitung von Reichsleiter Rosenberg stehenden

Außenpolitischen Schulungshauses der NSDAP und zwar in dem Sinne, dass Reichsleiter Rosenberg hier die weltanschauliche und antikommunistische Arbeit leitet, während Botschafter von Ribbentrop die Leitung für die Ausbildung in der praktischen Außenpolitik innehat. Nach außen soll diese gemeinsame Leitung in geeigneter noch zu vereinbarender Form zum Ausdruck kommen.
6. Die Nordische Gesellschaft verbleibt unter der Leitung von Reichsleiter Rosenberg, Botschafter von Ribbentrop tritt in den Obersten Rat der Nordischen Gesellschaft ein.

Die Empfangsabende des diplomatischen Corps und der Weltpresse werden von Reichsleiter Rosenberg weitergeführt in seiner Eigenschaft als Beauftragter des Führers für die Sicherung der nationalsozialistischen Weltanschauung. Die sich aus den vorgeschlagenen Beauftragungen ergebenden Ausführungsbestimmungen erfolgen in gegenseitigem Einvernehmen.[28]

Ernüchternde Erkenntnisse für Rosenberg

In der Theorie war Rosenbergs Dienststelle als »Beauftragter des Führers für die Überwachung der gesamten geistigen und weltanschaulichen Schulung und Erziehung der NSDAP« zwar von Bedeutung, tatsächlich aber hatte er weder wirkliche Kompetenzen noch Durchsetzungsmöglichkeiten. Vier Jahre nach seiner Berufung wollte er diesen Zustand ändern und wandte sich u.a. an den Chef der Reichskanzlei Lammers. »Reichsleiter Rosenberg wünscht die Errichtung einer Dienststelle eines Beauftragten des Führers, die auf Partei und Staat Einfluss nehmen soll zur Sicherung der nationalsozialistischen Weltanschauung und Abwehr des Bolschewismus«, hielt Lammers in einem Vermerk vom 17. Januar 1938 fest. Rosenberg wünschte von Hitler, dass dieser ihm folgende Vollmachten erteilte:

1. Gegenzeichnung der Gesetze und Verordnungen, die erzieherische und weltanschauliche Inhalte haben;
2. Federführung und Anweisungsberechtigung in allen das bolschewistische Problem berührenden Fragen.
[…]

3. Befugnisse zu Maßnahmen gegenüber der Partei und der ihr angeschlossenen Verbände, die zur Sicherung der nationalsozialistischen geistig-kulturellen und weltanschaulichen Erziehung und Schulung notwendig sind. Die zu errichtende Dienststelle soll eine oberste Reichsbehörde sein mit unmittelbarer Unterstellung unter den Führer und Reichskanzler. Der Erlass soll auch eine Bestellung des Reichsleiters Rosenberg zum Leiter dieser obersten Reichsbehörde enthalten.

Der Führer und Reichskanzler ist gewillt, dem Reichsleiter Rosenberg Vollmachten der verlangten Art zu erteilen, jedoch in einer von dem Vorschlag abweichenden Form. Durch den Erlass soll lediglich sichergestellt werden, dass Reichsleiter Rosenberg in der Lage ist, auf den genannten Gebieten eine Einwirkungsmöglichkeit zu entfalten. Es scheidet hierbei von vornherein aus das Recht der Gegenzeichnung von Gesetzen jeder Art (Verordnungen, Anordnungen, Erlasse). Um den Willen des Führers zur Geltung zu bringen, wird ausreichend und erforderlich sein, durch einen Erlass Partei und Staat (Reichsministerien und Oberste Reichsbehörden) aufzugeben, Reichsleiter Rosenberg bei allen gesetzgeberischen Maßnahmen und bei der sonstigen Behandlung von Einzelfällen von grundlegender Bedeutung schon bei der Ausarbeitung zu beteiligen, soweit es sich um Fragen nationalsozialistischer Weltanschauung und um die Abwehr des Bolschewismus handelt.

Bei einer Regelung der Angelegenheit in dem von Reichsleiter Rosenberg gewünschten Sinne tritt zugleich die Frage nach der Zuständigkeitsabgrenzung auf, die Abgrenzung müsste insbesondere erfolgen auf den Gebieten, für die der Reichsminister für Wissenschaft, Erziehung und Volksbildung, der Reichsminister des Innern (insbesondere Bereich Himmler) und der Reichskriegsminister /Spionageabwehr zuständig sind. In der in dem vorbereiteten Erlass getroffenen Form liegt eine Zuständigkeitsabgrenzung nicht. Er ist so allgemein gehalten, dass die Kompetenzkonflikte mit Sicherheit zu erwarten sind. Es ist auch der Hinweis angebracht, dass sämtliche gesetzgeberischen Akte und Einzelentscheidungen von grundsätzlicher Bedeutung bereits von Anfang an der Mitarbeit des Stellvertreters des Führers unterliegen. Es liegt deshalb auch der Vorschlag nahe, dem Reichsleiter Rosenberg innerhalb dieser Geschäftsbereiche fest umrissene Vollmachten zu geben. Es würde hierdurch einmal die Kontinuität der Verwaltung gewährleistet und zum andern zumindest die Doppelarbeit beim Stellvertreter des Führers vermieden.[29]

Nach diesem – zu erwartenden – erheblichen Dämpfer durch Hitler selbst übersandte Rosenberg schon am 24. Januar 1938 einen geänderten Entwurf an Lammers, in dem er sich etwas zurücknahm, von dem aber immer noch nicht zu erwarten war, dass Hitler, geschweige denn die übrigen Minister, damit einverstanden sein würden:

Der Wille, alle Maßnahmen zu ergreifen, die geeignet sind, die Einheit der nationalsozialistischen Weltanschauung und die Geschlossenheit des Abwehrkampfes gegen den Bolschewismus zu sichern, macht es notwendig, eine Persönlichkeit mit dieser für Partei und Staat verantwortlich zu betrauen. Ich ernenne zu diesem Zweck den Reichsleiter Alfred Rosenberg zu meinem Beauftragten. Seine Dienstbezeichnung lautet:

Der Beauftragte des Führers zur Sicherung der nationalsozialistischen Weltanschauung und Abwehr des Bolschewismus.

Gesetze und Verordnungen erzieherischen und weltanschaulichen Inhalts werden im Benehmen mit dem Beauftragten erlassen. Er ist berechtigt, für die Partei und die ihr angeschlossenen Verbände jene Maßnahmen anzuordnen, die zur Sicherung der geistig-kulturellen und weltanschaulichen Erziehung und Schulung notwendig sind.

Die Sachbearbeitung der Sondergebiete bei der Abwehr des Bolschewismus verbleibt den damit beauftragten Dienststellen, jedoch ist der Beauftragte für Partei und Staat federführend und anweisungsberechtigt in allen das bolschewistische Problem berührenden Fragen.

Der Beauftragte hat das Recht, zur Durchführung seines Auftrages Verordnungen zu erlassen. Er untersteht mir unmittelbar. Er schlägt mir Ausführungsbestimmungen vor.[30]

Lammers trug Hitler diese neue Version am 4. und 5. Februar 1938 vor, doch Hitler mochte noch nicht entscheiden.[31] Stattdessen sollten beide »gemeinschaftlich noch einmal vortragen«.

Hitler ließ sich Zeit, was einen deutlichen Hinweis auf die Stellung gibt, die Rosenberg nunmehr genoss. Erst am 20. November 1939 musste sich Lammers wieder mit Rosenbergs Ansinnen befassen. Diesem sei Hitlers Stellungnahme am 5. Februar 1938 mitgeteilt worden, seitdem ruhe die Angelegenheit, vermerkte Lammers. Jetzt habe Rosenberg einen neuen Entwurf vorgelegt. Der 1938er-Entwurf habe als Tätigkeitsfeld auf dem staatlichen Sektor »alle Gebiete, die allgemeine und grundsätzliche Fragen der Weltanschauung berühren« und auf dem Parteisektor »weltanschauliche Erziehung und Schulung« vorgesehen. Der neue Entwurf beziehe sich auf alle gesetzgeberischen Maßnahmen weltanschaulichen und erzieherischen Inhalts. Daneben enthalte er »ein selbstständiges Anordnungsrecht für Fragen der gesamten weltanschaulichen Schulung, der wissenschaftlichen Forschung sowie auf geistigkulturellem Gebiet, also auf einem sehr weiten und kaum abzugrenzendem Gebiet«.

In seinem Entwurf vom Vorjahr habe Rosenberg im staatlichen Bereich die verpflichtende Anhörung des Beauftragten vorgeschlagen. Im Parteibereich sollte er »im Einvernehmen mit dem Stellvertreter des Führers« die notwendigen Maßnahmen treffen können. Der neue Entwurf verschmelze beide Bereiche.

Daraus ergebe sich Folgendes:

1. Bei sämtlichen Gesetzen und Verordnungen des Erziehungsministers auf dem Gebiet von Schule und Hochschule und bei allen Gesetzen und Verordnungen anderer Ressorts, die weltanschauliche oder erzieherische Bedeutung haben, wäre das Einvernehmen des Beauftragten einzuholen. Das führt auch bei schneller Arbeit des Beauftragten zu einer weiteren Verlangsamung der Gesetzgebung in allen Kulturfragen. Außerdem bedeutet die Beteiligung des Beauftragten einen wesentlichen Eingriff in die Kompetenz des Stellvertreters des Führers.

2. Der Beauftragte könnte [...] unmittelbar und gegen die Ansicht der an sich zuständigen Ressortchefs Maßnahmen anordnen, also z.B. der Presse Anweisungen über die Behandlung bestimmter weltanschaulicher Fragen erteilen (Ressort des Propagandaministers), Lehrstühle an Hochschulen besetzen (Ressort des Wissenschaftsministers), den Provinzialschulkollegien über die Handhabung des Geschichtsunterrichts Anordnungen geben (Ressort des Erziehungsministers), den Truppen Befehle über die weltanschauliche Schulung der Mannschaften erteilen (Ressort des Oberkommandierenden der Wehrmacht), Feiertage einführen und ausfallen lassen (Ressort des Innenministers), die weltanschauliche Schulung in Partei und Arbeitsfront unmittelbar umgestalten (Ressort des Stellvertreter des Führers), die weltanschauliche Arbeit der Hitlerjugend durch direkte Anweisungen beeinflussen (Tätigkeitsgebiet des Jugendführers des Deutschen Reichs).

Weiter stelle der neue Entwurf den Beauftragten als »Generalbevollmächtigten für Weltanschauung und Volksbildung« neben die Generalbevollmächtigten für die Reichsverwaltung.[32]

Als Gesamteindruck hielt Lammers fest, dass ganz wesentliche Aufgaben, die die NSDAP und der Staat hätten, unter weitgehender Ausschaltung aller anderen Stellen auf Rosenberg übertragen werden sollten. Offenbar überschätzte Rosenberg seine Bedeutung und sein Gewicht, das er bei Hitler in die Waagschale würde werfen können. Zudem litt er offensichtlich unter Realitätsverlust. Denn am 25. November 1939 erläuterte er Hitlers Stellvertreter, Rudolf Heß, seine Vorstellungen. Er betrachte den Entwurf als Vollmacht für die Aufgabe, die Hitler ihm 1934 übertragen habe. Es habe sich gezeigt, dass ohne klar abgegrenzte Vollmacht für Partei und Staat der Auftrag nicht durchzuführen sei. »Eine Vollmacht erschien gerade in der heutigen Zeit vordringlich, um sowohl Einheit der Haltung außenstehenden Stellen gegenüber zu sichern, als auch im Innern der Partei selbst unnütze und in keiner Weise berechtigte Kompetenzkonflikte zu überwinden.«
Er schlage deshalb die Abfassung in der innerlich logischen Reihenfolge vor:

1. Feststellung der Bedeutung der nationalsozialistischen Weltanschauung
2. Notwendigkeit, ihre *Einheit* zu sichern
3. Auftrag zur *Wahrung* dieser Einheit
4. Die *Vollmacht* zur Sicherung der Einheit
5. Die Einschränkungen gegenüber dem Stellvertreter des Führers (Partei) und dem Vorsitzendem des Reichsverteidigungsrates (Staat).[33]

In einer umfangreichen Stellungnahme wies Rosenberg alle Bedenken gegen eine Ausweitung seiner Kompetenzen zurück.[34] Zunächst verwies er darauf, dass er am 24. Januar 1934 ja ohnehin mit der »Überwachung der gesamten geistigen und weltanschaulichen Schulung und Erziehung der NSDAP, sämtlicher gleichgeschalteter Verbände sowie des Werkes ›Kraft durch Freude‹« beauftragt worden sei. Der Begriff »Überwachung« beinhalte naturgemäß auch die Möglichkeit, »einem gewonnenen Urteil die Durchführung zu gewährleisten. Hätten nicht nur viele, sondern alle infrage kommenden Dienststellen den Auftrag des Führers respektiert, wären manche Erscheinungen vermieden worden, die nun dazu geführt hätten, dass er den Führer bitten müsse, seinen Auftrag für Partei und Staat zu definieren und ihm jene Vollmachten zu erteilen, die es ihm ermöglichten, seinen Auftrag durchzuführen. Die Reichsleiter Lutze, Himmler, Frick, Goebbels und Hühnlein, Generalinspekteur Todt sowie Gauleiter Wächtler als Leiter des NS-Lehrerbundes hätten dem Entwurf zugestimmt oder wollten nur minimale Veränderungen, auf die er nicht eingehen werde.

Der Reichsorganisationsleiter Ley gehe von Voraussetzungen aus, die gar nicht gegeben seien. Es sei überhaupt nicht von der Aufhebung der Schulungsorganisation des ROL gesprochen worden. Nicht zuletzt habe Ley die Vertraulichkeit nicht gewahrt und kürzlich vor Schulungsleitern verkündet, dass Reichsleiter Rosenberg vom Führer eine Erweiterung seines Auftrags erhalten werde.

Der Reichsinnenminister stelle die Sicherung der Einheit in den Vordergrund, während Himmler die Wahrung der Einheit in den Vordergrund rücke. Der Reichsführer-SS habe völlig unmotiviert einen »Ausfall auf meine Mitarbeiter« gemacht, die sich angeblich »in innere Angelegenheiten von wissenschaftlicher Forschung und Lehre hineinmischen«. Sich damit zu beschäftigen, sei jedoch schon jetzt sein Auftrag:

> Es ist gerade nicht Aufgabe der SS und der Polizei, in Ministerien oder in anderen Behörden über wissenschaftliche Probleme eine entscheidende Einwirkung anzustreben, dazu noch mit dem deutlichen Bemühen, den Beauftragten des Führers geflissentlich zu übergehen. [...] Die vielfachen Versuche der SS, gänzlich unabhängig von der in der Reichsleitung der NSDAP für die Überwachung der geistigen und weltanschaulichen Erziehung vom Führer eingesetzten Stelle, Forschungsinstitute zu gründen, wissenschaftliche Bibliotheken zu eigener Forschung zu beschlagnahmen, wissenschaftlich-weltanschauliche Tagungen (Salzburg) abzuhalten, ohne mich auch nur zu informieren, sich dauernd in wissenschaftliche Ernennungen einzumischen, das ist es gerade, was eine weitgehende Unsicherheit hervorgerufen hat. Hat der Beauftragte des Führers für die Bewegung die weltanschauliche Haltung und geistige Erziehung zu bestimmen oder die Gestapo?[35]

Als einziger Reichsminister und führende Persönlichkeit der NSDAP habe der Reichsminister für Wissenschaft, Erziehung und Volksbildung,

Rust, einen rein formalen Grund zwecks Ablehnung genannt. »Die nationalsozialistische Revolution hat noch nicht ihre endgültigen Formen herausgebildet; das wird ihr aber nur gelingen, wenn in dieser vorbereitenden entscheidenden Epoche eine einheitliche weltanschauliche Haltung für die Zukunft gesichert wird. Dies zu fördern soll mit der jetzigen Vollmacht bezweckt werden.« Zweifellos werde gerade mit dem Reichserziehungsministerium eine enge Zusammenarbeit notwendig sein. Wenn dies heute nicht in dem anzustrebenden Maße der Fall sei, sei das eine Folge der Tatsache, dass Parteidienststellen dienstlich mit Fragen an dieses Ministerium herantreten, für die sie nicht zuständig seien, und zwar unter dauernder Umgehung des Beauftragten.

Rosenberg im Dauerstreit

Mit dem Ansinnen Rosenbergs befasste sich – wie zu erwarten – Goebbels auch in seinen Tagebüchern. Am 9. Dezember 1939 notierte er: »Der Führer will Rosenberg einen umfassenden Auftrag bzgl. der weltanschaulichen Sicherung der Partei, des Staates und der Wehrmacht geben. Ich habe nichts dagegen einzuwenden.« Es folgte eine Bemerkung, die so von Goebbels nicht zu erwarten war, hatte er Rosenberg bisher entweder bekämpft oder ihn nicht ernst genommen: »Rosenberg hat es nicht verdient, dass er so heruntergefallen ist.«[36] Und am 22. Dezember 1939 ergänzte er: »Der Auftrag des Führers an Rosenberg ist nun genauer definiert. Er ist ziemlich weit gefasst. Die Wehrmacht ist natürlich wieder ausgenommen worden. Und gerade da liegt doch die Bruchstelle Aber jetzt im Kriege kann der Führer dieses heiße Eisen nicht anfassen.«[37]

Während also Goebbels eher aus Mitleid mit Rosenberg keine Einwände erhob, mochte sich Erziehungsminister Rust mit der Kompetenzerweiterung Rosenbergs nicht abfinden. In einem »Schnellbrief« teilte er am 23. Dezember 1939 zunächst mit, »der Führer habe in einem Begleitbrief zum Ausdruck gebracht, dass eine Beauftragung von Rosenberg eine Verlagerung von Zuständigkeiten nicht zur Folge haben solle«. Das in dem Entwurf enthaltene »Weisungsrecht« Rosenbergs bedeute aber immer auch die Bindung des Angewiesenen. »Das kennt der Verwaltungsaufbau nur bei einer nachgeordneten Behörde. Mit der Stellung eines Reichsministers ist ein derartiges Weisungsrecht nicht vereinbar;

denn der Reichsminister muss für die von ihm getroffenen Maßnahmen gegenüber dem Führer die volle Verantwortung übernehmen und übernehmen können. [...] Das gelte für seinen Arbeitsbereich besonders, in dem es kaum wesentliche Maßnahmen gebe, die nicht von größter weltanschaulicher Bedeutung seien.« Unklar sei auch das Verhältnis Rosenbergs zu Hitlers Stellvertreter. Es gebe die Möglichkeit zwei sich widersprechender Stellungnahmen von zwei Parteistellen. »Ich halte es aber für unbedingt erforderlich, dass der ganze weltanschauliche Einfluss der Partei auf den Staat auf einem einzigen klar geordneten Wege ausgeübt wird, und das kann m.E. nur der Weg über den Stellvertreter des Führers sein.«[38]

Ebenfalls am 23. Dezember 1939 meldete sich Reichsminister Hanns Kerrl. Er hatte zwar keine Bedenken inhaltlicher Art, wandte sich aber gegen eine Veröffentlichung des Erlasses. Kerrls Begründung ist höchst aussagekräftig:

> Im Verlaufe der verflossenen Jahre ist der Name Rosenberg für weite Volkskreise – dabei kann unerörtert bleiben ob mit Recht oder Unrecht – gewissermaßen Symbol geworden für Feindschaft gegen Kirche und Christentum. Die in allen kirchlichen Kreisen vorhandene starke Beunruhigung, die seit Kriegsbeginn sich nicht etwa verringert hat, findet ihre letzte Begründung darin, dass bisher die Grenze zwischen Weltanschauung und religiösem Glauben nicht klar und überzeugend gezogen ist. Da auch der vorliegende Entwurf eine solche Grenzziehung nicht enthält, würde die Veröffentlichung in dieser Form den klerikalen Kreisen erwünschte Gelegenheit geben, den Erlass zu einem Siege der unter dem Namen Rosenberg gefürchteten Richtung zu stempeln und die Bevölkerung der um ihren religiösen Glauben besorgten Volkskreise um ein Bedeutendes zu steigern.[39]

Die Diskussionen um Rosenbergs Kompetenzerweiterung spiegeln sich auch in Goebbels' Tagebüchern wider:

> 2. Februar 1940: Kerrl beklagt sich, dass er gar keine Vollmachten habe. Er ist ja zu bedauern. Wir beschließen sehr scharfe Jugendgesetze. Damit fangen wir schon viel ab. Rosenberg wird in die Erziehungsarbeit weitgehend eingeschaltet.[40]
>
> 6. Februar 1940: Rosenberg baut jetzt seinen Ausschuss zur Ausrichtung der Jugend auf.[41]

10. Februar 1940: Nachmittags Chefbesprechung in der Reichskanzlei betr. Vollmacht für Rosenberg. Alle beteiligten Ressorts vertreten. Lange Debatten. Kerrl hält seinen obligaten Vortrag über Weltanschauung und Religion. Er hat sich sehr weit von uns entfernt. Rosenberg verteidigt mit Verve seinen Erlass. Ich erreiche wenigstens, dass seine Vollmachten auf solche allgemeiner Art beschränkt werden. Sonst murkst er noch in jedes Ressort und seine Personalpolitik hinein. Das gäbe einen schönen Salat. Allgemeine Uneinigkeit. Ley kracht sich mit Kerrl, Rust gegen Rosenberg etc. Und das mitten im Kriege, und jeder beruft sich auf den Führer. Lammers meint nachher noch privat zu mir, der Führer erteile den Auftrag wahrscheinlich überhaupt nicht. Rosenberg ist zu umständlich. Ihm ist kaum zu helfen.[42]
14. Februar 1940: Lange Aussprache mit Ley. Er hat auch Sorgen wegen des Auftrags für Rosenberg. Rosenberg hat bisher überhaupt noch keinen Auftrag praktisch durchführen können. Er ist ein Phantast, aber kein Praktiker oder Politiker. Wie soll er sich der Wehrmacht gegenüber durchsetzen können? Dieser Auftrag ist eine Schnapsidee und außerdem bringt sie jetzt im Kriege nur erhöhte Unruhe und Unsicherheit mit sich.[43]
20. Februar 1940: Rosenberg spricht mich nochmals seines Auftrags wegen an. Er will doch definierte Rechte. Ich kann nicht von meinem Standpunkt abgehen.[44]
22. Februar 1940: Ich schreibe Lammers bezgl. des Auftrags an Rosenberg, dass ich mit seinem Brief zufrieden bin, in dem meine Vorbehalte fixiert sind.[45]

Goebbels hatte in seinem Tagebuch unverblümt festgehalten, dass in der NSDAP-Führung bzw. im Kabinett jeder gegen jeden agiere. Andererseits wiederum erhielt Rosenberg Dämpfer von Martin Bormann. Er erinnerte Rosenberg in einem vom 18. Januar 1940 datierten Schreiben daran, er habe gegenüber Hitler in der Reichskanzlei geäußert, »dass Reichsbischof Müller ein ausgezeichnetes Buch für den deutschen Soldaten geschrieben habe«. Er, Bormann, sei anderer Auffassung, »denn durch dieses Buch werden unter Umständen Soldaten, die an sich bereits vom Christentum gelöst sind, erneut mit zum Teil getarnt christlichen Gedankengängen vertraut gemacht«. Er halte es darum für das wesentlichste Erfordernis, »dass beschleunigt von Ihrem Amte und von anderen geeigneten Nationalsozialisten lesenswerte nationalsozialistische Schriften für den deutschen Soldaten verfasst werden, damit wir dem Vertrieb christlicher Traktate den viel stärkeren Vertrieb gern gelesener nationalsozialistischer Schriften entgegensetzen«.[46]

Und für die Kritik an ihm revanchierte sich Rosenberg bei Rust auf folgende Weise, indem er am 2. Februar 1940 Heß einen Brief zur »Weltanschaulichen Jugenderziehung« schrieb. Wunsch des Ministerrates sei die geistige Erziehung der Jugend. Er habe vorgeschlagen, dass die Partei wesentlich zur Charakterbildung und weltanschaulichen Erziehung der Jugend beitragen müsse:

> Es ist ausgemacht worden, dass ich als Beauftragter des Führers für die Überwachung der gesamten geistigen und weltanschaulichen Schulung und Erziehung der NSDAP die leitende Arbeit übernehme und dass hierzu der Reichserziehungsminister die Schulen und der Reichspropagandaminister den Rundfunk zur Verfügung stellen. [...] Ich bin der Überzeugung, dass durch diese Aktion die Partei in entscheidendem Maße in der Geistesführung der Jugend in Erscheinung zu treten vermag.[47]

Im September 1944 beklagte sich Rosenberg bei Bormann über dessen Mitarbeiter Ott. Der Gau Oberschlesien habe den stellvertretenden Leiter des Aufbaustabes für die »Hohe Schule«, Pg. Wagner, zum Einsatz als Kreisleiter in Oberschlesien angefordert. Er, Rosenberg, habe dem Leiter seines Zentralamtes, Gerhard Utikal, die erforderliche Freistellung untersagt.

Ein solches Verhalten werde wohl auch er, Bormann, nicht billigen. Im Übrigen habe Ott erklärt, künftig werde allein die Partei-Kanzlei über den Einsatz frei werdender Politischer Leiter entscheiden. Dagegen verwahrte sich Rosenberg (»Ich muss es ablehnen, dass Ihre Referenten über meine Wünsche entscheiden«) und betonte, er würde sich freuen, wenn Ott sich einer anderen Zusammenarbeit befleißigen werde.[48]

Es ist unverkennbar, dass alle Seiten darauf bedacht waren, Schwächen und Fehler des jeweils anderen zu entdecken und sie als Anlass zu Beschwerdebriefen zu nehmen. Rosenberg hatte beispielsweise Urteile des Volksgerichtshofs in seinen Führungsbriefen für die Mitglieder der »Reichsarbeitsgemeinschaft für die Schulung der gesamten Bewegung« und die Gauvertreter veröffentlicht, was wiederum Bormanns Partei-Kanzlei missfiel. Die Zusammenstellung von Urteilen des Volksgerichtshofs allein könne sehr leicht der Einseitigkeit wegen ein schiefes Bild vermitteln, hieß es: »Es wird der Eindruck entstehen, als ob jeden, der einmal meckert, dies den Kopf kostet. Den für Schulungszwecke brauchbaren umfassenden Überblick wird man erst bekommen, wenn auch Sondergerichtsurteile, in denen in milder liegenden Fällen Gefängnisstrafen verhängt werden, denen des Volksgerichtshofes beigefügt werden.«[49]

Aus der Schule plauderte SS-Gruppenführer Gottlob Berger, als er seinen Vorgesetzten, Heinrich Himmler, über folgende Gerüchte informierte: Rosenberg bitte den Reichsführer und 12 bis 15 seiner wichtigsten Mitarbeiter beim nächsten Aufenthalt in Berlin zu sich. »Es soll bei dieser Gelegenheit insbesondere auch die Einschaltung der SA in die weltanschauliche Schulung besprochen werden. Anscheinend auf Veranlassung von [Viktor] Lutze [, Stabschef der SA,] und [Robert] Ley [, Leiter der Deutschen Arbeitsfront,] hin und auf Drängen des Reichsleiters Bormann soll die SA stärker in die weltanschauliche Schulung eingebaut werden, um überhaupt eine Tätigkeit zu haben. Rosenberg will aber nicht, dass durch diesen Einbau irgendwelche Schwierigkeiten mit dem Reichsführer-SS entstehen. Bei dieser Gelegenheit beschwerte sich Dr. Stellrecht über die Unduldsamkeit von Dr. Ley, der auf einmal alles an sich reißen wolle und mit ihm eine Verhandlungsmöglichkeit überhaupt nicht mehr vorhanden sei.«[50]

Zu Rosenbergs Dienststelle gehörte das Kulturpolitische Archiv, bei dem es sich trotz der anspruchsvollen Bezeichnung um eine Sammlung von Daten von Regimegegnern oder Systemkritikern handelte. Im Zusammenhang mit dem missglückten Attentat auf Hitler vom 20. Juli 1944 hatte auch Partei-Kanzlei-Chef Bormann sein Interesse an diesem Archiv bekundet. Rosenberg begrüßte Bormanns Aktion zur »beschleunigten Namhaftmachung aller Personen, die in Vergangenheit oder Gegenwart durch ihr Verhalten Anlass zu Zweifeln an ihrer nationalsozialistischen Haltung und weltanschaulichen Festigkeit gegeben haben«. Seit mehr als zehn Jahren habe man in seinem Haus »zuverlässiges« Material zusammengetragen. Die Sammlung sei ausdrücklich im Hinblick auf die NS-Haltung und die kulturpolitische Zuverlässigkeit aufgestellt worden und umfasse ca. 60.000 Vorgänge.

Am 31. Oktober 1944 dankte Bormann für die angebotene Bereitstellung des Kulturpolitischen Archivs. Es sei beim Reichssicherheitshauptamt besser aufgehoben »zur Auswertung im Zuge der von mir angeordneten Ausmerzung aller Verräter und Defaitisten«, zeigte Bormann sich überzeugt.[51]

Das Entgegenkommen Rosenbergs änderte nichts an der Feindschaft von Bormann und Rosenberg. So hatte Rosenberg mit Datum vom 8. August 1944 von Bormanns Stabsleiter Fritz Bauer die Nachricht erhalten, dass sämtliche Organe seiner Dienststelle – neun an der Zahl – eingestellt werden sollten. Das einmütige Bekenntnis zur totalen Kriegsführung erfordere naturgemäß auch wesentliche Eingriffe in das Zeitschriftenwesen, war dort zu lesen. Die *Nationalsozialistischen Monatshefte* wie auch *Idee und Tat* müssten zunächst für die Dauer eines halben Jahres eingestellt werden. Danach könnten sie eventuell vierteljährlich erscheinen. Die Zeitschrift *Deutsche Dramaturgie* sei während des Kriegs einzustellen, dasselbe gelte auch für *Weltanschauung und Schule*.⁵²

Rosenberg widersprach auch hier. Er selber habe den Vorschlag gemacht, auf die *Nationalsozialistischen Monatshefte* zu verzichten, jedoch nur unter der Voraussetzung, dass die Fachzeitschriften erhalten blieben. Er regte an zu überprüfen, ob nicht auch die Presseorgane der anderen Reichsdienststellen gekürzt werden könnten. Ihm scheine es notwendig, eine Vierteljahreszeitschrift herauszugeben, um damit für die Zukunft manche andere, unnütz gewordene abzulösen.⁵³

Die letzten Monate der Dienststelle Rosenbergs waren angefüllt mit Versuchen, den Dienstbetrieb halbwegs aufrechtzuerhalten. Doch Stabschef Koeppen informierte am 19. September 1944 darüber, dass Bormann bei Hitler erreicht habe, dass trotz Goebbels' Genehmigung die *Nationalsozialistischen Monatshefte* und *Idee und Tat* sofort eingestellt würden.

In einem Schreiben an Helmut Stellrecht teilte Koeppen mit, der Reichsleiter habe sich entschlossen, auf den Kampf um einzelne Ämter und Stellen zu verzichten und wolle die Dienststelle bis Kriegsende mit Ausnahme eines kleinen Arbeitsstabes völlig stilllegen. Er wolle sich diesem Stab »als Wanderprediger« widmen. Auf das Schulungshaus wolle Rosenberg jedoch auf keinen Fall verzichten. Man könne sich hier auf Ley berufen, der angeordnet habe, dass keine einzige Schulungsstätte geschlossen werden dürfe. Ferner wolle Rosenberg die meisten Mitarbeiter für den Einsatz bei der kämpfenden Truppe an der Front freigeben. Dazu Koeppen: »Es ist meine Ansicht, dass wir dort der Dienststelle und der Idee wesentlich mehr nützen als in einer völlig lahmgelegten Dienststelle. Diese Entwicklung aufzuhalten oder gar abzuändern liegt leider nicht in unserer Macht, da Briefe an den Führer zwecklos sind und der Reichsleiter den einzigen Weg über Feldmarschall Keitel nicht gehen will. Die Hoffnung, dass der versprochene Termin zwischen unserem Chef und Reichsleiter Bormann in Berlin stattfinden wird, habe ich längst aufgegeben.«[54] Rosenberg hatte lange nicht wahrhaben wollen, dass der Krieg für Deutschland verloren war. In einem nicht genauer datierten Briefentwurf, der aus dem Herbst 1944 stammen muss, teilte er mit, dass er sich aufgrund der militärischen Entwicklung entschlossen habe, für die Kriegsdauer auf die Besetzung der einzelnen Ämter seiner Dienststelle zu verzichten. »Nur ein kleiner Arbeitsstab für den Rednereinsatz solle bestehen bleiben«, ließ er Bormann wissen. Im Übrigen werde er zehn jüngere Politische Leiter bis zum 31. Oktober 1944 restlos zur kämpfenden Truppe abgeben. »Meine Mitarbeiter möchten damit den Beweis erbringen, dass unsere Weltanschauung von uns nicht nur in theoretischer Schulung, sondern auch im praktischen Kampf bis zur letzten Konsequenz vertreten wird.«[55] Und völlig realitätsfern meinte er sogar noch am 28. Dezember 1944 in einem Brief an Bormann, dass die Zeitschrift *Kunst im Deutschen Reich* unbedingt erhalten werden müsse: »Angesichts dieser Lage glaube ich, dass es berechtigt ist, das Problem der Zeitschrift *Kunst im Deutschen Reich* dem Führer zur erneuten Entscheidung vorzulegen.«[56]

»Hohe Schule« und »Einsatzstab Reichsleiter Rosenberg«

Im Zusammenhang mit der Verfolgung der Juden ist der im Juli 1940 entstandene »Einsatzstab Rosenberg« von besonderer Wichtigkeit. Der «Einsatzstab» war vorwiegend damit befasst, jüdischen Besitz zu rauben – nicht nur Kunstwerke, sondern in großem Stil auch Gebrauchsmöbel und Einrichtungsgegenstände.

So schrieb Rosenberg am 2. Februar 1943 in sein Tagebuch:

> Am Nachmittag besichtigte ich ein Sortierungslager meines Einsatzstabes. Es ist erstaunlich, *welche* Werte a. ganz Europa hier gesichert worden sind. Wertvollste Werke d. Literatur, Manuskripte, Diderot, Briefe Verdis, Rossinis, Napoleon III. usw. Dazu die ganze jüdische u. jesuitische Hetzliteratur gegen uns. Eine einmalige geschichtliche Gelegenheit ist hier wirklich ausgewertet worden mit einer lächerlich geringen Zahl von Mitarbeitern.[1]

Es war Rosenberg selbst, der die Idee zu diesem »Einsatzstab« hatte. Am 16. April 1946 gab er vor dem Alliierten Militärtribunal eine geradezu zynische Begründung dafür ab.[2] Ein Mitarbeiter von ihm hatte demnach beim Einmarsch der deutschen Truppen in Paris im Juni 1940 eine Pressedelegation begleitet und dabei festgestellt, dass die Pariser Bevölkerung nahezu geschlossen in ihre Häuser zurückgekehrt war – mit Ausnahme der Juden jedoch. Die Räumlichkeiten aller jüdischen Institutionen und Organisationen standen angeblich leer ebenso wie die Schlösser und Wohnungen der führenden Persönlichkeiten. Sie waren somit laut Rosenberg »gleichsam herrenlos«. Er habe Hitler darüber berichtet, und dieser habe dann Anfang Juli 1940 den Auftrag erteilt, neben Archiven eine große Anzahl von Kunstgegenständen – vorwiegend aus Schlössern – nach Deutschland zu bringen. Die Entscheidung über die Verwendung einzelner Kunstwerke habe Hitler sich vorbehalten.

In seiner Vernehmung durch die alliierten Richter merkte Rosenberg an, viele Kunstwerke, die in der Vergangenheit aus Deutschland fortgebracht

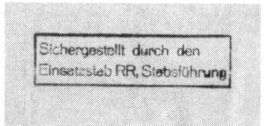

Markierungsstempel des »Einsatzstabs Reichsleiter Rosenberg«.

wurden, seien trotz anderslautender Verträge nicht zurückgegeben worden. Man habe also Kunstwerke gewissermaßen nur »zurückgebracht«. Außerdem hätten die Alliierten 1914 bis 1918 bei den Reichsdeutschen im Ausland Kunst im Wert von 25 Milliarden Reichsmark beschlagnahmt. Damit wollte er den Kunstraub der Deutschen rechtfertigen.

Tags darauf fragte der französische Hilfsankläger Henry Monneray: »Stimmt es, dass Hinrichtung und Deportation der Juden in Frankreich Ihren Dienststellen die Möglichkeit gegeben haben, Wohnungseinrichtungen und Wertgegenstände dieser Juden zu beschlagnahmen?« Rosenberg räumte das ein, meinte allerdings beschönigend, dass es sich um einen staatlichen Auftrag gehandelt hatte, Archive, Kunstwerke und später Wohnungseinrichtungen der jüdischen Staatsbürger in Frankreich zu beschlagnahmen. Monneray hakte nach und wollte wissen, ob die Massendeportationen der Juden »den Ertrag Ihrer Beschlagnahmungsaktion« vergrößert hätten.

Rosenbergs Antworten können nur als Verhöhnung der Opfer bezeichnet werden. Die Deportation der Juden habe damit nichts zu tun. Die Beschlagnahmen erfolgten, wenn feststand, dass die betreffende jüdische Bevölkerung ihre »Institutionen, Schlösser und Wohnungen« sowie Paris und andere Orte verlassen hätte und nicht zurückkehren würde. Monneray noch einmal: »Wenn die Juden einmal deportiert waren, dann waren sie eben abwesend, nicht wahr?«, woraufhin Rosenberg höhnisch meinte: »Beim Einmarsch der deutschen Truppen war Paris beinahe vollkommen entvölkert. Die übrigen Pariser und die Bevölkerung der nordfranzösischen Städte kehrten im Laufe der Zeit zurück. Wie mir mitgeteilt wurde, ist die jüdische Bevölkerung in diese Städte, besonders Paris, nicht zurückgekehrt. Sie waren also nicht deportiert, sondern sie waren geflüchtet. Ich glaube, die Zahl der Geflüchteten wurde damals mit fünf, sechs oder sieben Millionen oder mehr angegeben.«[3]

Das war ein kläglicher Versuch, den Kunstraub zu verschleiern.

Raubgut für die »Hohe Schule«

Im »Dritten Reich« musste alles seine Ordnung haben. Deshalb gab es auch für Rosenbergs Einsatzstab ein *Mitteilungs- und Führungsblatt*. In Heft 1, 1943, finden sich aufschlussreiche Angaben zur Arbeit des »Einsatzstabes Rosenberg« für die besetzten Gebiete.

Der Einsatzstab wurde am 17. Juli 1940 nach Beendigung des Westfeldzuges ins Leben gerufen. Er begann seine Tätigkeit in Paris, wo alles wichtige politische Forschungsmaterial aus den Freimaurerlogen (Grand Orient de France, Grand Loge Indépendante, Grande Loge de France) sichergestellt wurde. Daran schloss sich die Beschlagnahme von für die nationalsozialistische Bewegung einmaligen politischem Forschungsmaterial der aus Frankreich geflüchteten Juden an. Insbesondere sind zu erwähnen die Alliance Israélite Universelle, Ecole Rabinique, das Archiv des Bankhauses Rothschild, geschlossen von 1815 bis in die jüngste Zeit sowie wichtigstes Material aus dem Rothschild-Palais und sonst bedeutenden jüdischen Häusern. Es sei noch kurz auf Léon Blum, Manderl u.a. verwiesen.

In gleicher Weise wie in Frankreich wurden am 1. September in Belgien-Nordfrankreich und am 15. September 1940 in den Niederlanden die Arbeiten des Einsatzstabes aufgenommen. Seit Oktober 1940 erhielt der Einsatzstab zusätzlich den Auftrag, die Kunstschätze derjenigen Juden, die vor Einrücken der Deutschen Wehrmacht die Flucht ergriffen hatten, vor Diebstahl oder sonstigem Zugriff sicherzustellen. Die sachliche Bearbeitung dieses Aufgabengebietes wurde vom Reichsleiter dem Leiter des Amtes Bildende Kunst seiner Dienststelle übertragen.

Im Januar 1941 wurde durch die Hauptarbeitsgruppe Frankreich die erste englische Freimaurerloge auf der Insel Jersey sichergestellt und im März 1941 in einer Ausstellung in Berlin politisch ausgewertet.

Genehmigt hatte Hitler im Herbst 1940:
» 1. die Staatsbibliotheken und Archive nach für Deutschland wertvollen Schriften,
2. die Kanzleien der hohen Kirchenbehörden und Logen nach gegen uns gerichteten politischen Vorgängen zu durchforschen und das in Betracht kommende Material beschlagnahmen zu lassen.«[4]

Es ging dabei zunächst und vordergründig um Schriften und Bücher, die in erster Linie als Grundstock einer Bibliothek dienen sollten, die an der von Rosenberg geplanten »Hohen Schule« eingerichtet werden sollte. Hitler ordnete ferner an, die Gestapo – unterstützt durch von Rosenberg gestellte Archivare – mit den Nachforschungen zu betrauen. Der Chef der Sicherheitspolizei, SS-Obergruppenführer Reinhard Heydrich, wurde in die Aktion einbezogen und hatte mit den jeweiligen Militärbefehlshabern die Durchführung in allen besetzten Gebieten der Niederlande, Belgiens, Luxemburgs und Frankreichs zu planen und sicherzustellen.

Ergänzend legte Hitler fest, dass für den Besitzstand die Eigentumsverhältnisse vor der Kriegserklärung am 1. September 1939 gelten sollten. »Danach vollzogene Übereignungen an den franz. Staat oder dergl. sind gegenstandslos und rechtsunwirksam.«[5] Diese Bestimmung zielte u.a. auf Bestände des Palais Rothschild oder sonstigen »herrenlosen, jüdischen Besitz«, der von den rechtmäßigen Eigentümern noch in Sicherheit hatte gebracht werden sollen. So berichtete Rosenberg dem »Führer«, von den Funden in einem Rothschild-Palais in Paris. Hinter einer Falltür habe sich ein Geheimkeller befunden. 62 Kisten voll Urkunden, Büchern u.a. habe man dort gefunden, so auch ein Kästchen mit Porzellanknöpfen Friedrich des Großen. Auf jedem in feinster Ausführung die Uniform eines Regiments.[6]

Selbst Goebbels zollte Rosenberg ausnahmsweise einmal Lob, wie er seinem Tagebuch am 4. September 1940 anvertraute: »Rosenberg hat in Paris tolles Freimaurermaterial beschlagnahmt.«[7]

Zu den Kostbarkeiten zählte nicht zuletzt die Bibliothek der französischen Fremdenlegion, die in Belgien gefunden worden war. Sie sollte, so eine Forderung von Amtschef Koeppen, nach Hamburg verlegt werden.[8]

Die Dimensionen des Kunstraubs mag man erahnen, wenn man Rosenbergs Tagebuch vom 2. Februar 1941 liest. Dort berichtete er von einer Besichtigung des von seinem Einsatzstab in Frankreich beschlagnahmten jüdischen Kunst- und Kulturgutes in der Galerie Nationale du Jeu de Paume, die während der Besatzung als Depot für geraubte Kunst diente: »Trotzdem Göring für seine Sammlung schon 42 der besten Stücke abtransportiert hatte, waren hier wertvollste Sachen zu sehen. Rothschild, Weil, Seligmann usw. hatten das Ergebnis von 100 Jahren Börsengewinnen abgeben müssen: Rembrandt, Rubens, Vermeer, Boucher,

Fragonard, Goya, usw. usw. waren zahlreich vertreten, älteste Schnitzereien, Gobelins, usw. Die Kunstschätzer beziffern den Wert auf nahezu 1 Milliarde Mark!«[9] Abtransportiert wurde die Beute mit Zügen, aber auch auf der Straße.

Als Episode am Rande mag die folgende Begebenheit gelten, die jedoch zeigt, welch übersteigertes Selbstbewusstsein nicht nur Rosenberg hatte, sondern auch die Angehörigen seines Einsatzstabes. Am 4. Oktober 1943 hatte in der Pariser Großen Oper eine geschlossene Voraufführung der von Werner Egk komponierten Oper *Peer Gynt* stattgefunden. Die Karten hierfür wurden von der Deutschen Botschaft an »Reichsdeutsche und an Franzosen mit besonderen Einladungen« verschickt. Nicht bedacht wurde jedoch trotz nachdrücklicher Nachfrage der Einsatzstab Rosenberg: »Es wäre zweifellos schon im Hinblick auf den Eindruck in der französischen Öffentlichkeit notwendig gewesen, dass die Dienststelle Rosenberg mit einer repräsentativen Loge bedacht worden wäre«, hieß es daraufhin in einem Vermerk für Stabsleiter Stellrecht.[10]

War der Ursprungsgedanke, nur private Bibliotheken zu konfiszieren, änderte sich das, noch bevor die Aktion überhaupt begonnen hatte. In einer letzten Vorbesprechung des »Aufbaustabes für die Hohe Schule« hieß es, nunmehr sollten auch staatliche und sonstige öffentliche Bibliotheken erfasst werden.[11] Man sprach von der nie wiederkehrenden Gelegenheit, unter den neueren Werken einerseits die Emigrantenliteratur nahezu lückenlos zusammenbringen zu können. Das für die »Hohe Schule« wichtigste Material werde dagegen eher unter den Handschriften und älteren Drucken zu finden sein. Skrupel kannten die Initiatoren nicht, im Gegenteil: »Soweit der Zugriff wegen ihrer Bedeutung für unseres Volkes Geschichte oder wegen ihres deutschen Ursprungs gerechtfertigt sind«, hielt man die Beschlagnahme nicht nur für legitim, sondern für notwendig.[12] Das gelte beispielsweise für das Godescalc-Evangeliar[13] in der Nationalbibliothek in Paris und das Ludwigslied in Valenciennes[14]. Die Arbeit werde einige Zeit in Anspruch nehmen und es bestehe die Gefahr, dass »man in den besetzten Gebieten unterdessen Gelegenheit findet, wertvolle Stücke ›unauffindbar‹ zu machen«. Die Vorbereitungen sollten daher unbedingt geheim bleiben.

Skrupel waren dem Reichsleiter fremd. Bei Saul Friedländer heißt es dazu im Zusammenhang mit dem Einmarsch der Deutschen in Rom, sie seien mehr aufs Plündern versessen gewesen als auf alles andere: »Besonders hatten sie es auf die unermesslichen Schätze der Biblioteca della Comunità Israelitica, der Bibliothek der Israelitischen Gemeinschaft, abgesehen. Am 14. Oktober 1943 luden die Männer Rosenbergs die Bücher dieser Bibliothek in zwei Eisenbahnwaggons und verfrachteten sie nach Deutschland.«[15] Nach dem Ausscheiden Italiens als »Achsenmacht« forcierte der Einsatzstab die Anstrengungen des – wie er es nannte – »Kunstschutzes«. Bis dahin hatte es nur Einzelaktionen gegeben, bei denen die Wehrmacht die Transportmittel bereitgestellt hatte. So hatte der SD versucht, in letzter Minute die Gebeine Konradins aus Neapel zu bergen, was jedoch misslang.[16] Nun müsse entschieden werden, ob die wichtigsten Kunstwerke von europäischer Bedeutung sichergestellt werden sollten oder jene, die »vom deutschen Gesichtspunkt besonders wichtig sind«. Da die Front Rom näher rücke, müsse schnell gehandelt werden. Als »Bergungsort« wurde das Gebiet der Nordalpen empfohlen, da es auch gegen eine Bedrohung aus der Luft relativ sicher sei.

Als vordringlich bezeichnete der Leiter des Instituts zur Erforschung der Judenfrage, Wilhelm Grau, die Sicherstellung der Geschichtsquellen zur Judenfrage:

> Das Judentum ist seinem Wesen nach ein staatsfremdes Volk. [...] Reichsleiter Alfred Rosenberg hat durch kulturpolitisch bedeutsame Maßnahmen im Kriegsjahr 1940 die Sicherstellung und Sammlung wichtiger Bibliotheksbestände zur Judenfrage verfügt, so dass am Eröffnungstage des Instituts als Außenstelle der Hohen Schule hier in Frankfurt a.M. ein Büchereibestand von 350.000 Bänden bereits vorhanden ist und im Lauf der Zeit noch durch die Zuführung weiterer großer Sammlungen ergänzt wird. [...] Doch nicht nur die größte und umfangreichste Bibliothek ist geschaffen, auch das bedeutendste Archiv zur Judenfrage, das es überhaupt gibt, ist in Frankfurt a.M. Durch dieselben Maßnahmen Alfred Rosenbergs konnten dem Institut folgende für die Geschichtsschreibung hochbedeutsame Quellen zugeführt werden:
> Eine beträchtliche Anzahl von Archiven des Hauses Rothschild einschließlich des geschlossenen Archivs der bedeutendsten Bank des Hauses Rothschild aus einer über hundertjährigen Zeit. [...] Außer diesen Rothschild-Archiven befindet sich hier das Archiv der Alliance Israélite Universelle bis zum Jahre 1933.

Ferner befinden sich im Institut Archive einer Reihe von politischen und kulturellen Gesellschaften des Judentums und führender Juden, die anzuführen hier kein Bedürfnis besteht.[17]

In seinem Tagebuch wurde Rosenberg deutlicher: Die 350.000 Bände kamen demnach sämtlich aus Frankreich und Holland. »Es kommen wohl noch 200.000 aus Holland.« Wer später einmal die Judenfrage erforschen wolle, müsse nach Frankfurt kommen.[18]

Die »Hohe Schule« als zentrale NS-Universität

Da mit der nationalsozialistischen Revolution ein altes Zeitalter zu Ende gegangen sei und ein neues begonnen habe, müsse die Weltgeschichte neu geschrieben werden.[19] Dafür bedürfe es einer zentralen Erziehungsstätte der nationalsozialistischen Bewegung. Rosenberg äußerte die Vermutung, dass nicht für alle Gebiete dieses Lebens durch die Männer, die den Sieg erkämpften, eine feste Grundlage geschaffen worden sei, die verhindere, »dass die alten Ideologien wieder hervortreten könnten«, um den Sieg der nationalsozialistischen Bewegung in eine Episode der deutschen Geschichte zu verwandeln«. In einer Denkschrift über die Aufgaben der »Hohen Schule« hatte Rosenberg formuliert, sie solle autoritär das geistige Schulungsmaterial für die gesamte Bewegung herausgeben, initiativ Forschungsaufträge erteilen sowie Lehrer für die Partei und ihre Gliederungen heranbilden. Neben Forschung und Lehre, der Ausbildung von Lehrern und Erziehern, sollte die »Hohe Schule« »jenen Persönlichkeiten der Partei und ihrer Gliederungen, die durch jahrelange Arbeit überanstrengt sind, jene Möglichkeit geistiger Entspannung und weitere Ausbildung geben, die in ihrem Wirken etwa in der Großstadt nicht gegeben erscheint«. 200 Einzelzimmer sollten anfangs genügen, dazu eine Festhalle, ein großer Vortragsraum, ein monumentaler Glockenturm sowie später eine eigene Sendestation. Schwerpunkt sollte nach Rosenbergs Vorstellungen die Bibliothek mit 500.000 bis zu einer Million Bänden bilden.[20]

Am 11. Dezember 1937 notierte Rosenberg in seinem Tagebuch:

Vorgestern früh unterbreiteten wir dem Führer die ersten Vorschläge für die Hohe Schule. Der Platz am Chiemsee wurde endgültig bestimmt. Der Führer stimmte meinen Vorschlägen nicht nur zu, sondern ging weit darüber hinaus. Hier am schönsten Platz soll etwas Einmaliges entstehen. Die Hohe Schule nicht nur der NSDAP, sondern des ganzen Volkes. Aus edelstem Material, eine Erziehungsstätte auch größten Umfangs. – Dr. Ley unterstützt in großzügigster Weise. Die ganze Anlage wird – eine früher unvorstellbare Summe – 30 bis 40 Millionen kosten. Die Architekten können loslegen.[21]

Allerdings musste Rosenberg schon bald einige Dämpfer hinnehmen – und diese kamen von Martin Bormann. Dieser wies Rosenberg in einem Schreiben vom 28. Juni 1938 nahezu genüsslich zurück. Staatssekretär Fritz Reinhardt[22] sei wegen einer Anzahl schwebender Finanzfragen beim »Führer« gewesen und unterrichtete ihn bei dieser Gelegenheit, »dass Sie an ihn bzw. an das Reichsfinanzministerium wegen notweniger Zahlungen für die geplante Hohe Schule der NSDAP herangetreten seien«. Und weiter: »Der Führer hat mich beauftragt, Ihnen mitzuteilen, dass er mit diesem Vorgehen keineswegs einverstanden sei, denn es ginge nicht an, dass alle möglichen Stellen der NSDAP kurzerhand an das Reichsfinanzministerium mit Forderungen heranträten. Zuständig für die finanzielle Seite des Baues sei ausschließlich der Reichsschatzmeister der NSDAP, und wenn eine Beteiligung des Reiches an den Baukosten für die Hohe Schule überhaupt in Frage käme, dann könne es einzig und allein Aufgabe des Reichsschatzmeisters sein, entsprechende Schritte zu unternehmen.«[23]

Rosenberg unter »alle möglichen Stellen« einzureihen, konnte von Bormann abfälliger nicht gemeint sein. Damit nicht genug: »Falls Sie auch an Herrn Ministerpräsidenten Siebert[24] herangetreten sind, bitte ich Sie, diesem mitzuteilen, dass Ihr Schreiben inzwischen gegenstandslos geworden ist, da die Angelegenheit durch den Reichsschatzmeister der NSDAP weiterbearbeitet werden würde«, rüffelte er Rosenberg.

Es dauerte bis zum 18. Januar 1939, bis die Reichsleiter Alfred Rosenberg, Robert Ley und Franz Xaver Schwarz in München eine Vereinbarung über die Errichtung dieser »Hohen Schule« unterzeichneten.[25] Demnach war der Reichsschatzmeister für Bau und Finanzierung zuständig. Nach Abschluss der Bauarbeiten bzw. mit Beginn des Schulunterrichtes sollte die gesamte Verwaltung in Rosenbergs Hände übergehen.

Rosenbergs Aufgabe war es, die »vom Führer noch festzulegenden Forschungs- und Lehraufgaben, die Erziehung der Lehrer und Erzieher für die gesamte Bewegung, ein Schulungslager für die Partei, ihre Gliederungen und angeschlossenen Verbände und eine Adolf-Hitler-Schule, dazu noch eine Siedlung für die Angehörigen, Mitarbeiter und Angestellten der Hohen Schule, soweit sie nicht im Hauptgebäude untergebracht sind«, zu planen. Für die angegliederte Adolf-Hitler-Schule sollten sinngemäß die gleichen Abmachungen unter Hinzuziehung des Reichsjugendführers und des Gauleiters von München-Oberbayern gelten. Alle notwendigen Verhandlungen sollten von Rosenberg allein geführt werden.

Ungeachtet einer Vielzahl von Querelen, zu denen auch Auseinandersetzungen mit dem Reichsführer-SS hinzukamen, liefen die Vorbereitungen für die »Hohe Schule« an. Zwar kam es nicht mehr zur Grundsteinlegung am Chiemsee, doch wurden mehrere Außenstellen errichtet. Sie galten als Forschungsinstitute und erhielten ihre Aufgaben direkt von Rosenberg, der auch das übrige Personal berief.[26] Georg Leibbrandt, Abteilungsleiter im Reichsministerium für die besetzten Ostgebiete, beschrieb die Zielsetzung der »Hohen Schule« später einmal wie folgt:

> Reichsleiter Rosenberg habe als übergeordnetes Ziel eine vollkommen neue politische Betrachtung der Welt unter den Gesichtspunkten der Rassen und ihrer Zuordnung zu den entsprechenden Erdräumen aufgestellt. Eine richtige geschichtliche Erkenntnis von Wesen, Wert und Leistung der germanischen Rasse in der Welt soll die Krönung dieser Arbeit bilden. Es habe sich herausgestellt, dass alle Voraussetzungen für diese Arbeiten überhaupt erst geschaffen werden müssen, angefangen von den Menschen selbst, die erst befähigt werden müssen, in diesen ganz neuen Denkrichtungen zu denken. Die Hohe Schule in Chiemsee werde die Plattform für diese groß angelegten Arbeiten bilden, und in ihr wird dann auch die weiteste Auswirkung des Erreichens möglich sein. Ihr Aufgabenkreis wird sich in den drei Richtungen: Forschung, Lehre und Schulung erschöpfen. Durch diese Hohe Schule wird das gesamte Führerkorps der Partei hindurchgehen und in ihr die Krönung seiner Ausbildung für die u.a. Ordensburgen Grund gelegt sein wird, finden. U.a. wird auch eine in den größten Maßstäben angelegten weltpoli-

tischen Bibliothek der Hohen Schule angegliedert werden. [...] Bedauerlicherweise zeige es sich, dass es schon sehr schwer fällt, auch nur die geeigneten Autoren für die vorgesehenen Bände der »Weltpolitischen Bücherei« zu finden, da selbst die hervorragendsten Spezialwissenschaftler, Historiker, Wirtschaftspolitiker, Philologen und Geografen sich nicht in der Lage sehen, die Größe der vorgelegten Gedankengänge zu erfassen, geschweige durch eigenen Einsatz ihnen gerecht zu werden.[27]

Trotz aller Diskussionen und Auseinandersetzungen gab Hitler eine verbindliche Verfügung zur Errichtung der »Hohen Schule« erst am 29. Januar 1940 heraus. Ihre Errichtung als »zentrale Stätte der nationalsozialistischen Forschung, Lehre und Erziehung« werde zwar erst nach dem Krieg stattfinden, doch solle Rosenberg die Vorbereitungsarbeiten – »vor allem auf dem Gebiet von Forschung und Einrichtung der Bibliothek« – weiterführen.[28]

Bücherraub

Zu den vorbereitenden Maßnahmen gehörte nicht zuletzt die Bildung des »Einsatzstabes Reichsleiter Rosenberg» (ERR).

Permanent hatte Rosenberg um Freiräume für seinen Einsatzstab zu kämpfen, denn nicht nur Himmler bereitete ihm Schwierigkeiten, da er selbst zu den raffgierigsten Räubern gehörte. Generalfeldmarschall Wilhelm Keitel teilte er am 7. Februar 1942 mit, » er werde den Führer bitten, einen Erlass über die Arbeit seines Einsatzstabes zu unterzeichnen«. Er habe mit seinen Herren das Aufgabengebiet des Einsatzstabes nochmals bis ins Detail besprochen und sei zu der Auffassung gekommen, wenn der Einsatzstab seine Arbeit nicht schon im Operationsgebiet aufnehmen könne, gingen in den meisten Fällen die wichtigsten Vorhaben schon verloren, bevor seine Männer überhaupt beginnen könnten. Da es sich um die Eingliederung zusätzlicher Aufgaben in die Wehrmacht handele, halte er eine Entscheidung des Führers für richtig. Die praktische Durchführung sollte nicht schwer sein, da schon die verschiedensten Sonderkommandos in die Wehrmacht eingegliedert worden seien.[29]

Keitel zeigte sich grundsätzlich damit einverstanden, »wenn alle Arbeiten, die sich mit der Bergung von Kulturgütern befassen, auch im Operationsgebiet in engster Zusammenarbeit mit der von Ihnen geschaffenen Zentralstelle durchgeführt werden«.[30]

Allerdings zeigte dann die Praxis, dass Rosenberg weit über den »Bedarf« für die »Hohe Schule« hinaus in den besetzten Ländern plündern ließ. Bei einer Inspektionsreise nach »Ostland« stellte man im Februar 1942 fest: »Die Arbeit an den beschlagnahmten Beständen der Bibliotheken in Riga und Reval lasse erkennen, dass sie über das Maß hinausgehe, das für die Zentralbibliothek der Hohen Schule notwendig und ausreichend wäre. Die Arbeitslage im Ostland sei von der im Westen grundverschieden. Dort sei an ein sorgfältiges Prüfen der Bestände nicht zu denken gewesen. Demgegenüber hätten die Arbeitsbedingungen im Osten gestattet, Makulatur auszusondern.«[31] Gesprochen wurde von »unaufhörlich anrollenden Büchermassen« und davon, dass der »Sonderstab Bibliothek« bei der HAG (Hauptarbeitsgruppe) Ostland so schnell wie möglich seine Tätigkeit in Wilna, in zweiter Linie in Minsk und dann in Kauen aufnehmen und die Arbeit in Dorpat beenden müsse.

Akademie für wehrgeistige Forschung und Erziehung

Im Zusammenhang mit der »Hohen Schule« ist wichtig zu erwähnen, dass Rosenberg und der Stabschef der SA, Viktor Lutze, im Januar 1941 die Gründung einer »Akademie für wehrgeistige Forschung und Erziehung« beschlossen. Rosenbergs »Hohe Schule« und Lutzes Auftrag zur »körperlichen Ertüchtigung und charakterlichen Willensbildung« sowie zur »Pflege des Bewusstseins der Bindung zwischen Weltanschauung und Wehrwillen« sollten in dieser Akademie zusammengeführt und durch die »nationalsozialistischen Kampfspiele in Nürnberg« ergänzt werden.

Diese gemeinsame Einrichtung war als »Außeninstitut der Hohen Schule« konzipiert:

> In einem späteren Lehrbetrieb der Hohen Schule sowie in den von ihr durchgeführten Schulungslagern für Partei und Staat wird der Leiter der Hohen Schule grundsätzlich die von der »Akademie für wehrgeistige Forschung und Erziehung« vorgeschlagenen Persönlichkeiten in allen Fragen des Wehrwil-

Werbung für die SA-Wettkämpfe, die die Olympischen Spiele ersetzen sollten.

lens einsetzen. [...] Für die Durchsetzung der gewonnenen Erkenntnisse und Forschungsergebnisse in der Partei, ihren Gliederungen und angeschlossenen Verbände Sorge zu tragen, ist Aufgabe der Dienststelle des Beauftragten des Führers für die Überwachung der gesamten geistigen und weltanschaulichen Schulung und Erziehung der NSDAP. In dem späteren Lehrbetrieb der Hohen Schule sowie in den von ihr durchgeführten Schulungslagern für Partei und Staat wird der Leiter der Hohen Schule grundsätzlich die von der »Akademie für wehrgeistige Forschung und Erziehung« vorgeschlagenen Persönlichkeiten in allen Fragen des Wehrwillens einsetzen.

In der entsprechenden Vereinbarung hieß es: Am 29. Januar 1941 habe Hitler Rosenberg mit den Vorarbeiten zur »Hohen Schule« beauftragt. Dazu gehöre auch die Erforschung der Grundlagen des deutschen Wehrwillens in Vergangenheit und Gegenwart und die Lehre der gewonnenen Erkenntnisse. Durch die Errichtung der nationalsozialistischen Kampfspiele in Nürnberg und durch Erlass vom 10.1.1941 über die SA-Wehrmannschaft habe der Führer der SA die vor- und nachmilitärische Erziehung deutscher Männer übertragen. Nicht nur in körperlicher Ertüchtigung, und charakterlicher Willensbildung, sondern auch in der Pflege des Bewusstseins der Bindung zwischen Weltanschauung und Wehrwillen. Aufgrund dieser beiden Aufträge hätten Reichsleiter Rosenberg als der Leiter der »Hohen Schule« und Reichsleiter Lutze als Stabschef der SA ein gemeinsames dienstliches Interesse an der vertiefenden Erforschung aller den Wehrwillen betreffenden Faktoren des Lebens und an einer hierauf aufbauenden Lehre und Erziehung.[32]

In Konkurrenz mit Himmlers Organisation »Deutsches Ahnenerbe«

Der Zweite Weltkrieg durchkreuzte Rosenbergs Pläne hinsichtlich der »Hohen Schule«. Zwar eröffneten sich in den besetzten Gebieten immer neue Gelegenheiten zum Raub nicht nur von Bibliotheken und Archiven, zugleich jedoch erwuchs Rosenberg im Reichsführer-SS eine nicht zu unterschätzende Konkurrenz. Denn Himmler hatte 1935 die Organisation »Deutsches Ahnenerbe« gegründet, deren Aufgaben sich in vielen Bereichen mit denen der geplanten »Hohen Schule« überschnitten. Im Vordergrund standen archäologische, anthropologische und geschichtliche Forschungen und Expeditionen. Während des Kriegs beteiligte sich Himmlers »Ahnenerbe« am systematischen Kunstraub, jedoch eigenständig und nicht in erster Linie für Rosenbergs Einsatzstab.

Vor allem aber war Himmler Chef der Sicherheitspolizei und des SD, die in der Regel vor dem »Einsatzstab Rosenberg« vor Ort waren und für das »Ahnenerbe« Kulturgüter raubten. Dies galt für die besetzten Gebiete, aber auch innerhalb des Reichsgebietes. So hatte Rosenbergs »Hohe Schule in Vorbereitung« lediglich durch Zufall erfahren, dass der SD die Klöster in Fulda und Hünfeld beschlagnahmt hatte. Der Leiter der Bibliothek meldete das Rosenberg und bat ihn, »wegen der wertvollen Fuldaer Handschriftenbestände« unverzüglich Kontakt zum SD aufzunehmen.[33]

Sehr schnell kam es daher zu einem Kompetenzstreit zwischen SD und Sipo einerseits und dem Einsatzstab Rosenberg auf der anderen Seite, den der SD Frankreich und Belgien am 29. Juli 1940 für sich entscheiden wollte, indem er festlegte:

Das ausschließliche Recht der Sicherheitspolizei zur Beschlagnahme und Sicherstellung ist unbestritten.

Die Bibliotheken in Frankreich und Belgien werden gemeinsam von Angehörigen der Dienststelle des Herrn Reichsleiters Rosenberg und der Sipo durchforscht und in gegenseitigem Einvernehmen gesichtet und verteilt. Grundsatz ist, dass politisch-polizeiliches Material der Sipo und alles Übrige der Dienststelle des Reichsleiters Rosenberg zusteht. Einzelheiten und etwa auftretenden Schwierigkeiten werden ausschließlich zwischen Reichshauptstellenleiter Pg. Ebert und SS-Standartenführer Dr. Thomas geregelt. Nach Übergabe des Materials an die Dienststelle des RL Rosenberg geht es in deren Eigentum über. Der Abtransport wird auch von dieser Dienststelle vorgenommen.[34]

Mit diesem Vorgehen jedoch war Rosenberg keinesfalls einverstanden. So hatte er sich schon im Jahr zuvor, am 11. Februar 1939, über Himmlers Ansprüche beschwert. Dieser hatte für die SS und die Polizei nicht nur die Bekämpfung der politischen Gegner für sich reklamiert, sondern auch »die wissenschaftliche selbstständige Ausarbeitung und Erforschung jener geschichtlichen Bewegungen und politischen Gruppierungen der Vergangenheit, die zum Auftreten der Gegner des Nationalsozialismus in unserer Zeit« geführt hatten. Das aber betrachtete auch Rosenberg als seine Aufgabe. Er halte Himmlers Auffassung »für eine völlige Umkehrung aller durch Beauftragung durch den Führer an mich und der entsprechenden eingesetzten Reichsämter der NSDAP und der dadurch festgelegten parteiamtlichen Verhältnisse«, beklagte er sich. Durch die prinzipiell vollzogene Gründung der »Hohen Schule« sei eindeutig klar, dass die wissenschaftliche Erforschung aller die nationalsozialistische Weltanschauung berührenden Probleme eine Angelegenheit ist, die den Beauftragten zur Überwachung der weltanschaulichen Erziehung und den Leiter der »Hohen Schule« angeht. Also Rosenberg. Himmler habe ihm vorgeworfen, er wolle aus der »Hohen Schule« einen »Stapelplatz« beschlagnahmter Bücher machen. Dem letzten Heft *Germanien* entnehme er, dass Himmler die Leitung des »Ahnenerbes« nunmehr selbst übernommen habe. Dieses »Ahnenerbe« aber sei – parteilich und staatsdienstlich gesehen – ein rein privat eingetragener Verein. Himmler glaube offensichtlich, »alle Vollmachten überschreitend«, auf fast allen Gebieten eine weltanschauliche Forschungszentrale ausbauen zu müssen. Wenn Himmler die Präsidentschaft des »Ahnenerbes« übernommen habe, müsse er das als

Versuch deuten, »einen großen Teil der Forschungen der ›Hohen Schule‹ gleichsam parteiamtlich auch mit der Fühlung ins Ausland« vorwegzunehmen. Rosenberg warf Himmler schließlich »eine Erschütterung« der disziplinären Grundlagen vor, auf denen die NSDAP beruhe.[35]

Ein Beispiel dafür, dass Rosenberg und Himmler ohne Rücksicht auf den anderen Pseudoforschungen betrieben und keiner dem anderen den Erfolg gönnte, zeugen die anthropologischen Untersuchungen, die sowohl das »Ahnenerbe« als auch die »Hohe Schule« vornahmen. Konflikte konnten nicht ausbleiben. Über seine Arbeit in Norditalien verfasste das Institut für Biologie und Rassenlehre der »Hohen Schule« folgenden Bericht:

Im Gebiet der dreizehn Gemeinden nördlich von Verona sollten Familienbiologie, Volkskunde und Psychologie eingehend untersucht werden. Die Arbeiten sollten ab Mai stattfinden und wurden wg. Bandengefahr zurückgestellt. Stattdessen wurden im Arbeiterdurchgangslager bei Suzzara bei Mantua mit durchschnittlich 400 Arbeitern rassenkundliche Untersuchungen durchgeführt. Ursprünglich gab es genug Freiwillige, »der Zustrom an freiwilligen und vorgeführten Arbeitern riss jedoch mit der Einnahme Roms am 5.6. schlagartig ab. Freiwillige kamen zunächst überhaupt nicht mehr und die faschistische Miliz hatte anscheinend einen solchen Schock bekommen, dass sie auch das Einfangen einige Zeit unterließ. Verstärkte Jagdbombertätigkeit, lahmgelegter Eisenbahnverkehr, Terrorangriffe auf oberitalienische Städte, Massenflucht der Bevölkerung aus dem Land.

Landarbeiter stellten den größten Anteil, hier noch am ehesten die ursprünglichen Rassekomponenten erkennbar. »Bezüglich des Kopfindexes weist die norditalienische Bevölkerung eine betonte Kurzköpfigkeit (81–85,4) auf. Daneben ist ein hoher Prozentsatz Überkurzköpfiger und Mittellangköpfiger vertreten. Echte Langschädel fanden sich nur bei 3%.

Das seelische Verhalten und die moralische Haltung der norditalienischen Bevölkerung lässt nur in geringem Maß noch nordisches Erbe vermuten.«

Nordisches Erbe sei nur noch in geringem Maß vorhanden. Das treffe vor allem auf die faschistischen Organisationen zu, da diesen vor allem das besitzende Bürgertum angehöre. Es gebe keine militärische Standhaftigkeit, hinzu komme »die geistige Verseuchung durch die Lehren des politischen Katholizismus«. Es gebe einen »staatlich hochgezüchteten Paradies-Pazifismus«. Die in der Wehrmacht dienenden Hilfswilligen seien nur solange zu gebrauchen, »als keine ernste Gefahr besteht und von ihnen kein entscheidender Einsatz ihrer Person und ihres Lebens verlangt wird. Selbst als Flaksoldaten im Hinterland sind nur die wenigsten Italiener zu gebrauchen, da sie [...] bei Annäherung feindlicher Flieger ihre Geschütze sofort verlassen und sich in Sicherheit bringen«.[36]

Dieser Bericht hätte genauso gut vom »Ahnenerbe« verfasst werden können.

Der Streit mit Himmler zog sich über Jahre hin. Weder Rosenberg noch Himmler wollten nachgeben, und immer wieder hatte der Chef der Reichskanzlei, Heinrich Lammers, zu schlichten. In einem Schreiben vom 1. Juni 1942 an Rosenberg[37] erbat er eine Stellungnahme zu den Ansprüchen von Himmler, die dieser am 29. Mai 1942 schriftlich fixiert hatte. Himmler hatte die Überschneidungen der Zuständigkeiten des »Einsatzstabes Rosenberg« und der Sicherheitspolizei angesprochen. Ohne eine Klärung werde es laufend Differenzen über die exekutive Tätigkeit der Sipo und des SD und die wissenschaftliche Arbeit des Amtes Rosenberg geben:

> Die exekutive Tätigkeit der Sicherheitspolizei und des SD setzt nämlich voraus, dass ihre Organe in das organisatorische Gefüge der weltanschaulichen Gegner eindringen. Ein derartiges Eindringen ist jedoch nur möglich, wenn anhand des Schrifttums und der Archivalien die inneren Kräfte und Arbeitsweise der weltanschaulichen Gegner festgestellt werden können. Im Interesse der sicherheitspolitischen Tätigkeit kann daher nicht darauf verzichtet werden, dass alles vorhandene Schriftgut der weltanschaulichen Gegner zunächst einer eingehenden sicherheitspolizeilichen Überprüfung nach exekutiven Gesichtspunkten unterworfen wird.
> Diese Überprüfung nach exekutiven Gesichtspunkten muss natürlich aus Gründen der Aktualität der wissenschaftlichen Bearbeitung vorausgehen. Ich halte es daher für erforderlich, dass im Rahmen der von Reichsminister Rosenberg angeregten Ergänzungsbestimmungen zum Führererlass von 1.3.1942 eindeutig festgestellt wird, dass der Sicherheitspolizei hinsichtlich des gesamten Schrift- und Archivgutes das Vorgriffsrecht zusteht und dass dem Amt Rosenberg nur das Material zuzuleiten ist, das nicht für die exekutive Tätigkeit

der Sicherheitspolizei erforderlich ist. Für noch zweckmäßiger würde ich es halten, wenn die Erfassungstätigkeit des Amtes Rosenberg überhaupt bis zur Befriedung des Ostraums bis nach Ende des Krieges zurückgestellt und dem Amt Rosenberg alsdann das für seine wissenschaftliche Arbeit erforderliche Material von der Sicherheitspolizei zugeleitet würde.[38]

In welcher Weise Himmler tatsächlich vorging, zeigt sich am Beispiel des SS-Bataillons z.b.V. »Gruppe Künsberg«.[39] Dieses war vom Reichsminister des Auswärtigen angewiesen worden, »sämtliche in der Berliner Hardenbergstraße vorhandenen Bücher an den Einsatzstab [Rosenberg] bis zum 31.12. d. J. abzugeben. Von der Abgabe ausgenommen werden soll nur eine Bibliothek, die Künsberg für die Bibliothek des Beauftragten des Vierjahresplanes, Hermann Göring, bereits zusammengestellt hat. Sie soll ungefähr 50.000 Bände umfassen. [...] Der Einsatzstab hat ausdrücklich erklärt, dass er mit der Übernahme der Bücher keinerlei Verpflichtung übernimmt, sie an ihren ursprünglichen Aufstellungsort zurückzubringen; er übernimmt auch keine Verantwortung für den an sich unerlaubten Abtransport ins Reich.«[40]

Wie im Westen gab es die Konkurrenzsituation mit der SS auch in allen übrigen besetzten Ländern. Häufig waren es Himmlers Truppen, die als Erste plünderten, dann wieder Rosenbergs Einsatzstab.

So war der SD Rosenberg in Dorpat zuvorgekommen und hatte »seit längerer Zeit infrage kommende Bibliotheken in Dorpat beschlagnahmt und karteimäßig durch 10 Arbeitskräfte bearbeiten lassen«. »Er hat also praktisch die Arbeit des Einsatzstabes vorweggenommen. Unter den beschlagnahmten Beständen sind vor allem das Buchlager des kommunistischen Staatsverlages und die Privatbücherei des Juden Genss zu nennen. Eine große Anzahl Bücher, darunter Judaica und Hebraica wurden vom SD unter Ausleihverbot der Univ.-Bibl Dorpat überwiesen, ein anderer Teil bereits eingestampft. Angeblich sollen erhebliche Bestände ins Reich abtransportiert sein, z.B. an Sturm-Hauptführer Six in Berlin. Genaueres war nicht zu erfahren.«[41]

Anfang Januar 1944 hatten SS-Kommandos aus Weiß-Ruthenien unverrichteter Dinge abgezogen werden müssen, weil Rosenbergs Leute dort bereits »ganze Arbeit« geleistet hatten. In den Beständen des Bundesbeauftragten für die Unterlagen der Staatssicherheit der ehemaligen DDR (BStU) finden sich dazu folgende Aussagen:

»Seitens der SS waren am 22. Januar 1944 Kommandos zur Beschlagnahme von Landeskundlichem Material über Weiß-Ruthenien in Marsch gesetzt worden. In Minsk hatten diese Institute die deutsche Besetzung weitgehend unversehrt überstanden: Universität, Akademie der Wissenschaften, Lenin-Bibliothek, Pädagogisches Institut. [...] Sämtliche Bibliotheken dieser wissenschaftlichen Einrichtungen waren inzwischen vom Einsatzstab des Reichsleiters Rosenberg beschlagnahmt, zum Teil an andere Orte geschafft, in jedem Fall aber völlig ungeordnet. Einige Bestände waren in das Reich verbracht worden. Aus sämtlichen Büchereien waren vom Einsatzstab des RL Rosenberg alles Schrifttum, das sich auf Weiß-Ruthenien bezieht, herausgezogen worden, um aus diesem eine Landesbibliothek für den General-Kommissar, Gauleiter Kube, zusammenzustellen. [...] Infolge der bereits erwähnten Beschlagnahme der Büchereien in Minsk durch den Einsatzstab des RL Rosenberg war die Aufgabe des Einsatzkommandos VI-G in Minsk nicht zu lösen.« Da auch in anderen Städten Weiß-Rutheniens keinerlei Material für die Forschungsinstitute von Himmler zu erwarten war, kehrte das Kommando vorzeitig nach Berlin zurück. Ein SS-Sturmbannführer der Dienststelle des BdS wollte den Versuch unternehmen, den Einsatzstab des Reichsleiters Rosenberg doch noch zu bewegen, die von ihm beschlagnahmten Büchereien dem Weiß-Ruthenischen Zentralrat zu übergeben. Von diesem ließe sich dann vielleicht die Herausgabe der den SD interessierenden Bestände erwirken. Das sei allerdings »nach der Stellung und Einstellung des Einsatzstabes Rosenberg zweifelhaft«.[42]

Himmler und Rosenberg lieferten sich in nahezu allen besetzten Gebieten einen »Wettlauf«, so auch im Kaukasus: Die Museen in Pjatigorsk und Maikop waren von Sonderkommandos des SD für den Reichsführer-SS beschlagnahmt worden, ebenso eine prähistorische Sammlung aus Kertsch.[43] Hier hatte Rosenberg das Nachsehen.

Auch Reichsinnenminister Wilhelm Frick musste sich Belehrungen durch Rosenberg gefallen lassen, so am 28. März 1940: »Durch Erlass vom 29. Januar 1940 hat der Führer angeordnet, dass die Vorbereitungsarbeiten für die ›Hohe Schule‹ vor allem auf dem Gebiete der Forschung und der Errichtung der Bibliothek weitergeführt werden müssten, und hat mich mit dieser Aufgabe beauftragt. Die Dienststellen von Partei und Staat seien gehalten, mir in dieser Arbeit jede Unterstützung angedeihen zu lassen.« Im Lauf der Jahre seien vom Chef der Polizei im Reichsministerium des Innern verschiedene wissenschaftliche Archive und Bibliotheken beschlagnahmt worden. Es bestehe die Gefahr, dass diese Bestände entweder eingestampft oder beliebigen privatwissenschaftlichen Instituten zur Verfügung gestellt würden. Aufgrund des Führererlasses sollten ihm alle diese Bestände genannt werden, damit »meine Beauftragten festzustellen vermögen, welche dieser Werke für die Bibliothek der Hohen Schule und welche wissenschaftlichen Werke für die Forschungsaufgaben verwertbar erscheinen«.[44]

Rosenberg ließ sich in seinen Vorstellungen und Planungen nicht beirren. So machte er Rudolf Heß am 20. Februar 1940 auf Hitlers Anordnung aufmerksam, die Vorbereitungen für die »Hohe Schule«, insbesondere die wissenschaftlichen Forschungen und der Aufbau der Bibliothek, seien weiterzuführen. Der Führer sei zudem bereit, ihm, Rosenberg, einen erweiterten Auftrag zu erteilen, wovon allerdings zu diesem Zeitpunkt noch keine Rede sein konnte. Dafür brauche er ein Mindestmaß an sachkundigen Mitarbeitern. Deshalb müsse er für eine größere Zahl Freistellungen vom Kriegsdienst beantragen. Aufgrund der Verfügungen des Führers seien die Arbeiten kriegswichtig. Absatz 1 des vorgesehenen Erlasses laute zum Beispiel: »Die geschlossene Einheit der nationalsozialistischen Weltanschauung ist die Voraussetzung für die Behauptung und die Festigung des deutschen Volkes in seinem Lebensraum. Der Wille, alle Maßnahmen zu ergreifen, die geeignet sind, die Einheit der nationalsozialistischen Weltanschauung im Kampf um eine neue deutsche Lebensordnung zu sichern, erfordert es, besonders im jetzigen schicksalhaften Ringen, *eine* Persönlichkeit mit dieser Aufgabe zu betrauen.«[45] Dass diese eine Persönlichkeit Rosenberg sein sollte, musste er nicht extra betonen.

Freibrief für Rosenbergs Einsatzstab

Ein erheblicher Teil der geraubten Kunstgüter wurde für immer vernichtet. Sei es bewusst, sei es durch Unachtsamkeit. Denn beim Abtransport der geraubten Güter ergaben sich immer wieder Probleme. Der »Einsatzstab für die westlichen besetzten Gebiete und die Niederlande«, beklagte sich am 28. September 1940 in einem Brief an Rosenbergs Adjutanten SA-Standartenführer Werner Koeppen, die Transporte durch die Organisation Todt (OT) seien »leider derart, dass mit Ausnahme von einigen Lkw-Transporten, die in Deutschland eingetroffen sind, eine Sicherheit für das abtransportierte wertvolle Material nicht gegeben« sei.⁴⁶ So fehle beispielsweise noch immer jede Nachricht über einen Zug, der Paris am 26. August verlassen hätte. Dabei warteten in der französischen Hauptstadt zu diesem Zeitpunkt rund 1500 gepackte Kisten auf den Abtransport. »Offenbar«, so das Fazit, »stehen der OT nicht die erforderlichen Transportmittel zur Verfügung.« Zitiert wurde in dem Bericht des Einsatzstabes auch Rosenberg. Er habe angeregt, die Raub-Gegenstände »auf einer Ordensburg, genannt wurde Sonthofen, zu konzentrieren, soweit es sich nicht um jüdisches oder freimaurerisches Material handelt, das nach Frankfurt zu dirigieren ist«.

Offen ist, wie viele Kunstgegenstände allein auf dem Weg von Frankreich nach Deutschland verloren gingen, denn in einem Schreiben vom 14. Oktober 1940 an Adjutant Koeppen sprach Rosenbergs Stellvertreter Georg Ebert von einem »heillosen Durcheinander beim Abtransport der beschlagnahmten Kunstgegenstände«.⁴⁷ In einer Aktennotiz sei einmal von zehn Waggons die Rede gewesen, dann von neun, tatsächlich aber seien es elf gewesen. Diese seien ohne Begleitmannschaft und ohne die erforderlichen Begleitpapiere auf den Weg gebracht worden. Neun Waggons seien nach Frankfurt überführt worden, von den beiden anderen fehle jede Nachricht. Gesprochen wurde von einer »verantwortungslosen, dilettantischen Behandlung« der Transporte durch die Organisation Todt.

Rosenberg und seine Leute hatten von Anfang an die Federführung beim Kunstraub in den besetzten Gebieten und entwickelten besondere Begehrlichkeiten. Sie wussten Hitler und Göring hinter sich, die an Kunstobjekten für die eigenen Raubsammlungen erhebliches Interesse zeigten. Göring selbst hatte am 5. November 1940 einen Befehl erteilt, in dem beschönigend von der »Sicherstellung jüdischen Kunstbesitzes durch den Chef der Militärverwaltung Paris und durch den Einsatzstab Rosenberg« die Rede war. Teile der beschlagnahmten Kunst waren in den Louvre gebracht worden. Mit ihr sollte folgendermaßen verfahren werden:

> Diejenigen Kunstgegenstände, über deren weitere Verwendung sich der Führer das Bestimmungsrecht vorbehalten wird,

diejenigen Kunstgegenstände, die zur Vervollständigung der Sammlungen des Reichsmarschalls dienen,

diejenigen Kunstgegenstände und Bibliotheksbestände, deren Verwendung beim Aufbau der Hohen Schule des Reichsleiters Rosenberg angebracht erscheinen,

diejenigen Kunstgegenstände, die geeignet sind, den deutschen Museen zugeleitet zu werden,

werden unverzüglich durch den Einsatzstab Rosenberg ordnungsgemäß inventarisiert, verpackt und mit Unterstützung der Luftwaffe nach Deutschland gebracht.

Diejenigen Kunstgegenstände, die geeignet sind, den französischen Museen und dem deutschen und französischen Kunsthandel zugeleitet zu werden, werden an einem noch zu bestimmenden Zeitpunkt versteigert und der dafür einkommende Erlös dem französischen Staat zugunsten der französischen Kriegshinterbliebenen überlassen.

Die weitere Erfassung jüdischen Kunstbesitzes in Frankreich geschieht in der bisher bewährten Form durch den Einsatzstab Rosenberg in Zusammenarbeit mit dem Chef der Militärverwaltung Paris.[48]

Trotz mancher Schwierigkeiten führte die Beute, die Rosenberg bei seinen Raubzügen machte, dazu, dass Hitler seinen Auftrag mehrfach erheblich erweiterte. Vom 2. April 1941 an hieß es:

Aufgrund der durch den Einsatzstab Rosenberg für die westlichen besetzten Gebiete gemachten Erfahrungen und der damit erzielten Erfolge beauftrage ich Reichsleiter Alfred Rosenberg, die gleichen Aufgaben wie in den besetzten westlichen Gebieten in all den Ländern durchzuführen, die im Rahmen dieses Krieges durch die deutsche Wehrmacht besetzt worden sind bzw. noch besetzt werden. Dieser Auftrag wird als kriegswichtig erklärt, da er für die weltanschauliche, politische und kulturelle Neuordnung Europas nach Kriegsende von grundlegender Bedeutung ist. Die von Reichsleiter Rosenberg einzusetzenden Einsatzstäbe sind in Parteiuniform tätig und sind von allen Wehrmachtsdienststellen bei Durchführung ihrer Arbeit in jeder Weise zu unterstützen und ihnen die technischen Arbeitsvoraussetzungen zu schaffen.[49]

Freibrief für eine nahezu schrankenlose Ausweitung der Raubzüge war dann ein »Führererlass« vom 1. Februar 1942, in dem Juden als die eigentlichen Verursacher des nun tobenden Zweiten Weltkriegs öffentlich gebrandmarkt wurden. Alle Kriegsschuld wurde ihnen und Freimaurern zugewiesen, was aus nationalsozialistischer Sicht jede Form des Vorgehens gegen sie rechtfertigte:

> Juden, Freimaurer und die mit ihnen verbündeten weltanschaulichen Gegner des Nationalsozialismus sind die Urheber des jetzigen gegen das Reich gerichteten Krieges. Die planmäßige geistige Bekämpfung dieser Mächte ist eine kriegsnotwendige Aufgabe. Ich habe daher den Reichsleiter Alfred Rosenberg beauftragt, diese Aufgabe im Einvernehmen mit dem Chef des Oberkommandos der Wehrmacht durchzuführen. Sein Einsatzstab für die besetzten Gebiete hat das Recht, Bibliotheken, Archive, Logen und sonstige weltanschauliche und kulturelle Einrichtungen aller Art nach entsprechendem Material zu durchforschen und dieses für die weltanschaulichen Aufgaben der NSDAP und die späteren wissenschaftlichen Forschungsarbeiten der Hohen Schule beschlagnahmen zu lassen. Der gleichen Regelung unterliegen Kulturgüter, die in Besitz oder Eigentum von Juden, herrenlos oder nicht einwandfrei zu klärender Herkunft sind. [...] Die notwendigen Maßnahmen der in deutscher Verwaltung befindlichen Ostgebiete trifft Reichsleiter Rosenberg in seiner Eigenschaft als Reichsminister für die besetzten Ostgebiete.[50]

Wie wichtig die NS-Führung den Kunstraub nahm, zeigt der nachfolgende Befehl über den »Einsatzstab Rosenberg« vom 21. Januar 1943.

> Die Sicherstellung, Inventarisierung und Bearbeitung von Kunstschätzen aus jüdischem Besitz wird wegen der außerordentlichen Bedeutung dieser Aktion einer Sonderregelung in der Arbeit des Einsatzstabes unterzogen. Sie wird in sich geschlossen und getrennt von allen anderen Aufgaben des Einsatzstabes durchgeführt. [...] Die Leitung wurde dem Leiter des Amtes Bildende Kunst, zugleich Leiter der Stabsstelle »Bildende Kunst«, Bereichsleiter Scholz übertragen.[51]

Als Göring nach Kriegsende am 8. Oktober 1945 von Colonel John H. Amen bezüglich des NS-Kunstraubs verhört wurde, meinte er, es sei »leider« vorgekommen, dass Rosenberg und die Regierung versucht hätten, an dieselben Objekte heranzukommen. Auf den Einwand, es habe sich doch um konfiszierte Kunstobjekte gehandelt, wich Göring aus:

Wir müssen hier zwischen zwei verschiedenen Fällen differenzieren. Erstens, jene Objekte, die sozusagen im freien Handel erworben wurden. Der zweite Fall sind jene, die von Rosenbergs Organisation eingesammelt wurden. Das waren Sachen, die bei Leuten konfisziert worden waren, die das Land verlassen hatten. Ich würde hier gern eine Bemerkung zu diesem Rosenberg-Ausschuss machen. Sie sammelten und registrierten alle ihre Kunstobjekte, und es war vorgesehen, dass sie entweder in Hitlers Kunstgalerie oder in die »Hohe Schule« gehen sollten, die Rosenberg am Chiemsee bauen wollte. Meine Absicht war, dass nicht alle diese Kunstobjekte nach Süddeutschland gehen sollten, ich hatte die Absicht, einige davon für meine Galerie zu kaufen.[52]

Die »M-Aktion«

Besonders perfide war eine Aktion, die 1942 ins Leben gerufen wurde. Aufgabe von Rosenbergs »Dienststelle West« war es, im Rahmen einer »M-Aktion« Möbel und sonstige Einrichtungsgegenstände aus »unbewachten jüdischen Wohnungen« von geflohenen oder deportierten Juden in Frankreich und den Benelux-Ländern ausfindig zu machen und zu beschlagnahmen.[53] »Auf dem gesamten Kontinent waren jüdische Möbelstücke und Haushaltsgegenstände die Domäne der Dienststelle Rosenberg«, ist dazu bei Saul Friedländer zu lesen. »Während man einen Teil der Möbel den Büros von Rosenbergs Ministerium in den Ostgebieten zuteilte, wurde der größte Teil der Beute an die Reichsbevölkerung ausgegeben oder versteigert.[54]

Die Anregung zur »Aktion-M« hatte Rosenberg gegeben. Er begründete sie damit, dass er im Osten furchtbare Wohnungsverhältnisse vorgefunden habe, und gab zu erwägen, »herrenlose jüdische Wohnungen in Frankreich und Wohnungseinrichtungen« für die betroffenen Personenkreise zur Verfügung zu stellen. Am 31. Dezember 1941 unterschrieb der Chef der Reichskanzlei Lammers einen entsprechenden Erlass. Im Verlauf des Kriegs schlug Rosenberg dann allerdings vor, die Wohnungseinrichtungen eher Bombenopfern in Deutschland zugutekommen zu lassen. Die Kontrolle lag bei Rosenberg, der auch in Einzelfällen entschied.

Mit welcher Unverfrorenheit das Diebesgut auch unter verdienten Offizieren verteilt wurde, zeigt ein Aktenvermerk für Rosenberg vom

9. Juli 1943: »Das Wehrkreiskommando III hat [...] gebeten, für den Ritterkreuzträger Leutnant von Ingram einige Gegenstände aus der Möbel-Aktion zur Verfügung zu stellen. Es handelt sich dabei um eine Aktion, die allen Ritterkreuzträgern zuteilwird. Pg. von Ingram hat geheiratet und soll nun die gleichen Vergünstigungen bekommen, die Ritterkreuzträger im Allgemeinen haben.«[55]

Zurück zur »Hohen Schule«: Schon bald nach Bildung des Einsatzstabes Rosenberg lief alles, was in den besetzten Gebieten wertvoll schien, Gefahr, hierfür konfisziert zu werden. In einer Dienstleiterbesprechung bei Rosenberg am 15. März 1943 wurde folgende Zwischenbilanz gezogen:

> Bericht des Pg. Sch. über seine letzte Pariser Reise. Neun echte persische Teppiche, das Stück im Werte von ½ – 2 Millionen RM, konnten sichergestellt werden und sind bereits in Füssen angekommen. Lob über die gute und energische Arbeit von Pg. v. Ingram. umgehendes Gerücht, dass der Nachfolger des verstorbenen Direktors Dr. Posse, ein Dr. Voss, auch unsere gesammelten Kunstgegenstände in Füssen übernehmen will. Der RL befahl die Vorbereitung einer vorbeugenden Aktennotiz, nach der der Führerauftrag in seiner ursprünglichen Fassung erhalten bleiben soll. Erst müsse der Führer die Hauptwerke selbst gesehen haben, und die Fertigstellung des Gesamtkataloges müsse restlos abgeschlossen sein, ehe von unserer Dienststelle die in Füssen gesammelten Kunstgegenstände an eine andere Stelle übergeben werden können. [...] Die M-Aktion in Paris ergibt nur sehr wenig wirkliche Kunstgegenstände. [...] Insbesondere die Bilder, bei denen es sich in 99% der Fälle um Kitsch und billigen Durchschnitt handelt, werden derart unsachgemäß behandelt, dass sie meist schon in Paris vollständig demolierte Rahmen und zersplittertes Glas haben. Diese schon völlig wertlosen Bilder werden dann in einfachen Lattenverschlägen in Güterwagen ins Reich transportiert, um dort an Bombengeschädigte ausgegeben zu werden. Da die Bilder geschmacklich nicht tragbar und die Rahmen und Gläser vollkommen zertrümmert sind, so stellen diese Sendungen an die Bombengeschädigten für den Namen des Reichsleiters eine schwere Belastung dar.[56]

Immerhin tat sich in diesem Punkt etwas. In einer Unterredung mit Stabsleiter Stellrecht und Utikal bezeichnete Rosenberg die Bilderaktion als Unsinn und erteilte den Auftrag, »die Verschickung von minderwertigen und völlig kaputten Bildern für die Bombengeschädigten in das Reich sofort zu unterbinden«.[57]

Welche Dimensionen der Raub der »M-Aktion« erreichte, verdeutlicht nachfolgende Aussage Rosenbergs beim Nürnberger Prozess:

> Pg. Degenhart erwähnte den Anspruch des Finanzministeriums auf die Möbel-Aktion wegen Bereitstellung von Mitteln in Höhe von 1 Mill. RM. Diese Schwierigkeiten zu beseitigen war der Zweck der Pariser Reise von Degenhardt, [Gerhard] Utikal und Bauer. Bei der M.-Aktion bewähren sich die eingesetzten Nachwuchsführer besonders gut. Allein aus Paris sind 8642 Waggons mit Gegenständen an Bombengeschädigte geliefert worden. Setzt man jeden Waggon nur mit 1500 RM an, so würde allein durch diese Sendungen bereits ein Betrag von über 12 Mill. RM aufgebracht worden sein, sodass das Finanzministerium in jeder Beziehung seine Ausgaben decken kann. Allein an Devisen wurden RM 3.372.000 an den Staat abgeliefert. Die vom Einsatzstab zusammengestellten Büchereien werden auf mindestens 2½ Mill. RM geschätzt. Die nach Russland gelieferten Möbel stellen auch einen Wert von mindestens 2 Mill. RM dar. Somit ergibt sich alles zusammen über 22 Mill. RM ohne die vom Einsatzstab sichergestellten Kunstgegenstände. [...] In Holland bei Pg. Schmidt-Stähler läuft die M.-Aktion ebenfalls sehr gut. Auch hier sind schon 111.000 To Möbel herausgeholt worden. In Belgien dagegen bestehen verschiedene Schwierigkeiten mit der Militärverwaltung. – In Berlin übernimmt der Möbelhandel den Vertrieb der gelieferten Möbel und erhält dafür ⅓ des Taxwertes, während die übrigen ⅔ an den Staat fallen.[58]

Im Rahmen der Möbel-Aktion dachten die Mitarbeiter des »Einsatzstabes Reichsleiter Rosenberg« durchaus auch an sich. Auch unter ihnen gab es Bombengeschädigte, die aus dem Vollen schöpfen konnten. Der Leiter der »Dienststelle Westen«, Pg. von Behr, hatte sich bereit erklärt, »die Wünsche der Bombengeschädigten nach bester Möglichkeit zu berücksichtigen«.[59] Gegen Vorlage des Bombenpasses sollten sie Bett- und Tischwäsche sowie Gebrauchsgeschirr und Gläser anfordern. Möbel mussten nach Schätzung durch einen Sachverständigen an das Ostministerium gezahlt werden.

Rosenbergs Einsatzstab plünderte bis zum Ende des Kriegs. Das betraf auch kostbare Musikinstrumente, wie exemplarisch aus einem vom 26. Januar 1944 datierten Schreiben der »Hohen Schule, Sachgebiet Musik«, an das Verwaltungsamt der Dienststellen des Reichsleiters Rosenberg hervorgeht:

> Zur Einlagerung der besonders hochwertigen Flügel und Klaviere aus Frankreich, die zunächst in die Obhut unserer Dienststelle bzw. der Hohen Schule genommen werden sollen, fehlt mir zurzeit jede Unterbringungsmöglichkeit. Raitenhaslach[60] ist bereits überfüllt, in Langenau und Umgebung ist keine Möglichkeit der Unterbringung solcher Instrumente. Ich bitte dringend, mir bei der Beschaffung weiterer Lagerräume behilflich zu sein, da ich schon seit einiger Zeit nichts mehr aus Paris abtransportieren kann. Erforderlich sind Räume, die unbedingt trocken und zugfrei sein müssen. Beheizbarkeit ist nicht unbedingt erforderlich. Ferner muss darauf geachtet werden, dass die Treppen breit genug sind, um größere Flügel zu transportieren.[61]

Hamburgs NS-Gauleiter und Reichsstatthalter Karl Kaufmann wandte sich im Frühjahr 1944 an Rosenberg und bat um Bestände für die Bibliothek der Stadt. Rosenberg vertröstete ihn auf die Zeit nach dem Krieg, teilte ihm aber voller Stolz mir, »dass mein Einsatzstab in den besetzten Gebieten vor allen Dingen nur jüdisches Gut beschlagnahmt, dazu einige andere Bibliotheken, die ebenfalls nachweislich für deutschfeindliche Zwecke benutzt worden sind«. In Frankreich, Belgien und in den Niederlanden war der Einsatzstab tätig gewesen. Im Osten habe er größere Bestände, »vor allen Dingen der gesamten bolschewistischen Literatur, beschlagnahmt«. Er habe »im Zuge der Möbelaktion auch verschiedene jüdische Privatbibliotheken beschlagnahmt, die allgemein wissenschaftliche und schöngeistige Literatur beinhalten«.[62]

Zu Pfingsten 1944 hielt Rosenberg sich auf Schloss Schwarzenau in der polnischen Gemeinde Czerniejewo auf, dem zeitweiligen Wohnsitz der Familie Rosenberg nach der Zerstörung ihres Berliner Hauses. Dort notierte er in seinem Tagebuch über seine zahlreichen Reisen:

> In *Amsterdam* besichtigte ich zuerst meine Dienststelle. Wir haben das intern. Marxist. Institut beschlagnahmt, das als geistige Kampfzentrale gegen uns gedacht war. Viele Länder hatten ihre »wissenschaftliche« Literatur, aber auch vieles andere geschichtliche Material geliefert. [...] Mit mei-

ner sowjetrussischen Bücherei in Ratibor wird der Marxismus einmal an der »Hohen Schule« studiert werden können, wie wohl sonst kaum an anderer Stelle. [...] Dann Besichtigung der M-Aktion. Aus Holland hat meine Dienststelle an deutsche Bombengeschädigte rund 30.000 Wohnungen geliefert. Einiges konnte mir noch gezeigt werden, vor allem die Bücherlager, die dabei mitbeschlagnahmt worden waren. Es liegen noch etwa 800.000 nicht durchgesehene Bände herum. Diese wurden fortlaufend aussortiert u. gehen [an] die Bibl. der NS., werden den Wehrmachtbüchereien oder den Holländern übergeben.[63]

Überfordert war Rosenberg mit der Frage, was die Besatzer mit der Bibliothek des ehemaligen Sozialinstituts in Amsterdam anfangen sollten. Sie umfasste vor allem Bücher zu Marxismus und Bolschewismus. Für deren Auswertung sollte ein Institut der »Hohen Schule« gegründet werden.[64] Dazu kam es nicht mehr, weil das Aufbauamt der »Hohen Schule« den Standpunkt vertrat, für die wissenschaftliche Erforschung von Marxismus und Liberalismus sei es noch zu früh. Stattdessen war für die Amsterdamer Bibliothek die Verlegung nach Oberschlesien und dort die Eingliederung in die Bibliothek der »Arbeitsgemeinschaft zur Erforschung der Weltgefahr des Bolschewismus« vorgesehen. Selbst kurz vor Kriegsende war der Einsatzstab Rosenberg noch aktiv. Die Amsterdamer Bibliothek sollte nunmehr zunächst in drei kleinen Kähnen im Marinegeleit nach Deutschland gebracht werden; weitere Kähne sollten folgen.[65]

In den letzten Monaten der Besetzung Frankreichs und der übrigen Länder steigerte der »Einsatzstab Reichsleiter Rosenberg« seine Raubzüge. Trotz größter Schwierigkeiten sei es ihm gelungen, in kurzer Zeit 400 Waggons »abrollen« zu lassen, informierte die »Dienststelle Westen« am 11. Juli 1944 Rosenbergs Adjutanten Werner Koeppen.[66] Und selbst nach Beginn der Invasion bat Koeppen Oberstfeldführer Kurt von Behr, noch »eine große Anzahl von Waggons« zu besorgen, »um alles in Paris gelagerte Gut ins Reich abzutransportieren«.[67] Dabei ging es vorwiegend um »Sachen für Evakuierte«, mithin um Möbel aus der »M-Aktion«.

Als sich abzeichnete, dass die Wehrmacht sich aus Jugoslawien würde zurückziehen müssen, drängte Rosenbergs Zentralamt darauf, das sichergestellte – also geraubte – Material des Einsatzstabes möglichst schnell in das Reich abzutransportieren.[68] Es sollte somit vor Kriegseinwirkungen geschützt werden. Dafür war ein großes Ausweichlager erforderlich. Die Räumlichkeiten in Ratibor waren völlig überfüllt; ins Auge gefasst wurde der sogenannte Frauenberg, wo dem Einsatzstab ein Gasthaus mit 26 Zimmern, einem Pfarrhaus und einer Schule angeboten wurde.

Der »Einsatzstab Reichsleiter Rosenberg« in den Ostgebieten

Wo immer die Wehrmacht einmarschierte, waren Experten des »Einsatzstabs Reichsleiter Rosenberg« dabei oder, wie es Reichsamtsleiter Bernhard Payr in der Schrift: *Zehn Jahre Dienststelle Rosenberg* formulierte: »Der Einsatzstab Rosenberg für die besetzten Gebiete durchforscht die im Laufe dieses Krieges von Deutschland besetzten Stützpunkte weltanschaulicher Gegner des Reiches nach Material für den historischen Nachweis ihrer kriegshetzerischen Tätigkeit und hat auf diesem Gebiete bereits wertvollste Ergebnisse erzielen können.«[69] Und selbst dort, wo der Einsatzstab eigentlich gar nicht hätte tätig werden dürfen, war er präsent. Bereichsleiter Gerhard Utikal wies in einem Aktenvermerk vom 17. April 1941 auf die militärischen Ereignisse auf dem Balkan hin. Teile des ehemaligen Staates Jugoslawien waren durch Italien und Ungarn besetzt worden. Darüber hinaus war Kroatien zum selbstständigen Staat erklärt worden. Damit wäre dort die Arbeit des Einsatzstabes eigentlich unmöglich geworden. »Da aber diese Gebiete ein umfassendes Material für die Forschungsarbeit der ›Hohen Schule‹ aufzuweisen haben«, bat Utikal, »beim Führer zu beantragen, dass dem Einsatzstab Rosenberg für die besetzten Gebiete auch die Arbeitsmöglichkeit in den oben gekennzeichneten Gebieten gegeben wird.«[70]

Nach einem grundsätzlichen Hitler-Erlass im April 1941 gab Rosenberg Utikal die Richtlinien für die »Sicherstellung von Kulturgütern in den besetzten Ostgebieten« vor. Am 3. Oktober 1941 beauftragte er ihn mit der Erfassung der Kulturgüter im gesamten Ostraum.[71] Utikal solle sich mit dem Generalquartiermeister des Heeres in Verbindung setzen, um eine umfassende und rechtzeitige Sicherstellung zu gewährleisten.

Gleichzeitig wies Rosenberg den unbotmäßigen Reichskommissar Erich Koch an, innerhalb seines Reichskommissariats alle Kulturgüter sicherzustellen.[72] Zur Verfügung stehe ihm Reichshauptstellenleiter Utikal. Der Zweckmäßigkeit halber solle die Polizei die Beschlagnahmungen durchführen, dann solle sein Einsatzstab eine Sichtung vornehmen. Was von den beschlagnahmten Kulturgütern in der Ukraine verbleiben könne, solle später festgelegt werden.

Mit deutscher Gründlichkeit beteiligte sich die Wehrmacht an dem Kunstdiebstahl. Der Chef des Oberkommandos der Wehrmacht, General Keitel, bestätigte am 16. Juni 1942 dem »verehrten Herrn Reichsminister«, dass er grundsätzlich damit einverstanden sei, »wenn alle Arbeiten, die sich mit der Bergung von Kulturgütern befassen, auch im Operationsgebiet in engster Zusammenarbeit mit der von ihnen geschaffenen Zentralstelle durchgeführt werden«.[73]

Im Gefolge der Wehrmacht befanden sich stets auch Angehörige des »Einsatzstabs Reichsleiter Rosenberg«. Das galt auch für den Balkanfeldzug. In den *Nachrichten des Einsatzstabes, Mitteilungs- und Führungsblatt*, Heft 1 1943 wurde von zwei verschiedenen Kommandos in Griechenland und im ehemaligen Jugoslawien gesprochen:

> Es erfolgte die Sicherstellung von Materialien über die Gegner des Nationalsozialismus, insbesondere in Athen und Saloniki sowie in Belgrad und Agram. Für die Tätigkeit des Sonderkommandos Griechenland ist noch besonders die Durchführung einer wissenschaftlichen Expedition nach der Mönchsrepublik Athos zu erwähnen. [...] Alles in dieser Weise durch den Einsatzstab sichergestellte Material wurde den Hauptämtern und Ämtern der Dienststelle des Reichsleiters Rosenberg sowie der Hohen Schule i. V. zur politischen und wissenschaftlichen Auswertung übergeben. Die wissenschaftliche Auswertung kann naturgemäß erst nach dem Kriege erfolgen und wird mit Rücksicht auf die außerordentlich großen Mengen an sichergestellte Material viele Jahre in Anspruch nehmen.[74]

Zur Arbeit des Einsatzstabes hieß es weiter: »Die Arbeit des Einsatzstabes im Osten wurde zunächst in die Hauptarbeitsgruppe Ostland und Ukraine gegliedert mit dem Diensitz Riga und Kiew. Eine besondere Bearbeitung erfolgte im Ostland außerdem in Reval, Kauen, Minsk, Pleskau und Dorpat. [...] Der Einsatzstab ist eine Kriegseinrichtung des Reichsleiters Rosenberg. Seine Arbeit ergibt sich aus der Aufgabenstellung der Dienststelle des Beauftragten des Führers für die Überwachung der gesamten geistigen und weltanschaulichen Schulung und Erziehung der NSDAP. Sie ist durch Entscheidungen des Führers und des Reichsmarschalls festgelegt worden. [...] Der Einsatzstab führt eine besondere Kriegsaufgabe in den besetzten Gebieten durch. Dieser Tatsache ist dadurch Rechnung getragen worden, dass die Angehörigen des Einsatzstabes zum Wehrmachtsgefolge rechnen. [...] Die Arbeit erfolgt in den besetzten Gebieten im Operationsgebiet und im Bereich der Militärverwaltung im engsten Einvernehmen mit deren Dienststellen.«[75]

Mehr noch als im Westen plünderte der »Einsatzstab Reichsleiter Rosenberg für die besetzten Gebiete« gemeinsam mit Wehrmacht und SS Kirchen, Kathedralen, Schlösser und Museen im Osten aus. Nur andeutungsweise kann das Ausmaß des Raubes geschätzt werden. So hatte der »Kunstschutzoffizier der Heeresgruppe Nord, Rittmeister Graf Solms [...] in vollem Einverständnis mit dem Einsatzstab Rosenberg folgende Kunstwerke geborgen«:

1. Einige 100 wertvolle Ikonen aus dem 14.-17. Jh. aus den Kathedralen von Nowgorod und Pleskau;
2. Einrichtungsgegenstände (Möbel, Porzellan und Gemälde) aus den Zarenschlössern Gatschnina, Pawlowsk, und Zarskoje Selo;
3. Diese nach dem Urteil des Kunstsachverständigen Dr. Roskamp wertvollsten Kunstgegenstände, die seines Wissens überhaupt aus Russland geborgen worden sind, werden z.Zt. von 3 verschiedenen Dienststellen und an 3 verschiedenen Orten aufbewahrt:

   a) Der anscheinend kleinste Teil in Breslau auf der Ausstellung der Heeresgruppe Nord;

   b) etwa 50 Ikonen und 3 Räume mit Einrichtungsgegenständen aus den Zarenschlössern auf einer Ausstellung der Heeresgruppe Nord im Rahmen der Truppenbetreuung;

   c) etwa 650 Ikonen, 18 Kisten mit Porzellan, 16 Kisten mit Kronleuchtern, 25 Möbelstücke in Lehrberg durch den »Einsatzstab Reichsleiter Rosenberg«. Der Abtransport der etwa 4 Waggons von Riga nach Lehrberg wird voraussichtlich Anfang Mai beendet sein. Die z.Zt, in Breslau und Riga auf den Ausstellungen der Heeresgruppe Nord befindlichen Gegenstände sollen auf Wunsch der Heeresgruppe Nord zu Ihrer Verfügung verbleiben und voraussichtlich dem auf Wunsch des Führers neu zu errichtendem Heeresmuseum in Ostpreußen übergeben werden.

d) Die Aufteilung der geborgenen Kunstwerte auf die 3 oben genannten Dienststellen und Orte ist eine vollkommen willkürliche. Es sind dadurch bedingt zusammengehörende Gegenstände wie die Ikonen eines Ikonostas, die Möbelstücke einer Garnitur oder die verschiedenen Teile des Zarengestühls aus der Nowgoroder Kathedrale auseinandergerissen worden.[76]

In Einzelfällen blieben kostbare Stücke zumindest im Osten, wenngleich nicht an Ort und Stelle:
Die Orthodoxe Kirche in Riga erhielt beispielsweise russische Bibeln.[77] Ende 1942 wurden im Reichskommissariat Ostland 1026 Bibeln, Evangeliare, andere Bücher und Handschriften an das Patriarchat der Orthodoxen Kirchen Lettlands in Riga übergeben. Sie stammten aus der Sofienkathedrale und dem Jurjewkloster in Nowgorod. Die Kirche war zerstört worden, und die Bibeln vom Einsatzstab geborgen. Sie stammten aus dem 16. bis 18. Jahrhundert.

Mit dem Zurückweichen der Wehrmacht wurden immer mehr Kunstwerke »geborgen« und in den Westen gebracht. In einem Bericht über den Einsatz in Narwa heißt es dazu, lange vor Rückverlegung der Front seien wegen der Luftgefährdung Kulturgüter abtransportiert worden.

Teile des Stadtarchivs aus dem 17. Jahrhundert kamen nach Weißenstein, das Lawrezow-Museum nach Gut Münkenhof. Die sehr schnelle Zurücknahme der Front im Abschnitt von Leningrad und der darauf folgende Rückzug bis an die Narwa machte es wahrscheinlich, dass nicht alle Kulturgüter der Stadt »geborgen« worden waren. Aus diesem Grund hatte die Hauptarbeitsgruppe Ostland (HAG) einen Einsatz in Narwa angeordnet. Es stellte sich heraus, dass die Bestände des Peter-Museums verpackt, aber nicht abtransportiert worden waren. Da Narwa an der Front und unter Beschuss lag, war höchste Eile geboten, zumal auch die Eisenbahn nicht mehr fuhr. Eine NSKK-Transportabteilung von Gut Eichenhain stellte 9 Lkw bereit. Verladen wurden am 8. Februar 1944:

> Der gesamte bereits in Kisten verpackte Inhalt des Museums im Hause Peters des Großen bis auf einige große und sperrige Gegenstände und Möbelstücke. [...]

Mitgenommen wurden die Bibliothek des Museums sowie eine große Münzensammlung, das Stadtarchiv fast vollständig, ebenso die Handbibliothek. Aus Platzgründen konnten aus dem Rathaus nur die Register, Familienbücher und Akten des Standesamtes mitgenommen werden. Aus der Sakristei der deutschen Kirche Bücher und Archivalien. Die Dinge wurden nach Reval gebracht und dort in einem Gewölbe des Rathauses bzw. im Schloss auf dem Dom eingelagert.
Bei einem zweiten Einsatz in Narwa, am 11. Februar, wurden das Rathaus und das Gericht geräumt, vor allem aber die Kunstschätze aus der Kathedrale – Altargeräte, Heiligenbilder, Messgewänder – sichergestellt.[78]

Narwa wurde wenig später durch Luftangriffe zerstört. Selbstgefällig meinten Rosenbergs Leute: »Es gereicht dem Einsatzstab zur hohen Genugtuung, dass er wenigstens die beweglichen und schriftlichen Zeugnisse der Vergangenheit hat sichern können.«

Auch aus der Ukraine wurden große Mengen an Kunstgegenständen abtransportiert. Dazu heißt es in einem, »Kurzbericht über die Sicherungsmaßnahmen der Hauptarbeitsgruppe Ukraine bei den Absatzbewegungen der Wehrmacht« vom Oktober 1943:

> Am 24.9.43 wurde durch Befehl des Kampfkommandanten in der Stadt Kiew eine Sperrzone gebildet. [...] Der Abtransport des vorhandenen Materials stieß wegen Mangel an Laderaum auf außerordentlich große Schwierigkeiten. Es gelang jedoch, das in Kiew lagernde Material des Kunstmuseums Charkow (in der Hauptsache westeuropäische Gemälde, Holzschnitte, Kupferstiche, Teppiche und Wandbehänge), Bestände des westeuropäischen Museums in Kiew (Gemälde westeuropäischer Meister) und die wichtigsten Goten- und Warägerfunde des Vorgeschichtemuseums abzutransportieren. Außerdem wurden über 10.186 Bücher (Bolschewistika), der Gesamtkatalog der Ostbücherei, Zeitschriften, Bildermappen und bolschewistische Filme sowie deutschsprachige Bolschewistika abtransportiert. Das abtransportierte Buchmaterial ist einmaliges Material zur Erforschung des Bolschewismus.[79]

Besonderes Augenmerk richtete der »Einsatzstab Reichsleiter Rosenberg« stets auf die Beschlagnahme von Judaica. Im Rahmen einer Aussprache mit Dienstleitern am 26. Februar 1943 wurde festgelegt, dass ein Teil der für die »Hohe Schule« requirierten Bücher der

»Arbeitsgemeinschaft zur Bekämpfung der Juden« in Philippstal zur Verfügung gestellt werden, jedoch im Besitz der »Hohen Schule« bleiben sollten. »Sobald die Kriegsaufgaben gelöst sind, werden die Bücher nach Frankfurt am Main überführt.«[80] Dazu sollte es nicht mehr kommen. In einem Schreiben an Bormann ging Rosenberg auf dessen Wünsche ein, große Teile der Dienststelle Rosenberg aufzulösen. Zum Teil lehnte Rosenberg das ab. Andererseits verwies er auf gewisse »Vorleistungen«. Er habe, wie Bormann wisse, »das Aufbauamt der ›Hohen Schule‹ stillgelegt sowie gleichfalls eine große Anzahl sonstiger Forschungsaufträge, wie es im Einzelnen der Parteikanzlei mitgeteilt worden« sei. Von einer Stilllegung der Deutschen Akademie oder des »Ahnenerbes« sei ihm jedoch nichts bekannt. Wenn er die Arbeit an der »Hohen Schule« als zentrale Stätte der nationalsozialistischen Forschung einstelle, dann sei es ein Gebot der Loyalität, dass auch alle übrigen Forschungsstellen zumindest in der gleichen Weise ihre Tätigkeit beendeten.[81]

Rosenberg machte weiter, verkleinerte zwar seine Dienststelle, blieb aber in Sachen Kunstraub aktiv. Dem Gauleiter von Steiermark, Sigfried Uiberreither, zeigte er bei einem Besuch in Kiew das dort lagernde Material, das nur einen Bruchteil der in den besetzten Gebieten »sichergestellten« Bücher, Urkunden usw. darstellte. Die militärische Entwicklung erfordere es nun, dass diese Dinge innerhalb des Reichsgebietes aufbewahrt und bearbeitet würden, »um so für die geistige Kriegsführung entscheidende Beiträge zu geben«. Das Objekt »Frauenberg«, bestehend aus Gasthaus, Pfarrhaus und Schule sei hierfür geeignet, allerdings sei es für die Kinderland-Verschickung vorgesehen. Da aber die Aufarbeitung des Materials eine kriegswichtige Aufgabe sei, bitte er Uiberreither, Frauenberg in vollem Umfang dem Einsatzstab zuzuweisen.[82]

Im Verlauf der Transporte nach Deutschland waren unschätzbare Werte beschädigt oder vernichtet worden. Dennoch gab es unzählige Kunstwerke, die Hitler vor den vorrückenden Alliierten in Sicherheit bringen wollte. Schon 1942 war geprüft worden, ob eine umfangreiche Tarnung von Schloss Neuschwanstein, das als »Bergungsort« vorgesehen war, möglich sei.[83] Es käme lediglich Farbtarnung durch Außenanstrich infrage, hieß es damals. Mit einem Angriff unmittelbar auf das Schloss sei jedoch nicht zu rechnen; die hohe, schmale Bauweise des Schlosses erschwere den gezielten Bombenabwurf.

Geeignet erscheinende Räumlichkeiten waren in Süddeutschland und in Österreich ausgemacht worden. Dorthin wurden auch die Kunstwerke gebracht, die Hitler sich für den eigenen Bedarf vorbehalten hatte, worüber Rosenberg ihn am 2. Mai 1944 in dessen Sonderzug informierte.

Zum Abendessen bat der Führer mich zu sich. Er fragte in Bezug auf die finnischen Meldungen über Dorpat. [...] Das Gespräch kam dann auf Kunstankäufe. Der Führer erzählte, er hätte mehrere schöne Sachen von Fragonard u. Boucher gekauft. Ich sagte, die Sammlungen aus F[rankreich] seien befehlsgemäß z.T. in dem betr. Bergwerk untergebracht, es bestünde aber Gefahr der Feuchtigkeit. Der F[ührer] war besorgt (vor ein paar Tagen fragte Bormann an, wie es damit stünde).[84]

Fernschriftlich übermittelte Bormann Rosenberg am 6. Februar 1944 Hitlers Befehl, die in Neuschwanstein und Herrenchiemsee untergebrachten Kunstwerke –soweit möglich – sofort in den neuen unterirdischen Bergungsort bei Bad Aussee zu bringen, in dem bereits der größte Teil von Sammlungen aus Kremsmünster verwahrt wurde.[85] Weiterhin ordnete Hitler an, Rosenberg solle sich mit Dr. v. Hummel, München, Führerbau, in Verbindung setzen, der in dem Bergwerk geeignete Ränge zuweisen werde.

Die Stollen bei Bad Aussee erwiesen sich als relativ ungeeignet zur Unterbringung von Kunstgegenständen, da sich in ihnen Feuchtigkeit bildete. Darauf wies Rosenberg Bormann am 8. Mai 1944 hin.[86] Rosenberg schaltete den bekannten Restaurator Otto Klein ein und verpflichtete ihn für die Konservierung der Kunstwerke des Einsatzstabes. Um insbesondere die Gemälde zu schützen, wurde eine Vorpräparierung vorgenommen, um der Gefährdung durch Feuchtigkeit und Salzkristallbildung vorzubeugen. Alle Gemälde wurden durch eine mit Kolophonium präparierte Verpackung geschützt, die verschweißt wurde. Vorderseiten wurden mit Schutzfirnis überzogen.

Mehr als 6500 Kunstwerke wurden bis Kriegsende in den Stollen von Bad Aussee eingelagert – meist nur notdürftig verpackt. Nach Kriegsende begannen die Amerikaner sofort mit ihrer Sichtung und Rückführung. Brueghels »Bauernhochzeit« und ein Großteil der anderen Kunstwerke wurden zum Central Collecting Point nach München gebracht und von dort aus weitergeleitet. Der Gesamtwert der Werke, die die Nationalsozialisten in dem Altausseer Stollen horteten, wird nach heutigem Maßstab auf 50 Milliarden Euro geschätzt.

Erschütternd ist die Bilanz des Tuns vom »Einsatzstab Reichsleiter Rosenberg«: Bis 1944 schaffte er 21.903 Kunstgegenstände nach Deutschland und plünderte allein im Westen 609.619 jüdische Wohnungen.[87]

Das lang ersehnte Ministeramt

Rosenberg litt zweifellos darunter, dass er bei der Verteilung der wirklich wichtigen Posten bei der »Machtübernahme« 1933 übergangen worden war. Hitler hatte ihm zwar eine Reihe wohlklingender Titel verliehen, aber keine Macht. Dabei fühlte sich Rosenberg seinen Parteigenossen intellektuell weit überlegen, verfasste ungezählte Brandbriefe gegen sie und erreichte damit lediglich, dass er innerhalb der NS-Führung unbeliebt und weitgehend isoliert war. Selbst Hitler sprach bisweilen abfällig über den »Baltendeutschen« oder machte sich über dessen Hauptwerk, *Mythus des 20. Jahrhunderts*, lustig. Als Chef des »Einsatzstabes Reichsleiter Rosenberg« bewährte sich der »Chefideologe« der NSDAP zwar europaweit als Kunsträuber, lief in diesem Zusammenhang aber einem Phantom, der »Hohen Schule«, nach, die – wenn überhaupt – nach (siegreichem) Ende des Zweiten Weltkriegs realisiert werden sollte.

1941 glaubte sich Rosenberg am Ziel seiner Wünsche, auch wenn er sich wohl auf Dauer nicht damit zufriedengegeben hätte. Er hielt etwas darauf, als junger Mann in Reval und Riga bzw. auch Moskau nach der Oktoberrevolution den »Bolschewismus« und die Folgen für die Menschen kennengelernt zu haben. Tatsächlich aber hatte er Reval Ende 1918 verlassen und gerade einmal ein paar Monate unter der Herrschaft der Bolschewiki aushalten müssen. Dennoch gab er sich als Kenner Russlands und des Bolschewismus aus und warnte in zahllosen Beiträgen und Reden vor den Gefahren, die von der Sowjetunion ausgingen. Als Hitler den Überfall auf die Sowjetunion plante, waren nach Aussage von Curt Riess nur sehr wenige eingeweiht. Zu ihnen gehörte Goebbels »und vor allem Rosenberg, der eine Art Gauleiterstellung in Russland beziehen sollte«.[1] Hitler suchte jetzt Rosenbergs Rat und mehr noch: Rosenberg war seinem Ziel, Reichsminister zu werden, so nah gekommen wie nie zuvor.

Die Unterredung, in der Hitler ein Ministeramt ankündigte, hielt Rosenberg in seinem Tagebuch in euphorischer Weise fest:

»Rosenberg, jetzt ist *Ihre* große Stunde gekommen!« Mit diesen Worten beendete der Führer heute eine zweistündige Unterredung mit mir. Er rief mich nach dem Abendessen in den Wintergarten. Ich begann mit der Mitteilung, dass drei Reichsstellen schon an meine Mitarbeiter herangetreten seien mit der Bitte um Unterstützung in ihrer Ostarbeit für den bekannten Eventualfall (auf wirtschaftlichem Gebiet).[...] Der Führer entwickelte dann ausführlich die voraussichtliche Entwicklung im Osten, was ich *heute* hier nicht niederschreiben will.²

Mit dem »Eventualfall« meinte Hitler den Überfall auf die Sowjetunion, der wenige Wochen später erfolgte.

Zum Schluss sagte er: »Für diese ganze russische Frage will ich bei mir ein Büro einrichten, und *Sie* sollen es übernehmen. Arbeiten Sie nach allen Richtungen Richtlinien aus, was Sie an Geld brauchen, steht Ihnen zur Verfügung.«³

Rosenberg sah eine einmalige historische Aufgabe auf sich zukommen und formulierte voller Begeisterung:

> 20 Jahre antibolschewistischer Arbeit sollen also ihre *politische,* ja weltgeschichtliche Auswirkung erfahren. ... Millionen und ihr Lebensschicksal wird [sic] damit in meine Hand gelegt. Deutschland kann auf Jahrhunderte von einem Druck erlöst werden, der immer wieder, unter verschiedenen Formen, auf ihm lastete, ob Millionen *anderer* der Durchsetzung dieser Notwendigkeit einmal fluchen werden, was tuts, wenn nur ein kommendes großes *Deutschland* diese Taten der nahe Zukunft segnen!⁴

Das übersteigerte Selbstwertgefühl Rosenbergs kommt auch in einer anderen Tagebuchnotiz zum Vorschein:

> Dass sich versch.[iedene] Gegner meiner Beauftragung melden, ist ein Teil von menschlicher Schlackenhaftigkeit. Aber es gilt, hier die historische Aufgabe zu verteidigen und den sie gefährdenden Anforderungen gegenüber hart zu bleiben. ⁵

Otto Bräutigam schilderte die schicksalshafte Begegnung Rosenbergs mit Hitler wie folgt: Nach der Gratulationscour zum 52. Geburtstag habe Hitler Rosenberg aufgefordert, noch zu bleiben. Er wisse, dass

Rosenberg 1938 sehr enttäuscht gewesen sei, als er Ribbentrop zum Außenminister ernannt habe. Dafür habe er damals einen Mann gebraucht, der es verstand, seine Fäuste und Ellenbogen zu gebrauchen und dem Diplomatengesindel auf die Finger zu klopfen. Diese rüde Art liege Rosenberg nicht, aber nun habe er eine Aufgabe, die ihm Freude bereiten werde. Er wolle ihn zum Reichsminister für die besetzten Ostgebiete machen. Das Ministerium solle ein Territorialministerium sein und alle Ressorts umfassen. Er brauche sich von keinem deutschen Minister und keiner Parteidienststelle hineinreden zu lassen mit Ausnahme des Generalbevollmächtigten für den Vierjahresplan Hermann Göring. Hitler schwärmte von den Schätzen, über die man bald verfügen werde: Kohle, Eisen, Mangan, Erdöl, Getreide. Die Wehrmacht werde sich aus dem Land versorgen, egal ob darüber einige Millionen Menschen verhungerten, die sich ohnehin wie Kaninchen vermehrten. Hitler erklärte Rosenberg, dass auch Himmler eine Sonderstellung einnehmen werde. Er könne ihn nicht Rosenberg unterordnen. Himmler brauche aber in allen besetzten Gebieten eine besondere Position, und die könne er ihm in den Ostgebieten nicht beschneiden.[6] Damit war die Machtstellung Rosenbergs von vornherein stark eingeschränkt.

Das Ostland – im Wesentlichen bestehend aus den baltischen Staaten und Teilen Westrutheniens (Weißrussland) – sollte später mit dem Deutschen Reich vereinigt werden. Im Süden sollte das Gouvernement Ukraine einschließlich Galiziens eingerichtet werden. Hitler machte Rosenberg klar, dass für ihn die Ukraine eine Kolonie sei, die Deutschland ausbeuten werde, wie das andere Kolonialvölker auch täten. Rosenberg solle keine nationalen Ambitionen zulassen, denn diese könnten nur stören. Nach dem Endsieg werde man ohne Rücksicht auf ethnografische Grenzen den Machtbereich des Deutschen Reichs über Moskau hinaus ins eigentliche Herz Russlands erweitern. Im Verlauf dieses Gesprächs schlug Rosenberg als Reichskommissare für das Ostland Gauleiter Hinrich Lohse vor, für die Ukraine die Gauleiter Alfred Meyer oder Fritz Sauckel, Meyer würde er allerdings auch gern als Staatssekretär in sein Ministerium nehmen. Für den Kaukasus nannte Rosenberg Stabsleiter Arno Schickedanz und für Russland Siegfried Kasche. Hitler zeigte sich weitgehend einverstanden, meinte aber, wegen der Ukraine müsse man noch mit Göring sprechen.

Nur fünf Jahre später – nach verlorenem Krieg und Hitlers Selbstmord, vor dem Nürnberger Militärtribunal – brachte Rosenberg eine Version vor, die sich von der in seinem Tagebuch in wesentlichen Punkten unterschied.[7] Dort gab er an, Hitler habe ihn am Vormittag des 2. April 1941 zu sich gerufen und ihm mitgeteilt, »er betrachte einen militärischen Zusammenstoß mit der Sowjetunion als unabwendbar«. Er habe dies mit der Besetzung rumänischen Gebietes und mit massiven Verstärkungen der Roten Armee begründet und keine Diskussion zugelassen. Er, Rosenberg, habe »den deutschen Waffen« viel Glück gewünscht und erklärt, er stehe für die politische Beratung zur Verfügung. Er habe sich gleich mit einigen seiner engsten Mitarbeiter zusammengetan und dann am 20. April 1941 die Berufung zum »Beauftragten für die zentrale Bearbeitung der Fragen des osteuropäischen Raumes« erhalten. In Hitlers entsprechendem Erlass wurde ihm eine Dienststelle zugesichert. Die erforderlichen Mittel sollten im Haushalt der Reichskanzlei in einer Pauschalsumme ausgewiesen werden.[8]

Eine weitere Version des Geschehens geht aus der Niederschrift eines Gespräch Hitlers mit dem Chef des Oberkommandos der Wehrmacht, Wilhelm Keitel, und dem Generalstabschef des Heeres, Generaloberst Kurt Zeitzler, hervor. Hitler meinte, es gebe wenige Menschen, die in Krisenzeiten kühlen Kopf bewahrten: »Nun haben wir genügend Leute. Im Rosenberg-Laden sitzen sie zahlreich. Aber wir haben sie leider auch bei den Armeen. Es sind ehemalige baltische Adlige und sonstige baltische Deutsche. Es sind aber auch ukrainische frühere Emigranten, die sich unterdessen in Deutschland eingelebt haben, zum Teil sogar leider Gottes eingebürgert worden sind und natürlich die deutsche Befreiungsaktion mit einer großen Freude sehen.«[9] Trotz dieser die Balten skeptisch beurteilenden Sätze wurde an diesem 20. April 1941 Rosenberg zum »Beauftragten des Führers für die zentrale Bearbeitung der Fragen des osteuropäischen Raumes« ernannt.[10]

Was Rosenberg als historische Aufgabe betrachtete, reduzierte sich bei Max Domarus erheblich. Er dürfte – bei aller erkennbaren Voreingenommenheit gegenüber Rosenberg – der Wahrheit recht nahe kommen, wenn er schrieb: »Zweifellos wollte er [Hitler] diesem Wirrkopf, dessen kultische Ideen er nicht leiden konnte, damit keine Freude machen. Er brauchte aber jemanden, dem er die wüsten Ausrottungspläne, die er gegenüber der Sowjetunion im Schilde führte, notfalls anhängen konnte. Und dazu war ihm der unsympathische Rosenberg gerade recht.«[11] Bereits am Tag nach der Unterredung übersandte der Chef der Reichskanzlei, Heinrich Lammers, die Bestallungsurkunde. Er bat ihn zugleich um Mitteilung, »welche Mittel für die Errichtung Ihrer Dienststelle benötigt werden, damit ich den Reichsminister der Finanzen veranlassen kann, sie schnellstens zur Verfügung zu stellen«.[12] Zeitgleich übermittelte Lammers Reichswirtschaftsminister Walther Funk die Abschrift des Führererlasses. Rosenbergs Aufgabe in dieser neuen Eigenschaft sei es, »für eine möglicherweise sich ergebende Zwangslage mit größter Beschleunigung alle erforderlichen Vorbereitungen zu treffen«. Er solle nach dem Willen des Führers berechtigt sein, »sich zu diesem Zwecke der engsten Mitarbeit der obersten Reichsbehörden zu bedienen«. Um die nötige Geheimhaltung zu gewährleisten, sollten zunächst nur diejenigen obersten Reichsbehörden unterrichtet werden, auf deren Mitarbeit Rosenberg in erster Linie angewiesen war. Das waren der Beauftragte für den Vierjahresplan Hermann Göring, der Chef des Oberkommandos der Wehrmacht, General Wilhelm Keitel, und eben Reichswirtschaftsminister Funk. Lammers erteilte Funk noch den Rat, »im Interesse der Geheimhaltung der Angelegenheit [...], Reichsleiter Rosenberg einen Vertreter Ihres Amtes zu benennen, mit dem allein seitens der Dienststelle des Reichsleiters zu verkehren wäre und der neben Ihrem ständigen Vertreter wohl auch als einziger über dieses Schreiben zu unterrichten sein dürfte«.[13]

Der Kreis derer, die über Rosenbergs neue Aufgabe informiert werden mussten, erweiterte sich zwangsläufig zusehends. Vor allem Reichsfinanzminister Johann Ludwig Graf Schwerin von Krosigk musste mit ins Boot genommen werden, denn er hatte die erforderlichen Finanzmittel zur Verfügung zu stellen. Vom Chef der Reichskanzlei erhielt er deshalb am 5. Mai 1943 die entsprechende Weisung: »Die Dienststelle soll 6 Abteilungen umfassen, eine für politische Fragen, eine für wirtschaftspolitische Koordination, eine Rechtsabteilung, eine Abteilung für Kultur und Wissenschaft, und eine für Aufklärung und Presse. Außerdem ist ein ständiger Vertreter des Beauftragten des Führers und ein persönlicher Referent für ihn vorgesehen. In absehbarer Zeit tritt hierzu noch weiterer Personal- und Sachbedarf.« Zunächst würden es 5 Millionen Reichsmark werden, die schnellstens zur Verfügung gestellt werden sollten. Die Angelegenheit war streng geheim, und es sollte sichergestellt werden, »dass mit ihr nur diejenigen Beamten befasst werden, deren Mitwirkung unerlässlich ist«.[14]

Er habe gerade mit Hitler Rücksprache gehalten, unterrichtete Rosenberg Lammers am 2. Mai 1941. Der habe ihm auf seine Bitte hin das Gebäude der neuen jugoslawischen Gesandtschaft zugewiesen. Darüber hinaus gehe es um den Aufbau von Vertretungen außerhalb des Reichsgebiets. »Dann muss ich eine größere Anzahl von Persönlichkeiten vormerken, die in absehbarer Zeit abkommandiert werden müssen und die ich in Berlin unterbringen muss, dazu das notwendige Personal und Hilfskräfte. Schließlich die Einrichtung selbst und ein Dispositionsfonds zur Verfügung für unvorhergesehene Aufgaben.«[15]

Um die Unterbringung von Rosenbergs Dienststelle hatte in erster Linie der Generalbauinspektor für die Reichshauptstadt, Albert Speer, zu kümmern. An ihn wandte sich Lammers, nachdem Rosenberg den »Führer« um Entscheidung in der Frage der Unterbringung seiner Dienststelle gebeten hatte, denn darum hatte es einige Irritationen gegeben. Rosenberg sollte das Gebäude der Jugoslawischen Gesandtschaft schon wieder räumen, weil Hitler es nun als Gästehaus der Reichsregierung vorsah. Das Haus des früheren amerikanischen Gesandten Kirk in Dahlem kam wegen seiner Randlage nicht infrage.[16] Schließlich benannte Hitler die Gebäude, die für Rosenbergs Ministerium zur Verfügung gestellt werden mussten:

– das Gebäude der sowjetischen Botschaft, Unter den Linden 63,
– das Gebäude der sowjetischen Handelsvertretung, Lietzenburger Str. 11 und
– das Gebäude der früheren litauischen Gesandtschaft.[17]

Rosenberg ging der Aufbau seiner Dienststelle zu langsam voran, sodass Lammers ihm am 11. Juni 1941 noch einmal das bürokratische Procedere aufzeigte und auf die zu erwartenden Schwierigkeiten hinwies. Rosenberg hatte einen weiteren »Führererlass« gefordert, mit dem die Reichsministerien verpflichtet werden sollten, Personal für das Ostministerium abzustellen. Darauf bezog sich Lammers, als er prophezeite, »die Bereitstellung der für ihre Aufgabe benötigten Beamten und Angestellten [werde] bei den Reichsministerien mit Ausnahme des Reichsministers des Innern auf Ablehnung stoßen«. Ohne Anhörung sei es ihm aber leider nicht möglich, »dem Führer einen Erlass des von Ihnen gewünschten Inhalts vorzuschlagen«. Er halte es unter diesen Umständen für das Zweckmäßigste, wenn Rosenberg eiligst eine Übersicht der benötigten Kräfte aufstellen ließe. Dann könne er mit konkreten Personalanforderungen an die zuständigen Reichsminister herantreten. Lammers empfahl, »zunächst einmal diesen Weg zu versuchen. Sollte er nicht mit der nötigen Schnelligkeit zum Ziele führen, so würde ich alsdann gern bereit sein, ein den Umständen entsprechendes Eingreifen des Führers zu erwirken«.[18]

Frühzeitig eingeweiht worden war übrigens auch der Reichsminister des Auswärtigen, Joachim von Ribbentrop. Zu ihm hatte Rosenberg ein gespaltenes Verhältnis, denn er war der Überzeugung, er und nicht Ribbentrop hätte von Neurath im Amt als Außenminister nachfolgen müssen. Immerhin hatte er das Außenpolitische Amt der NSDAP geleitet und war von der NSDAP-Reichstagsfraktion in den Auswärtigen Ausschuss entsandt worden. Daraus – so meinte er – hätte er Ansprüche auf das Amt des Außenministers ableiten können. Lammers erläuterte Ribbentrop, dass Rosenberg »für eine möglicherweise sich ergebende Zwangslage mit größter Beschleunigung alle erforderlichen Vorbereitungen treffen« solle. Von dem bevorstehenden Überfall auf die Sowjetunion konnte Lammers natürlich noch nicht sprechen, also umschrieb er ihn als sich »möglicherweise ergebende Zwangslage«. Auf Wunsch Hitlers solle sich Rosenberg zu diesem Zweck »der engsten Mitarbeit der obersten Reichsbehörden bedienen, von ihnen Auskünfte erhalten und die Vertreter der obersten Reichsbehörden auch zu Beratungen heranziehen«.[19]

Heinrich Lammers gab im November 1946 zu Protokoll, Aufgabe des unmittelbar nach Einmarsch in die Sowjetunion gegründeten Reichsministeriums für die besetzten Ostgebiete sei die Verwaltung der besetzten bzw. der noch zu besetzenden Gebiete der Sowjetunion gewesen. Hitler habe befohlen, entsprechende Pläne zu erarbeiten, die dann mit Lammers abgestimmt worden seien. »Herr Rosenberg hatte danach gestrebt«, sagte Lammers. Der Chef des Oberkommandos der Wehrmacht, Keitel, und er hätten eine militärische Verwaltung der besetzten Ostgebiete bevorzugt. Aber: »Der Führer hat den Auftrag gegeben, dass mit Rosenberg eine Zivilverwaltung geschaffen und ein Ostministerium gebildet wird.«[20] An der Spitze sollten Rosenberg als Minister und als sein Stellvertreter der nordrhein-westfälische Gauleiter Alfred Meyer stehen.

Zurück in das Jahr 1941: Im Umfeld des Überfalls auf die Sowjetunion kam Rosenberg zu einer Reihe von Gesprächen mit Hitler zusammen. In der für ihn typischen Weise sah sich Rosenberg als herausragende Persönlichkeit, die für alle Zeiten in die Geschichtsbücher eingehen würde.

> Ich gestehe, dass ich dieses Mal noch bewegter nach Hause ging als früher. Je mehr ich mir alles Einzelne überlege u. nunmehr den neuen wehrgeografischen Atlas von Niedermayer durchsehe, umso bewusster wird es mir, *welch ein Raum ... welch* eine Aufgabe all jenen bevorsteht, die dort zu wirken haben werden. Praktisch gesehen, hat mir der Führer für den Eventualfall das Schicksal eines Raumes anvertraut, der nach seinen Worten »ein Kontinent« ist, mit 180 Millionen Menschen, von denen gegebenenfalls rund 100 Millionen in den unmittelbaren Aktionsbereich mit einbezogen werden.[21]

Das Ministerium sollte – wie erwähnt – ein Territorialministerium sein, das alle Fachressorts in sich vereinigte. Aber, so der Diplomat Otto Bräutigam:

> Alles, was Regierung und Partei seit 1933 an Organisationen auf die Beine gestellt hatten, hatte nach Ausbruch des Krieges mit der Sowjetunion gehofft, sich im Osten austoben zu können. Gegen die kleineren Größen setzte sich Rosenberg damals noch durch. Sie versuchten aber daraufhin, sich durch die Hintertür Zugang zu den Ostgebieten zu verschaffen. Alle paar Tage erschien ein Staatssekretär oder ein gleichrangiger Parteimann im Ministerium, um seinen Vertreter dort unterzubringen. Diese Vertreter, die ihre fachlichen Weisungen natürlich auch weiterhin von ihrer Mutterbehörde erhalten sollten, bekamen die Aufgabe, nunmehr im Rahmen des Ostministeriums dafür zu sorgen, dass der Einfluss ihrer Dienststelle in den Ostgebieten sichergestellt werde. Rosenberg verwies all diese Petenten an Dr. Meyer. Dieser war viel zu nachgiebig und baute nach und nach Vertreter aller möglichen Staats- und Parteidienststellen in das Ministerium ein. So präsentierte sich nach kurzer Zeit ein Vertreter der Reichsjugendführung, ein Mann Mitte der Zwanziger, der nun im Ministerium Jugendfragen bearbeiten wollte und sich gleichsam als Führer der gesamten Jugend in den Ostgebieten betrachtete. Drei Tage später erschien eine Vertreterin der Reichs-

frauenführung, die ebenfalls von Dr. Meyer aufgenommen wurde und nun die Frauen des Ostens steuern sollte. Alle diese Vertreter verlangten natürlich, dem Minister oder höchstens dem Staatssekretär unmittelbar unterstellt zu sein.[22]

Eine anschauliche Skizze Rosenbergs in diesen Wochen zeichnete Anatol van der Milve, Ministerialdirigent im Ostministerium:[23]

Ich hatte Rosenberg 1934 kennengelernt. Inzwischen war er nun grau geworden. Ich empfand ihn als klugen, sehr geistigen Menschen mit wohltuend guten Manieren und der Bereitschaft, seine Gesprächspartner ausreden zu lassen, auch wenn diese rangmäßig erheblich unter ihm standen. Er machte im Gespräch nicht von der Überlegenheit seiner Position Gebrauch. Er war jedoch ein Mensch, der nie zu einem Ergebnis kam. In der ersten Unterredung konnte ich das ja auch nicht erwarten. Aber in späteren Unterredungen war, wenn ich einen Vorschlag machte, immer das Ergebnis: »Ja sagen Sie, aber wer gibt mir die Garantie, dass es nicht doch so oder so ablaufen wird, wie ich das zu Beginn der Konzeption befürchtete.«

Sein Albtraum war, dass die Massen des Ostens sich gegen Europa wenden würden. Seine Argumentation lautete, Russland sei, abgesehen von der Kiewer Zeit, die mit dem tatarischen Joch 1232 abschloss, immer autokratisch regiert worden: Mongolen, Fürsten des Römischen Reichs, Tataren. Der Großfürst von Moskau machte sich nach und nach von den Tataren unabhängig, aber auch er behielt das System der Dynastie bei. Nach Peter dem Großen kam wieder viel europäisches und germanisches Blut in die russische Oberschicht, in die damit europäische Umgangsformen und Begriffe einzogen. Aber selbst diese weitgehend europäische Oberschicht führte 1914 die russischen Massen gegen Europa. Nicht einmal bei einer europäischen Oberschicht hatte man die Gewähr, dass Russland sich nicht gegen Europa wendet. Jetzt sei diese Oberschicht, die immerhin europäische Begriffe von Ehre, Anstand und Ritterlichkeit auch im Kriege angewandt habe, verschwunden, und es herrsche eine rein asiatische Oberschicht, und diese führe die Massen gegen Europa. Wenn wir den Bolschewismus vernichten würden und Russland sich selbst überließen, wer garantiere uns, dass nicht in 50 oder 100 Jahren wieder Deutschland vor der gleichen Schicksalsfrage stünde, Europa vor diesen asiatischen Menschenmassen schützen zu müssen.

Rosenberg war der Überzeugung, dass Russland uns über kurz oder lang angreifen würde. So war auch die Propaganda der NSDAP darauf aufgebaut, dass Russland nach der Weltherrschaft strebe.

Dass allerdings die Auslösung des Krieges 1914 auf unseren freien Entschluss zurückzuführen war, darüber war Rosenberg sich im Klaren. Rosenberg wollte Europa schützen. Aber seine Konzeption hing in der Luft. – Er war niemals bereit, das einzusehen. Wir konnten Russland nicht beherrschen, ohne es zu verwalten. Die Verwaltungsschicht für 200 Millionen Menschen zu stellen, war Deutschland nicht in der Lage.– So hätte eine einheimische Bildungsschicht zur Verwaltung herangezogen werden müssen.

Ich wies Rosenberg auf diese Notwendigkeit hin, die gleichzeitig eine völlige Umstellung unserer Ostpolitik bedeutete. Wir hätten zugeben müssen, dass wir uns geirrt haben, dass wir in Russen und Ukrainern nicht den Feind, sondern einen Bundesgenossen sehen müssten und sie durch Verträge an Europa halten.

Deutschland hatte zudem, als ich dieses vorschlug, noch absolut das Obergewicht in dem von ihm besetzten Ostgebieten, und so wäre es ein Leichtes gewesen, Russen formell die Gleichberechtigung zuzugestehen, was psychologisch notwendig war, da auch der zerlumpteste Russe noch von der russischen Ebene aus, d.h., Russland als die erste Macht Europas in seiner Vorstellung lebt.

Rosenberg verschloss sich einer solchen Ansicht, einmal aus der Furcht heraus, die von uns herangezogene Bildungsschicht würde sich eines Tages gegen uns richten, zum anderen aus der Vorstellung heraus, dass erst einmal der Krieg gewonnen werden müsste, was praktisch ja schon im Wesentlichen erreicht sei, und dass man dann später neue Wege gehen könne.

Erst 1943 wurden Schulpläne, die Fachleute in meiner Abteilung ausgearbeitet hatten, und (auch vom SD und Parteikanzlei genehmigt) trotz des Widerstands von Koch und teilweise mit Billigung Rosenbergs als stillschweigende Konzession an die Wirklichkeit ohne die Grundkonzeption zu ändern. Es kam jedoch nicht mehr zu ihrer Ausführung.

Mit Koch bzw. seinem Stellvertreter Paul Dargel war es im Ostministerium über diesen Punkt schon zu heftigen Auseinandersetzungen gekommen.

Im Februar 1942 erscheint eines Tages, ohne anzuklopfen, ein junger Mann bei mir, der auf mich einzureden beginnt – es sei doch totaler Blödsinn, was im Ministerium gemacht würde, die Projekte müssten sofort unter den Tisch fallen. Der Reichskommissar wisse allein, was zu tun sei. Dem

Ministerium falle lediglich der repräsentative Teil zu, man solle sie aber um Gottes Willen mit Theorien in Frieden lassen. – Ich fragte, wer er denn eigentlich sei. –»Ich kenne Sie nicht einmal.« – »Das ist bezeichnend, ich bin Dargel, Stellvertreter Kochs.« – »Ja, Ihrem Namen nach kenne ich Sie.« – [...] Ich bin empört über die Pläne, von denen ich gehört habe. Sie stehen offensichtlich im Gegensatz zum Willen des Führers. Sie wollen eine ukrainische Bildungsschicht heranziehen, während wir die Ukrainer vernichten wollen.« – »Sie können sie nicht vernichten.« – »Das ist unsere Sorge. Wir wollen das Gesindel loswerden.« – »Was für ein Gesindel?« – »Die Ukrainer.« – »Was soll mit der Ukraine werden?« – »Siedlungsland für deutsche Bauern.« – »Die Ukraine hat etwa 40 Millionen Einwohner. 40 Millionen Siedler können wir nicht aufbringen. Wie wollen Sie das Land Deutschen zur Besiedlung geben? Wollen Sie daran zweifeln, dass die Pläne des Führers durchgeführt werden?« – »Wir wollen wie vernünftige Leute und nicht mit Schlagworten reden.« – »Was wollen Sie mit den Ukrainern anfangen?« – Konzentrationspunkte hinter der Wolga schaffen.« – »Was bedeutet das?« – »Davonjagen. Wie viele umkommen, geht uns einen Dreck an.« – »Das ist unmöglich. Wir wollen Nutzen aus der Ukraine ziehen. Da wir keine Siedler stellen können, verwandeln Sie, wenn Sie die Ukrainer vertreiben, das Land in eine Wüste.«[24]

Der Neffe mit den verschrobenen Ideen

Am 22. Juni 1941 eröffnete das Deutsche Reich ohne Not und Anlass den Krieg gegen die Sowjetunion. Rosenberg hatte bis dahin Hitler eine Reihe von Ausarbeitungen über die Sowjetunion vorgelegt. Bei seinen Überlegungen ging er davon aus, »dass Russland [...] infolge der ungeheuren Weiten des Territoriums, seiner sich schnell vermehrenden Bevölkerung und seiner unerschöpflichen Bodenschätze sich von Jahr zu Jahr zu einer immer drohenderen Gefahr nicht nur für Deutschland, sondern für ganz Europa entwickeln werde«.[25] Dies jedenfalls ist die Einschätzung von Otto Bräutigam, der im entstehenden Reichsministerium für die besetzten Ostgebiete eine der wichtigsten Rollen spielen sollte. Bräutigam war 1928 an die deutsche Botschaft in Moskau versetzt worden und leitete seit 1930 die Abteilung »Wirtschaft – Russland« im Auswärtigen Amt.

Über seine erste Begegnung mit Rosenberg schrieb er:

> Als ich im Januar 1925 nach Charkow, der Hauptstadt der Ukraine, versetzt wurde, übergab ich Herrn Eck[26] die Geschäfte. Beim Abschied bat er mich, seinen Neffen in Berlin zu grüßen, wenn ich dorthin auf Urlaub käme. Dieser habe etwas verschrobene Ideen, interessiere sich aber sehr für das Geschehen in der Sowjetunion und würde sich sicher freuen, von Onkel und Tante Nachricht zu erhalten. Dieser Neffe heiße Alfred Rosenberg. Die Verwandtschaft beruhe darauf, dass Frau Eck, geb. Siré, die Schwester der Mutter Rosenbergs sei. Der Neffe gehöre einer völkischen Partei an, die man in der Sowjetpresse »Teutonen« nenne und von einem Adolf Hitler geführt werde. Herr Eck, der ein überzeugter und aktiver Protestant war, äußerte bekümmert, dass es ihm trotz eingehender Bemühungen vor dem Kriege nicht gelungen sei, aus seinem Neffen einen frommen Christen zu machen. Vom Christentum wolle er leider nichts wissen.[27]

Nach einer Kur in Karlsbad im April/Mai 1941 hatte Bräutigam von seiner Frau erfahren, dass Hitler am 20. April, seinem Geburtstag also, Rosenberg »mit der politischen Neugestaltung des europäischen Ostens beauftragt habe«.[28] Rosenberg habe sich an das Auswärtige Amt gewandt und die Abkommandierung erfahrener Beamter gefordert. Sichtbar wurde nun für Insider das gespannte Verhältnis Ribbentrop – Rosenberg, denn der Außenminister lehnte Rosenbergs Ansinnen mit der Begründung ab, alle Ostbeamten hätten auf ihren Posten in der Sowjetunion zu bleiben. Da Rosenberg von seinem engen Mitarbeiter Georg Leibbrandt erfahren hatte, dass Bräutigam aus Baku nach Berlin zurückgekehrt war, stellte Ribbentrop ihm anheim, einen schriftlichen Versetzungsantrag zu stellen. Am 20. Mai 1941 erhielt Bräutigam offiziell die Mitteilung, dass er zur »Dienststelle Rosenberg« abkommandiert sei und sich dort melden solle: »Der ›Reichsleiter‹ empfing mich freundlich in seinem Außenpolitischen Amt in der Margarethenstraße 17, wies auf unsere auf 1925 zurückgehende Bekanntschaft hin und sagte, er habe mich auf Vorschlag von Dr. Leibbrandt angefordert, da er bei seiner kommenden Aufgabe von mir aufgrund meiner Ostkenntnisse eine wertvolle Hilfe erwarte.«[29]

Es lag bereits ein Verwaltungsschema über die zu besetzenden Ostgebiete vor, das im Wesentlichen Rosenberg selbst entwickelt hatte. Demnach bestand die Absicht, »aus der Ukraine eine Art ukrainisch-deutsches Kondominium zu machen. An der Grenze zu Russland sollten nach Möglichkeit Deutsche wohnen, um eine schärfere ethnografische Grenze als bisher in Erscheinung treten zu lassen. Die etwa 300.000 Ukrainedeutschen und die 400.000 Wolgadeutschen waren dazu ausersehen, zusammen mit späteren deutschen Ansiedlern das deutsche Element in diesem Staat von 40 Millionen Ukrainern zu bilden. Die Ukraine sollte also das Ventil für das ›Volk ohne Raum‹ abgeben. Bei ›Platzmangel‹ war geplant, Russen auszusiedeln. [...] Rosenberg wollte daher die kommunistische Ideologie [Expansionspolitik/Weltherrschaft], die zu einer Weltgefahr geworden war, an der Wurzel packen und gleichzeitig die übermächtige und gefährliche Sowjetunion in ihre völkischen Bestandteile zerlegen und somit den Prozess fortsetzen, der nach dem Zusammenbruch des Zarenreiches mit der Abtrennung von Polen und Finnland, der zeitweiligen Souveränität der Ukraine, und der bis 1921 andauernden Souveränität der drei transkaukasischen Staaten eingeleitet worden war.«

Die Grundidee Rosenbergs habe manche Anhänger gefunden, sagt Bräutigam. Der Fehler habe aber darin bestanden, »Russland an allen Ecken und Enden beschneiden zu wollen und so eine Irredanta zu schaffen, die einen wahren Frieden nicht aufkommen lassen würde«.[30] Rosenberg sei daher vielfach als Russenfeind bezeichnet worden, doch treffe dies nicht ganz zu. »Er unterstützte z.B. finanziell eine Anzahl russischer Emigranten in Deutschland. Seine Konzeption entsprang vielmehr der politischen Erwägung, ein besseres Kräfteverhältnis in Europa herzustellen, indem er den Gliedstaaten der Sowjetunion [...] Selbstständigkeit verlieh und ein besonders enges Verhältnis zu den Baltenstaaten und zur Ukraine herstellen wollte.«

Bräutigam beschrieb Rosenbergs Vorstellungen so: Im Osten habe Rosenberg für Deutschland erhebliche Möglichkeiten gesehen, wobei er nicht das dicht bevölkerte Polen meinte, sondern die Weiten Russlands. Es sei eine Fügung des Schicksals, dass die baltischen nicht-slawischen Staaten Estland, Lettland und Litauen gewissermaßen eine Brücke dorthin darstellten. Hitler habe sich begeistert gezeigt und Rosenberg zum Leiter des Außenpolitischen Amtes ernannt.[31]

Für die zu besetzenden Gebiete hatte Rosenberg ursprünglich die Errichtung von fünf Gouvernements vorgeschlagen. Das wichtigste,

»Ostland«, sollte aus den baltischen Staaten und Weißruthenien bestehen. Lettland und Westland sollten nach Osten erweitert werden, ebenso Weißruthenien inklusive der Stadt Smolensk. Nowgorod sollte in Neugard umbenannt werden. Dieses »Ostland« hätte sechs Millionen »germanisch bestimmter« Einwohner gezählt, einschließlich deutscher Kolonien in Litauen und Weißruthenien.

Otto Bräutigam erhielt am 15. Juli 1941 einen Anruf, nach dem er am folgenden Tag Rosenberg am Flugplatz Rastenburg abholen solle, da Hitler ihn zum »Reichsminister für die besetzten Ostgebiete« ernennen wolle.[32] Bei Tisch ergab sich dann ein »Religionsgespräch«, in dessen Verlauf Hitler meinte: »Nicht wahr, Rosenberg, darüber sind wir uns ja im Klaren: kein einziger Pfaffe kommt aus Deutschland oder dem übrigen Ausland in die Ostgebiete herein.« Rosenberg stimmte eifrig zu. »Lammers und Rosenberg verkrampften sich in einem Gespräch über die Beamten. Rosenberg vertrat die Ansicht, dass Beamte im Einzelfall nützlich sein können. Aber sie seien niemals die Träger des Staates, der intuitive Genies nicht entbehren könne.« Lammers dagegen hob die Vorteile eines zuverlässigen und geschulten Beamtentums hervor, ohne das kein geordnetes Staatswesen auskomme.[33]

Kurz darauf, am 17. Juli 1941 erließ Hitler Bestimmungen über die Verwaltung der neu besetzten Ostgebiete. Um die öffentliche Ordnung und das öffentliche Leben in den neu besetzten Ostgebieten wiederherzustellen und aufrechtzuerhalten, ordnete er an:

§ 1. Sobald und soweit die militärischen Kampfhandlungen in den neu besetzten Ostgebieten beendet sind, geht die Verwaltung dieser Gebiete von den militärischen Dienststellen auf die Dienststellen der Zivilverwaltung über. Die Gebiete, die hiernach in die Zivilverwaltung zu überführen sind, und den Zeitpunkt, in dem dies zu geschehen hat, werde ich jeweils durch besonderen Erlass bestimmen.

§ 2. Die Zivilverwaltung in den neu besetzten Ostgebieten untersteht, soweit diese Gebiete nicht in die Verwaltung der angrenzenden Gebiete des Reichs oder des Generalgouvernements einbezogen werden, dem »Reichsminister für die besetzten Ostgebiete«.

§ 3. Die militärischen Hoheitsrechte und Befugnisse werden in den neu besetzten Ostgebieten von den Wehrmachtsbefehlshabern nach Maßgabe meines Erlasses vom 25. Juni 1941 ausgeübt.

Die Befugnisse des Beauftragten für den Vierjahresplan in den neu besetzten Ostgebieten werden durch meinen Erlass vom 29. Juli 1941, diejenigen des Reichsführers und Chefs der Deutschen Polizei durch meinen Erlass von 17. Juli 1941 besonders geregelt und werden von den nachstehenden Bestimmungen nicht berührt.

§ 4. Zum Reichsminister für die besetzten Ostgebiete bestelle ich den Reichsleiter Alfred Rosenberg. Er hat seinen Sitz in Berlin.

§ 5. Die dem Reichsminister für die besetzten Ostgebiete unterstehenden Teile der neu besetzten Gebiete werden in Reichskommissariate, diese in Generalbezirke und diese wieder in Kreisgebiete eingeteilt. Mehrere Kreisgebiete können zu einem Hauptbezirk zusammengefasst werden. [...]

§ 6. An der Spitze eines jeden Reichskommissariats steht ein Reichskommissar, an der Spitze eines jeden Generalbezirks ein Generalkommissar, an der Spitze eines jeden Kreisgebietes ein Gebietskommissar. Im Falle der Bildung eines Hauptbezirks steht an dessen Spitze ein Hauptkommissar.

Die Reichskommissare und die Generalkommissare werden von mir, die Leiter der Hauptabteilungen in den Dienststellen der Reichskommissare sowie die Hauptkommissare und die Gebietskommissare werden vom Reichsminister für die besetzten Ostgebiete bestellt.

§ 7. Die Reichskommissare unterstehen dem Reichsminister für die besetzten Ostgebiete und erhalten ausschließlich von ihm Weisungen, soweit nicht § 3 Anwendung findet.

§ 8. Die Rechtssetzung für die ihm unterstehenden neu besetzten Ostgebiete obliegt dem Reichsminister für die besetzten Ostgebiete. Er kann die Befugnis, Recht zu setzen, auf die Reichskommissare übertragen.

§ 9. Den Reichskommissaren untersteht die gesamte Verwaltung ihres Gebietes im zivilen Bereich.

Die Sicherstellung des Betriebes der Bahn und der Post obliegt den zuständigen obersten Reichsbehörden nach den Weisungen des Chefs des Oberkommandos der Wehrmacht, solange militärische Operationen stattfinden. Für die Zeit nach Beendigung der militärischen Operationen bleibt anderweitige Regelung vorbehalten.

§ 10. Um die Maßnahmen, die der Reichsminister für die besetzten Ostgebiete oder die Reichskommissare in ihren Gebieten treffen, mit den übergeordneten Gesichtspunkten der Reichsinteressen in Einklang zu bringen, hält der Reichsminister für die besetzten Ostgebiete mit den Obersten Reichsbehörden enge Fühlung. Bei Meinungsverschiedenheiten, die durch unmittelbare Verhandlungen nicht auszuräumen sind, ist meine Entscheidung durch den Reichsminister und Chef der Reichskanzlei einzuholen.[34]

Bereits am Vortag hatte Hitler die Personalien festgelegt. Reichskommissare sollten werden:

Hinrich Lohse für das Reichskommissariat Ostland, bestehend aus den baltischen Staaten Lettland, Litauen, Estland sowie Teilen des westlichen Weißrusslands. Lohse stammte aus Schleswig-Holstein und war nach der Aufhebung des Verbots der NSDAP bei deren Neugründung 1925 eine treibende Kraft. Er verstand es, die verschiedenen deutsch-völkischen Gruppen in Norddeutschland zu integrieren und der NSDAP zuzuführen. Seine politische Einstellung war dabei ganz auf die Person Hitlers fixiert. Ohne Interesse für theoretisch-programmatische Fragestellungen, begnügte er sich mit einem simplen Weltbild aus Antisemitismus, rassischem Nationalismus sowie Ablehnung der Weimarer Ordnung und Verketzerung demokratischer und linker Parteien. Im Februar 1925 wurde er zum Gauleiter der NSDAP in Schleswig-Holstein ernannt.

Erich Koch für das Reichskommissariat Ukraine. Koch trat 1922 in die NSDAP ein. Ab 1922 war er in verschiedenen Funktionen in der Gauleitung Ruhr tätig. 1926 wurde er Mitglied der neu begründeten NSDAP und wegen seiner politischen Tätigkeit aus dem Eisenbahndienst entlassen. 1927 wurde er Bezirksführer der NSDAP in Essen. Kochs korrupter Egoismus war der Öffentlichkeit kaum bekannt und wurde von Hitler hingenommen. 1935 kam es zu einem Machtkampf zwischen Koch und anderen; Bach-Zelewski sammelte dazu Hunderte von Belastungszeugen gegen ihn. Koch wurde am 26. November 1935 nach Berlin transportiert und aller seiner Ämter enthoben. Am 22. Dezember setzte Hitler Koch aber wieder ins Amt ein. 1938 wurde er zum SA-Obergruppenführer ernannt.[35]

Für Koch hatte sich vor allem Göring vehement eingesetzt. In der Diskussion um diese Personalie hatte Rosenberg erhebliche Bedenken vorgebracht, die er auch in seinem Tagebuch festhielt.

Ich sagte, ich schlüge Koch nach wie vor für *Moskau* vor. Koch sei ein plötzlicher Mensch, wechsle oft in der Beurteilung der hier vorliegenden Fragen. Ich befürchte, er würde nach 14 Tagen finden, er verstünde die Probleme besser als ich u. könnte dann gegebene Direktiven nicht voll achten.[36]

Göring bestand aber auf Koch, da er ihn für fähig hielt, die Ukraine auszupressen und somit die Lebensknappheit im »Reich« zu mindern. Nach mehrstündigen Gesprächen war Rosenberg überzeugt:

> Ich hatte eine Riesenaufgabe erhalten, wohl die größte, die das Reich zu vergeben hat, die Sicherung für Jahrhunderte, die Unabhängigkeitmachung Europas von Übersee.[37]

Bei aller sonstigen Realitätsferne vermochte Rosenberg dennoch eine Begrenzung seiner Kompetenzen zu erkennen. Die gesamte Vollmacht für die »Riesenaufgabe« habe er nicht erhalten,

> da Göring als Beauftr. f. d. 4-Jahresplan das Recht, ja für *einige* Zeit das Vorrecht auf wirtschaftl Eingriffe hat, die, ohne klare Koordination durchgeführt, u.U. die politischen Zielsetzungen gefährden können. Zudem Koch in Kiew, der wichtigsten Stadt, der sich mehr an G. als an mich anlehnen wird. Ich werde hier sehr aufpassen müssen, dass meine Direktiven eingehalten werden.[38]

An anderer Stelle ist die Rede davon, dass Rosenberg von der Führung einer Dienststelle, geschweige denn eines Ministeriums keinerlei Ahnung hatte. Deutlich wurde dies einmal mehr, als es darum ging, einen Befehl mitzuzeichnen, der die Stellung von Verbindungsoffizieren und ihre Aufgaben umriss. Generaloberst Walther von Brauchitsch, Oberbefehlshaber des Heeres, hatte ihn bereits unterschrieben, Bräutigam sollte die Unterschrift Rosenbergs besorgen. »Es gelang nach einigen Mühen, da Rosenberg bisher nicht gewusst hatte, was eine Mitzeichnung war und infolgedessen dem Ansinnen etwas misstrauisch gegenüberstand. Wahrscheinlich hätte er am liebsten den Führer befragt«, heißt es dazu bei Bräutigam.[39]

Völlig unerwartet war die Resonanz, als Bräutigam gegenüber Rosenberg die Frage anschnitt, wie die Kompetenzverteilung zwischen den ihm unterstellten Verbindungsoffizieren und denen des Auswärtigen Amtes bei den Heeresgruppen geregelt sei. In einem Gespräch hatte General Wagner die Befürchtung geäußert, dass sich aus der gleichzeitigen Anwesenheit der Verbindungsoffiziere Schwierigkeiten ergeben könnten. Rosenberg diktierte unmittelbar nach Bräutigams Vortrag einen geharnischten Brief an Ribbentrop, in dem er ihn unter Berufung auf seine Kompetenz zur Rede stellte. Ribbentrop zog daraufhin seine Verbindungsoffiziere zu den Heeresgruppen zurück, behielt sie aber bei sämtlichen Armeen bei. Dadurch war das Auswärtige Amt häufig schneller und besser über das Frontgeschehen informiert als das Ostministerium. »Aus Wut über Rosenberg verbot der Reichsaußenminister, weitere Beamte an das künftige Ministerium abzugeben, diesem Berichte seiner Verbindungsoffiziere zur Kenntnis zu geben und irgendwelche Schreiben dorthin zu richten, die nicht seine oder des Staatssekretärs Unterschrift trügen.«[40]

Der Konflikt mit Ribbentrop hielt bis zum Untergang des Systems an.

Seinen Tagesablauf in dem neu geschaffenen Ministerium beschrieb Rosenberg folgendermaßen:

> Am Morgen Pressevortrag und Besprechung m. d. Leiter der Hauptabt. I (Politik) [Bräutigam], dann kommt Gaul. Meyer mit laufenden Angelegenheiten. Dann die Besuche. Am Nachmittag ins Partei-Amt. Am Abend Durchsicht der Akten d. Ministeriums. Aus d. Juni- u. Juli-Notizen ergeben sich die ersten Vorbesprechen über d. Kommissare i. Osten, die estn., lett. u. lith. Vertrauensmänner, Verhandlungen langwieriger Art mit den Obersten Reichsbehörden. Diese betrachten das neue Ministerium nur als Durchgangsstation für *ihre* Wünsche. Es dauerte lange, sie von der *führenden* Bestimmung des Ost-Min. zu überzeugen. Was aber noch immer nicht gänzlich der Fall ist.[41]

Rosenberg schwebte vor, ein personell üppig ausgestattetes Ministerium aufzubauen, doch wurde er in einem Gespräch mit Hitler, Bormann und Lammers am 29. September 1941 gebremst. Hitler und Lammers hielten es für unzweckmäßig, mehrere Staatssekretäre einzusetzen, einer sei ausreichend. Rosenberg müsse erst einmal »die Bewährung der einzelnen Persönlichkeiten abwarten«. Rosenberg hatte als Vorbild das Reichsministerium des Innern genannt, wo es drei Staatssekretäre gab und Himmler einer von ihnen war. Der Vergleich mit dem Innenministerium sei nicht ganz stichhaltig, hielten Hitler und Lammers ihm entgegen, da Himmler zwar praktisch Polizeiminister sei, man aber Abstand davon genommen habe, ein Polizeiministerium zu gründen. Das Gleiche gelte übrigens auch für den Reichsarbeitsführer, der auch gern ein Ministerium gehabt hätte, oder für den Reichssportführer. Rosenberg solle als höchsten Beamten einen Ministerialdirektor einsetzen und einen Staatssekretär, sodass die übrigen später evtl. zu Unterstaatssekretären aufrücken könnten.[42]

Festgelegt wurden die Bezüge und Dienstbezeichnungen der planmäßigen Amtsträger bei den Dienststellen in den besetzten Ostgebieten: Reichskommissar, 42.000 RM/Jahr
Generalkommissar: 24.000 RM/Jahr
Hauptkommissar: 18.000 RM/Jahr
Gebietskommissar: 5000 RM/Jahr.[43]

Im Dauerstreit mit Himmler

Sehr schnell musste Rosenberg feststellen, dass seine Berufung bei seinen NS-Genossen eher auf Missfallen stieß. Gottlob Berger, zu dieser Zeit Chef des SS-Hauptamtes und Vertrauter von Himmler, berichtete über eine Begegnung mit dem NSDAP-Reichsschatzmeister Franz Xaver Schwarz, der sich außerordentlich aufgeschlossen zeigte. »Schwarz fragte mich über die Entwicklung im Osten, über den Aufbau der Aufgaben Rosenbergs. Schwarz habe darüber nicht viel gewusst und war über die Beauftragung Rosenbergs unglücklich [...], da er ihn nicht für den Mann hält, diese schwere Aufgabe zu meistern.« Sehr begeistert sei Schwarz dagegen von Rosenbergs Stabsführer, Gauleiter Alfred Meyer.[44] Bemerkenswert war die Einschätzung des Reichsschatzmeisters über weitere NS-Funktionäre: Erziehungsminister Rust und Landwirtschaftsminister Darré bezeichnete Schwarz als nicht ganz zurechnungsfähig, Ribbentrop sei wegen seines Ehrgeizes gefährlich. »Es zeige sich immer wieder, dass all die Männer, die durch die Partei etwas geworden sind, ohne vorher etwas für die Partei geleistet oder geopfert zu haben, größenwahnsinnig werden und in ihrem Denken und Handeln sich letzten Endes gegen die Partei wenden.«[45]

Ein dauerhafter Konflikt bahnte sich an, als Lammers Rosenberg von der Absicht Himmlers berichtete, im Osten völlig selbstständig zu handeln. Rosenberg wies das zurück, zumal Himmler ihm allenfalls zugestehen wollte, »beratend« tätig zu werden. Demgegenüber murrte Rosenberg, er habe nicht 20 Jahre ein Problem bearbeitet, »um Herrn Himmler zu beraten«.[46]

Anhand der Auseinandersetzungen zwischen Rosenberg, Himmler und anderen soll im Folgenden – die Chronologie unterbrechend – dargestellt werden, dass eine konstruktive Verwaltung der besetzten Ostgebiete allein schon wegen der persönlichen Animositäten der Verantwortlichen kaum möglich war.

Flucht in den Ostauftrag

Zeitzeuge war u.a. Pfarrer Matthäus Ziegler, der am 17. März 1964 über sein Verhältnis zu Rosenberg befragt wurde. Über »Bruder Ziegler« berichtete *Die Zeit* am 15. Februar 2007: Ziegler, SA- und NSDAP-Mitglied seit 1931, kehrte im Spätsommer 1933 von Auslandsaufenthalten zurück und wohnte fortan in Potsdam – im selben Jahr noch trat er in die SS ein. Zunächst beauftragte ihn Reichsbauernführer und Landwirtschaftsminister Richard Walther Darré mit dem Aufbau einer »Abteilung nordisch-skandinavisches Bauerntum in Vergangenheit und Gegenwart«. Anlässlich einer Führung durch die von Ziegler geleitete Sonderausstellung »Bäuerliche Kultur« auf der Berliner Grünen Woche lernte er im Januar 1934 Alfred Rosenberg kennen, der offenbar von dem kenntnisreichen jungen Mann beindruckt war. Ziegler wurde Mitarbeiter im Amt Rosenberg und Schriftleiter der von Rosenberg herausgegebenen *Nationalsozialistischen Monatshefte*. Der Weltanschauungskampf gegen die Kirchen gehörte zu den wichtigsten Aufgaben des Amtes. Hier war Matthäus Ziegler, der sich seit 1933 Matthes nannte, am rechten Platz – er wurde auf diesem Gebiet Rosenbergs eifrigster Zuarbeiter.[47]

Über seine Befragung existiert ein höchst aufschlussreicher Aktenvermerk:

»Je mehr Rosenberg sich mit Himmler gestritten habe, umso mehr habe Zieglers SS-Uniform ihn gestört. Mit der Wehrmacht sei die Dienststelle Rosenberg sehr oft konform gegangen. Das Verhältnis Rosenbergs zu Keitel sei sehr harmonisch gewesen. In der Volkskunde habe Ziegler nach 1937 mit Leuten der SS und der Dienststelle Rosenberg eine neue Arbeitsgemeinschaft aufgezogen, die dann jedoch sehr bald durch das Verhalten Himmlers geplatzt sei. Mit dem Anwachsen des »Ahnenerbes« seien auch Himmlers Ambitionen in Richtung auf das Kultusministerium gewachsen. Im Ministerium hatte Rosenberg kaum Vertrauensleute.

Die einzelnen Ämter der Dienststelle Rosenberg hätten sehr schlecht zusammengearbeitet, oft habe es ein deprimierendes Gegeneinander gegeben. Rosenberg habe darunter gelitten, nicht die von ihm erwartete wissenschaftliche Formulierung der nationalsozialistischen Weltanschauung bieten zu können. Diese wollte ihm Bäumler liefern, wollte ihm gewissermaßen das philosophische Werkzeug bereitstellen, damit Rosenberg der große Systematiker der nationalsozialistischen Weltanschauung werden könnte. So habe sich Bäumler schon frühzeitig bemüht, sowohl auf dem Gebiet der Weltanschauung als auch in der Wissenschaftspolitik so etwas wie Rosenbergs wissenschaftliches Gewissen zu werden. Er habe Rosenberg etwa zur Ausführung der »Hohen Schule«, deren Idee von Rosenberg stammte, ermuntert und auch Wolfgang Schulz beiseitegedrängt, der ursprünglich als Direktor auserschen war.

Rosenberg wäre bereit gewesen, sich von einem Mann von Format führen zu lassen. Eine solche Rolle hätte auch Urban spielen können. Urban war Rosenberg restlos ergeben, hatte auch eine gute Menschenkenntnis und verstand es, sich durchzusetzen. Er hatte jedoch kein Format. [...] Von einem Zusammenhang zwischen Urban und Bormann wusste Ziegler nichts. Rosenberg, dem Bormann als Brechmittel galt, hätte Kontakte zu Bormann gewiss nicht als positiv angesehen. Schon gar nicht könne das 1936 der Fall gewesen sein, dies wäre viel zu weitsichtig gewesen für den stets gefühlsmäßig urteilenden Rosenberg.

Rosenberg habe unter seinem Unvermögen sehr gelitten. Die Flucht in den Ostauftrag kam ihm deshalb recht; jedoch wusste er, dass es eine Flucht war. Ziegler meint, dass dieser Ostauftrag von Himmler dirigiert worden wäre, hätte Rosenberg doch zwangsläufig daran scheitern müssen. Diese Beauftragung war eine Flucht vor seiner eigentlichen Aufgabe.«[48]

Rosenberg glaubte wohl, allein die Berufung zum »Beauftragten für die zentrale Bearbeitung der Fragen des osteuropäischen Raumes« würde genügen, Himmler Anweisungen erteilen zu können. Unter Hinweis auf seine neue Aufgabe forderte Rosenberg am 6. Mai 1941 von Himmler Berichte über führende Persönlichkeiten des europäischen Ostens an, »mit denen Ihre verantwortlichen Stellen in Beziehung stehen«. Kompetenzgerangel in dieser Frage hatte Himmler offenbar erwartet. Denn aus seinem »Dienstkalender« geht hervor, dass er am 25. Mai 1941 Bormann schriftlich darüber informiert hatte, Hitler habe ihm »in der Reichskanzlei vor Abfahrt in das Führerhauptquartier« bestätigt, »dass ich bezüglich meiner Aufgaben [dem designierten Reichsminister für die besetzten Ostgebiete Rosenberg] nicht unterstellt wäre«.[49] Himmler war sich der zwischen ihm und Rosenberg zu erwartenden Streitigkeiten bewusst, denn »mit oder unter Rosenberg zu arbeiten, [...] ist bestimmt das schwierigste, was es in der NSDAP gibt«, schrieb er.

Rat, wie er sich verhalten solle, erhoffte sich Himmler in dieser Situation von Martin Bormann, »Sekretär des Führers«, mächtiger Chef der Partei-Kanzlei der NSDAP und weiterer Rosenberg-Gegner. An ihn wandte er sich am 25. Mai 1941 und lamentierte: »Reichsleiter Rosenberg verlangt von mir, dass ich offenkundig ihm die Einsetzung eines jeden Kommandeurs mitteile und vorlege.« Das habe nicht einmal die Wehrmacht verlangt. Es ergebe sich für ihn die Frage: »Bin ich bezüglich meiner Aufgaben der politischen Sicherung des Raumes Rosenberg unterstellt oder nicht? Die Art, wie Rosenberg auch diese Frage wiederum anpackt, ist es ja, die eine Zusammenarbeit mit ihm menschlich so unendlich schwierig macht.« Er bat Bormann, beim Führer zu erkunden, wie er sich verhalten solle. Er selbst komme in den nächsten Tagen nicht dazu.[50]

Allzu gern hätte Rosenberg das Sagen über die Sicherheitskräfte im besetzten Gebiet gehabt, doch musste er sich von Himmler eines anderen belehren lassen. Es sei eine Selbstverständlichkeit, dass der Höhere SS- und Polizeiführer den Reichskommissaren persönlich und unmittelbar unterstellt sei, ließ dieser ihn am 24. Juni 1941 wissen. »Ebenso sollen die SS- und Polizeiführer bei den Generalkommissaren und Hauptkommissaren diesen unterstellt sein.«[51]

Am selben Tag teilte er Rosenberg die Namen der vier Höheren SS- und Polizeiführer mit, ohne ihn auch nur im Geringsten in die Auswahl und Berufung einbezogen zu haben:
– für das Baltikum SS-Gruppenführer Hans-Adolf Prützmann
– für Moskau SS-Gruppenführer Erich von dem Bach
– für die Ukraine SS-Obergruppenführer Friedrich Jeckeln
– für den Kaukasus SS-Gruppenführer Gerret Korsemann.[52]

Zu seinem bevollmächtigten Vertreter und Verbindungsführer bestimmte Himmler schließlich SS-Gruppenführer Reinhard Heydrich, Chef der Sicherheitspolizei und des SD.[53]

Während Rosenberg in seinen Tagebuchaufzeichnungen über ein hochrangig besetztes Treffen am 16. Juli 1941 kein Wort über seinen Kontrahenten Himmler verlor, verweist Saul Friedländer darauf, dass bei der Besprechung im Führerhauptquartier die Verantwortung Himmlers für die Sicherheit der Gebiete erneut bekräftigt wurde.[54] Allerdings war Himmler bei diesem Treffen nicht anwesend.

In seinem »Dienstkalender« wird in einer Fußnote zu Mittwoch, 16. Juli 1941, angemerkt: »An diesem Tag fand zwischen 15 und 20 Uhr in Hitlers Hauptquartier die wichtigste Besprechung über die künftige Besatzungspolitik in der SU statt. Es nahmen teil Göring, Keitel, Bormann und Rosenberg, nicht aber Himmler. Möglicherweise musste dieser den gefangen genommenen Sohn von Stalin, J. J. Dschugaschwili abholen.«[55]

Himmler hatte – genauso wie Rosenberg – eine Fülle von Funktionen, mit denen er nun mit dem Reichsminister für die besetzten Ostgebiete den Konflikt geradezu suchte. So war er nicht nur Reichsführer-SS, sondern war die maßgebende Person u.a. beim »Ahnenerbe« oder beim »Lebensborn«. Ferner war er Reichskommissar zur Festigung deutschen Volkstums und damit oberster Chef der Volksdeutschen Mittelstelle (VOMI), die ihr Aufgabenfeld weitestgehend in den besetzten Ländern fand. In der Eigenschaft als Reichskommissar wollte Himmler in den besetzten Ostgebieten aktiv werden, worüber sich Rosenberg am 7. August 1941 beim Chef der Reichskanzlei, Lammers, vehement beklagte. Jetzt sei SS-Obergruppenführer Lorenz, Leiter der Volksdeutschen Mittelstelle, mit Zustimmung Himmlers bei ihm gewesen, um zu einer Zusammenarbeit zu gelangen. Man habe vereinbart, dass VOMI »eine Persönlichkeit in mein Ministerium einbaut«, entsprechend auch in die Reichskommissariate. Die VOMI-Kommandos sollten »die menschliche Betreuung der Volksdeutschen entsprechend den Anordnungen der Reichskommissare durchführen«. Auf diese Weise könne erreicht werden, »dass die VOMI ihre Aufgaben der Betreuung durchaus erfüllt, die Einheit der Verwaltung aber nicht zerstört wird«. Eine darüber hinausgehende Erweiterung der Befugnisse von Himmler als Reichskommissar halte er für schädlich. Im gesamten Osten seien nahezu alle Volksdeutschen ins Reich geholt worden, sodass man es praktisch im ganzen Ostland, in Russland, in Kaukasien und auch in der Ukraine nur noch mit nichtdeutschen Völkern zu tun habe. »Der Auftrag des Führers an Pg. Himmler bezieht sich auf die Volksdeutschen, die aus dem Ausland ins Reichsgebiet übergesiedelt werden. Der Osten aber, der dem Reichsminister für die besetzten Ostgebiete zur Verwaltung untersteht, ist nicht deutsches Reichsgebiet. Wann und wo die Verhältnisse Siedlungen zulassen sollten, kann nur der Führer nach Vortrag des Reichsministers entscheiden.«[56]

Himmler dachte keineswegs daran, sich durch solche Regelung Handlungsgrenzen auferlegen zu lassen, während Rosenberg einmal mehr bei Reichsmarschall Hermann Göring vorstellig wurde und sich beklagte. Anschließend rief er bei Lammers an, der daraufhin von einer Einigung Göring – Rosenberg sprach. Auftrag und Befugnisse des Reichsführers-SS zur Festigung des deutschen Volkstums bezögen sich nur auf das Altreich und nur auf diejenigen ein- und angegliederten sowie besetzten Gebiete, auf die dieser Auftrag ausdrücklich erstreckt sei. Das bedeute, dass der Reichsführer-SS in den neu besetzten Ostgebieten keine Zuständigkeiten für Maßnahmen zur Festigung des deutschen Volkstums usw. besitze.[57]

Himmler zeigte sich auch in dieser Angelegenheit sehr selbstbewusst. Er ließ keinerlei Zweifel daran aufkommen, dass er sich im Recht fühlte, und erteilte konsequenterweise Rosenberg die nächste Abfuhr. Dabei stellte er seine Auffassung folgendermaßen dar: Nach den zwischenstaatlichen Verträgen mit den früheren baltischen Staaten bzw. Sowjetrussland standen ihm zur Durchführung des Vermögensausgleichs die Vermögenswerte zur Verfügung, die anlässlich der Umsiedlung von Volks- und Reichsdeutschen sowie von sonstigen rückgeführten Personen in Litauen, Lettland oder Estland zurückgelassen worden waren. Die Verträge seien nicht erfüllt worden und durch die neue Entwicklung ohnehin gegenstandslos. Es sei daher erforderlich, dass er, Himmler, die Vermögenswerte selbst übernehme. Er schaffe damit zugleich eine Voraussetzung für die Erfüllung für die ihm von Hitler übertragenen weiteren Aufgaben in den neuen Siedlungsräumen. Er habe deshalb mit sofortiger Wirkung eine »Dienststelle Ostland des Reichsführers-SS – Reichskommissar für die Festigung deutschen Volkstums« mit dem Sitz in Riga eingerichtet. Zum Leiter der neuen Dienststelle bestimmte Himmler Helmut Dülfer.[58]

Die Antwort Rosenbergs ließ nicht lange auf sich warten. Rechtsnachfolger der Sowjetunion in den neu besetzten Ostgebieten sei das

Deutsche Reich, das aufgrund des Hitler-Erlasses vom 17. Juli 1941 durch den Reichsminister für die besetzten Ostgebiete vertreten werde. Reichsdienststellen könnten also nur mit seiner Zustimmung errichtet werden. Die von Himmler genannte Dienststelle sei unzulässig und er bitte ihn, den genannten Direktor Dülfer zu benachrichtigen, dass er »jede etwa beginnende Tätigkeit sofort einstellt«.[59]

Zusätzlich wandte sich Rosenberg am 23. September 1941 an Lammers. Er halte es für dringend erforderlich, dass Himmlers Vorgehen »einer staatsrechtlichen Untersuchung« unterzogen wird. Als Reichskommissar für die Festigung deutschen Volkstums wolle er den Einsatz ehemaliger Volksdeutscher in den Reichskommissariaten des Ostens von seinem Einverständnis abhängig machen. »Ferner will er seine Zustimmung nur für die Dauer des Krieges erteilen, genau Buch über alle Eingesetzten führen, um sie dann nach dem Kriege wieder in das Wartheland oder in den Gau Danzig-Westpreußen zurückzuführen.« Es erscheine unbedingt notwendig, dass für die besetzten Ostgebiete, Wehrmacht, Vierjahresplan und RMfdbO auf eine Anzahl von Persönlichkeiten zurückgreifen, die sprach- und landeskundig sind. Er habe dem Führer keine ehemaligen Volksdeutschen für die obere politische Verwaltung vorgeschlagen, aber eine beschränkte Zahl von Referentenstellen für ehemalige Volksdeutsche berufen. »Es erscheint mir nicht möglich, dass der Reichskommissar für die Festigung des deutschen Volkstums zweierlei Staatsbürgerrecht setzen will. Die Volksdeutschen, die angesiedelt und deutsche Staatsbürger geworden sind, unterstehen damit den gleichen Gesetzen wie alle übrigen.« Himmler könne nicht beanspruchen, »für die ganze Lebenszeit ein persönliches Verfügungsrecht über diese Umsiedler [...] zu besitzen«. Er halte es für den Versuch einer Degradierung, »wenn man die ehemaligen Volks- und jetzt Reichsdeutschen gleichsam so zum Arbeitsdienst ausleihen will, wie man das mit den Juden von Litzmannstadt tut. Ich empfinde das persönlich als nicht möglich und unwürdig und staatsrechtlich als unhaltbar«, lautete Rosenbergs Fazit.[60]

Unterdessen bahnte sich der nächste Konflikt mit Himmler an. Dass seine Polizei Sicherungsaufgaben in den besetzten Gebieten übernahm, war selbstverständlich. Allerdings ging Himmlers Polizei mit dessen Rückendeckung bzw. auf dessen Befehl dazu über, ganze Wirtschaftsunternehmen für eigene Zwecke zu beschlagnahmen. Das widerspreche Görings Vierjahresplan monierte Rosenberg in einem Brief an Himmler und erinnerte an Hitlers Erlass, dem zufolge die Aufgabe der Polizei ausschließlich die polizeiliche Sicherung der besetzten Ostgebiete sei. Hiermit völlig unvereinbar nannte Rosenberg dagegen die Beschlagnahme von Wirtschaftsunternehmen. Er verwies auf ein Schreiben von Reichskommissar Hinrich Lohse, der ihm einen Brief des Höheren SD- und Polizeiführers Ostland hatte zukommen lassen. Dazu solle Himmler nun Stellung beziehen.

So würden vorläufig zwölf Unternehmen für die Beschlagnahme durch Himmlers Polizei in Betracht gezogen, und es sei zu erwarten, dass weitere hinzukämen. Es handle sich um Unternehmen, die mit der Bedarfsdeckung für die Polizei überhaupt nichts zu tun hätten. Damit entstehe der Eindruck, als ob die Polizei von sich aus ein großes Wirtschaftsunternehmen führen wolle. Wenn die Polizei jedoch Wünsche habe, die über die rein polizeiliche Sicherung hinausgehe, müsse sie sich an sein Ministerium wenden und nicht an einzelne Reichskommissariate, verlangte Rosenberg.[61]

Der Reichsminister für die besetzten Ostgebiete zog nun alle Register und wandte sich auch an Reichsmarschall Hermann Göring, der für die Erfüllung des Vierjahresplans zuständig war. Eigene Wirtschaftskonzerne würden die Polizei von ihren eigentlichen Aufgaben, deretwegen sie in den besetzten Gebieten ist, ablenken und der gesamten Planung Görings widersprechen. Die Vollmacht für Himmler beschränke sich auf das deutsche Reichsgebiet und nicht auf die besetzten Gebiete mit gänzlich anderen Verhältnissen. Er wäre dem Reichsmarschall sehr verbunden, wenn dieser seine Haltung beim Führer zum Ausdruck bringen könnte.[62] Und noch am selben Tag unterrichtete Rosenberg Lammers über seine Aktivitäten und meinte, einen Erfolg errungen zu haben: Reichsmarschall Göring teile vollkommen seinen Standpunkt und habe zugesagt, ihn Hitler persönlich zu unterbreiten.[63]

Die nächsten Beschwerden Rosenbergs über Himmler ließen nicht lange auf sich warten. Am 27. August 1941 schilderte er dem Chef der Reichskanzlei zwei weitere Vorfälle und bat Lammers, diese Hitler vorzulegen.[64] Aufschlussreich ist der handschriftliche Vermerk von Lammers auf dem Rosenberg-Schreiben:

Mit dem Reichsführer SS besprochen.
Dem Führer vorgetragen. Der Führer billigt grundsätzlich die Maßnahmen des Reichsführers-SS, d.h.

a) er hält die treuhänderische Verwaltung von Betrieben, die der Reichsführer-SS beschlagnahmt hat, für notwendig zur Sicherung des Bedarfs der SS- und Polizeiverbände

b) er ist der Auffassung, dass die dem Reichsführer-SS als Reichskommissar für die Festigung des deutschen Volkstums gegebene Vollmacht auch für die neu besetzten Ostgebiete gilt.

Im Übrigen wünsche er, dass Himmler und Rosenberg sich über derartige Fragen selbst einigten.

Dass Himmler Hitlers Rückhalt genoss und nicht etwa Rosenberg, konnte der »Führer« nicht deutlicher zum Ausdruck bringen. Das zeigte sich auch, als Himmler am 15. November 1941 im Führer-Hauptquartier empfangen wurde. In einer entsprechenden Aktennotiz Himmlers heißt es dazu: »Zunächst wurden die Beschlagnahmungen und Sicherstellung des Polizeibedarfs besprochen. »Ich beschwere mich über die Kleinlichkeit des Reichskommissars Lohse in Bezug auf die Sicherstellung des notwendigen Bedarfs für die Truppe, an Werkstätten, an Bewirtschaftung von Gütern, sowie über die lächerlichen Beschwerden des Generalkommissars Kube über den angeblichen Raub und die Entführung von Bildern und Kunstgegenständen. [...] Rosenberg war hier sehr verständnisvoll und meinte, diese Dinge würden sich einrenken. Er stimmte zu, dass die SS ebenso wie andere treuhänderisch solche landwirtschaftlichen und sonstigen Betriebe, die sie zur Versorgung braucht, zur Bewirtschaftung bekäme.«

Am 28. September 1942 und nach einer Unzahl weiterer Beschwerden Rosenbergs ging es um die Eindeutschung sogenannter Volksdeutscher. Rosenberg berief sich auf den Reichskommissar für die Ukraine, Erich Koch. Dieser habe ihm berichtet, dass Himmler ihn beauftragt habe, die Volksdeutschen seines Reichskommissariats beschleunigt einzudeutschen und die Volksdeutschen im Generalbezirk Shitomir in den Räumen um Korosten, Hegewald und Eichenhain anzusiedeln. »Hiervon habe ich mit Befremden Kenntnis genommen«, empörte sich Rosenberg. Die Hitler-Erlasse beinhalteten eine solche Ermächtigung nicht. Er verkenne nicht, dass Koch an ihn herangetreten war, doch wäre eine Unterrichtung leicht möglich gewesen. Das Handeln erstaune ihn umso mehr, als man am 7. Juli 1942 mit der Errichtung eines Siedlungsauschusses unter Vorsitz seines Vertreters, Gauleiter Alfred Meyer, die Basis für eine vertrauensvolle und fruchtbringende zentrale Zusammenarbeit gefunden hatte.[65]

Konflikte mit Himmler und folglich auch mit SS-Gruppenführer Gottlob Berger bestimmten den politischen Alltag des Ostministers. Rosenberg hatte Berger für Freitag, 23. Juli 1943, in seine Wohnung eingeladen, anwesend waren SS-Brigadeführer Stellrecht und später noch Gauleiter Meyer. Berger berichtete Himmler, Rosenberg sei sehr »eingeschnappt« gewesen, dass der Befehl Hitlers zur Evakuierung der sogenannten Bandengebiete ohne eine Benachrichtigung von ihm herausgegeben worden sei: »Ich habe ihm erklärt, dass das ein Führerbefehl sei, der ohne unser Zutun entstanden sei und darum sofort veröffentlicht werden musste. Im Übrigen hätte ich die bestimmte Überzeugung, dass SS-Obergruppenführer von dem Bach, als der vom Reichsführer-SS hierfür verantwortliche SS-Führer, mit allen Beteiligten an Ort und Stelle die Sache besprechen würde ...«[66]

Als einen geschwächten Mann, dessen faktische Macht seiner Position nicht mehr entsprach, hatte Albert Speer den Reichsminister für die besetzten Ostgebiete erlebt. In seinem Buch *Der Sklavenstaat* beschrieb er, dass Rosenberg die Flucht nach vorn gesucht habe. Denn seine drei unbotmäßigen Reichskommissare für Nord-, Mittel- und Südrussland wurden in ihren selbstständigen Handlungen planmäßig vom Chef der Partei-Kanzlei, Martin Bormann, unterstützt. Besonders aber hatte sich Himmler als Reichskommissar für die Festigung deutschen Volkstums angemaßt, Zuständigkeiten in den besetzten Teilen Russlands auszuüben, die eigentlich in dem Auftrag Rosenbergs enthalten waren.[67]

In letzter Zeit hätten sich »besondere Schwierigkeiten« zwischen dem Reichsminister und diesem Reichskommissar ergeben, lauteten am 19. Januar 1943 Informationen, die für den Persönlichen Stab Himmlers bestimmt waren. Beispielsweise genehmige Rosenbergs Dienststelle Umsiedlern die endgültige Rückkehr in das »Ostland« und gestatte ihnen, einen Betrieb zu eröffnen. Eheschließungen zwischen Deutschen und Angehörigen eines anderen Volksstamms sollten durch Zustimmung des für die einzelnen Distrikte zuständigen Generalkommissar Rosenbergs möglich sein. Das aber sei keineswegs als dessen Aufgabe anzusehen. Im Gegenteil müsse verlangt werden, dass derartige Entscheidungen allein von den SS-Dienststellen vorgenommen würden. Schließlich sei auch eine Verordnung zu bekämpfen, die den Begriff »Jude« für die besetzten Ostgebiete neu definieren solle. Denn auch hier sei vorgesehen, dass die Generalkommissare in Zweifelsfällen entscheiden könnten. Der Reichskommissar für die Festigung deutschen Volkstums müsse darauf bestehen, dass »die Behandlung der Judenfrage in den politischen Bereich [also der SS] gehöre«, lautete die Forderung.[68]

Gottlob Berger: Himmlers Gefolgsmann im Ostministerium

In einer Phase, in der von einer Konsolidierung und Arbeitsfähigkeit des neuen Ministeriums keine Rede sein konnte, umwarb Rosenberg ausgerechnet SS-Gruppenführer und General der Waffen-SS Gottlob Berger und erhoffte sich durch seine Einbindung in das Ministerium bessere Beziehungen zu Himmler. Dabei betrachtete Berger Rosenberg und dessen Ministerium durchaus skeptisch. In einem Brief an Himmler vom 2. September 1941 berichtete er, dass Rosenberg auf einem Flug nach Bremen seinem Stabsleiter Helmut Stellrecht einen Zettel zugeschoben habe mit der Frage »Wollen Sie mein Stabsleiter werden?«: »Ich klärte SS-Oberführer Stellrecht über die seinerzeitige Trübung des Verhältnisses auf, die in erster Linie dadurch zustande kam, dass eine Reihe von Leuten Freude daran gehabt und den Reichsleiter Rosenberg in jeder Form falsch unterrichtet haben. [...] Ich erklärte SS-Oberführer Dr. Stellrecht, dass es mit seine Aufgabe sei, dass nicht nur ein freundschaftliches, sondern ein herzliches Arbeitsverhältnis zustande kommen müsse. Dies umso mehr, als im Osten gewaltige Aufgaben harren, die nicht gelöst werden können, wenn jeder der Reichskommissare sich als König, Reichsleiter Rosenberg sich aber als Zar von Russland fühle, sondern nur in enger Zusammenarbeit mit dem Reichsführer-SS.«[69]

In einer ungewohnten Offenheit hatte Berger, der als Chef des SS-Hauptamtes erheblichen Einfluss hatte, in einem Gespräch Ende November in Rosenbergs Wohnung fünf unverrückbare Punkte als Voraussetzung für einen Eintritt in dessen Ministerium genannt, nämlich dass

a) über mich in jeder Form im Leben und Sterben der Reichsführer-SS verfüge,
b) ich nun vor zwei Jahren das SS-Hauptamt als nichts übernommen und heute zum mindesten wieder zu einem Hauptamt, das Ansehen hat, gemacht hätte, ich darum nicht nur viel arbeiten müsste, sondern auch an meiner Aufbauarbeit hänge,
c) er an mir, sofern das der Reichsführer-SS genehmigen würde, im nächsten Jahr wenig Freude erleben würde, da die Grundbedingung eine Generalreinigung im engsten Einvernehmen mit Reichsführer-SS sein müsste,
d) ich klare Befehlsgebung durchsetzen würde,
e) ich immer ein Gefolgsmann des Reichsführers-SS bleiben würde und die Voraussetzung klare Absprachen mit Reichsführer-SS seien.[70]

Rosenberg wusste also, wen er sich in sein Ministerium holte. Wenn er dennoch auf Berger bestand, dann um, wie er es ausdrückte, das »allerbeste Einvernehmen zum Reichsführer-SS herzustellen«. Von »Friedensschluss« könne ja keine Rede sein, da es keinen wirklichen Streit gegeben habe. Zwistigkeiten und Befehlsüberschneidungen seien wohl in erster Linie dadurch bedingt gewesen, dass der Befehlsweg nicht klar gewesen sei. Berger deutete die Äußerungen Rosenbergs so, dass er unter allen Umständen mit Himmler zu klaren Abkommen über die Befehlsgewalten kommen wolle. »Er ist bereit, Zugeständnisse zu machen. Er will die Arbeitskraft des Reichsführers-SS ausnützen, aber wenigstens nach außen hin den Schein, dass er Reichsostminister ist, wahren.« Offensichtlich hatte Rosenberg Momente, in denen ihm bewusst wurde, dass er gegen den mächtigen Himmler stets den Kürzeren ziehen würde. Am 25. und 26. Januar 1943 sprachen Rosenberg und Himmler sich aus und kamen überein, ihre Mitarbeiter zur Loyalität anzuhalten. Rosenberg empfand nun »Genugtuung« darüber, »dass H. mir Berger als Staatssekretär überlassen werde. Ich hätte ihn für loyal und tatkräftig gehalten, ich hoffe, dass er auch für die Zukunft viel leisten könne. H: Es sei ihm schwer gefallen, Berger abzugeben, aber da es kein Vakuum gebe, würde ich jemand andres suchen. Vielleicht Kasche, dann würden neue Reibungen die Folge sein. [...] – H. war plötzlich recht milde Koch gegenüber gestimmt, den er als ›Motor‹ doch schätze, er glaube auch nicht, dass der Führer ihn fallen lassen werde. – *Ich* hatte nun allerdings an Koch eine Menge auszusetzen. Seine Großmannssucht sei keine deutsche Politik und habe bereits außerordentlich geschadet.«[71] Trotz aller Versuche aus dem Ministerium selbst, Bergers Berufung zu verhindern, war Rosenberg dazu fest entschlossen und bereit, ihm die Abteilungen Politik und Verwaltung, Finanz und Personal zu unterstellen. Damit würden »die Herren in der Ebene der Hauptabteilungsleiter leider überflüssig«. Rosenberg hätte gern gesehen, wenn sein Ministerialdirektor und SA-Oberführer Ludwig Runte unter SS-Gruppenführer Berger die Abteilung Verwaltung geleitet hätte, doch hatte dieser das empört zurückgewiesen. Er werde nicht unter, allenfalls neben Berger arbeiten. Runte habe geäußert, dass in jedem Fall »durch Aushöhlung von außen« der Reichsführer-SS siegen werde.[72] Für Rosenberg war Runte einer der wichtigsten Mitarbeiter. Er leitete die »Hauptabteilung II, Verwaltung«, die aus neun Abteilungen mit über 40 Arbeitsgruppen bestand, ging aber angesichts der neuen personellen Gegebenheiten in die Wirtschaft.

Der oben beschriebene »Burgfriede« mit Himmler war nicht von Dauer, im Gegenteil. Schon am 1. Februar 1943 hatte Rosenberg von einer – wie er meinte illegalen – »Fortführung« von frühgeschichtlichen Museen aus Rostow durch das »Ahnenerbe« erfahren und gedroht: »Wenn H.[immler] diese Methoden jetzt nicht abstellt, gibt es eben keinen Frieden.«[73] Ebenfalls am 1. Februar 1943 hielt Rosenberg fest, dass Berger ihn gebeten habe, von der geplanten Umorganisation des Ministeriums noch abzusehen, bis er das Geschäft des Staatssekretärs übernommen habe: »Er [Berger] betont, er komme zu mir aus einem persönlichen Treueverhältnis. Er habe dies auch offen Himmler gesagt. Er werde sich ab jetzt als meinen Schildhalter fühlen. Wir verabschiedeten uns sehr kameradschaftlich.«[74] An dieser Treuebekundung Rosenberg gegenüber sind erhebliche Zweifel angebracht, denn die Berichte, die Berger Himmler schickte, lesen sich häufig eher wie die eines Denunzianten.

Bereits 1942 hatte Berger Himmler immer wieder über das Geschehen im Reichsministerium für die besetzten Ostgebiete auf dem Laufenden gehalten. In einem für den Reichsführer-SS bestimmten Protokoll über ein Gespräch mit Gauleiter und Reichstatthalter Alfred Meyer schrieb er: »Die Stimmung sei im Reichsostministerium für Verhandlungen derzeit nicht gut, ›da Reichsleiter Rosenberg auf die Unterzeichnung des seinerzeitigen Protokolls wartet. Meyer erklärte, er habe daher zurückgehalten das Judengesetz, das Ehegesetz sowie den Vorschlag, Staatsanwaltschaften in den besetzten Ostgebieten einzurichten‹.«[75]

Kein Blatt vor dem Mund nahm Berger am 21. November 1942 in einem weiteren Brief an Himmler:

> Die erste Krise im Ostministerium ist eingetreten. Jeder vernünftige Mensch sah sie voraus. Im Übrigen ist großes Rätselraten. Vor 4 Wochen kam Gauleiter Meyer zu mir und fragte mich, wie ich mir wohl die Neuorganisation des Ostministeriums vorstellen würde. Ich hatte ihm ein paar Tage vorher erklärt, dass, so wie sie die Sache aufgezogen hätten, es eine ausgesprochene Bruchorganisation sei, die allenfalls durch den Endsieg Deutschlands aufgehalten, aber keinesfalls gefördert und gestützt würde. Bei nüchterner Betrachtung scheint die Sache so zu liegen:
> 1. Reichsleiter Rosenberg ist innerlich unerhört unsicher geworden. Auf der einen Seite sieht er ein, dass sein besonderer Freund Lohse ein vollkommener Versager, um keinen schärferen Ausdruck zu gebrauchen, ist, der ohne Sinn und Verstand zu regieren versucht, von allen abgelehnt wird und allenfalls sich die Gunst seines Ministers dadurch zu erhalten versucht, indem er gegen die Schutzstaffel im allgemeinen und gegen den Reichsführer-SS im besonderen meckert.[76]
> 2. Koch macht ihm erhebliche Sorge. Dieser soll zum Ausdruck gebracht haben, dass er der künftige Ostminister sei. (Für so dumm halte ich ihn nicht, dass er so etwas sagt!)
> 3. Rosenberg sieht, dass Gauleiter Meyer nicht der Mann ist, der ihm die Sache zusammenhalten kann, dass Meyer genauso wie er unsicher ist und den praktischen Dingen des Lebens fremd gegenübersteht. Dazu wurde erheblich gegen Meyer gehetzt, weil er in der Frage des Siedlungsausschusses die Interessen des Reichsführers-SS zu Ungunsten des Reichsostministeriums vertreten hätte.

Berger schilderte weiter ein Gespräch mit Stabsleiter Stellrecht. Dabei habe er ihm Folgendes erklärt:

> Bei der Errichtung des Reichsostministeriums sind grundsätzliche Fehler gemacht worden.
> 1. Statt dass vom ersten Augenblick an der Reichsostminister sich mit dem Reichsführer-SS als dem stärksten Gliederungsführer und dem Beauftrag-

ten des Führers für die Festigung deutschen Volkstums in Verbindung gesetzt, mit ihm den Aufbau besprochen und von vornherein ein enges Einvernehmen hergestellt hätte, war das Bestreben des Reichsleiters Rosenberg, mit Hilfe dieser Sprüchemacher von der SA seinen Laden gegen den Reichsführer-SS aufzubauen. Diese Tendenz ist bis zum heutigen Tage noch im Reichsostministerium vorhanden.

2. Aus dieser Einstellung heraus wurde eine Reihe von Männern ins Ostministerium, als Generalkommissare – abgesehen von Reichskommissar Lohse – und Gebietskommissare eingesetzt, deren SS-feindliche Haltung von vornherein festlag.

3. Der Reichsostminister hat keine Ahnung vom praktischen Leben gehabt und von den Ereignissen, die von 1939–1941 vorgingen. Sonst hätte er dafür gesorgt, dass nicht ein großer Teil der Abgeschobenen aus »Partei, Wehrmacht und Staat«, wie es so schön heißt, und man kann auch sagen im Großen und Ganzen ebenfalls in den Gliederungen, in dieses Ostministerium kamen. Statt den Laden klein zu halten, hat man ihn aufgebläht, wieder ein Zeichen dafür, dass niemand da war, der vom wirklichen Führen etwas verstand. Ich hätte die feste Überzeugung, dass heute noch Hunderte, ja vielleicht Tausende im Ostministerium herumlungern, die seit Monaten keine positive Arbeit geleistet haben. [...]

4. Hervorgerufen vor allem durch die ganz geringe Durchschlagskraft des Ostministeriums selbst sei drüben im Osten eine Korruption aufgekommen, welche die sprichwörtlich gewordene des Generalgouvernements noch weit in den Schatten stelle. So komme es, dass die wirtschaftlichen Möglichkeiten infolge Fehlens einer starken Führung beim Ostministerium nicht nur nicht ausgenützt, sondern, wie der Herr Reichsfinanzminister mitgeteilt hätte, der gesamte Osten heute ein Zuschussbetrieb sei.[77]

Immer wieder zeigte sich die Führungsschwäche Rosenbergs. Sie führte unter anderem dazu, dass sich jeder berufen fühlte, dem »Führer« eine Meldung über die Verhältnisse in den besetzten Ostgebieten zu machen.[78] Rosenberg selbst wandte sich häufig an Hitler – meistens über Lammers – aber auch seine höherrangigen Mitarbeiter und ganz besonders Reichskommissar Koch. Dabei war es kaum mehr ein Geheimnis, dass Hitler der vielen Eingaben und Beschwerden überdrüssig wurde. Von einer umfangreichen Meldung Rosenbergs soll er nur 2 Seiten gelesen haben, »sie dann im übrigen durchgeblättert und abgelegt haben«.

So kritisch wie Berger das Ostministerium schilderte, sahen es auch Rosenbergs Ministerkollegen, an erster Stelle Goebbels. Er hielt am 2. März 1943 in seinem Tagebuch u. a. fest, dass er von General Zeitzler einen Brief erhalten habe, der für Rosenberg wenig schmeichelhaft gewesen sei:

Ich mache Göring klar, dass es unbedingt notwendig ist, den Krieg nicht nur militärisch, sondern auch politisch zu führen, und komme in diesem Zusammenhang auf die Ostproklamation zu sprechen. Von deren Notwendigkeit ist Göring ebenso fest überzeugt wie ich. Allerdings glaubt er nicht, dass sie mit Rosenberg durchzusetzen ist.
Über Rosenberg fällt er das verheerendste Urteil. Aber auch da wundert er sich, dass der Führer weiter an ihm festhält und ihm Kompetenzen gibt, die er gar nicht ausfüllen kann. Rosenberg gehört in eine Gelehrtenstube, aber nicht in ein Ministerium, das fast 100 Millionen Menschen verwaltet. Der Führer hatte sich das Ostministerium auch als Führungs- und nicht als Verwaltungsinstrument gedacht. Rosenberg hat, wieder seiner alten Neigung folgend, sich mit solchen Dingen zu beschäftigen, von denen er nichts versteht, einen Riesenapparat daraus gemacht, dessen er nun nicht Herr wird.[79]

Bezeichnend ist folgendes Schreiben Bergers vom 18. Mai 1943, das keine Zweifel darüber zulässt, dass er sich allein Himmler verpflichtet fühlte:

Reichsführer!
Entsprechend dem gegebenen Befehl war ich heute von 12.00 bis 12.45 bei Reichsleiter Rosenberg. Leider war er nicht so freundlich wie sonst, in erster Linie wohl darum, weil in der Zwischenzeit in Berlin verbreitet wurde, dass der Reichsführer-SS eine enge Verbindung mit Reichsleiter Rosenberg nicht wünsche, was schon äußerlich an meinem Nichtabgange zu erkennen sei. Es war darum etwas schwer, den Kontakt zu bekommen. Reichsleiter Rosenberg ist meiner Ansicht nach entschlossen, nicht nachzugeben. Für diesen Fall habe ich ihm als tragbare Lösung vorgeschlagen, beim Führer die Ablösung sämtlicher Gauleiter, die in seinem Ministerium beschäftigt sind, zu beantragen, da durch die dauernden Fliegerangriffe jeder Gau in Mitleidenschaft gezogen und seinen Gauleiter beanspruchen würde. Er selbst findet diesen Vorschlag ausge-

zeichnet, glaubt aber, von sich aus ihn dem Führer nicht vortragen zu können. [...] Reichsleiter Rosenberg hat in einem Fernschreiben vom 13.5.43 den Reichskommissar Koch noch einmal eindeutig angewiesen, seinen Erlass vom 18.3.43 über die Wiedereröffnung der medizinischen Hochschulen Winniza, Kiew und Dnjepropetrowsk endgültig durchzuführen. Es ist das eine Führeranordnung, durchgegeben durch den Arzt des Führers, Dr. Brandt. Koch hat hierauf Folgendes geantwortet:

»Meine Anfrage vom 30.4.43, mir die Führeranordnung über die Bildung von medizinischen Hochschule bekanntzugeben, erfolgte lediglich aus dem Grunde, weil mir einmal mein Höherer SS- und Polizeiführer im Auftrage des Reichsführers-SS in der gleichen Angelegenheit eine Führeranordnung mit genau entgegengesetzten Inhalt übermittelt hatte, zum anderen, weil auch mir gegenüber der Führer die mir durch Prützmann übermittelte Auffassung vertreten hat.«

Hierzu gibt aber SS-Obergruppenführer Prützmann durch Fernschreiben bekannt, dass weder er noch der Führer der Sicherheitspolizei eine derartige Anweisung von sich aus oder im Auftrage des Reichsführers-SS gegeben hätte

Dieser Fall zeigt erneut, dass mit Gauleiter Koch überhaupt nicht zu rechnen ist, weil er dauernd versucht, den Reichsführer-SS gegen Reichsleiter Rosenberg auszuspielen.

Bei dieser Gelegenheit wurde die Frage der Volksdeutschen in der Ukraine besprochen. Rosenberg erkennt die Vorderhand und die Leistungen des Reichsführers-SS in all diesen Dingen in jeder Beziehung an. Er bittet nur, dass man gelegentlich auch etwas von ihm erwähnen würde. Zum Beispiel würde jeden Donnerstag ein Waggon an Bekleidung, Möbeln usw. für die Volksdeutschen abgehen. Noch nie hätte man etwas davon gesagt, sondern immer nur, auch bei Besichtigungen durch Journalisten usw., nur von der Vomi gesprochen, allenfalls, dass dann noch gegen das Ostministerium abfällige Bemerkungen fallen würden. [...]

5. Erneut trug Rosenberg seine Klagen gegen das »Ahnenerbe« vor. Ich konnte ihm heute mit einem sachlichen Bericht des SS-Standartenführers Sievers antworten.

6. Rosenberg war sehr eingeschnappt, dass dieser Befehl des Führers über die Evakuierung der Bandengebiete ohne eine Benachrichtigung von ihm herausgegeben worden sei.

7. Rosenberg verlas einen sehr scharfen Protest an Generalfeldmarschall Keitel wegen der starken Propaganda des Oberkommandos der Wehrmacht in der Wlassow-Angelegenheit.

8. Gauleiter Meyer besprach seine Organisationspläne, des Weiteren die Absicht, an den Reichsführer-SS heranzutreten, um mir die ehrenamtliche Führung eines Führungsstabes Politik zu übertragen. Ich habe einmal abgelehnt, ihn darauf aufmerksam gemacht, dass im eigenen Bereich noch Männer da wären, die die Sache machen könnten; ihn des weiteren auf den Regierungspräsidenten Eckhardt in Stettin, als für diese Aufgabe besonders geeignet, hingewiesen.
Ich werde Reichsführer-SS auf dem Laufenden halten.[80]

Immer wieder kam es auch zu vernichtenden Urteilen durch Goebbels. Er notierte am 9. Dezember 1943:

> Wie schlecht wir Politik im Osten betreiben, kann man daran ersehen, dass der Führerbefehl zur Überleitung der Propaganda im Osten an uns von Rosenberg noch immer nicht durchgeführt worden ist. Rosenberg sucht ihn nach Strich und Faden zu sabotieren und zu torpedieren. Ich kann nicht verstehen, dass der Führer solch widerspenstigen Nichtskönner weiter im Amt belässt. Wenn ich an seiner Stelle wäre, so würde ich hier sehr schnell Tabula rasa machen. Rosenberg hat uns nicht nur im Osten, sondern auch auf allgemein politischem Gebiet viel mehr geschadet als genützt; es wäre Zeit, dass man mit ihm Fraktur redet.[81]

Dazu aber war es zu spät. Berger sprach am 20. Dezember 1944 in einem Brief an Himmler ironisch/zynisch vom »Reichsministerium für die nicht mehr besetzten Ostgebiete«: Veranlasst durch das Eingreifen des Reichsführers-SS sei auch das Reichsministerium für die nicht mehr besetzten Ostgebiete aktiv geworden. In den letzten vierzehn Tagen hätten sich die Besprechungen überschlagen, und Rosenberg sei seit dem 1. Dezember achtmal bei Lammers gewesen, »um sein Ministerium unter allen Umständen zu retten«. Ihm, Berger, sei mitgeteilt worden, dass Rosenberg auch von Hitler empfangen worden sein soll. Hitler habe ihm zugesichert, dass er »die Führung in Fragen des Ostens« behalte. Das allerdings widerspreche Mitteilungen, die er aus dem Auswärtigen Amt erhalten habe.[82]

Und am 31. Dezember 1944, teilte SS-Standartenführer Brandt Berger das Aus für Rosenbergs Ministerium mit: Himmler habe dem Gauleiter in Posen, Greiser, mitgeteilt, er werde Rosenberg wissen lassen, »dass das Ostministerium mit den rückgeführten Deutschen aus Russland nichts mehr zu tun habe und dass nach dem Führer-Erlass allein er dafür zuständig sei«.[83]

Erich Koch – Hitlers »zweiter Stalin«

Erich Koch war 1928 Gauleiter von Ostpreußen, 1930 Reichstagsmitglied und nach der »Machtergreifung« Preußischer Staatsrat geworden. Er drängte den ostpreußischen Oberpräsidenten Wilhelm Kutscher aus dem Amt, gründete 1933 die Erich-Koch-Stiftung und gestaltete sie zu einem Apparat der Selbstbereicherung um.[84] Hitler nahm das hin, denn unter Koch »funktionierte« Ostpreußen. Die Arbeitslosigkeit wurde mit rigorosen Mitteln eingedämmt, die Verwaltung gleichgeschaltet, jegliche Opposition unterdrückt.[85]

Noch besser funktionierten Ausbeutung und Selbstbereicherung nach Kriegsbeginn, als Koch Reichsverteidigungskommissar von Ostpreußen wurde. Nach dem Beginn Überfall auf die Sowjetunion wurde Koch 1941 Zivilkommissar und war nun im Raum Białystok Chef der Zivilverwaltung und damit verantwortlich für die Besatzungspolitik. Wenig später wurde er auch noch Reichskommissar für die Ukraine. Sein »Herrschaftsbereich« – formell unterstand er dem Reichsminister für die besetzten Ostgebiete, Alfred Rosenberg – reichte von der Ostsee bis zum Schwarzen Meer und von der Weichsel bis zum Dnjepr. Zu Kochs Aufgaben gehörte die Beschaffung von Zwangsarbeitern für die deutsche Industrie und Landwirtschaft in Zusammenarbeit mit Fritz Sauckel, dem Generalbevollmächtigten für den Arbeitseinsatz. Dazu kamen Verfolgung und Vernichtung polnischer und ukrainischer Juden. Ferner ließ er alle höheren Bildungsanstalten schließen, um Polen und Ukrainer zu Arbeitssklaven zu machen.

Das Menschenbild Kochs geht aus folgenden Bemerkungen Rosenbergs hervor:

Koch war der Ansicht, »die Ukrainer seien ein Kolonialvolk, das als solches mit der Peitsche wie die Neger behandelt werden solle«, schrieb Rosenberg Ende März 1943 an Lammers. »Koch hat zu Beginn seiner

Tätigkeit nach dem ersten Besuch bei mir das Ostministerium mit den Worten verlassen, dass die Ukrainer, die ›Urslawen‹, am besten mit der Nagaika, d.h. mit der Kosakenpeitsche, zu regieren seien.«[86] Diese menschenverachtende Haltung war es, die mit dazu beitrug, dass Koch bei Hitler eher Gehör fand als sein zuständiger Minister Rosenberg.

Rosenberg hatte Erich Koch am 8. September 1941 die Ernennungsurkunde zum Reichskommissar für die Ukraine ausgehändigt und damit einen seiner ärgsten Feinde in sein Haus geholt. Rosenberg dürfte dies bewusst gewesen sein. Am 4. November 1941 berichtete Otto Bräutigam über eine Rede, die Koch vor Offizieren des OKW und des OKH gehalten und in der er eine »scharfe Kolonialpolitik« angekündigt hatte. Vor allem aber hatte er deutlich gemacht, dass er sich von Rosenberg nichts würde vorschreiben lassen. »Er ginge zum Führer ohne Benehmen mit dem Ministerium. In Berlin säßen nur Ideologen«, wetterte Koch. Rosenberg stellte ihn deshalb zur Rede, doch leugnete Koch alles ab. Später habe er, Rosenberg, Hitler gebeten, »Koch nur in meiner Gegenwart zu empfangen. Der Führer stimmte sofort zu«.[87] In der Praxis konnte davon allerdings zu keinem Zeitpunkt die Rede sein.

Das Engagement der Ukrainer zugunsten der Nationalsozialisten ließ zu wünschen übrig, und nach Überzeugung Rosenbergs war Kochs Politik hierfür verantwortlich. Es sei ein starker Rückgang der früheren Einsatzbereitschaft zu verzeichnen. Dieser habe kriegsbedingte Ursachen: den Krieg selbst, die Notwendigkeit von Requisitionen, manche oft nicht zu vermeidende Zustände in den Kriegsgefangenenlagern und andere härtere Maßnahmen. Jedoch sei eine weitgehende Unzufriedenheit auch auf das Verhalten verschiedener Dienststellen zurückzuführen. Grundsätzlich sei Folgendes zu sagen:

> In manchen Lagern – auch im Reich – sind ukrainische Zivilarbeiter als Bolschewisten bezeichnet, ähnlich wie diese hinter Stacheldraht gesetzt und entsprechend behandelt worden. Andere Äußerungen besagen, dass die Ukrainer überhaupt keine Schule brauchen und möglichst blöd und dumm erhalten werden müssten, um für uns zu arbeiten. [...] In einer Stadt sind bei kleineren Vergehen 20 Ukrainer öffentlich ausgepeitscht worden An verschiedenen Dienststellen ist es zu mehrfachen Verprügelungen, ohne jedes Urteil, sogar der Volksdeutschen gekommen. Das öffentliche Auspeitschen ist angesichts der Auffassung selbst vom Bolschewismus streng verboten gewesen.

Alle derartigen Äußerungen und Vorfälle schaden dem deutschen Ansehen, erschweren im Endergebnis die Sicherung der kriegsnotwendigen Arbeiten und vermindern im steigenden Maße die Arbeitswilligkeit der Bevölkerung. Zudem besteht die unmittelbare Gefahr darin, dass, wenn die Bevölkerung zum Glauben kommen sollte, die Herrschaft des Nationalsozialismus würde sich schlimmer auswirken als die bolschewistische Politik, dann wäre bei einer solchen Verzweiflungsstimmung das Auftreten von Sabotageakten und Bandenbildungen das notwendige Ergebnis. [...] Ein Herrenstandpunkt besteht nicht darin, mit der Peitsche durch das Land zu ziehen und von der Minderwertigkeit der regierten Völker zu reden, sondern äußert sich in einer selbstverständlichen Haltung, in einer, wenn nötig festen, ja strengen, aber gerechten Regierung.[88]

Viele Angriffe richteten sich gegen Koch, er war jedoch nicht willens, sie unwidersprochen zu lassen. Er habe, so ein Schreiben vom 2. Juni 1942, »sich des Eindrucks nicht erwehren können, dass [...] gelegentliche kleine Übergriffe« der Ukrainer als Folgen seiner Politik angesehen würden. Er forderte Rosenberg auf, die »unberechtigten Angriffe gegen meine politische Arbeit, die sich fortgesetzt wiederholen ...[zu] unterdrücken« und bat, sein Ansehen nicht noch dadurch zu schwächen, dass Rosenberg Erlasse, die Kritik an ihm enthielten, an seine nachgeordneten oder gänzlich unbeteiligten Stellen schickte.[89]

Es ist kaum vorstellbar, dass in einer Zeit, in der Millionen Menschen starben, Hitler und die Wehrmachtsführung sich immer wieder mit dem Streit zwischen Rosenberg und Koch befassen mussten. Nach einem Gespräch mit Feldmarschall Keitel und General Zeitzler meinte Hitler bei einer seiner »Lagebesprechungen« am 8. Juni 1943:

Ich habe eine Unterredung zwischen Rosenberg und Koch gehabt und konnte nur eines feststellen, dass natürlich bei diesen beiden ungeheure Differenzen sind. Rosenberg hat nun seinen eigenen politischen Unterweltsladen aus seiner eigenen Emigrantenzeit von einst da. Nun sind natürlich diese Emigranten in den Jahren 1919/22 uns ganz sympathisch gewesen, weil man sagte: Vielleicht kommt in Russland ein Umschwung. Es hat sich gezeigt, dass alles auch ein Phantom war. Die Emigranten haben gar nichts geleistet. Die haben von uns in Deutschland gelebt und sind von uns gefüttert worden. 1921 habe ich mit Rosenberg schon eine Auseinandersetzung darüber gehabt, und ihm gesagt: Rosenberg, merken sie sich eines: Revolutionen werden nur von Leuten gemacht, die in einem Staat sind, nicht von Leuten, die draußen sind. Da kam der ukrainische Hetman, der hat sich damals vorgestellt. Da habe ich gesagt: Rosenberg, was versprechen Sie sich von diesem Mann? – Ja, er organisiert die Revolution. Da sagte ich: Da müsste er in Russland sein. Die Leute, die eine Revolution machen, müssen in dem Staat sein. Das ist genau so, als wenn ich in der Schweiz wäre und sage: Ich organisiere von der Schweiz eine Revolution in Deutschland. Das ist geradezu kindisch. Wie stellen Sie sich das vor? Da sagte er: Lenin. Da habe ich gesagt: Lenin hat es nicht gemacht, sondern wir haben Russland zertrümmert und zerschmettert und in dieses zerbrochene Russland Lenin hineingeholt; der konnte dann drin sein. Aber es ist doch nicht so, dass man von außen eine Revolution machen kann. Da war der Zar gestürzt. Erst ist die Kerenski-Revolution gewesen. Russland ist auf dem Schlachtfeld zertrümmert worden, dann erst ist der innere Zusammenbruch erfolgt. Ich habe mich bemüht, Rosenberg das klarzumachen. Nun hat er aber aus dieser Zeit seinen Laden. Es kommt nun noch etwas hinzu. Rosenberg ist einer der schärfsten Denker in allen Weltanschauungsfragen. Gerade die Beschäftigung mit Weltanschauungsfragen hat ihn natürlich sehr wenig Berührung, ich muss schon sagen, mit den ordinären Tagesfragen finden lassen. Die Weltanschauungsfragen und die ordinären Tagesfragen sind dadurch nicht so leicht auf einen Nenner zu bringen.

Nun waren neulich die beiden Exponenten bei mir, der eine der Weltanschauungsfragen und der großen Politik und der andere der ordinären Tagesfragen, Koch. Koch sagte Rosenberg ins Gesicht: Pg. Rosenberg, es ist ja sehr einfach, was Sie mir sagen; aber Sie müssen doch eines zugeben: Die Politik, die Sie machen wollen, also Aufbau von Hochschulen, Aufbau von nationalen Komitees usw., kann ich doch nur dann durchführen, wenn ich diesen Leuten auch ein Betätigungsfeld gebe; denn wenn ich ihnen das Betätigungsfeld nicht gebe, ist diese ganze Arbeit, die Sie da machen, nichts anderes als das Aufspeichern einer evolutionären Energie, die sich eines Tages gegen uns entladen muss. Nun sagt Koch: Es ist doch so, zu mir kommt man, und zwar kommt Backe, und hinter Backe steht die Wehrmacht. die Wehrmacht sagt nicht: Lieber Backe, wollen wir verhandeln, können Sie die Rationen geben oder nicht, sondern die Wehrmacht sagt: Das verlangen wir. [...] Nun sagt Koch: Sagen Sie mir, Parteigenosse Rosenberg, was soll ich machen? Soll ich Backe sagen: Das tut mir leid, Parteigenosse Backe, ich muss einen ordentlichen, sauberen ukrainischen Staat aufbauen; das kann ich Ihnen nicht 5,7 Mio t Getreide geben, ich gebe nur 2 Millionen oder 1 Million t und damit Schluss; denn ich habe die Aufgabe, den Staat aufzubauen. Da konnte Rosenberg auch nichts sagen. Koch sagte: Mein lieber Rosenberg, Sie leben im Ostministerium in der schönen Welt der Organisation des Gebiets. Aber ich lebe zunächst in der harten Welt der Befriedigung von tausend Wünschen, die an mich kommen. Ich sehe nur meinen Ehrgeiz darin, dass ich diese Wünsche befriedige. Ich bin hergesetzt worden, um das zu tun. Mir bleibt auch nichts anderes übrig. Er sagte: Ich verliere hier 500.000 Juden. Ich muss sie wegnehmen, weil die Juden das Element des Aufruhrs sind. Nun sind aber in seinem Gebiet die Juden tatsächlich die ganzen Handwerker gewesen. Sie wollen jetzt Hochschulen und Mittelschulen errichten, damit wir hier den nationalen ukrainischen Staat bauen, der einmal gegen Russland kämpfen soll. Ich bin nicht einmal in der Lage, dem Arbeiter, der hier arbeiten muss, die Stiefel flicken zu lassen. Das kann ich nicht, weil kein Handwerker mehr da ist. Die Juden sind alle weg. Was ist wichtiger: dass ich den Ukrainer abrichte, Stiefel zu flicken, oder dass ich ihn in die Hochschule schicke, damit Sie den ukrainischen Staat aufbauen?[90]

Im Rahmen der üblichen Lagebesprechungen im Führerhauptquartier empfing Hitler am 19. Mai 1942 Rosenberg und Koch zu einer Besprechung der zwischen ihnen seit geraumer Zeit schwelenden Differenzen über die deutsche Ostpolitik. Rosenberg verfolgte im Osten ein politisches Ziel – Amputation des russischen Kolosses durch bewusste Nationalitätenpolitik und relative Förderung der »Minderheiten«, insbesondere der Ukrainer, während Koch in der Ukraine eine reine Kolonial- und Ausbeutungspolitik zugunsten der deutschen Kriegswirtschaft im Sinne Görings und Bormanns betrieb.

In jener Besprechung, in der sich Hitler im Wesentlichen auf die Seite Kochs schlug und damit dem Minister in den Rücken fiel, wurde dem Ostminister auch die Verwendung von »Angehörigen fremder Rassen« in seiner Dienststelle verboten. Damit waren die Emigranten gemeint, mit denen Rosenberg seit seiner München Zeit 1919 in engem Kontakt stand und die vielfach in seinem Ministerium – und dabei trotz Polizeiverboten zu Hunderten, wenn nicht Tausenden sogar in den Ostgebieten – Verwendung gefunden hatten.[91]

An eine Einigung zwischen Rosenberg und Koch war nicht zu denken. Hitler und Koch auf der einen Seite und Rosenberg auf der anderen hatten völlig unterschiedliche Vorstellungen von der Behandlung der Menschen in den besetzten Ländern und hier besonders der Ukraine. Dafür steht beispielsweise dieses Schreiben Bormanns an Rosenberg, persönlich, in dem der Minister – zumindest indirekt – wegen seiner zu »milden« Politik getadelt wurde:

> Der Führer wünscht, wie ich Ihnen im Auftrage mitteile, dass Sie für Beachtung und Durchsetzung folgender Grundsätze in den besetzten Ostgebieten Sorge tragen:
> 1. Wenn Mädchen und Frauen der besetzten Ostgebiete ihre Kinder abtreiben, dann kann uns das nur recht sein; keinesfalls also sollen sich deutsche Juristen dagegen wenden. Man müsste nach Auffassung des Führers sogar einen schwungvollen Handel mit Verhütungsmitteln in den besetzten Gebieten zulassen, denn wir können keinerlei Interesse daran haben, dass sich die nichtdeutsche Bevölkerung vermehrt.
> 2. [...]
> 3. Deshalb soll auch keinesfalls eine deutsche Gesundheitsfürsorge für die nichtdeutsche Bevölkerung in den besetzten Ostgebieten einsetzen. Ein Impfen z.b. der nichtdeutschen Bevölkerung und ähnliche vorbeugende Gesundheitsmaßnahmen sollen keinesfalls infrage kommen.
> 4. Keinesfalls darf der nichtdeutschen Bevölkerung eine höhere Bildung beigebracht werden. Würden wir in diesen Fehler verfallen, würden wir selbst einen kommenden Widerstand geradezu züchten. Es muss also nach Auffassung des Führers durchaus genügen, wenn die nichtdeutsche Bevölkerung – auch die sogenannten Ukrainer – lesen und schreiben lernen.
> 5. Keinesfalls dürfen wir bei der nichtdeutschen Bevölkerung durch irgendwelche Maßnahmen ein Herrenbewusstsein züchten! Das Gegenteil ist notwendig.
> 6. Anstelle der jetzigen Schriftzeichen soll künftig in den Schulen die Normalschrift gelehrt werden.
> 7. Keinesfalls sollen die russischen (ukrainischen) Städte irgendwie hergerichtet oder gar verschönert werden, denn die Bevölkerung soll kein besseres Niveau bekommen und die Deutschen sollen in später neu zu erbauenden Städten und Dörfern wohnen, die von der russischen (ukrainischen) Bevölkerung streng abgesetzt sind. Deshalb sollen auch die für Deutsche zu

erbauende Häuser keinesfalls den russischen (ukrainischen) gleichen (kein Lehmverputz, kein Strohdach usw.)«[92]

Rosenberg antwortete erst am 20. Oktober 1942 auf diesen Brief, der nicht nur ihn beschäftigte. Er habe am 23. Juli 1942 von Bormann einen Brief mit »bestimmten Wünschen des Führers auf verschiedenen Gebieten« erhalten. U.a. dass der Führer eine besondere Zurückhaltung z.b. bei der Herstellung von Schulbüchern wolle. Er habe Bormann geschrieben und ihm mitgeteilt, dass in der Frage der Schule und der Schulbücher noch gar keine Verfügung ergangen sei. »Ich wollte über diese Frage dem Führer Vortrag halten.« Der aber sei wegen vieler militärischer Vorgänge immer wieder hinausgeschoben worden.[93]

Otto Bräutigam fiel eines Tages eine Broschüre mit den wirtschaftlichen Richtlinien für die besetzten Ostgebiete in die Hände. Sie sahen vor allem die skrupellose Ausbeutung vor, nicht aber den Wiederaufbau der Wirtschaft. Er ging damit zu Georg Leibbrandt, Leiter der Hauptabteilung im Ostministerium und Vertrauter Rosenbergs, der die Empörung teilte. Anwesend war auch Arno Schickedanz, »der Stabsleiter Rosenbergs im Außenpolitischen Amt der Partei, ein Schulfreund Rosenbergs aus Reval, der mit seiner überheblichen und beißenden Kritik an allem, was ihm in die Hände fiel, einen unheilvollen Einfluss auf Rosenberg ausgeübt hat. Rosenberg sah sich die Broschüre [...] ruhig an. Dann blieben seine Augen auf dem am Schluss abgedruckten Verteiler haften. Nun wurde er lebhaft, denn dort stand die Dienststelle Rosenberg ziemlich weit unten, hinter allen möglichen zivilen und militärischen Dienststellen. Zum Inhalt bemerkte er nur, es werde nichts so heiß gegessen, wie es gekocht werde. [...] Rosenberg fand sich nicht bereit, auf eine Zurückziehung der ›Grünen Mappe‹ zu drängen, aber er schrieb einen Brief an Göring, in dem er ihn bat, ihn künftig bei der Abfassung solcher Richtlinien zu beteiligen und ihn an angemessener Stelle im Verteiler zu berücksichtigen.«[94]

Koch herrschte in seinem Reichskommissariat nahezu unumschränkt und äußerst grausam. SS-Gruppenführer Gottlob Berger, der die Nachfolge Leibbrandts angetreten hatte, meldete Himmler am 3. April 1943, »dass einige Ehrenzeichenträger der Partei, anerkannte und bewährte Kreisleiter – einer soll dem Führer persönlich bekannt sein – ein Parteiverfahren auf Ausschluss aus der Partei gegen Koch einleiten wollen aufgrund der aus rein jagdlichen Gründung erfolgten Räumung eines Waldgebietes und Erschießung von ukrainischen Bauern«. Berger sprach zudem von der »leidigen Angelegenheit Rosenberg/Koch«, der Streit sei bereits überall bekannt. Die Reaktion falle überall ganz eindeutig zugunsten Rosenbergs aus: »Was ich immer vermutet hatte, dass Rosenberg gerade im Laufe der letzten Jahre unerhört viel Sympathien im Deutschen Volke gewonnen hat, insbesondere unter den wirklich treuen Parteigenossen ist Tatsache.« [95]

Gut zwei Wochen zuvor, am 13. März 1943 hatte Rosenberg – sehr spät zwar – eine »Meldung an den Führer« formuliert und darum gebeten, Koch von seinen Dienstgeschäften entbinden zu dürfen. Anlass war die offene Auflehnung Kochs gegen den Minister. Rosenberg hatte den Reichskommissar deshalb zur Aussprache nach Berlin bestellt. Zu einer Unterredung kam es nicht, denn Koch »hat mit Geschrei, das durch alle Nachbarräume zu hören gewesen ist, nur Vorwürfe erhoben und sich dazu gesteigert, mir zu erklären, ich hätte mit Emigranten konspiriert. Ferner schrie er mir ins Gesicht, er erkenne meine Kompetenz in der Beurteilung seiner Aufsätze über Ostpolitik, die er im Reiche zu veröffentlichen gedenke, nicht an.« Es sei gänzlich unmöglich gewesen, mit Koch überhaupt noch ein Wort zu wechseln. Deshalb habe er die Unterredung abgebrochen.[96]

Es ist bezeichnend, wie einig sich Hitler und Koch waren, wenn es darum ging, die Ukraine im buchstäblichen Sinn zu unterjochen. An den Tischgesprächen im Führer-Hauptquartier nahm häufig Rosenbergs Verbindungsmann Werner Koeppen teil und verfasste jeweils aufschlussreiche Protokolle. Sie hätten für Rosenberg Handlungsanweisungen darstellen können, wenn er sich an ihnen orientiert hätte:

Bericht Nr. 32, Führer-Hauptquartier, den 19. September 1941[97]
Gäste: Reichsminister Dr. Lammers, Reichskommissar Koch
Das Tischgespräch dreht sich im Wesentlichen über das Thema »Freie Ukraine«, ohne besonders neue Argumente aufzuweisen. Sowohl der Führer als auch der Reichskommissar lehnen eine freie Ukraine ab. Die Slawen seien eine Kaninchenfamilie, die von sich aus niemals über den Verband der Familie hinweggehen werde, wenn sie nicht von einer Herrenschicht dazu gezwungen werde. [...] All das ihnen aufgepfropfte Wissen bleibe bestenfalls ein Halbwissen, das sie unzufrieden und anarchistisch mache. Eine Gründung einer Uni-

versität in Kiew müsse schon aus diesem Grunde abgelehnt werden. Außerdem werde von der Stadt Kiew kaum etwas stehen bleiben. Die Tendenz des Führers, der die Zerstörung der russischen Großstädte als Voraussetzung der auf Dauer angelegten Macht in Russland ansieht, wurde durch den Reichskommissar noch gefestigt, der die ukrainische Industrie nach Möglichkeit zerschlagen will, um das Proletariat auf das Land zurückzubringen. Wenn man dann noch die unentbehrlichen Genussmittel Alkohol und Tabak ins Staatsmonopol nehme, habe man die Bevölkerung in den besetzten Gebieten restlos in der Hand. Koch betonte, dass man von Anfang an hart und brutal sein müsse, und nicht in den Fehler von 1917/18 verfallen dürfe, mal nachgiebig und mal hart zu sein. [...] Reichskommissar Koch wird seinen Vortrag beim Führer erst am 19.9. nachmittags haben, da zu der Besprechung auch Generalfeldmarschall Keitel anwesend sein soll, der am 18.9. zur Heeresgruppe Nord nach Pleskau geflogen war. Die Stimmung im F.H.Qu. ist für Koch sehr günstig, alle halten ihn für den geeigneten Mann und »zweiten Stalin«, der seine Aufgabe auf das beste lösen wird.

Bericht Nr. 33, Führer-Hauptquartier, Sonnabend, den 20.9.1941
Reichskommissar Koch muss wenig Erfreuliches über den Zustand der Zivilverwaltung berichtet haben, wie ich wieder Erzählungen des Gruppenführers Schaub entnehmen konnte. Er hätte als Reichskommissar nur einen schweren amerikanischen Wagen, mit dem auf den dortigen Straßen nichts anzufangen sei. Die Beamten, die man ihm schicke, kämen mit einem kleinen Musterköfferchen, 2 Butterbroten und einer Tomate ohne jegliche weitere Ausrüstung in das Land, wo er meist nicht einmal ein Dach über dem Kopfe hat.

Bericht Nr. 34, 20. September 1941
Da die Ausführungsbestimmungen laut Führererlass eindeutig in die Hände des Reichsministers für die besetzten Ostgebiete gelegt sind, so dürfte das von Dr. Leibbrandt angedeutete Nebeneinander von 2 Zivilverwaltungen in diesem Gebiet schnell abzustellen sein.

Bericht Nr. 36, Führerhauptquartier, 23. September 1941
Oberst [Werner von] Tippelskirch, den ich am 22.9. nachmittags aufsuchte, teilte mir mit, dass es vor einigen Tagen bei der Unterredung von Gauleiter Koch beim Führer in Anwesenheit des Feldmarschalls zu lebhaften und sehr lauten Auseinandersetzungen zwischen Koch und Keitel gekommen wäre, da

Koch der Militärverwaltung eine ungerechtfertigte Bevorzugung und falsche Behandlung der Ukrainer vorgeworfen hat, die nicht im Sinne des Führers läge. Die Wehrmacht wiederum beruft sich auf die vom Reichsministerium für die besetzten Ostgebiete herausgegebenen Richtlinien über die Behandlung der Ukrainer, in der der Satz vorkommt, dass die Ukraine als gleichberechtigtes Mitglied in die europäische Völkerfamilie aufgenommen würde. Reichskommissar Koch hat vom Führer die Stellung von 20.000 Gendarmerie- und Polizeitruppen verlangt, da er wohl annimmt, dass die Ukraine mit der von ihm beabsichtigten Politik nicht einverstanden sein werde. Die Frage, ob diese 20.000 Mann dem Höheren SS- und Polizeiführer oder dem Reichskommissar direkt unterstehen sollen, ist nach Meinung von Tippelskirch auch noch ungeklärt.

Es handelt sich bei diesem Vorstoß um einen direkten Versuch eines Reichskommissars, über oder gegen die Anweisungen des Reichsministeriums zu regieren, denn das OKW ist ja nur ein vorgeschobener Gegner. Es muss nun auf alle Fälle auf das Schnellste festgestellt werden, welche Absicht der Führer in der Frage der Behandlung der Ukraine hat. Es handelt sich hier um eine ganz entscheidende Frage, die das Ansehen des Ministeriums sowohl gegenüber seinen nachgeordneten Dienststellen als auch gegenüber einer fremden Dienststelle (OKW) entscheidend und für die Dauer bestimmen wird. Auch die Dienststellen des OKWs halten einen möglichst baldigen Termin des Reichsministers beim Führer in dieser Frage für unerlässlich.

Wie bereits telefonisch durchgegeben, habe ich im Einvernehmen mit Reichsleiter Bormann, Gruppenführer [Julius] Schaub[98] und Oberst [Rudolf] Schmundt[99] den Termin des Reichsministers für Donnerstag, den 25.9. nachmittags festgelegt. Reichsleiter Bormann, der an den Besprechungen teilnehmen möchte, fliegt am Freitag früh für einige Tage nach München.

Bericht Nr. 37, Führerhauptquartier, Mittwoch, den 24. September 1941
Abendtafel 23.9.

Der Führer kam dann wieder auf den russischen Volkscharakter zu sprechen und führte aus, dass die Ukrainer genauso faul, unorganisiert und nihilistisch-asiatisch seien als die Großrussen. Hier von einem Ethos der Arbeit und der Pflicht zu reden, wäre vollkommen zwecklos. Die Menschen würden das nie verstehen, da sie nur auf die Peitsche reagieren.

Bericht Nr. 41, Montag, den 6. Oktober 1941
Abendtafel 5.10. Gäste: Reichsführer-SS Himmler
Der Reichsführer-SS war von seiner ausgedehnten Reise aus der Ukraine zurückgekommen, die ihn von Kiew bis Nikolajew und Carson geführt hatte. Er erzählte von seinen Eindrücken aus Kiew. Von Kiew sei lediglich ein Stadtteil völlig niedergebrannt, die Zahl der Einwohner sei aber noch sehr groß. Diese Bewohner machten durchweg einen schlechten, proletarischen Eindruck, sodass man gut 80–90 Prozent von ihnen entbehren könne.

Rosenbergs Intimfeind Joseph Goebbels schien die Streitigkeiten zwischen dem Minister und Reichskommissar Koch geradezu zu genießen. Schadenfroh meinte er am 11. März 1942 in seinem Tagebuch, es handle sich im Wesentlichen nicht um ein »Ost-, sondern um eine ›Chaost-Ministerium‹«. Göring habe Bedenken, ob Rosenberg auf die Dauer einer so riesigen Aufgabe gewachsen sein wird. »Wir wissen ja alle, dass er nicht in der Lage ist zu organisieren. Er ist ein reiner Theoretiker. Wie soll er ein derartiges Riesengebiet, das fast einen Erdteil darstellt, praktisch organisieren und verwalten!«[100], fragte sich nicht nur Goebbels. Ihm war im Übrigen ein Brief- und Erlasswechsel zwischen Koch und Rosenberg zugespielt worden, der seiner Ansicht nach »ein vollkommenes Chaos in der Verwaltung der besetzten Ostgebiete ad oculos[101] demonstriert«. Rosenberg vertrete eine gemäßigtere, Koch eine radikale Richtung. »Beide spielen sich bei ihren Erlassen als große Ortskenner auf; Koch als Elberfelder Bürger und Rosenberg als baltischer Emigrant haben ja auch alle Veranlassung dazu.«[102]

Anfang Mai 1942 erhielt Goebbels einen Bericht vom Leiter der Hauptabteilung für Volksaufklärung und Propaganda im Reichskommissariat Ukraine, Joachim Paltzo, über die dortige Lage. Demnach beklagte sich Erich Koch massiv »über die gänzliche Unzulänglichkeit der Arbeit des Ostministeriums. Im Ostministerium werden Pläne für die kommenden Jahrzehnte entworfen; dabei sind die aktuellen Probleme des Tages so dringend, dass sie überhaupt nicht aufgeschoben werden können. Die Unzulänglichkeit des Ostministeriums beruht darauf, dass dort zu viele Theoretiker und zu wenig Praktiker sitzen. Jeder Chef einer Behörde richtet sich seine Behörde nach seinem ausgesprochenen Geschmack ein. Rosenberg ist doch seinem Wesen nach ein Theoretiker, und es ist klar, dass er mit einem so ausgesprochenen Tat- und Gewaltmenschen wie Koch dauernd in Konflikt liegen muss«, resümierte Goebbels.[103]

Mit einem 17-seitigen Schreiben, in dem es wiederum um Koch ging, wurde der Chef der Reichskanzlei, Heinrich Lammers, Ende März 1943 konfrontiert. Koch hatte eine Denkschrift zur Ukraine verfasst, doch Rosenberg weigerte sich, ihm direkt zu antworten. Die Denkschrift habe nur den einzigen Zweck, von seiner Gehorsamsverweigerung abzulenken, warf Rosenberg seinem Untergebenen vor. Er wolle »beim Führer den Eindruck eines missverstandenen, verfolgten, in seiner Würde und Arbeitsfreude gekränkten Reichskommissars« hervorrufen.[104]

Bedenkt man, welche Machtfülle einem Reichskommissar gegeben war, ist es umso unverständlicher, dass ein Despot wie Koch die Ukraine mit Hitlers Plazet terrorisieren und ausbeuten konnte. Hitlers Vertrauter, Martin Bormann, hatte ihm beispielsweise am 15. April 1943 berichtet, Koch habe vom ersten Tag an die Einsetzung eines ihm vorgesetzten Ministers nicht anerkannt: »Er hat ferner Weisungen nicht befolgt, bis er schließlich einen Erlass von mir durch Gegenweisung an die Generalkommissare aussetzte, was mich meinerseits zwang, diese meine Weisung durch Befehl an die Generalkommissare aufzuheben. Sein engerer Stab hat von Anbeginn an sich in gleicher Weise über die Unnötigkeit eines Ostministeriums geäußert und damit die von Ihnen, mein Führer, eingesetzte Reichsautorität dauerhaft diskreditiert und erschüttert.«[105] Von dem Treffen Bormanns mit Koch hatte auch SS-Gruppenführer Berger erfahren, der seinerseits Himmler informierte. Gauleiter Meyer habe ihn im Auftrag von Rosenberg zu sich gebeten. Koch sei drei Stunden bei Bormann gewesen und laut Koch wolle Bormann ihn voll decken. Rosenberg werde sich nun ebenfalls an den Führer wenden. »Er ist entschlossen, nicht nachzugeben und sich die persönlichen Beleidigungen eines Untergebenen nicht gefallen zu lassen.«[106]

Hitler war offensichtlich des Streites überdrüssig. Dennoch fiel er Rosenberg ständig in den Rücken, weil er sich scheute, Koch zu disziplinieren.

Dass Bormann von Rosenberg nur wenig hielt, war kein Geheimnis. »Bormann beklagt sich auch sehr bitter über Rosenberg, der in seinem Ministerium ein ziemliches Chaos aufgebaut hat und nun mit Krethi und Plethi Streit anfängt. Auch Rosenberg ist eine Art von Quisling-Typ, ein guter Theoretiker, aber kein Praktiker, und in der Organisation gänzlich unbewandert, mit reichlich naiven und kindlichen Vorstellungen«, notierte Goebbels am 14. Februar 1942, wobei sich Bormanns Zorn aber auch über andere NS-Größen ergoss, beispielsweise über Reichsarbeitsführer Ley, der mit seiner »wütenden Artikelschreiberei viel Porzellan zerschlage«.[107]

Zu einem »Gipfeltreffen« in dieser Angelegenheit kam es am 19. Mai 1943, über das folgendes Besprechungsprotokoll von Bormann vorliegt:

> Stellungnahme des Führers zum Streitfall Reichsminister Rosenberg – RKU Koch. Himmler und Berger waren bereits informiert.
>
> Am 19.5.43, 17 Uhr erhielt Hitler ein kurzes Resümé über den Streit, ab 17.15 wurden Rosenberg und Koch hinzugezogen.
>
> Hitler forderte die beiden auf, sich kurz zu fassen; sie müssten begreifen, was es heiße, wenn sich in dieser Zeit zwei alte Parteigenossen über Lappalien stritten. Er werde sich nicht mit persönlichen Dingen befassen, sondern einen Erlass herausgeben, an den sich beide zu halten hätten.
>
> Rosenberg bedauerte die Notwendigkeit, aber Koch habe seit 1½ Jahren das Ministerium abgelehnt und negiert. Immer wieder hätten Besucher der Ukraine berichtet, dass Koch jede Anordnung Rosenbergs beinahe verächtlich ablehne.
>
> Wenn in der Ukraine Partisanen gebe, so liege das an der mangelhaften politischen Führung Kochs.
>
> Rosenberg erwähnte die Aufstellung der galizisch-ukrainischen SS-Division und die Feststellung Prützmanns, Koch mache durch seine Politik täglich neue Banden. Im Übrigen sei Kochs Verhalten auch wegen der Reichsautorität unerträglich. Koch dagegen meinte, er habe R. niemals beleidigt.[108]

Hitler resümierte: Aufrufe an die Bevölkerung des besetzten Ostens könnten nur vom Führer oder mit seiner Genehmigung erlassen werden [...]. Der Partisanenkampf hänge nicht mit den Umständen, die Reichsminister Rosenberg geschildert habe, sondern sehr wesentlich mit dem Hineinsickern durch die Front während des Winters etc., mit den abgeworfenen Fallschirmspringern, also mit den Fronterereignissen zusammen. Wenn Rosenberg recht hätte, dann müssten die Verhältnisse anders liegen; es sei aber festzustellen, dass gerade dort, wo die Armeen die milde Tour pfeifen, die meisten Partisanen vorhanden seien. Der Führer wies weiter darauf hin, dass die Partisanen keineswegs freiwillig kämpften; meistens seien sie ja vor die Wahl gestellt worden, entweder sich als Partisanen zu betätigen oder einen Genickschuss zu bekommen. Die Partisanenfrage sei also tatsächlich eine Frage der Machtmittel, die seitens der Staatsautorität angewandt werden könnten.

Der Führer betonte außerdem, wenn wir die milde Tour laufen würden, dann würde damit jede Möglichkeit, Arbeitskräfte zu Arbeiten nach dem Reich auszuheben, aufhören. »Wir müssten uns darüber klar sein, dass Ablieferung nur noch durch Zwang erreicht würde; denn wir könnten als Entgelt für das Abzuliefernde keinerlei Waren geben, weil wir dergleichen Ware nicht mehr produzieren.«

Festzustellen sei, dass jene Politik richtig sei, die die meisten Lebensmittel etc. garantiere »Reichsminister Rosenberg müsse also auf die örtlichen Stellen hören und auf deren praktische Erfahrungen. [...] Nur schwächliche Generale könnten glauben, dass wir durch irgendwelche schönen Redensarten Arbeitskräfte gewinnen können.« Und Hitler setzte die Rosenberg-Schelte fort:

> Das ukrainische Pferd muss unter dem harten Gesetz des Krieges aufgezäumt werden; die Meinung, durch Güte gewinnen zu können, ist falsch, denn wir brauchen die Lebensmittel, wir müssen den Anbau erzwingen, wir müssen die Arbeitskräfte herausholen! Angesichts aller dieser Forderungen können wir doch nicht erwarten, dass die Ukrainer für uns auch noch sterben wollen! [...]
>
> Wir dürfen uns nicht scheuen, Maßnahmen, die wir unserer Heimat auferlegen müssen, auch den besetzten Gebieten aufzuerlegen. Von dieser Notwendigkeit müssen beide Teile – Minister wie RKU – ausgehen. Deshalb dürfen weder beim Minister noch beim RKU als Ratgeber Angehörige fremden Volkstums verwendet werden. Ständen sie gegen ihr Volk, wären sie charakterlos; stehen sie für ihr Volk, sind sie als unsere Ratgeber unbrauchbar. [...] Jede zu hohe Bildung muss verhindert werden. Auch damit fordern wir nichts Außergewöhnliches.[109]

Hitler verlangte nunmehr ständige Besprechungen zwischen »RKU und Minister«. Bei Meinungsverschiedenheiten sollten sich beide sofort entweder an Lammers oder Bormann wenden, die ihn dann informieren würden.

Am selben Tag, also am 10. Juni 1943, informierte Gottlob Berger seinen tatsächlichen Chef Himmler über den neuen Sachstand im Streit Rosenberg / Koch und zeigte, wie gut vernetzt er war:

> Der Führer spricht die bestimmte Erwartung aus, dass Reichsminister Rosenberg und Reichskommissar Koch in rückhaltlosem gegenseitigem Vertrauen eng zusammenarbeiten. Reichskommissar Koch darf Anordnungen des Reichsministers Rosenberg nicht unbeachtet lassen oder sie aufheben. Der Reichsminister für die besetzten Ostgebiete muss sich andererseits auf Maßnahmen beschränken, die unbedingt einer Zentralregelung bedürfen. Ferner ordnete Hitler an, dass beide Parteien sich zweimal im Monat zu einem gründlichen Meinungsaustausch zusammenfinden sollten.[110]

Berger erwähnte ferner, dass Rosenberg den Standpunkt vertrete, dass es nicht angehe, dass ein Untergebener seinen Vorgesetzten, der er immer noch sei, auch nach Entscheid des Führers, so ungestraft beleidigen könne.

Vor dem Nürnberger Militärtribunal war Rosenberg vorgeworfen worden, im Rahmen einer sogenannten Heuaktion Minderjährige nach Deutschland verschleppt zu haben, was er natürlich vehement von sich wies. Ziel dieser Aktion war die Deportation von 30.000 bis 50.000 Jugendlichen im Alter zwischen zehn und vierzehn Jahren. Die Eltern der Jugendlichen waren zum größeren Teil zuvor zur Zwangsarbeit genötigt worden. In der Propaganda sollte die »Heuaktion« als »Fürsorgemaßnahme des Reiches für die weißruthenischen Kinder« sowie als »Schutz vor den Banden« dargestellt werden; als politische Ziele galten die »Vermeidung der direkten Stärkung der militärischen Macht des Gegners« sowie »die Minderung seiner biologischen Kraft auf weite Sicht«. Nach anfänglichem Zögern stimmte Rosenberg im Juni 1944 der »Heuaktion« zu. Die Jugendlichen sollten dabei unter Einbeziehung der Organisation Todt zwei Jahre lang ausgebildet werden. Ungefähr 5500 Jungen sowie 1200 Mädchen auch unter fünfzehn Jahren wurden zur Arbeit überwiegend in der deutschen Rüstungsindustrie gezwungen. Etwa 4000 der Kinder und Jugendlichen wurden bei den Junkers Flugzeug- und Motorenwerken beschäftigt. Doch infolge der militärischen Erfolge der Roten Armee in der Sommeroffensive 1944 kam die »Heuaktion« im Oktober 1944 zum Erliegen.

In den Erinnerungen des letzten Reichsjugendführers Artur Axmann *Das kann doch nicht das Ende sein* las sich die »Heuaktion« ganz anders:

> Das Jahr 1944 stand auch im Zeichen der Aktivitäten der Jugendorganisation in den besetzten Ostgebieten. Schwerpunkte dieser Aufbauarbeit hatten sich in den baltischen Ländern Estland, Lettland, Litauen und Weißruthenien (Weißrussland) gebildet. Auf diese Gebiete besaß ich keinen direkten Einfluss, geschweige denn eine Zuständigkeit oder Weisungsbefugnis. Sie endete an der deutschen Reichsgrenze. Diese Territorien gehörten zum Verantwortungsbereich des Reichsministers für die besetzten Ostgebiete. 1942 bat mich der Minister Alfred Rosenberg, ihm dafür einen geeigneten Jugendführer zu benennen. Ich schlug ihm den späteren Hauptbannführer Siegfried Nickel vor, der sich in der Hitlerjugend des Gebietes Niedersachsen als Führer sehr bewährt hatte. Er erarbeitete für das Ministerium ein Konzept für seine Tätigkeit, über das er auch mich informierte. Daher wusste ich von Anfang an genau, nach welchen Prinzipien er zu handeln gedachte. Sie begründeten sich nicht auf Zwang und Unterdrückung, sondern auf Freiwilligkeit. [...] Und dieser Wille zur kameradschaftlichen Zusammenarbeit war unbeschadet der Schwierigkeiten, die auch deutsche Dienststellen bereiteten, bis zum Ende des Krieges lebendig. So wurde zum Beispiel berichtet, dass am Anfang sogar von der SS, für die später Freiwillige in den osteuropäischen Ländern geworben wurden, an die Jugendbeauftragten des RMfdbO das Ansinnen gestellt wurde, das Weißruthenische Jugendwerk zu verbieten. Allerdings ohne Erfolg. Man suchte auch zu verhindern, dass von den autonomen Jugendorganisationen der osteuropäischen Völker anstelle des diskriminierenden Ostarbeiterabzeichens die Armbinde mit ihren nationalen Emblemen getragen wurde. Auch das stieß auf Ablehnung der deutschen Jugendbeauftragten. [...] Im Rahmen der sogenannten Heuaktion hatte die Wehrmacht im Mittelabschnitt einen 5-km-Streifen hinter der Front von der Zivilbevölkerung räumen lassen, weil Jugendliche immer wieder von der Feindspionage zu Kuriergängen durch die Front missbraucht worden waren. In Verhandlungen mit den Junkerswerken in Dessau und Crimmitschau wurde erreicht, dass diese Kinder und Jugendlichen in Baracken untergebracht und einer Ausbildung zugeführt wurden. Die Junkerswerke übernahmen die Kosten unter der Voraussetzung, dass die Kinder kleine Arbeiten wie Kartoffelschälen in den Werksküchen nebenher verrich-

teten. Das RMfdbO zahlte einen Zuschuss von 54.000 RM zum Unterhalt der Kinder, die auch die gleiche Lebensmittelzuteilung wie die deutschen Jugendlichen erhielten. Mir ist nicht bekannt geworden, dass ein einziges Kind in dieser Zeit ums Leben gekommen ist. Diese Jugend wurde nicht versklavt, sondern nach besten Möglichkeiten betreut.[111]

Streit mit Goebbels

Es wäre geradezu verwunderlich, wenn Rosenberg als Reichsminister für die besetzten Ostgebiete nicht auch ständig im Streit mit dem Reichsminister für Volksaufklärung und Propaganda, Joseph Goebbels, gelegen hätte. Seit jeher hatte es Kompetenzstreitigkeiten in Fragen der Kulturhoheit zwischen den beiden gegeben. In den jeweiligen Tagebüchern ließen beide Beteiligte kein gutes Haar aneinander. Daran änderte sich auch nichts, als Rosenberg das so sehr begehrte Reichsministeramt erhalten hatte. Goebbels' Stimmung schwankte dabei erheblich. Meinte er am 2. Juli 1941: »Auch Rosenberg will nun seinen Propagandaladen allein aufziehen. Gutterer[112] biegt das in entsprechender Weise ab«,[113] so kam er am 3. Juli 1941 zu dem Schluss: »Rosenberg stänkert nicht mehr. Er überlässt uns ganz die Propaganda«.[114] Doch die Realität sah anders aus. Denn Rosenberg hatte nicht vor, auf die Propaganda in den besetzten Ostgebieten, also in seinem Herrschaftsbereich, zu verzichten. Auf den Staatssekretär im Propagandaministerium und engen Vertrauten von Goebbels, Leopold Gutterer, berief sich auch Rosenberg, als er am 10. Juli 1941 den Gesprächsverlauf so beschrieb: Man sei sich im Prinzip dahingehend einig geworden, dass Goebbels ihm für die Leitung der allgemeinen Propaganda in den vier [geplanten, d. Verf.] Reichskommissariaten vier Persönlichkeiten nennen würde, die dann von Rosenberg bzw. den künftigen Reichskommissaren zu ernennen seien. Außerdem habe Reichspressechef Otto Dietrich den Wunsch geäußert, die Presseabteilung gesondert einzurichten. »Ferner wurde eindeutig klargestellt, dass die Abteilung für allgemeine Propaganda die Durchführung all dessen innehat, was von Deutschland, sei es an Konzerten oder Theateraufführungen, Filmen oder Rundfunk, gebracht wird, dass aber die Frage, ob, wann und wie die Durchbildung der verschiedenen Völker der Sowjetunion in wissenschaftlicher und kultureller Hinsicht erfolgen solle, eine durchaus politische Frage der verschiedenen

Reichskommissariate ist und dass dafür von meiner Dienststelle aus besondere Kenner eingesetzt werden.«[115]

Streit um russische Filme

Es gab kaum einen Arbeitsbereich, in dem es nicht knirschte. Walter Tießler, Reichsamtsleiter in der Partei-Kanzlei der NSDAP und Verbindungsmann zum Propagandaministerium, schrieb am 12. Februar 1943 Goebbels in einem Brief: »Reichsleiter Rosenberg lässt Sie, Herr Minister, darum bitten, die russischen Filme, die er bis jetzt in der Schulung zum Einsatz gebracht hat und auch weiter zum Einsatz bringen will, weiterhin in eigener Verwaltung behalten zu können. Reichsleiter Bormann ist der Ansicht, dass dem Wunsch des Reichsleiters Rosenberg entsprochen werden kann, da dieser ja die Filme laufend für seine Schulungsarbeit benötigt.«[116]

Trotz des Hinweises auf den mächtigen »Sekretär des Führers«, Martin Bormann, dachte Goebbels nicht daran, Rosenbergs Wunsch zu erfüllen. Vielmehr musste Tießler am 17. März 1943 Bormann in einem Vermerk mitteilen, dass Goebbels das abgelehnt habe, »da bereits weitere Wünsche um eine Ausnahme an ihn herangetragen worden seien. Diese habe er ebenfalls abgelehnt, und er wolle sich nicht dem Vorwurf der Subjektivität aussetzen. Das habe er Rosenberg so mitgeteilt, dieser habe sich aber erneut an Bormann und Lammers gewandt«.[117]

Damit aber war die Angelegenheit noch nicht beendet. Denn nunmehr wandte sich Stabsführer Gerhard Utikal vom »Einsatzstab Reichsleiter Rosenberg für die besetzten Gebiete« offiziell an den Reichspropagandaleiter Tießler. Über Utikal ließ Rosenberg Goebbels wissen, dass er ihm nicht folgen könne. Denn:

> Zu den Aufgaben des Beauftragten des Führers für die gesamte geistige und weltanschauliche Schulung und Erziehung der NSDAP gehört die umfassende Kenntnis der weltanschaulichen Gegner des Nationalsozialismus, insbesondere der Juden, Freimaurer und Bolschewisten. Jede diese Gegner berührende Schulung ist nur möglich, wenn den Mitarbeitern des Reichsleiters das gesamte »geistige und weltanschauliche Schaffen« dieser Gegner in ihren Büchern, in ihrer Musik, in ihren Theatern und selbstverständlich auch in ihren Filmen zugänglich ist. Der Reichsleiter als Beauftragter des

Führers muss selbst Zugang zu den Zeugnissen unserer Gegner haben, die die Schädlichkeit ihrer Umtriebe gegen unser Volk nachweisen.

Für das Reichsministerium für die besetzten Ostgebiete gelten ähnliche Erwägungen. Da der Führer dem Reichsminister die gesamte Verwaltung der besetzten Ostgebiete, mit Ausnahme der von der deutschen Wehrmacht verwalteten Gebiete, übertragen hat, müssen auch die für die Verwaltung notwendigen Hilfsmittel zu seiner Verfügung bleiben. [...] Die Durchführung der oben erwähnten Aufträge wäre dem Reichsleiter und Reichsminister unmöglich gemacht, wenn er sich die danach notwendigen Filme in jedem Einzelfall unter Angabe des Grundes und des für die Verwendung in Frage kommenden Personenkreises aus dem Reichsfilmarchiv entleihen müsste.[118]

Der Reichsleiter sei im Übrigen bereits im November des vorigen Jahres die Ausleihe eines Teiles des russischen Films »Zirkus« kurz vor dem festgesetzten Termin verweigert worden. Das habe Goebbels ausdrücklich so entschieden, und Rosenberg wolle sich »einer derartigen Situation nicht noch einmal aussetzen«.

Solche Briefe und Vermerke im vierten Kriegsjahr zeigen wie zerrüttet das Verhältnis der beiden Reichsminister war.

Wohl kaum eine Woche verging, in der der Chef der Reichskanzlei Lammers nicht eine Aufforderung erhielt – von Rosenberg oder seinen Kontrahenten – Hitler einen Streitfall zur Schlichtung vorzulegen. Am 12. Dezember 1942 kündigte Goebbels ein entsprechendes Vorgehen an: »Da sich in der propagandistischen Arbeit in den vom Ostministerium verwalteten Gebieten fortlaufend Schwierigkeiten ergeben haben, die durch persönliche Verhandlungen meines Staatssekretärs Gutterer mit Reichsminister Rosenberg und Gauleiter Meyer nicht geklärt werden konnten, muss ich in dieser Frage leider die Entscheidung des Führers anrufen.«[119]

Lammers wiederum informierte Rosenberg und hoffte offenbar noch, schlichten zu können: »Wegen der Abgrenzung der Zuständigkeiten auf dem Gebiet der Propaganda in den besetzten Ostgebieten hat sich auch Reichsminister Dr. Goebbels an mich gewandt und die Herbeiführung der Entscheidung des Führers erbeten. [...] Ich bitte um möglichst baldige Mitteilung, ob und inwieweit es Ihnen möglich ist, dem Standpunkt des Reichsministers für Volksaufklärung und Propaganda entgegenzukommen. Wegen etwa verbleibender Meinungsverschiedenheiten werde ich sodann die Entscheidung des Führers herbeiführen.«[120]

In der beigefügten »Führerinformation Nr. 0145 über die Propaganda im Arbeitsbereich des Reichsministeriums für die besetzten Ostgebiete« vom 10. Dezember 1942 hieß es, Hitler habe am 30. Juni 1933 dem Reichsminister für Volksaufklärung und Propaganda die einheitliche Führung der Propaganda übertragen: »Es muss als Durchbrechung dieser besonders den Kriegsbedürfnissen angepassten bewährten Praxis angesehen werden, wenn das RMfdbO eine eigene große Propagandaabteilung einrichtet. Diese Abteilung umfasst schon jetzt 25–30 Referenten und erreicht damit den Umfang der Abteilung ›Propaganda‹ im RMf VuP, die für das gesamte Reichsgebiet ausreicht.« Da Rosenberg keine Einflussnahme wünsche, »stehen wir [...] vor der Tatsache eines völligen Versagens der Propaganda-und Aufklärungsarbeit im Ostraum«.[121]

Es verwundert kaum, dass Ministerien bzw. Parteidienststellen den Streit zwischen Rosenberg und einer Vielzahl von Personen und Einrichtungen interessiert verfolgten und eigene Schlüsse zogen. Bisweilen allerdings war bloßer Tratsch von gebotener sachlicher Information nicht zu unterscheiden. SS-Gruppenführer Berger meldete am 29. Januar 1943 zwei Sachverhalte, die für den Reichsführer-SS von Belang sein könnten.

Reichsminister Goebbels war beim Führer, um anlässlich der besonderen Lage neue Instruktionen über die Propaganda zu holen. Bei dieser Gelegenheit hat er kräftig auf das Ostministerium im Allgemeinen und Reichsleiter Rosenberg im Besonderen gewettert und auf die katastrophale Lage in der Ukraine hingewiesen.

Der Führer soll ungehalten gewesen sein und folgenden Ausspruch geprägt haben: »Ich habe doch Pg. Rosenberg die allergrößten Vollmachten gegeben. Warum nützt er sie nicht aus?« Es wird davon gesprochen, dass Reichsminister Goebbels beim Führer erreichen wollte, so etwas wie »Führer der Heimatfront« zu werden. Das sei aber nicht gelungen.[122]

Am 1. Februar 1943 meldete sich wieder Goebbels bei Lammers: Rosenberg beschwere sich, dass in »meinem Ministerium ohne jede

Fühlungnahme mit ihm eine Ministerialabteilung Ost gegründet worden und dass diese personell sehr stark besetzt sei«. Er verwies auf die Vereinbarung, dass Rosenberg die politischen Richtlinien festlege, er aber für die Durchführung verantwortlich sei. Es sei einleuchtend, dass zur Durchführung ein leistungsstarker Apparat erforderlich sei, zur Festlegung der Richtlinien aber nur ein sehr kleiner. Übrigens seien 9/10 der Kräfte Russen, Krainer usw., die als Schriftleiter, Übersetzer oder Rundfunksprecher tätig seien. Rosenberg habe bemerkt, dass er die Verantwortung für die Propaganda im Ostraum trage und aufgrund zahlreicher Äußerungen von hochgestellten Persönlichkeiten des Staates und der Partei sowie zahlreicher Volksgenossen die Erfahrung gemacht habe, dass er ohne Rücksicht auf anderslautende Paragrafen de facto vom deutschen Volke für die Propaganda im Machtbereich Deutschlands verantwortlich gemacht werde: »Es ist deshalb völlig ausgeschlossen, dass mir alle Rechte auf einem Gebiet vorenthalten werden, für das ich zumindest mit verantwortlich gemacht werde.«[123]

Der Streit zwischen Rosenberg und Goebbels hielt auch 1943 an. Goebbels flog ins Hauptquartier, um Hitler davon zu überzeugen, auch mithilfe der Propaganda den russischen Widerstand zu brechen und die Bevölkerung auf die deutsche Seite zu ziehen. Hitler meinte, das sei die Angelegenheit von Rosenberg. Goebbels sprach mit Rosenberg, der aber süffisant antwortete, er kenne die Russen. Propaganda sei völlig überflüssig.[124]

Direkt an Hitler wandte sich Rosenberg mit einer Eingabe am 12. Juli 1943. Lammers und Bormann hätten ihn in seinem Auftrag darüber informiert, dass Goebbels eine neue »Eingabe wegen Herauslösung der Propaganda aus der Hoheitsverwaltung der besetzten Ostgebiete« gemacht habe. Die Begründungen seien »z.T. völlig irreführend, zum anderen Teil gänzlich unwahr«, obwohl seitens des Ostministeriums »seit Ihrer Entscheidung alles getan worden sei, um in loyalster Weise eine feste Arbeitsbasis mit dem Propagandaministerium zu finden«. Die Bestrebungen von Goebbels zielten darauf ab, auf dem Umweg über die Propaganda die politische Führung des Ostens zu beeinflussen, die ihm, Rosenberg, übertragenen Aufgaben »stärkstens« anzugreifen und die Einheit der Ostverwaltung aufzulösen. Er könne sein Ministerium nicht nach den Vorgaben Hitlers führen, »wenn die einzelnen Reichsressorts immer neue Sonderwünsche für den Osten vorbringen«. Er bitte deshalb, zu bestimmen, »dass ein für allemal alle Einzelforderungen der Reichsressorts in Bezug auf den Osten zurückzuweisen sind«.[125] Noch einmal wandte sich Lammers an Rosenberg, und zwar am 21. August 1943:

> Aufgrund der eingehenden Vorbesprechungen über die Abgrenzung ihrer Zuständigkeiten von denen des Reichsministers für Volksaufklärung und Propaganda auf dem Gebiete der Propaganda in den besetzten Ostgebieten haben Reichsleiter Bormann und ich dem Führer Vortrag gehalten und die streitigen Punkte hervorgehoben. Der Führer hat auf unseren Vorschlag die anliegende Anordnung gebilligt und vollzogen. Eine Anhörung der beteiligten Reichsminister hat der Führer nicht mehr für erforderlich gehalten, da er die Angelegenheit als durch die Vorbesprechungen völlig geklärt erachtet hat. Der Führer hat der Erwartung Ausdruck gegeben, dass die beteiligten Reichsminister auf der nunmehr geschaffenen Grundlage in engstem Einvernehmen miteinander arbeiten.[126]

Da die beiden Minister sich jedoch nicht einigen konnten, blieb Hitler nichts anderes übrig, als per Anordnung die Zuständigkeiten und damit Verantwortlichkeiten zu regeln:

1. Der Reichsminister für die besetzten Ostgebiete gibt für seinen gesamten Geschäftsbereich die politischen Richtlinien.
2. Die Propaganda, die an diese politischen Richtlinien gebunden ist, wird vom RMfVuP im engsten Einvernehmen mit dem Reichsminister für die besetzten Ostgebiete durchgeführt. Sollten sich hierbei Meinungsverschiedenheiten grundsätzlicher Art ergeben, so ist, falls ich nicht den unmittelbaren Vortrag der beiden Reichsminister anordne, meine Entscheidung durch den Reichsminister und Chef der Reichskanzlei herbeizuführen, der mir gemeinsam mit dem Leiter der Partei-Kanzlei Vortrag hält.
3. Der Reichsminister für die besetzten Ostgebiete unterhält keinen eigenen Propagandaapparat, sondern beschränkt sich für die Bearbeitung der Propaganda auf einen Stab von etwa zwei bis drei Sachbearbeitern innerhalb seines eigenen Ministeriums.
4. Die Reichs- und Generalkommissare in den besetzten Ostgebieten dürfen keine eigenen Propagandadienststellen unterhalten.

5. Der Reichsminister für Volksaufklärung und Propaganda ist berechtigt, am Sitz der Reichs- und Generalkommissare eigene Dienststellen zu errichten, die ihm unmittelbar unterstehen und von ihm ihre fachlichen Weisungen erhalten. Diese Dienststellen sind an die politischen Weisungen der Reichs- und Generalkommissare gebunden. Die Leiter dieser Dienststellen werden vom RMVuP im Einvernehmen mit dem RMfdbO berufen. Verlangt der Reichsminister fdbO die Abberufung eines Leiters, so ist dem stattzugeben.[127]

Rosenberg und Goebbels legten sich Steine in den Weg, wo immer sie eine Möglichkeit dazu sahen. Dass die Ministerialebene sich an diesem üblen Spiel beteiligte, liegt auf der Hand. Um Rosenberg anzuschwärzen, hatte Goebbels gegenüber Hitler behauptet, die ihm zustehenden Gelder für die Ostpropaganda seien gestrichen worden. Doch dies war eine glatte Lüge, die schon bald bei einer Besprechung zwischen Ministerialdirigent Zimmermann und Ministerialrat Eberhard Taubert aus dem Propagandaministerium am 19. Juli 1943 ans Tageslicht kam. Zur Charakterisierung Tauberts ist von Interesse, dass er der Drehbuchautor für den strikt antisemitischen Hetzfilm »Der ewige Jude« gewesen war. Zuständig war er auch für das »Institut zum Studium der Judenfrage«.

Taubert gab zu, dass Goebbels in seinem Schreiben an Hitler von einer Sperrung der Gelder für die Ostpropaganda gesprochen habe. In Wahrheit habe das Propagandaministerium vom Ostministerium damals Millionenbeträge erhalten. Die Zahlungs- und Verrechnungsweise hätten Taubert und seine Mitarbeiter als so schwerfällig empfunden, dass sie sich für berechtigt gehalten hätten, gegenüber Goebbels von einer Sperrung zu sprechen, was dieser dann Hitler so mitgeteilt habe. Zimmermann hielt fest: »Ich fragte Min.Rat Taubert außerdem, wie die unrichtige Behauptung zustande gekommen sei, nach der das Ostministerium den Einbau der Dienststelle Vineta[128] in seinen eigenen Apparat gefordert habe, eine Behauptung, die in dem Schreiben von Dr. Goebbels ja ebenfalls als Grundlage für die Unterrichtung des Führers verwandt worden ist. Taubert erwiderte, dass wohl ich eine derartige Forderung niemals erhoben habe, sie sei aber von anderer Stelle des Ostministeriums mündlich gestellt worden, und zwar habe vermutlich ein Vertreter der Finanzabteilung gelegentlich einer Sitzung eine entsprechend Äußerung getan. Ich drückte Taubert meine Überraschung darüber aus, dass eine so schwerwiegende Behauptung, die an den Führer weitergeleitet worden sei, mit so unsicheren Angaben gestützt werde.«[129]

Die ewigen Streitigkeiten lähmten den Tagesablauf sowohl bei Rosenberg als auch in der Reichskanzlei. Gestritten wurde im und um das Ostministerium bis zu Ende des »Dritten Reichs«. Anlässlich eines Abendessens, das Gauleiter Meyer gab, verfasste SS-Obersturmbannführer Berger folgenden Vermerk:

> Das Reichspropagandaministerium hat einen Vorstoß unternommen, um künftighin die Durchführung der Kriegsgefangenenpropaganda federführend zu übernehmen. Reichsminister Dr. Goebbels hat bei Dr. Lammers einen entsprechenden Führererlass vorgelegt. Aus dem beiliegenden Vorgang geht hervor, dass sich der Reichsaußenminister bereits in scharfer Form gegen seine Nichteinschaltung und gegen den Plan der federführenden Behandlung dieser Fragen durch das Promi [Propagandaministerium] gewandt hat. Das RMfdbO ist an der ursprünglichen Fassung des Erlassentwurfes in keiner Weise beteiligt. [...] Es handelt sich hier erneut um einen Einbruch in das Arbeitsgebiet des RMfdbO, und zwar um einen solchen von ganz erheblicher politischer Bedeutung.[130]

Das Verhältnis zu Albert Speer

Schließlich soll noch auf das zerrüttete Verhältnis von Rosenberg zu Albert Speer eingegangen werden. In einer Aktennotiz von Rosenberg für den »Führer«, datiert vom 23. April 1942, ist zu lesen:

> Pg. Reichsminister Speer hat nach Vortrag beim Führer, nachdem es mir wochenlang unmöglich gewesen war, eine geplante Abmachung mit ihm zu besprechen, beiliegenden Entwurf eines Führererlasses überreicht.
> Am 22. d.M. teilte sein Staatssekretär Schulze-Fielitz uns mit, dass Pg. Speer die Annahme dieses Entwurfes ohne jede Änderung im Verlauf von 48 Stunden erwarte. Da die Möglichkeit besteht, dass Pg. Speer beim Führer in dieser Frage Vortrag hält, bitte ich den Führer, mir Gelegenheit zu geben, vor einer Entscheidung ihm meine Stellungnahme vorzutragen.

In der Anlage 2 gestatte ich mir, Entwurf einer Vereinbarung zwischen Pg. Speer und mir beizulegen, der auf früheren Vorschlägen von Pg. Speer sich gründet und meiner Meinung nach die vollkommene Sicherung der Aufgabe, die zu lösen ist, darstellt. Der Wortlaut des neuen Entwurfes von Pg. Speer gründet praktisch ein zweites Ostministerium, eigener Haushalt und eine eigene Exekutive und könnte in seiner Durchführung nur die eine Folge haben, dass die Verwaltung in den besetzten Ostgebieten – angesichts der verschieden zu regierenden Völker – sich auflöst und jegliche verantwortliche Führung aufhören muss.[131]

So einfach wurde Rosenberg die vermeintliche Konkurrenz nicht los, wie aus folgendem Fernschreiben von Lammers hervorgeht:

Lieber Herr Speer!

In meinem Beisein und unter teilweiser Anwesenheit von Reichsleiter Bormann hat Reichsminister Rosenberg am 8. Mai den Führer über verschiedene Angelegenheiten der besetzten Ostgebiete Vortrag gehalten.

Gegenüber grundsätzlichen Bedenken, die Rosenberg dabei gegen den von Ihnen vorgeschlagenen Erlass über den Einsatz der Technik in den besetzten Ostgebieten erhob, betonte der Führer, er lege größten Wert darauf, dass der Einsatz der Technik in den besetzten Ostgebieten einheitlich durch Sie geleitet werde und dass Sie zu diesem Zwecke alle erforderlichen Vollmachten erhielten.

Rosenberg wandte ein, dass er sich diesem Wunsche des Führers selbstverständlich gern füge, dass es zu diesem Zwecke aber nicht eines Führererlasses bedürfe, wie er von Ihnen gefordert wurde und der geeignet sei, seine, Rosenbergs Stellung, und die Stellung der Reichskommissare in den besetzten Ostgebieten zu unterhöhlen; dass hierfür vielmehr eine entsprechende Vereinbarung zwischen ihm, Rosenberg, und Ihnen genügen würde.

Ich legte dem Führer darauf den von ihnen verfassten Erlassentwurf vor mit dem Hinzufügen, dass der Entwurf nach Mitteilung von Ihnen vom Führer bereits gebilligt sei. Der Führer erklärte, nachdem er den Entwurf durchgelesen hatte, indessen, er sehe den Entwurf zum ersten Mal.

Daran schlossen sich verschiedene Änderungsvorschläge Rosenbergs an, über die der Führer vorerst eine Entscheidung nicht getroffen hat. Nur in einem Punkt entsprach der Führer dem Wunsche Rosenbergs, indem er erklärte, dass die geplante Regelung auf die Dauer des Krieges beschränkt werden könne, da das Reichsministerium für Bewaffnung und Munition nach dem Kriege ohnehin aufgelöst oder umgeformt werden solle. [...] Ich bedaure lebhaft, dass Sie sich seinerzeit vor dem Vortrage Rosenbergs beim Führer nicht haben entschließen können, meiner Einladung zu folgen und in gemeinsamer Besprechung mit Rosenberg und mir eine Verständigung in der Angelegenheit zu suchen oder sich wenigstens an dem Vortrage beim Führer zu beteiligen. [...] Bei der nunmehrigen Lage muss ich Ihnen anheimstellen, wegen der Formulierung des Führererlasses im Einzelnen sich möglichst bald mit Reichsminister Rosenberg in Verbindung zu setzen.[132]

Der Hitler-Erlass, der diesen Beschwerden am 9. Juni 1942 folgte, dürfte die Wünsche von Rosenberg erneut nicht erfüllt haben:

Erlass des Führers vom 9. Juni 1942
I.
Um alle verfügbaren Kräfte auf dem Gebiet der Technik für die Erfordernisse des Krieges und den Wiederaufbau in den neu besetzten Ostgebieten einheitlich zum Einsatz zu bringen, ordne ich für die Dauer des Krieges in Ergänzung meines Erlasses über die Verwaltung der neu besetzten Ostgebiete vom 17. Juli 1941 Folgendes an:
Dem Reichsminister Speer werden in seiner Eigenschaft als Reichsminister für Bewaffnung und Munition, als Generalinspekteur für das deutsche Straßenwesen und als Generalinspekteur für Wasser und Energie in den neu besetzten Ostgebieten folgende Aufgaben übertragen: der Rüstungsausbau, der Hochbau, die Energiewirtschaft, der Straßenbau, die Wasserstraßen und Häfen sowie die Wasserwirtschaft.
Die Aufgaben umfassen die Durchführung aller erforderlichen Maßnahmen einschließlich der Planung, auch soweit sie sich auf die Nachkriegszeit bezieht.
Die Durchführung dieser Aufgaben erfolgt ausschließlich durch Dienststellen des Reichsministers Speer.

II.
Im Rahmen des Reichsministeriums für die besetzten Ostgebiete hat Reichsminister Speer bereits durch Abordnungen aus seinem Geschäftsbereich Dienststellen beim Reichsminister für die besetzten Ostgebiete und seinen

nachgeordneten Dienststellen gebildet. Diese werden in ihrer derzeitigen persönlichen und sachlichen Ausstattung in seinen Geschäftsbereich zurückgeführt. Die ausgesprochenen Uk-Stellungen bleiben bestehen.
[...]

IV.
Der Reichsminister der Finanzen hat dem Reichsminister Speer die zur Durchführung der ihm übertragenen Aufgaben erforderlichen Haushaltsmittel zur Verfügung zu stellen.

V.
Der Reichsminister Speer erlässt die zur Durchführung dieses Erlasses erforderlichen Anordnungen. Die nachgeordneten Dienststellen des Reichsministers für die besetzten Ostgebiete sind verpflichtet, die Dienststellen des Reichsministers Speer bei der Durchführung der ihnen übertragenen Aufgaben zu unterstützen.[133]

Wiederum war es der Chef der Reichskanzlei, Lammers, der sich um die Beilegung des Streites zwischen Rosenberg und Speer in erster Linie zu kümmern hatte. Am 11. Juni 1942 unterrichtete er Rosenberg über das Ergebnis weiterer Schlichtungsversuche. »Nachdem ihre Bemühungen, mit Reichsminister Speer eine Verständigung über den Einsatz der Technik in den besetzten Ostgebieten zu erzielen, ergebnislos geblieben sind, habe ich anhand Ihres Schreibens vom 28. Mai d.J. meinerseits einen letzten Versuch gemacht, Reichsminister Speer zu einem Entgegenkommen zu bewegen. Herr Speer hat sich hierzu indessen nicht bereitgefunden.« Er, Lammers, habe dann die Entscheidung des Führers erbeten. Rosenbergs Bedenken habe dieser für nicht begründet gehalten und daher den Erlass auch gleich vollzogen. Da auch die bisherigen Erlasse über die Verwaltung in den besetzten Ostgebieten nicht im Reichsgesetzblatt veröffentlicht worden seien, werde das auch im vorliegenden Fall nicht geschehen.[134]

Das Ende

In der Theorie hätte Rosenberg einer der mächtigsten Männer im Nationalsozialismus sein können. Aber abgesehen davon, dass ihn Hitler in seinen Kompetenzen als Reichsminister für die besetzten Ostgebiete erheblich beschnitten hatte, begann das »Reich« wegen der Erfolge der Roten Armee und des Rückzugs der Wehrmacht von Tag zu Tag zu schwinden. Durch die Vernichtung der 6. Armee vor Stalingrad trat eine dramatische Wende im Zweiten Weltkrieg ein. Die Wehrmacht war nicht länger unschlagbar und musste sich fortan zurückziehen. Selbst jetzt war Rosenberg nicht imstande, die Situation, in der er sich befand, realistisch einzuschätzen. In einem Brief an Goebbels sprach er von den besetzten Ostgebieten als von »seinem Hoheitsgebiet«. Weiter wollte er lediglich einen »vorübergehenden, teilweisen Verlust« sehen. Goebbels als dem »Reichsbevollmächtigten für den totalen Kriegseinsatz« sandte er daher am 3. August 1944 folgenden Brief:

> Dem vorübergehenden teilweisen Verlust meines Hoheitsgebietes entsprechend habe ich die schon seit geraumer Zeit eingeleitete Verkleinerung und Umbildung meines Ministeriums zu einem Führungsstab nunmehr unter gleichzeitiger Erfüllung der Forderungen des totalen Kriegseinsatzes angeordnet. [...] Ich habe bei meinen Erwägungen davon ausgehen müssen, ob die Wahrnehmung der Aufgaben meines Ministeriums durch die Lage im Osten noch äußersten Falls geboten ist oder ob unter Inkaufnahme gewisser Nachteile darauf verzichtet werden kann.
>
> I. Total oder nahezu völlig stillzulegende Arbeitsgebiete:
> 1. Informationsbüro
> 2. Innere Verwaltung
> 3. Kommunal-und Vermessungswesen
> 4. Gesundheitswesen und Volkspflege
> 5. Veterinärwesen
> 6. Fürsorgewesen
> 7. Rechtswesen, Steuern, Zölle und Monopolverwaltung
> 8. Kulturpolitik
> 9. Schul- und Ausbildungswesen
> 10. Wissenschaft und Forschung
> 11. Raumordnung
> 12. Treuhandverwaltung
> 13. Beschaffungswesen
> 14. Frauenpolitik

II. Vorläufig beschränkte Stilllegung:
Auf eine kleinere Zahl von Arbeitsgebieten sind infolge der Entwicklung der Verhältnisse im Osten echte Abwicklungsaufgaben angefallen, deren Wahrnehmung in dringendem Reichsinteresse liegt, wie z.b. kriegsentsprechender Einsatz der zurückgeführten Güter und Zuführung des im Osten freigewordenen Personals zu schnellstem kriegswichtigem Einsatz. Hierbei ist zu berücksichtigen, dass noch ein Teil meines Hoheitsgebietes vorhanden ist, in dem Versorgungs- und Produktionsaufgaben im Interesse der Heeresgruppe Nord des Reichs und der Zivilbevölkerung infolge der Ihnen bekannten Lager größere Schwierigkeiten denn je verursacht. Ich weise nur auf den vom Führer persönlich angeordneten Ausbau der Ölschiefer- und Phosphorwerke in Estland.

Die unter diesen Gesichtspunkten eingeschränkten Arbeitsgebiete sind folgende:
1. Gewerbliche und Verkehrswirtschaft
2. Ernährungs- und Landwirtschaft
3. Forst- und Holzwirtschaft
4. Arbeitseinsatz
5. Personaleinsatz
6. Hauptamt und Lagerverwaltung

Auf einzelnen Gebieten ist gerade infolge des Verlustes der besetzten Ostgebiete die intensive Betreuung und politische Beeinflussung der außerhalb der besetzten Ostgebiete lebenden Angehörigen der Ostvölker eine unabweisbare Forderung der deutschen Ostpolitik.

Ich verweise insbesondere auf die Ihnen bekannten mit den Legionären, den Ostarbeitern und den Flüchtlingen zusammenhängenden Probleme. Die sich hieraus ergebenden Arbeitsgebiete in meiner Presse- und Volkstumspolitischen Abteilung konnten daher trotz erheblicher Personalverringerung aufgabenmäßig nicht eingeschränkt werden. Das gilt insbesondere auch für die Anwerbung von SS-Helfern, Luftwaffen-Kampfhelferinnen und Luftwaffenhelfern unter den Flüchtlingen und im Reichskommissariat Ostland.

Aus den vorstehend aufgeführten Maßnahmen werden sich folgende Personalverringerungen für das Ministerium ergeben:
Bestand 1.8.1944: 727
Abzug: 447
Neuer Bestand: 380
Späterer Abzug: 63.[135]

Das bedeute schließlich eine Personalverringerung um 71 Prozent, lobte Rosenberg sich selbst.

Ganz schließen mochte Rosenberg sein Ministerium selbst im Frühjahr 1945 nicht. In seinen Tagebüchern erwähnt Goebbels am 18. März 1945 ein letztes Mal den Namen Rosenberg: »Fast wie ein Witz wirkt es in dieser kritischen Lage des Reiches, dass Rosenberg sich noch immer nicht dazu bereitfinden lässt, das Ostministerium aufzulösen. Man könnte mit dem Knüppel darein schlagen, denn was nützt alles gute Zureden, wenn die Borniertheit der sogenannten Prominenten einfach keine Vernunft annehmen will.«[136]

Der Kampf gegen die Kirche

Als einer der wenigen Angehörigen der NS-Spitze trat der evangelisch getaufte Rosenberg am 15. November 1933 aus der Kirche aus. Während beispielsweise Hitler bis zu seinem Tod in der katholischen Kirche blieb und selbst Görings Tochter Edda kirchlich getauft wurde, hatte Rosenberg nie einen Hehl aus seiner Feindschaft gegenüber der Kirche gemacht. Überdeutlich wurde das in seinem *Mythus des 20. Jahrhunderts,* das allerdings bei einer Auflage von zuletzt 1,33 Millionen Exemplaren von vielen Lesern gar nicht verstanden wurde.

In seinem Tagebuch schrieb Rosenberg später Gedanken zur Kirche und zum Glauben nieder – verständlicher zwar als im *Mythus,* aber nicht auf Außenwirkung bedacht. Ausgerechnet auf das Tannenberg-Denkmal bei Hohenstein in Ostpreußen bezog er sich dabei und nannte es als eines jener Zentren, von denen er im *Mythus* »als Notwendigkeit, als Ablösung von Kruzifixen u. Mariensäulen gesprochen habe«. Der Kirche warf er vor, »dass sie in deutschen Worten eine chinesische Sprache spricht«. Die Nation wolle diesen »Kauderwelsch aus Psalmen, ›Propheten‹ usw. nicht mehr hören«.

Das Nikäische Bekenntnis von 325 bezeichnete er als Albernheit, für die es höchste Zeit sei, mit ihr Schluss zu machen, »um wieder frische europäische Luft atmen zu können«. Von der für ihn kennzeichnenden maßlosen Überheblichkeit war der folgende Satz geprägt. Der Rei-Bi[1] sei »jedenfalls am Ende seines Hebräischen angelangt, die gesamte Jugend der Bewegung schwört auf mich, die SS erzieht mit der Bauernführung ihre Männer offen germanisch, d.h. antichristlich, die Schulen der PO [Parteiorganisation] werden auch klar auf dem *Mythus* aufwachsen, die Kirchen trocknen aus. Nur die Lebensgestaltung selbst hat noch keine feste Prägung erfahren, aus der H.J. wächst diese aber organisch hervor. Nach 10 Jahren wird die Zeit vielleicht reif für einen Reformator, der die Kirchengebäude neu besetzt und ihnen den heroischen Zug unserer Zeit gibt. D. h. ich stelle mir vor, dass die oft schrecklichen, verzerrten spätgotischen Schnitzereien als *Andachts*symbole aus dem Kircheninnern verschwinden u. ins Museum wandern. Die widerlichen barocken Elemente sind herunterzutun, Kanzeln u. Altäre fest u. schlicht *neu* zu entwickeln im Stil und im Sinn des Gedenkmals an der Feldherrnhalle.«[2]

Es ist möglich, dass Rosenberg sich selbst insgeheim nicht nur als Bilderstürmer, sondern als den kommenden Reformator betrachtete; denn in vielen Äußerungen sah er sich als die größte Gefahr und den größten Gegner für die römische Kirche und den Papst. Als sein *Mythus* eine Auflage von 250.000 Exemplaren erreicht hatte, sprach er bereits von einem »Jahrhunderterfolg« und verkannte dabei völlig, dass es sich bei den gekauften Büchern meistens um »Pflichtexemplare« überzeugter Parteigenossen gehandelt hatte. Geradezu verwegen war seine Schlussfolgerung aus den Verkaufszahlen: »Rom hat deshalb alle Kräfte mobilisiert und die ›Studien zum Mythus des 20. Jahrhunderts‹ herausgegeben, um mich wissenschaftlich zu erledigen. [...] Der Gegenstoß Roms soll also seine Antwort haben. Sie haben gemerkt, dass es jetzt um alles geht und 2000 Jahre fremder Überlagerung gesprengt werden.« ›Osservatore Romano‹ schreibt wütend, ich sei viel gefährlicher als die Deutsche Glaubensbewegung. Das glaube ich auch, weil auf der Ebene des Ringens um *Werte,* der Kampf Roms nicht mehr so aussichtsreich ist wie früher.«[3]

Die Deutschgläubige Bewegung,[4] von der der *Osservatore Romano,* die amtliche Tageszeitung des Apostolischen Stuhls, sprach, war 1933 gegründet worden, war von völkischem Gedankengut geprägt und lehnte das Christentum ab. Der Rassenideologie der Nationalsozialisten entgegenkommend, sprach sie von einer »arteigenen Frömmigkeit«, die an ein bestimmtes Volk oder an eine bestimmte Rasse gebunden war. Bekanntester Anhänger war Herman Wirth, der ganz im Sinne Himmlers einen germanischen Ursprung des Monotheismus behauptete.

»Das Christentum muss verschwinden!« Auch diese Forderung durchzog Rosenbergs Denken zu allen Zeiten. In einem nicht öffentlichen Vortrag vor der Reichskulturkammer im Oktober 1938 erlegte er sich keinerlei Zurückhaltung auf. Seine Aussagen wurden vervielfältigt und anonym in katholischen Kreisen verbreitet. Rosenberg hatte u.a. ausgeführt:

> Auf die verschiedenen Fragen, die bezüglich unserer Haltung gegenüber den Kirchen an mich gerichtet werden, habe ich Folgendes zu antworten, und ich betone, dass ich mich mit dieser Antwort einig fühle mit dem Führer. Es

gibt Heißsporne bei uns, die am liebsten den Führer dazu drängen möchten, die kathol. und die evangel. Bekenntniskirche einfach auszurotten, so, wie wir es mit den bolschewistischen Parteien getan haben. Abgesehen davon, dass das Verbot dieser Parteien noch lange nicht gleichbedeutend war mit der Ausrottung des Marxismus aus dem Denken und Fühlen unseres Volkes, und das merken wir ja jeden Tag, müssen Sie bedenken, dass die internationale Position der kathol. Kirche uns eine sehr behutsame Taktik gegenüber der Kirche auferlegt. Jeder Angriff gegen die Kirche spielt in die internationalen Beziehungen hinein u. kann uns unsere an sich schwere Position erschweren.

Dass die katholische Kirche und mit ihr die evangelische Bekenntniskirche in ihrer heutigen Formgestaltung aus dem Leben unseres Volkes verschwinden muss, darüber bin ich mir, und ich glaube, dies auch im Sinne des Führers sagen zu können, vollkommen klar. [...]

Wir sind bei der Durchsetzung der nationalsozialistischen Weltanschauung bereits bei der heutigen Jugend ein sehr großes Stück weitergekommen. Was sich da noch an kathol. Jugendbewegung herumtummelt, sind nichts weiter als Splittergruppen, die mit der Zeit aufgesogen werden. Die Hitlerjugend ist ein Saugschwamm, dem niemand widerstehen kann. Weiterhin ist der Aufbau des Lehrplans in allen Kategorien unserer Schulen bereits in derartig antichristlich-jüdischem Sinne erfolgt, dass die aufwachsende Generation vor dem schwarzen Schwindel bewahrt bleibt. [...] Wir haben noch ein Druckmittel u. das ist das Finanzielle, wir werden hier ebenfalls behutsamer, aber desto systematischer vorgehen, um dem nicht zu gewinnenden Klerus die finanzielle Ader durchzuschneiden. Was die Anfrage wegen der Sittlichkeitsprozesse betrifft, so bin ich der Meinung, dass diese im Altreich nicht allzu große Wirkung hatten und man sollte in dieser Hinsicht sehr vorsichtig sein.[5]

Wie so oft schätzte Rosenberg Hitlers Ansichten zu seinem Vorgehen gegen die Kirche falsch ein. Auch wenn er in seinem Tagebuch ausschließlich lobende Worte festhielt, die Realität sah häufig anders aus: In den *Tischgesprächen im Führerhauptquartier* notierte Henry Picker, Rosenberg habe in der Kampfzeit einmal einen Artikel vorgelegt, in dem er auf Angriffe der katholischen Kirche geantwortet habe. Er habe ihm die Veröffentlichung dieses Artikels verboten. Dass Rosenberg sich seinerzeit überhaupt auf eine Diskussion mit der Kirche eingelassen habe,

habe er immer für falsch gehalten. Denn Rosenberg habe dabei sowieso nichts gewinnen können, da die aufgeschlossenen Katholiken dem Standpunkt der Kirche schon von sich aus entgegengetreten seien. Bei den strenggläubigen Katholiken hingegen habe er für seine «ketzerischen« Ausführungen nicht nur kein Verständnis erwarten dürfen, sondern es voraussehen müssen, dass die Gegenpropanda ihn bei ihnen wegen »fürwitzigen Grübelns, in Glaubenssachen« als einen mit der Todsünde Belasteten mit Erfolg »diskriminieren« werde.[6]

Wie sehr Rosenberg sich im Zusammenhang mit dem *Mythus* überschätzte, zeigt sich auch in seinen Attacken gegen der Münchener Kardinal Michael von Faulhaber:

> Der Weltanschauungskampf scheint immer schärfere Formen anzunehmen. Der üble Kardinal Faulhaber hat in München gesprochen u. u.a. mein Werk in giftigster Weise angegriffen; da man den Führer *noch* nicht anzutasten wagt, will man seinen gefährlichsten Mitarbeiter madig machen. Die Antwort an den Mann wird nicht ausbleiben. An sich könnte ich den Kardinal aufgrund der neuen Gesetze anklagen und einsperren lassen; aber da Faulhaber immerhin größeres politisches Format besitzt, so wäre das politisch unzweckmäßig.[7]

Nach Angriffen auf das Innenministerium, das »*jeden* Plan einer Abdämmung des römischen Einflusses« störe, kündigte Rosenberg an, »den Kampf ›nichtamtlich‹ zu führen und nach u. nach auch die Korrektheit abzulegen, die ich bisher gewahrt habe«.

Rosenberg bereitete eine Reihe von Maßnahmen gegen die Kirche vor an: Er habe mit von Schirach gesprochen, nun könne die HJ »auf römische Provokationen« antworten. Die *Nationalsozialistischen Monatshefte* hätten den Auftrag erhalten, die Polemik zu beginnen. Der »Schulungsbrief« mit einer Auflage von 1,1 Millionen werde die römische Weltanschauung systematisch von der Vorgeschichte aus angreifen. Ehe er selbst mit einer Gegenantwort in Erscheinung trete, wolle er den Führer sprechen. »Denn eine Broschüre von mir, als seinem Beauftragten, wenn auch nur ›persönlich‹, wird *Sturm* bringen. U. der Führer soll entscheiden, ob die Zeit schon dafür reif ist, d.h. für die *schwer*artilleristische Vorbereitung vor den dann folgenden staatsamtlichen Angriffen.«[8]

Als entschiedener Gegner der Kirche musste Rosenberg zwangsläufig und immer wieder mit Kirchenminister Hanns Kerrl in Konflikt geraten. Kerrl war preußischer Landtagspräsident sowie preußischer Justizminister, danach zunächst Reichsminister ohne Geschäftsbereich und schließlich von 1935 Reichsminister für kirchliche Angelegenheiten. »Kerrl liebt mich naturgemäß nicht«, räumte Rosenberg ein. »Politisch Nationalsozialist, sträubt sich Kerrl vor weltanschaulichen Konsequenzen und ist bemüht, den Führer für *sich* auszuspielen.«[9] Rosenbergs Arroganz wird bei jeder Erwähnung des Namens Kerrl in seinen Tagebüchern deutlich. Über eine schwere Niederlage von Kerrl freute sich Rosenberg am 14. Februar 1937. Kerrl habe eine große Rede angekündigt, doch der Führer habe alles stoppen lassen und Kerrl nach Berchtesgaden zitiert. »K. hat wieder einmal das Gegenteil davon getan, was in unserer Linie liegen muss: nicht *wir* wollen die Verantwortung für die Kirche tragen, vielmehr muss diese allein ihre ›Kraft‹ erweisen. Wenn sie dann in ihre schon bestehenden Sekten auseinanderfällt, so ist das nicht unsere Schuld.«[10]

Seine tiefe Verachtung für Kerrl wurde während eines Mittagessens mit Hitler sichtbar. Seine Aufgabe habe er nicht im Geringsten erfasst: »Nicht etwa uns eine ›kirchliche Haus*macht*‹ zu schaffen, sondern den Staat der NSDAP zum Herrn über die Kirche zu machen. Es rächt sich eben, wenn ein weltanschaulich *derartig* unzulänglicher Mensch sich zu einem Amte drängt, dem er nicht gewachsen ist.«[11]

Wenn Rosenberg dem Reichsminister für kirchliche Angelegenheiten intellektuelle Fähigkeiten mehr oder minder absprach, wollte er sich dessen Vorstellungen über die Aufgaben und Kompetenzen eines Beauftragten zur Sicherung der NS-Weltanschauung schon gar nicht gefallen lassen. Kerrl hatte einen ergänzenden Erlass eingereicht, von dem er meinte, er würde »die geistige Lage in Deutschland klären«. Dagegen ging Rosenberg in einem Schreiben an den Hitler-Stellvertreter Rudolf Heß an: Kerrl meine,

»die nationalsozialistische Weltanschauung und die aus ihr gewonnenen wissenschaftlichen Erkenntnisse bilden die natürliche und verbindliche Grundlage für das gesamte politische Handeln sowohl der Führung des deutschen Volkes in Staat und Partei wie aller Deutschen«. Hier liegt meiner Ansicht ein sehr schwerwiegendes Verkennen der Wechselbeziehungen zwischen Weltanschauung und Wissenschaft vor. Eine Weltanschauung, soweit sie wissenschaftliche Erkenntnisse umfasst, ist nicht aus sich selbst entstanden, sondern, wie die in Rede stehende nationalsozialistische Weltanschauung, fußt aus vielhundertjährigem Forschen und Kämpfen germanisch eingestellter europäischer Forscher. Es ist also nicht ohne Weiteres möglich zu behaupten, dass aus der Weltanschauung wissenschaftliche Erkenntnisse ohne Weiteres gewonnen werden können. Man kann höchstens sagen, dass eine innere Haltung zur Welt, Schicksal und Leben eine neue Themenstellung und Forschungsrichtung auch für die Wissenschaft bedeuten kann und dann wohl auch neue Ergebnisse erzielen wird. Es findet also im Falle der nationalsozialistischen Weltanschauung zwischen ihr und der Wissenschaft eine Wechselbeziehung statt, die durch fruchtbare Persönlichkeiten beiderseitig gesteigert werden kann. [...] Die Haltung, die hier zum Ausdruck kommt, ist eben nicht nationalsozialistisch, sondern theologisch. Man kann auch nicht generell sagen, dass wissenschaftliche Erkenntnisse eine unmittelbare, natürliche und verbindliche Grundlage für das ›gesamte politische Handeln‹ darstellen. Ausscheiden würde hier von vornherein fast die gesamte Außenpolitik, die mit wissenschaftlichen Erkenntnissen nur indirekt zu tun hat (Rassenfrage in den Kolonien etc.). Aber auch innenpolitisch scheiden große Gebiete für das unmittelbare politische Handeln aus. Welche Forschungsergebnisse und Denkrichtungen für die Gesetzgebung einzubeziehen sind, wird jeweils vom Führer zu bestimmen sein, sowohl in der Gegenwart als auch in der Zukunft. Das wird also im persönlichen Entschluss und unter V oder ganz wenigen Persönlichkeiten liegen. Auf jeden Fall erscheint es nicht unbedenklich, eine derartige Verquickung durch einen Erlass des Führers selbst behaupten oder anordnen zu wollen. [...]

Der religiöse Glaube, d.h. eine das Metaphysische berührende Beziehung, wird als eine *persönliche* Angelegenheit des Einzelnen allgemein anerkannt. Der NS hat nicht die Ansicht gehabt, und sieht es nicht als seine Aufgabe an, ein religiöses Dogma zu verkünden auf einem Gebiet, das jeder Nachforschung verschlossen bleibt. Die Schwierigkeit der Durchführung dieses Grundsatzes zeigt sich aber sofort bei der konkreten Behandlung der geschichtlichen konfessionellen Gegebenheiten. Denn es handelt sich bei fast allen von ihnen nicht um eine metaphysische Überzeugung, sondern um eine enge, oft gar nicht lösbare Verquickung zwischen religiösem Glauben, Morallehre, wissenschaftlichen Überzeugungen und sozialpolitischen Lehren.

Diese entscheidende Schwierigkeit kommt in Punkt III des Entwurfs von Reichsminister Kerrl in geradezu verblüffender Form zum Ausdruck. Im ersten Satz erklärt er, dass er für die ausschließliche Zuständigkeit des Reichsministers für kirchliche Angelegenheiten über kirchliche und sonstige freireligiöse Gemeinschaften beanspruche, soweit sie als *Organisationen* infrage kommen. Hier wird also richtig festgestellt, dass, ohne ins Einzelne zu gehen, der Staat die politische Überwachung der Kirchen und religiösen Gemeinschaften als Vereine ausübt, ferner die Überwachung über ihre Finanz-und Verwaltungsangelegenheiten. Das erscheint für den Zweck einer staatlichen Vertretung des Deutschen Reichs gegenüber den verschiedenen Konfessionen ausreichend. Gleich im nächsten Punkt aber beansprucht Reichsminister Kerrl, dass der Staat nur solche religiösen Gemeinschaften zulassen dürfe, »deren Bekenntnisse nicht gegen das Sittlichkeits- und Moralgefühl der germanischen Rasse verstoßen«. D.h. der Reichsminister für kirchliche Angelegenheiten beansprucht neben der politischen Überwachung zugleich auch die Beurteilung der gesamten religiösen, philosophischen, sozialen und geschichtlichen Prozesse, deren Ergebnisse eben diese verschiedenen Konfessionen darstellen.

Dadurch würde der Reichskirchenminister, ohne in der NSDAP, deren weltanschauliche Haltung anfangs als entscheidend hingestellt wird, eine entsprechende Funktion auszuüben, als Leiter einer Obersten Reichsbehörde auch die entscheidende weltanschauliche Stelle bedeuten.

Es besteht nun kein Zweifel darüber, dass die Moral, wie sie etwa unter Führung des Jesuitismus von der römischen Kirche vertreten wird, mit dem Wesenskern des germanischen Charakters und Moralgefühls in entscheidendem Widerspruch steht. Hier ergibt sich ja der große eigentliche Kampf: Nationalismus und römisch-katholischer Universalismus. Der Kampf spielt sich ja gerade *nicht* auf metaphysischem, sondern auf dem Charaktergebiete ab. An die Stelle der Dogmenkämpfe ist eben das Ringen der Werte getreten. Dieser Kampf ist in vollem Flusse und bezieht im Wesentlichen auch die protestantische Kirche und die verschiedensten Sekten ein. Die ernsten Bibelforscher z.B. sind polizeilich verboten, aber die Lebens- und Bibeldeutungen der sogenannten »Bekennenden Kirche« unterscheiden sich im Prinzip durch nichts von den Deutungen der ernsten Bibelforscher. [...]

Welche Konfessionen und Gemeinschaften dem germanischen Moralgefühl nicht entsprechen, das wird dieser neu eingeleitete historische Prozess zeigen, und das geistige Hoheitsrecht des Nationalsozialismus besteht eben darin, nach einer von ihr festzulegenden Zeit aufgrund sorgfältiger Beobachtungen und Feststellungen zu einem Ergebnis zu kommen. Wenn man einen historischen Prozess richtig beurteilt, so erscheinen zehn oder fünfzehn Jahre derartiger Auseinandersetzungen als eine kurze Spanne. Ob das kirchliche Christentum in all seinen verschiedenen Formen imstande ist, sich auf die rein metaphysische Seite zu beschränken und von allen bisherigen sozialpolitischen Lehren und Moralgrundsätzen Abstand zu nehmen, das wird sich einmal erweisen. Es erscheint mir aber als vollkommen unmöglich, wenn durch einen staatlichen Erlass des Führers heute gleichsam festgestellt wird, dass dieser Prozess dahin seine Entscheidung gefunden hat, dass die bestehenden kirchlichen Konfessionen bzw. bestehenden religiösen Gemeinschaften dem germanischen Moral- und Sittlichkeitsgefühl nicht widersprechen! Damit würde eine staatlich-rechtliche Anerkennung für jene Konfessionen ausgesprochen, die sich, wie wir jedenfalls wissen, mehr oder weniger deutlich seit Beginn unseres Kampfes gegen die nationalsozialistische Weltanschauung ausgesprochen haben. [...] Ein derartiger Erlass des Führers wäre eine generelle Rehabilitierung der weltanschaulichen kirchlichen Gegner der nationalsozialistischen Revolution. [...]

Was nun die Persönlichkeit des Reichsminister Kerrl anbetrifft, so beansprucht er also nicht die Rechte eines Reichsministers für kirchliche Angelegenheiten, sondern auch jenen Auftrag, den ich bereits vom Führer habe, nämlich die Überwachung der gesamten geistigen und weltanschaulichen Schulung und Erziehung der nationalsozialistischen Bewegung. Da dieser Auftrag vorhanden ist, schließt also der Entwurf von Reichsminister Kerrl stillschweigend eine Annullierung dieses Auftrages mit ein und fordert zugleich seine Ernennung auch für die NSDAP mit einem meinem Auftrag entsprechenden Amt.[12]

Am 2. Februar 1938 führte Rosenberg in Anwesenheit von Himmler, Lutze und Schirach aus:

> Wofür der Reichsminister für die kirchlichen Angelegenheiten [Hans Kerrl] nicht zuständig ist:
> a) für die Vertretung der Interessen der Kirchen gegenüber Partei und Staat;
> b) für die Vertrauenswerbung für die Kirchen im Volke;
> c) für die Wiederherstellung der reinen Lehre der Kirche (überlassen wir gerne den Kirchen!);

d) für die Bestimmung dessen, was NS-Weltanschauung sei und was nicht;
e) für die Angleichung, »Versöhnung« oder gar Gleichsetzung von Kirche und Nationalsozialismus.

Worin die Aufgaben des Reichsministers für die kirchlichen Angelegenheiten bestehen:
a) Dem Hoheitsanspruch des Staates den Kirchen gegenüber bedingungslos Geltung zu verschaffen (vor allem im Erziehungs- und Wohlfahrtswesen). Für den Nationalsozialismus kann es keine Überordnung, aber auch keine Gleichordnung, sondern nur eine Unterordnung der Kirchen unter die Lebensnotwendigkeiten des ganzen Volkes geben. Der NS-Staat muss es ablehnen, auch nur irgendwie die Funktionen eines weltlichen Armes der Kirchen auszuüben (z.B. Kirchensteuern eintreiben!), wobei der Zeitpunkt der Durchführung dieses Grundsatzes der Beurteilung der Lage vorbehalten bleibt. Der NS-Staat muss auch von den Kirchen eine bedingungslose Treue zum Staat fordern. Es ist durchaus im Sinne der Entwicklung, den Kirchen mehr und mehr Vereins- und Sektencharakter zu verleihen (daher zunächst Brechung aller Vorrechte der Kirchen). Soweit sie nicht den Bestand des NS-Staates gefährden, ist es den Kirchen überlassen, sich nach eigenem Wollen zu organisieren.
b) Die religiöse Gleichberechtigung aller Deutschen zu wahren.

Die jüngste vom Reichsminister geplante und von den Kirchenführern unterzeichnete Verordnung sei geeignet, die von der Partei zu stellenden Forderungen nicht nur unwirksam zu machen, sondern in das Gegenteil zu verkehren.

Der Stellvertreter des Führers und Reichsleiter Rosenberg haben, um den Staat endlich aus der allmählich unerträglich werdenden Verflochtenheit in innerkirchlichen Streitigkeiten *herauszulösen,* seit Dezember 1937, also seit der Planung der 18. Durchführungsverordnung, sich bisher stets gegen eine Politik des RM für die kirchlichen Angelegenheiten gewendet, die den Staat im Gegenteil organisatorisch und sachlich in die kirchlichen Belange *einschaltet.* Die geplante Verordnung gehe nun so weit, die gesamte organisatorische Leitung der Deutschen Evangelischen Kirche zu verstaatlichen. Da in der Kirche Fragen der Verfassung und Organisation nicht abgesehen von dem in ihr gepredigten Glauben gelöst werden können, ergibt sich die untragbare Lage, dass in absehbarer Zeit der nationalsozialistische Staat selbst mit der Austragung kirchlicher Glaubensstreitigkeiten belastet wird. Weltanschaulich gesehen heißt das: Der Reichsminister für die kirchlichen

Angelegenheiten konstituiert sich selbst als die von den Kirchen im nationalsozialistischen Staat schmerzlich vermisste *christliche Obrigkeit.* Nachdem der Führer in seinen Kulturreden auf den letzten beiden Parteitagen nachdrücklich darauf hingewiesen hat, dass die deutsche Kultur mit all ihren Einrichtungen nicht christliches, sondern nationalsozialistisches Gepräge zu tragen hat, bedeutet die neuerliche Verordnung des Reichsministers Kerrl eine Zurückdrehung der geschichtlichen Entwicklung auf den kirchen- und staatsrechtlichen Standpunkt des Zweiten Reiches.[13]

Als Kerrl im Dezember 1941 starb, hielt sich die Trauer Rosenbergs in Grenzen:

> Heute erfuhren wir, dass Kerrl gestorben war, d.h. jener Parteiminister, den der Führer gestern so sarkastisch apostrophierte. Der Führer sagte, Kerrls Motive seien sicher nur edel gewesen, aber es sei eben ein hoffnungsloser Versuch, NS und Christentum zu vereinigen. Ich: Schon so viele Male wollte man die »reine Lehre« retten, diese Experimente sind nun alle gescheitert. [...] Die Aufgabe meines kommenden Instituts für indogermanische Geistesgeschichte in München betrachte ich auch darin, der vergehenden biblischen Tradition eine bessere u. noch ältere unterzuschieben: die Ethik d. *alten* Iraner und die Weisheit der *alten* Inder seien schöner als das N. T.[14]

Einen Gegner anderen Kalibers hatten die Nationalsozialisten in Clemens August Graf von Galen, Bischof von Münster. Die Bischofsstadt war für die Nationalsozialisten im übertragenen Sinn ein rotes Tuch. Nach Zeitungsmeldungen war für Sonntag, 7. Juli 1935, eine Zusammenkunft der NSDAP-Amtswalter des Gaus Westfalen Nord nach Münster einberufen worden. Dabei sollte auch Rosenberg eine Rede halten. Dagegen wandte sich frühzeitig der Bischof:

> Ich erlaube mir, darauf aufmerksam zu machen, dass die Ankündigung dieses Planes in der christlichen und besonders in der katholischen Bevölkerung der Stadt Münster und des Münsterlandes bereits starkes Befremden erregt hat und dass die Ausführung desselben unfehlbar eine lebhafte Beunruhigung hervorrufen müsste.
>
> Es ist bekannt, dass Alfred Rosenberg nach eigenem Zugeständnis in seinen Schriften Ansichten vertritt, welche »sich unmöglich mit den bishe-

rigen offiziellen (christlichen) Bekenntnissen vereinigen« lassen; dass er diese Ansichten mit einer für Andersdenkende aufreizenden Leidenschaftlichkeit vertritt, dass er besonders die katholische Kirche, das Papsttum, die christliche Vergangenheit unseres Volkes mit Schmähungen überhäuft, wie sie bisher nur in den Schriften liberaler und sozialistischer sogenannter Freidenker zu finden waren und welche nachweislich zum größten Teil auch aus diesen trüben Quellen geschöpft sind. Durch die Empfehlung und Verbreitung dieser Schriften seitens interessierter Kreise und durch die damit notwendig gewordene Gegenwehr christlicher Kreise ist Alfred Rosenberg vor der Öffentlichkeit so gekennzeichnet, dass die Bevölkerung in ihm bei seinem Auftreten in Münster nicht den »Reichsleiter für weltanschauliche Schulung«, sondern vielmehr den fanatischen Bekämpfer des Christentums sehen wird. Voraussichtlich wird eine Minorität verführter und verhetzter Anhänger des Neuheidentums sein Erscheinen begrüßen und zu christenfeindlichen Demonstration benutzen. Ganz sicher aber wird die überwiegend christliche Bevölkerung beider Konfessionen das Auftreten Rosenbergs in Münster als eine aufreizende Provokation und als eine Verhöhnung ihrer heiligsten und berechtigtsten religiösen Überzeugung seitens der dafür verantwortlichen Stellen empfinden.[15]

Es sei zu befürchten, fuhr von Galen fort, »dass ein öffentliches Auftreten Rosenbergs am 7. Juli zu tiefgreifender Beunruhigung und vielleicht zu verhängnisvollen Zusammenstößen in Münster führen wird. Ich fühle mich verpflichtet, schon jetzt darauf aufmerksam zu machen und um des Friedens willen den Antrag zu stellen, dass ein Auftreten Rosenbergs in Münster in absehbarer Zeit von der zuständigen Regierungsstelle verhindert wird.«

Trotz des Hasses auf den Bischof mochten selbst die Nationalsozialisten den Kirchenmann nicht verhaften. In einem Gespräch mit Hitler am 13. und 14. Dezember 1941 wurde angemerkt, dass die Engländer »seit längerer Zeit den größten Teil ihrer Propaganda« mit dessen Reden bestritten: »Zu Hunderttausenden werfen sie Flugblätter ab und verlesen die Angriffe des Grafen Galen in ihren Rundfunksendungen. Der Führer erklärte, die Herren wollten ›Märtyrer‹ sein in der Erwartung einer Ehrenhaft. Der Bischof von Münster aber werde einmal vor die Gewehre[16] kommen.[17]

In seinem Kampf gegen die Kirche, die katholische insbesondere, war Rosenberg ebenso konsequent wie bei der Bekämpfung des Judentums. Doch während man sich in der NS-Spitze beim Vorgehen gegen die Juden einig war, wollte Hitler hier während des Krieges keine weitere »Front« aufmachen. Rosenberg scherte das angesichts des von ihm empfundenen »Sendungsbewusstseins« nicht. Damit machte er sich nicht nur die Kirche zum Feind, sondern fand auch bei Hitler bzw. Bormann und Goebbels wenig Verständnis.

Personenkult um den »Hüter der Idee«

Wenn heute vom »Dritten Reich« die Rede ist, dann stehen Hitler, Himmler, Goebbels oder Göring gemeinhin für das NS-Regime, nicht dagegen Alfred Rosenberg. Es ergibt sich die Frage, ob dies während der NS-Herrschaft anders war und ob der Antisemit Rosenberg überhaupt Einfluss auf die Politik und auf die Menschen nehmen konnte.

Richtig ist sicherlich, dass kein anderer – abgesehen natürlich von Hitler selbst – derart viele Möglichkeiten der Selbstdarstellung und der Propagierung seiner Auffassungen hatte wie Rosenberg. Dies liegt weniger an der Fülle und Art der Ämter, die er von 1918 bis 1945 bekleidete und konsequent zur Selbstdarstellung nutzte, als vielmehr an der Vielzahl seiner Veröffentlichungen. Vor allem in seinen Tagebüchern kommen die Realitätsferne und Selbstverliebtheit zum Vorschein. Sie sind voll des Eigenlobs bzw. des Lobes anderer über ihn. Nach einer Ansprache vor Gau- und Kreisleitern in Crössinsee hielt er beispielsweise fest: »Der Hauptschulungsleiter bezeichnete mich als Hüter und Gestalter der n.s. Weltanschauung und den ›Mythus‹ als Bibel für die ganze Bewegung.«[1] Dieser Eintrag zeigt überdeutlich, wie Rosenberg sich selbst verstand und wie er seine Rolle innerhalb des NS-Regimes sah. Ob die lobenden Worte Dritter tatsächlich stets so gefallen waren, sei dahingestellt, denn in deren Darstellungen las sich manches wiederum anders. Die Gegenüberstellung der Tagebücher von Rosenberg mit dem von Goebbels macht dieses deutlich.

Die Antwort auf die Frage, ob und welchen Einfluss Rosenberg hatte, gab unter anderem das Nürnberger Militärtribunal. Bei Heydecker und Leeb, den Herausgebern der Akten des Prozesses gegen die Hauptkriegsverbrecher, ist dazu zu lesen:

> Auf der Anklagebank von Nürnberg finden sich die Propagandisten des Nationalsozialismus wieder: Rosenberg, Streicher, von Schirach und Fritzsche. Sie waren es, die die nationalsozialistische Herrschaft propagandistisch vorbereiteten, die Jugend nach der Machtergreifung im Sinne des neuen Regimes erzogen und ein ganzes Volks hinters Licht führten.

In diesem Quartett der Trommler steht an erster Stelle Alfred Rosenberg. Seine Wichtigkeit ergibt sich schon aus einigen Sätzen im Urteil des Gerichts: »Er war der anerkannte Parteiphilosoph, der in dem vom ihm herausgegebenen *Völkischen Beobachter* und den *NS-Monatsheften* sowie in zahlreichen von ihm verfassten Büchern die Nazi-Lehren entwickelte und verbreitete. [...] Rosenberg hatte als Ideologe großen Einfluss auf den Nationalsozialismus. Er entwarf das Parteiprogramm und die neue Weltanschauung.²

»Künder des neuen deutschen Menschen«,³ »Vorkämpfer gegen den Bolschewismus«,⁴ »Der Hüter der Lehre«⁵ – dies sind nur drei von unzähligen Überschriften, mit denen Alfred Rosenberg von den Zeitungen im »Dritten Reich« bedacht wurde. Da das nationalsozialistische Regime keine Pressefreiheit kannte, waren solche Zeilen von politischer Seite akzeptiert bzw. gewollt und von der Zensur freigegeben. Die medialen Lobeshymnen bezogen sich nahezu ausschließlich auf seine Funktion als »Beauftragter des Führers zur Überwachung der gesamten geistigen und weltanschaulichen Schulung und Erziehung der NSDAP«, ihrer Gliederungen sowie des Werkes »Kraft durch Freude«. Als Verantwortlicher des »Einsatzstabes Reichsleiter Rosenberg« oder als Reichsminister für die besetzten Ostgebiete war er nur selten in den Zeitungen zu finden.

In den Zeitungen des nationalsozialistischen Deutschland wurde Rosenberg als derjenige gefeiert, dem man zu verdanken habe, dass er die NS-Weltanschauung nicht nur entwickelt habe, sondern sie auch hütete und bewahrte. Man konnte den Eindruck gewinnen, dass die Erwähnung von Hitlers Namen in den Elogen über Rosenberg lediglich eine floskelhafte Pflicht war, um nicht die Eifersucht oder gar den Zorn des »Führers« hervorzurufen.

In dem Artikel »Die Betrauung Alfred Rosenbergs« hieß es z.B., seine Ernennung zum »Beauftragten des Führers« werde für den Fortgang der nationalsozialistischen Revolution für immer ein »denkwürdiger Akt« bleiben.⁶ Damit werde dokumentiert, »was für die nationalsozialistische Gesinnungsgemeinschaft schon immer eine Selbstverständlichkeit war, dass auch die Integrität der Idee gegen alle Überfremdungsversuche und durch alle Auseinandersetzungen des Tages hindurch gewahrt bleiben muss«. Damit nicht genug: Rosenberg habe den Parteimitgliedern »geistige Orientierung« gegeben, die Mitglieder hätten nach einer »letzten möglichen Orientierung und nach der nationalsozialistischen Beantwortung von Fragen gesucht, die im Laufe der Entwicklung schon vielleicht in interessierten nationalsozialistischen Kreisen in Angriff genommen waren«. Rosenbergs *Mythus des 20. Jahrhunderts* sei »eine ungeheure geistige Arbeit, deren Umfassenheit und Weite der Sicht jeden nationalsozialistischen Kämpfer mit Bewunderung und tiefer Dankbarkeit erfüllt«. »Rosenberg hat die nationalsozialistische Revolution hinübergeführt in die Gebiete der Wissenschaft«, lobten die Claqueure.[7] Auf geistigem Gebiet habe er in stiller Arbeit das ausgebaut, »was die Genialität des Führers in großen, gewaltigen Umrissen aufzeigt«. Mit anderen Worten: Hitler habe das Gerüst geliefert, Rosenberg habe es ausgefüllt und ihm Leben eingehaucht. »Dieser treue Kämpfer Adolf Hitlers« sehe gerade darin – und nur darin – seine höchste Anerkennung, dass er eben einer der engsten Mitarbeiter des »Führers« seit Beginn der nationalsozialistischen Bewegung sei. Gesprochen wurde von der Gewissheit, »dass auch auf geistigem Gebiet die ewige untrennbare Verbundenheit zwischen Idee und Führer als Höchstes gewahrt bleibt«.

Geradezu euphorisch verklärend las es sich in der Einleitung zu Alfred Rosenbergs *Kampf um die Macht*, einer Sammlung von Zeitungsbeiträgen und Reden der Jahre 1921 bis 1932:

> Wenn wir beim Lesen dieser Aufsätze und Reden mit Staunen wahrnehmen, wie viele Gedanken, die uns heute politisch und weltanschaulich bewegen, von Alfred Rosenberg vorgedacht, wie viele Gefühle von ihm vorempfunden sind, so müssen wir uns gleichzeitig auch klarmachen, was diese Arbeiten gerade in der Anfangszeit der Bewegung bedeutet haben. In der Zeit des zweijährigen Redeverbotes des Führers sind es vor allem die Aufsätze Alfred Rosenbergs gewesen, aus denen die nationalsozialistische Idee in gültiger Form zum Volk sprach. Die Reden und die Politik des Führers wiederum hatten in den Leitaufsätzen Rosenbergs im *Völkischen Beobachter* ihre stets treuen Begleiter und Ausdeuter.[8]

Rosenberg hatte in Fragen der Selbstdarstellung selbst Propagandaminister Goebbels etliches voraus. Dies lag sicher auch an seinem Gespür für Themen. Zudem und vor allem aber bot ihm die Aufgabe, als »Beauftragter des Führers« die Möglichkeit, sich zu allen nur denkbaren Themen zu äußern. In Zeitungsartikeln ebenso wie durch seine

Bücher und nicht zuletzt in seinen Reden. Außerdem leitete er auch das Außenpolitische Amt der NSDAP (APA) und empfing hier die Angehörigen des diplomatischen Korps. Als Mitglied des Reichstags und des Auswärtigen Ausschusses hielt er flammende Reden – anders als die meisten anderen der NS-Abgeordneten. Rosenberg stand an der Spitze des »Kampfbundes für Deutsche Kultur«, der seit August 1933 als die einzige nationalsozialistische Kulturorganisation anerkannt wurde und der in allen Kulturfragen zu hören war. »Die politische Organisation der NSDAP ist verpflichtet, die kulturelle Arbeit der KfdK in jeder Hinsicht zu unterstützen. Der organisatorische Aufbau des KfdK erfolgt nach dem Beispiel der NSBO.«⁹

Rosenberg leitete ferner die aus dem Kampfbund entstandene »NS-Kulturgemeinde« einschließlich der »KdF-Theaterbühnen« und wollte die »Hohe Schule« als Leituniversität der Nationalsozialisten etablieren. Die »Nordische Gesellschaft« sowie die Institute für kontinental-europäische Forschung bzw. zur Erforschung der Judenfrage wurden ebenfalls von Rosenberg geführt.

In den frühen Zwanzigerjahren schrieb er in dem Kampfblatt *Auf gut deutsch*, dann im *Völkischen Beobachter*, zuerst als Schriftleiter sowie in der Folge als Hauptschriftleiter. In der Zeit des Verbots dieses Parteiorgans gründete er die Zeitschrift *Der Weltkampf*, die später von den *Nationalsozialistischen Monatsheften* abgelöst wurde, *Mitteilungen des Kampfbundes für deutsche Kultur* und die *Deutsche Kultur-Wacht*. *Blätter des Kampfbundes für deutsche Kultur* waren weitere Publikationen, die Rosenberg zur Verfügung standen. Schließlich verfasste er eine Vielzahl von Traktaten und Büchern, von denen nachstehend die wichtigsten aufgeführt werden:

Unmoral im Talmud, 1920
Die Spur des Juden im Wandel der Zeiten, 1920
Die Verbrechen der Freimaurerei. Judentum, Jesuitismus, Deutsches Christentum, 1921
Pest in Russland! Der Bolschewismus, seine Häupter, Handlanger und Opfer, 1922
Die Protokolle der Weisen von Zion und die jüdische Weltpolitik, 1922
Der staatsfeindliche Zionismus auf Grund jüdischer Quellen erläutert, 1922

Wesen, Grundlagen und Ziele der NSDAP: Das Programm der Bewegung, 1923 (erste parteiamtliche Schrift der NSDAP)

Die internationale Hochfinanz als Herrin der Arbeiterbewegung in allen Ländern, 1924

Der völkische Staatsgedanke. Überlieferung und Neugeburt, 1924

Börse und Marxismus oder der Herr und der Knecht, 1924

Der Zukunftsweg einer deutschen Außenpolitik, 1927

Houston Stewart Chamberlain, der Verkünder und Begründer einer deutschen Zukunft, 1927

Nationalsozialismus und Jungdeutscher Orden: eine Abrechnung mit Artur Mahraun, 1927

Dreißig Novemberköpfe, 1927

Der Sumpf. Querschnitte durch das »Geistes«-Leben der November-Demokratie, 1927

Dietrich Eckart: ein Vermächtnis, 1928

Der Mythus des 20. Jahrhunderts. Eine Wertung der seelisch-geistigen Gestaltenkämpfe unserer Zeit, 1930

Das Wesensgefüge des Nationalsozialismus: Grundlagen der deutschen Wiedergeburt, 1932

Blut und Ehre, Bd. I: *Ein Kampf für deutsche Wiedergeburt.* Reden und Aufsätze 1919–1933; Bd. II: *Gestaltung der Idee. Reden und Aufsätze von 1933–1935,* 1936

Allein das Hauptwerk Rosenbergs, *Der Mythus des 20. Jahrhunderts,* erreichte eine Auflage von über einer Million Exemplaren. Dabei ist allerdings davon auszugehen, dass die meisten der mit dem Buch Beschenkten – selbst gekauft haben es die wenigsten – es nicht gelesen haben werden.

Neben diesen Schriften bestimmte Rosenberg in zahllosen Schulungsbriefen die politische Richtung. Zusätzlich hatte er maßgeblichen Einfluss auf die Lehrinhalte, die den Führungs-, aber auch den Nachwuchskräften der Partei vorgesetzt wurden. So hatte er die »Reicharbeitsgemeinschaft für die Schulung der gesamten Bewegung« ins Leben gerufen und ließ über die »Reichsstelle zur Förderung des deutschen Schrifttums« über 20.000 Schriftsteller überwachen.

Vorläufer des »Hauptamtes Schrifttum« in Rosenbergs Verantwortungsbereich war die »Reichsstelle zur Förderung des deutschen

Schrifttums«. Als oberste Zensurbehörde hatte dieses Amt die Aufgabe, Schriftsteller und Verleger in weltanschaulichem Sinne zu erziehen und damit ihre Produktion politisch zu steuern. 2000 Lektoren hatten in den ersten zehn Jahren nach den Richtlinien Rosenbergs 60.000 Gutachten erstellt. In vier großen Einzelaktionen waren 36 Millionen Bände zusammengebracht worden. Im »Kulturpolitischen Archiv« waren Unterlagen – offizielle und durch Bespitzelung zusammengetragene – über mehrere Tausend Kunstschaffende zusammengeführt, die Rosenberg dann Bormann übergeben musste. Sie sollten dazu dienen, die Kunstschaffenden zu disziplinieren oder aus der Reichskulturkammer auszuschließen und damit ihrer beruflichen Existenz zu berauben.

Hinzu kamen Hunderte von Reden, die Rosenberg im Laufe der Jahre hielt, teilweise vor 50.000 und mehr Menschen. Über sie wurde wiederum in der gleichgeschalteten Presse des »Dritten Reichs« ausführlich berichtet. Die Bandbreite der Themen, zu denen sich Rosenberg vor unterschiedlichsten Zuhörerkreisen äußerte, wird aus der nachfolgenden Übersicht der Rednertätigkeit Rosenbergs als Redner des Systems erkennbar.[10]

1933: Heidelberg, Hamburg, Hildesheim, München, Bingen, Frankfurt/M., Köln, Berlin

1934: Berlin, Bernau, Düsseldorf, Altenesch, Marienburg, Lübeck, Breslau, Verden/Aller, Jena, Bremen, Halle, Nürnberg, Münster, München, Frankfurt/M., Leipzig, Köln, Halle, Rüsselsheim, Stedings Ehre, Bayreuth, Stuttgart, Potsdam, Hamburg

1935: Oldenburg, Berlin, Düsseldorf, Halle, Schwerin, Erfurt, Breslau, Thingstätte Sachsenhain, Pewsum, Lübeck, Hannover, Heringsdorf, Münster, Heiligenstadt, Bernau, Nürnberg, Berlin

1936: Berlin, Dortmund, Dessau, Eisleben, Döbeln, Zwickau, Wuppertal, Liegnitz, Frankfurt/O., Greifswald, Crössinsee, Stuttgart, Dresden, Vogelsang, Hannover, Rissen, Hersfeld, Braunschweig, München Lübeck, Jena, Koblenz, Stuttgart, Saarbrücken, Ulm, Magdeburg

1937: Berlin, Detmold, München, Potsdam, Dresden, Düsseldorf, Vogelsang, Paderborn, Kassel, Flensburg, Karlsruhe, Mainz, Vogelsang, Nordkirchen, Bad Mergentheim, Rammenau, Weimar, Oldenburg, Kiel, Lüneburg, Landsberg, Buchau, Freiburg, Torgau, Sonthofen, Üdersee

1938: Detmold, Berlin, Halle, Danzig, München, Neumarkt-Oberpfalz, Wien, Trier, Dortmund, Leipzig, Weimar, Steckelburg, Düsseldorf, Gmünden, Guben, Braunschweig, Kassel, Krössinsee, Babelsberg, Bayreuth, Weimar, Nürnberg, Karlsbad, Münster
1939: München, Berlin, Breslau, Königsberg, Hamburg, Sonthofen, Eger, Halle, Aachen, Kiel, Würzburg, Kulmbach, Trier, Bockholzberg, Northeim, Lübeck
1940: Berlin, Wien, Hannover, Danzig, Düsseldorf, Leipzig, Koblenz, Kreuznach, Prag, Paris, Braunschweig
1941: Münster, Linz, Breslau, Hamburg, Frankfurt M., Posen, Bremen, Berlin
1942: Berlin, Coburg, Düsseldorf, Weimar, Stuttgart
1943: Nürnberg, Dresden, Augsburg, Luxemburg, Hagen, München, Köln, Trier, Oldenburg, Limburg, Frankfurt /M., Wien, Kattowitz

Klientel und Themen

Kampfbund für deutsche Kultur: Die neue Rangordnung der Werte – Wiedergeburt der heroischen Weltauffassung – Die deutsche Wiedergeburt – Kultur und Bauerntum
4. Reichsarbeitstagung des Amtes Schrifttumspflege: Deutschlands Sendung im Osten
Alte Garde: Nationale Ehre, soziale Gerechtigkeit, nationalsozialistische Kameradschaft
Auslandsinstitut: Deutschtum – Bollwerk gegen Chaos
Außenpolitisches Schulungshaus: Kampf um Europa
Ausstellung »Frau und Volk«: Stellung der Frau in der Geschichte und heute
Ausstellung Los von Versailles: Tilgung der Schmach von Versailles
Badische Kulturwoche: Das Zeitalter der Völker und Rassen
Baltendeutsche im Wartheland: Rücksiedlung
BDM: Erziehung der Frau
Bezirks- und Gruppenführerinnen des RAD: Die Stellung der Frau im neuen Deutschland
Buchausstellung zur Förderung des deutschen Schrifttums: Ewiges Deutschland

Bund deutscher Architekten: Technik und Kultur
Deutsches Auslandsinstitut: Deutschland, Vorbild für Prinzip der Erhaltung gesunder Traditionen
Diplomatie und Weltpresse: Die Weltanschauung in der Außenpolitik
Diplomatisches Korps: Aufgaben eines Staatsmannes vom Standpunkt des Nationalsozialismus aus gesehen – Weltbolschewistische Zersetzungsarbeit
Eröffnung des Wintersemesters: Weltanschauung und Glaubenslehre
Erzieher der Adolf-Hitler-Schulen: Nationalsozialistische Erziehung
Führerappell Gau Oberschlesien: Ostaufgaben
Führertagung: Erziehungsarbeit in der Partei
Gau Thüringen: Die Feinde der deutschen Wiedergeburt
Gauparteitag: Zeitalter der Konfessionen vorbei
Gauschule der NSDAP: Der geistige Kampf in Deutschland
Gautag Thüringen: Weltjudentum – Verdrehung und Ausdeutung einzelner Führeraussprüche
Gautag Westfalen: Rede gegen Bischof von Münster
Großkundgebung der NSDAP: Gegen den Weltparasiten – Der Kampf um das Reich – Der Kampf um soziale Gerechtigkeit – Der Kampf für ein Europa der Sauberkeit – Über den Entscheidungskampf
Großkundgebung: Entscheidungskampf
Hitler-Jugend: Verpflichtung der Jugend im Kriege
HJ: Das neue Erziehungsideal im Sport
HJ-Presseschulungskursus: Kulturkundgebung
Horst-Wessel-Gedächtnisfeier: Judenfrage
Institut zur Erforschung der Judenfrage: Nationalsozialismus und Wissenschaft / Die Judenfrage als Weltproblem
Jugend: Verpflichtung gegen die Vergangenheit
Junker der Burg Vogelsang: Grundsätze der deutschen Erziehung
Justizbeamte: Nationalsozialistische Weltanschauung und Recht
Kaisersaal: Universalmonarchie und Heimatgefühl
Kommission für Wirtschaftspolitik: Außenpolitik
Kreisleiter: Die innere Einheit unserer Weltanschauung
Kriegsarbeitstagung der Reichspressestelle der NSDAP: Judenfrage
Kriegsdichtertreffen: Wehrhafte Dichtung der Zeit
Kulturtagung, Parteitag: Das geistige Hoheitsrecht der NSDAP

Kulturtagung: Kulturelle Sendung des Nationalsozialismus
Lehranwärter der NS-Schulungsburgen: Gegenwärtige und kommende Aufgaben der Partei
Lehrerschaft: Kulturmission des deutschen Schulmeisters
Martin-Luther-Universität: Der Kampf um die Freiheit der Forschung/ Neugeburt Europas
Massenversammlung: Die weltanschauliche Konsequenz
Musikstudenten: Grundfragen der studentischen Erziehung +Schiller-Theater: Mission der nat. soz. Bewegung
Musiktage des RJF: Kunst und Musik
Niedersachsentag: Widukind, Symbol des Widerstands
Nordische Gesellschaft: Europa, der Norden und Deutschland / Verständigung im Ostseeraum/Raum und Staat
NS-Bund Dt. Technik: Bauen als Kulturfrage
NSDAP: Das Zeitalter der Konfessionen und Dynastien/Um den Sieg der nationalsozialistischen Weltanschauung
NSDAP-Gautag: Nationalsozialistische Idee
NSDAP-Kreisappell: Das Christentum in der Geschichte Deutschlands
NS-Kulturgemeinde: Kampf um den Lebensstil der Nation – Das geistige Ringen unserer Zeit – Gestaltung des Willens und der Idee
NSLB: Herbsttagung/Deutsche Geschichte
NS-Studentenbund: Die Freiheit der Wissenschaft – Die geistesgeschichtliche Entwicklung unseres Volkes
Obergauführerinnen des BDM: Ehrbegriffe der Frau im nationalsozialistischen Staat
Offiziere der Wehrmacht: Nationalsozialismus und Soldatentum
Offiziere des Westens: Geschichtliche Lage im Abwehrkampf
Offiziere und Beamte der Ordnungspolizei: Geistige und politische Haltung des deutschen Volkes
Ortsgruppe Königsgrätz: Kampf um die charakterlichen Werte des deutschen Menschen
Partei und alle Organisationen: Kundgebung zur Volksabstimmung
Partei, Staat, Wehrmacht: Kampf in Österreich
Partei: Geistige und politische Lage
Parteikongress: Der Kampf zwischen Schöpfung und Zerstörung/ Jüdisch-bolschewistische Weltrevolution/Kultur und Macht/Schulungsarbeit der Partei

Politische Leiter: Deine Revolution, sie hat gesiegt/Kampfstil des Nationalsozialismus
Pommersche Lehrer: Kultur der Zukunft
Presse: Pressepolitik und Weltanschauung
RAD: Idee und Rat
Reichsberufswettkampf: Geistige Aufgaben der nationalsozialistischen Revolution
Reichsbund für deutsche Vorgeschichte: Bedeutung der Vorgeschichtsforschung/Kampf der Geschichtsfälschung
Reichsfrontdichter: Aufgaben der Frontdichter
Reichsführerinnenschule: Neue Lehrerakademie
Reichsführerlager der HJ: Tag der Weltanschauung
Reichsführerschule: Erfolgreiche Kleinarbeit
Reichsgau Oberdonau: Sinn unserer nationalsozialistischen Arbeit
Reichsparteitag: Weltjudentum und Bolschewismus
Reichsschule des NSLB: Aufgaben des nationalsozialistischen Lehrers
Reichsschulungsamt: Neue Aufgaben der Ausgestaltung der nationalsozialistischen Welt
Reichssieger des Studenten-Wettkampfes: Appell an den kämpferischen Forschergeist
Reichsstatthalter, Minister: Der Kampf um die Weltanschauung
Reichstagung der deutschen Beamten: Weltanschauung, Volk und Staat
Reichstagung des NSR: Der Sport als Erziehungsfaktor
Ruhrarbeiter: Die neue Arbeitssittlichkeit
SA-Führer: Die politische Sendung der SA – Idee und Tat – Weltbolschewismus/Sendung der SA/Ringen und Wollen der nationalsozialistischen Bewegung
Schinkel-Feier: Richtlinie deutscher Baukultur
Schlesische Kulturtage: Rassenkunde
Schulungsleiter: Voraussetzungen und Aufgaben nationalsozialistischer Erziehungsarbeit
Studententag: Judenfrage
Tag der Technik: Rassegebundene Technik
Tierkunst-Ausstellung: Tierliebe Charakterzug der Deutschen
Vereinigte rhein-mainische Presseverbände: Pressepolitik und Weltanschauung

Volksdeutscher Klub: Die europäische Situation/Heimkehr der Baltendeutschen
Wahlreden: Bolschewismus und Außenpolitik
Westfalentag: Nationalsozialismus und Kirche

Rosenberg und die »Rassenseele«

Aus Sicht der Nationalsozialisten bewegten sich manche Lobeshymnen auf Rosenberg sicherlich am Rande der Blasphemie, beispielsweise wenn er als »Schöpfer einer neuen Weltanschauung« dargestellt wurde. Rosenberg wurde dabei unter die »ersten Kameraden Hitlers« eingereiht, »die an der propagandistischen Auswertung und Verbreitung gegebener Ideen arbeiten und, von dem heutigen Standpunkt her gesehen, schier Unglaubliches geleistet haben. Alfred Rosenberg ging abseits von jener gewiss lebenswichtigen Arbeit den Weg in die Tiefe; kühn und kühl in strenger denkerischer Konsequenz zeigte er bis in die letzten Spalten unerbittlich die Auswirkung der nationalsozialistischen Weltanschauung auf allen Gebieten unseres völkischen Lebens. Unerbittlich, aber immer unaufdringlich immer nur zu denen sprechend, die ›diese Rede schon ihr Eigen nannten‹, die, wach geworden, nun mit ihm einen Weg gingen, mit ihm zu Kämpfern um die Reinheit und die kompromisslose Totalität unserer Weltschau wurden.« So sei es möglich geworden, »dass dieser fast kalte, verschlossene Denker offene Herzen und tiefsten fanatischen Willen fand in all den Tagesaufgaben, die der Führer über das große Werk an die Gestaltung und Überwachung der Idee diesem Manne gab«. Rosenberg sei der »Wahrer des ursprünglichen Gedankengutes des Nationalsozialismus, und er hat mehr und mehr zum ruhigen Pol der geistigen Entwicklung hin gefunden, der wachsendes Vertrauen selbst im Lager weltanschaulicher Gegner findet. [...] In seinem Arbeitsleben wird man nichts finden, was nur den Charakter leeren Getriebes hat, und dem entspricht in seinem Privatleben die stille Arbeit, das eifrige Studium und das Bekenntnis zur Einsamkeit.«[11]

Wenn hier Rosenberg als »Wahrer« der NS-Weltanschauung bezeichnet wird, drängt sich die Frage auf, ob der Verfasser dieser Zeilen andeuten wollte, selbst Hitler habe den Boden des reinen Nationalsozialismus verlassen.

Rosenberg forderte die Erziehung des Charakters und wandte sich gegen jede formalästhetische, von abstrakten Vernunftgedanken geleitete Erziehungsmethode. »Die Lehre von dem Charakterwert als Grundlage aller Gesittung ist das Geschenk des germanischen Europa an die Welt. Diese höchsten Werte wieder zum Siege zu führen, ist die tiefste sittliche Aufgabe des Nationalsozialismus.«
Im Aufsatz »Einfluss auf die Erziehung« konnte man über Rosenberg lesen:

Der Mythus des 20. Jahrhunderts ist der groß angelegte Versuch, den geschichtlichen Ablauf des Völkerlebens von der Rassenseele her zu erkennen. Die Rassenseele zum Leben erwecken, heißt ihren Höchstwert anerkennen und unter seiner Herrschaft den anderen Werten ihre organische Stellung zu weisen: in Staat, Kunst und Religion. Das ist die Aufgabe unseres Jahrhunderts: aus einem Lebensmythus einen neuen Menschentypus zu schaffen.[12]

Wenn es dann als »als Zeichen der Größe und geistigen Überlegenheit« gewertet wird, »dass Rosenberg nicht nur vielen deutschen Volksgenossen zum Bewusstsein ihres Wollens verholfen hat, sondern dass er auch die weltanschaulichen Gegner zur Entscheidung gezwungen hat«, dann kann man nachvollziehen, dass solche Sätze die Eifersucht und den Neid anderer NS-Repräsentanten hervorgerufen haben.

Gesprochen wurde in dem Beitrag, der Rosenberg als »Hüter der Idee« bezeichnete, von seinen »aufrüttelnden Thesen, seinen neuen Erkenntnissen und seinen umstürzenden Wertungen«. Damit habe Rosenberg mitgeholfen,

den Grund eines neuen, heute in den ersten Umrissen langsam Gestalt annehmenden Zeitalters zu legen. Alle Versuche, mit überholten Mitteln geistiger Knebelung oder dogmatischer Besserwisserei sein Werk zu »widerlegen« oder – weil dies nicht gelingen konnte – wenigstens verächtlich zu machen, haben sich als unzulänglich herausgestellt. Rosenbergs Werk erobert immer mehr und immer tiefer die Herzen des deutschen Volkes. [...] Es ist entscheidend für die nachhaltige Wirkung Rosenbergs, dass er selbst ein vollendeter Sprecher und Künder der nationalsozialistischen Weltanschauung ist. Die Erkenntnis von einer neuen rassebedingten Ordnung, der das Leben bestimmenden Werte, verbindet sich bei ihm mit der Kraft, die aus dieser Erkenntnis erwachsenden Spannungen und Aufgaben der Gegenwart in ein treffendes, scharf umrissenes Wort zu bannen. In immer neuen schöpferischen und darum selbstverständlichen Worten, Sätzen und Wendungen hat Rosenberg so der nationalsozialistischen Weltanschauung zu klarem und eindringlichem Ausdruck verholfen.[13]

Es gab kaum ein positiv besetztes Superlativ, das nicht auf Rosenberg gemünzt wurde. »Überragender Weitblick« und eine »tiefgreifende geistige Konzeption« wurden ihm attestiert. Rosenberg wurde dargestellt als

> jene einzigartige und unerschrockene und glaubensstarke Persönlichkeit, die als treuer und klarer Interpret der Gedanken des Führers das aufrichtige Vertrauen so vieler Millionen deutscher Volksgenossen besitzt. Alfred Rosenberg hat uns aus den Werten einer großen Vergangenheit das Gestaltungsgesetz unseres Daseins und seine natürlichen Lebensgebote geschenkt. Seine epochale Gesamtschau aller germanischen Kulturkräfte hat ihn zum Erzieher der deutschen Gegenwart gemacht. [...] Von Fragen der Tagespolitik ausgehend hat Alfred Rosenberg unablässig die tieferen Grundlagen unseres Kampfes aufgedeckt und die deutschen Volksgenossen zu einem Bekenntnis zur neuen Lebensordnung gegenüber allen Verfallserscheinungen aufgerufen. Diese konsequente Haltung finden wir, wenn wir das Gesamtwerk betrachten, schon in den ersten Tagen der Bewegung, als er im Kampf gegen die überstaatlichen Mächte Judentum, Zentrum, Liberalismus und Bolschewismus sich in den Mittelpunkt der Auseinandersetzungen stellt. [...]
> Der Appell an die germanischen Charakterwerte, an die deutsche Persönlichkeit, der Aufruf an das deutsche Volk, sich dem Schicksal gegenüber heroisch durchzusetzen und seinen Lebensraum nach dem Lebens- und Willensgesetzen seiner Art zu gestalten, das ist die große erzieherische Leistung Alfred Rosenbergs.[14]

Auf der Ebene der größten Geister

Von bemerkenswerter Arroganz, die natürlich Rosenbergs Parteigenossen missfallen musste, waren alle diese Lobeshymnen. Im März 1938 spendete die *Anglo-German Review* Rosenberg folgendes Lob:

> Rosenberg, der Balte, in einer Atmosphäre des Antisemitismus aufgewachsen, zeigte sich als der Hauptstimmenmacher für den antisemitischen Kurs des neuen Deutschlands. Cato sagte einmal: »Ich könnte die Menschen eher fragen, warum mein Denkmal nicht errichtet ist, als warum es errichtet ist.«
> Diese klugen Worte fallen einem in Verbindung mit Alfred Rosenberg wieder ein. Er hat ein anscheinend wichtiges Amt in dem deutschen Plan, aber es gibt wenige Deutsche, die seine Funktionen genau definieren können. Er ist auch einer der produktivsten Schriftsteller – eine Menge Bücher, Broschüren und andere Veröffentlichungen stammen von ihm –, aber wenige können genau sagen, wovon sie eigentlich handeln. Sein *Mythus des 20. Jahrhunderts* steht geehrt und meist ungelesen in jeder deutschen Bibliothek.[15]

Dafür, dass viele seine Werke nicht verstanden, hatten Rosenbergs Anhänger diesen »Trost« parat:

> Vielleicht kommt es daher, dass vielen Rosenberg zu intellektuell ist. Niemand wird die Tiefe seiner Gelehrsamkeit, seine großen geistigen Qualitäten und seine hervorragende Intelligenz abstreiten. Aber er bleibt eine ferne, etwas mysteriöse und fast überernste Gestalt in der kraftvollen, pulsierenden lauten Menge der übrigen deutschen Führer.[16]

Anlässlich seines 50. Geburtstags schrieb die *Nationalsozialistische Parteikorrespondenz* (NSK) am 9. Januar 1943 über Rosenberg und den Krieg gegen Russland:

> Wie unausweichlich diese weltgeschichtliche Auseinandersetzung war, das hat neben dem Führer kein anderer so klar und rechtzeitig erkannt wie Alfred Rosenberg, dessen Ehrentag heute die Nationalsozialistische Deutsche Arbeiterpartei und mit ihr das ganze deutsche Volk in Dankbarkeit begeht. [...]
> Er ist der hervorragende Denker und Systematiker der Bewegung, der die Revolution des Nationalsozialismus hinüber geführt hat in die Gebiete der

Wissenschaft. Darüber hinaus hat Rosenberg im Aufbau seiner Lebensarbeit für die erkennende Menschheit Positionen errungen und Werte geschaffen, deren volle Bedeutung vermutlich erst kommende Geschlechter ganz ermessen werden und die ihn auf die Ebene der größten Geister erheben. Sein Werk ist gekennzeichnet durch eine in vielen Aufsätzen, Schriften, und Büchern vorliegende ungeheure geistige Arbeit, die umfassende Weite der Sicht mit Bewunderung erfüllt. Der Mann, der 1919 zum Führer kam, trug schon damals das Weltbild in sich, um das die meisten Deutschen erst viele Jahre später innerlich rangen.[17]

Mit jedem dieser Worte mussten sich alle übrigen NS-Kräfte gegenüber der Lichtgestalt, zu der Rosenberg stilisiert wurde bzw. zu der er sich selbst erklärt hatte, zurückgesetzt fühlen.

In seiner maßlosen Eitelkeit ereiferte sich Rosenberg, als ihm am Rande des Nürnberger Militärtribunals bewusst wurde, dass selbst die Führungsclique des Nationalsozialismus seine Bücher kaum oder gar nicht gelesen hatte. Und auch gegen die Einschätzung, er habe zu den Hauptstimmungsmachern gegen das Judentum, gehört, hatte er keine Einwände, obwohl das vor den Nürnberger Richtern kaum opportun gewesen sein dürfte. Im Gegenteil, so meinte er, er habe mit seinen Schriften und Reden beeinflussen wollen.

Ehrungen

Eine Reihe von Städten hatte Rosenberg die Ehrenbürgerschaft verliehen. Im *Völkischen Beobachter* vom 3. Juni 1938 war dazu die Rede von Oberbürgermeister Helmut Otto zur Düsseldorfer Ehrenbürgerschaft nachzulesen. Er widmete Rosenberg eingangs »Worte herzlichsten Willkommens als einem der ältesten Paladine des Führers und dem getreuen Hüter nationalsozialistischer Weltanschauung gegen alle Ränke überstaatlicher Mächte, der sich stets als Wegweiser in eine neue und bessere Zukunft erwiesen habe«.[18] Nun also war Rosenberg auch noch »Paladin«, mithin »dem Kaiser besonders nahe stehend«.

Kölner Ehrenbürger wurde Rosenberg ebenfalls. Die Domstadt hatte im Jahr 1939 zwei Ehrenbürgerschaften vergeben: Rosenberg, wurde am 26. April 1939 ausgezeichnet. Dazu bemerkte der *Völkische Beobachter* am folgenden Tag:

Reichsleiter Alfred Rosenberg hat als einer der ersten Gefolgsmänner des Führers das Programm der NSDAP weltanschaulich begründet und die Erziehung zu einer charaktervollen volksgebundenen Haltung als grundlegend für den politischen Sieg des Nationalsozialismus herausgestellt. Er nahm den Kampf gegen die überstaatlichen Mächte in Wort und Schrift tatkräftig auf. [...] Durch seine Arbeit hat er in entscheidendem Maße dazu beigetragen, den politischen Kämpfern des Führers das geistige Rüstzeug zu geben, dessen fester Besitz und dessen sichere Verwendung als Voraussetzung für ein erfolgreiches Durchdringen der nationalsozialistischen Idee gerade in den Gebieten des Reiches gewesen ist, in denen volksfremde Weltanschauungen besonders große geistige Verwirrung hervorgerufen hatten.[19]

Propagandaminister Joseph Goebbels wurde übrigens am 20. Mai 1939 ausgezeichnet. Es entbehrt nicht einer gewissen Pikanterie, dass die beiden Erzfeinde so kurz hintereinander diese Würde erhielten.

Auch in dieser Hinsicht findet sich wieder die Zurücksetzung aller übrigen NS-Mitkämpfer. Die intellektuelle Führerschaft reklamierte Rosenberg für sich, die übrige Gefolgschaft habe von ihm und keinem anderen »das geistige Rüstzeug« erhalten.

Der *Völkische Beobachter* nahm am 17. Januar 1939 Stellung zur Ehrenbürgerschaft der Stadt Münster und ließ auch den Widerstand des katholischen Münster gegen den entschiedenen Gegner des Katholizismus, Rosenberg, anklingen: »Mit dieser Ehrung des treuen Paladins und glühenden Kämpfers Adolf Hitlers liquidiere das nationalsozialistische Münster und darüber hinaus das nationalsozialistische Westfalen die Irrungen und Wirrungen einer vergangenen Zeit.«[20] Schließlich verlieh auch die Stadt Lemgo Rosenberg die Ehrenbürgerschaft, verbunden mit den bekannten Elogen.

Rosenberg wurde auch als »Schmied der Idee« gefeiert:

Alfred Rosenberg hat die gesamte deutsche politische und Geistesgeschichte mit der Blickrichtung auf unser Jahrhundert überprüft, und er hat aus dem Material dieser Prüfung uns ein Gesamtbild unseres blutmäßigen Seins und daraus unseres völkischen Imperativs errichtet, das am Anfang neuer deutscher Jahrhunderte steht. Er hat damit eine geistige Leistung vollbracht, die für unsere Zukunft geradezu unerlässlich ist. Diese Leistung ist eine einmalige Synthese aus dem weltanschaulichen Ringen von Jahrhunderten, und sie ist über geistige Schöpfertat hinaus das Bewusstwerden eines kristallklaren Instinktes von dem Wesen und von den Aufgaben des deutschen Volkes. [...] Mitgestalter der Idee – keinem nach dem Führer können wir mit solchem Recht diesen Ehrennamen geben wie Alfred Rosenberg. Ausgerichtet an den Leitbegriffen Blut und Ehre hat er die Grundlagen der Urteilsbildung und die Wegweiser des Handelns für uns alle bereitgestellt und stellt sie weiter bereit. Einen Teil des Dankes des ganzen Volkes hat ihm der Führer abgestattet, als er ihm auf dem Parteitag 1937 als Erstem unter den Lebenden den Nationalpreis für Kunst und Wissenschaft verlieh. Wir empfinden die tiefe Berechtigung der Worte, die der Führer bei diesem Anlass durch Reichsminister Dr. Goebbels sagen ließ: Erst eine spätere Zeit wird zu ermessen vermögen, wie tief der Einfluss dieses Mannes auf die geistige und weltanschauliche Gestaltung des nationalsozialistischen Reiches ist.[21]

Dass gerade Rosenbergs Intimfeind Goebbels auf Anweisung Hitlers die Lobesworte sprechen musste, muss für den Propagandaminister außerordentlich demütigend gewesen sein.

Und zu Rosenbergs 46. Geburtstag war im *Völkischen Beobachter* zu lesen:

Es ist das geschichtliche Verdienst Alfred Rosenbergs, zielbewusst und folgerichtig den geistigen Grundlagen unseres Zeitalters eine umfassende Deutung aus nationalsozialistischem Wirklichkeitsgefühl herausgegeben zu haben. Bescheinigt wurde ihm ein »gewaltiges Geisteswerk«.

Die Hauptgegner, denen Rosenberg gleich unermüdlich und gleich erbittert zu Leibe geht, sind es, man weiß es, der Bolschewismus, die Freimaurerei und das Judentum oder – etwas allgemeiner gefasst und erweitert – ein nie da gewesener Riesenkampf der germanischen Werte und des deutschen Charakters gegenüber sonstigen bestehenden Lebenswerten und sozialen Ordnungen.[22]

Dienstleiter: Substanz statt Parolen

Als von bemerkenswerter Aussagekraft haben sich die Aktenvermerke über die Dienstleiterbesprechungen bei Rosenberg erwiesen. Dabei ging es um Alltagsfragen des Dienstbetriebs, um Fachfragen. Häufig aber wurde auch Manöverkritik geübt, die an Deutlichkeit kaum zu

wünschen übrig ließ. Sie lief teilweise der offiziellen Politik zuwider und sie auch nur in annähernder Offenheit in anderen Kreisen zu äußern und zu protokollieren, wäre sicherlich nicht ohne erhebliches Risiko gewesen sein. Dabei ging es bei diesen Besprechungen allerdings nicht darum, Kritik am Nationalsozialismus zu üben, sondern darum, die nationalsozialistische Weltanschauung durchzusetzen und zu schützen. Deutlich wird zugleich, dass die Männer um Rosenberg sich als die eigentlichen Wahrer der nationalsozialistischen Idee betrachteten.
Zielscheibe waren häufig Goebbels und dessen Propagandaapparat. Für den 4. März 1943 hatte Rosenberg eigens eine Amtsleiterbesprechung einberufen, um über die innen- und außenpolitischen Folgen einer Rede des Propagandaministers, gehalten im Sportpalast, zu diskutieren. Einmütig wurden die Konsequenzen als verheerend bezeichnet, um dann zur Generalkritik an der Propagandaarbeit und der »geistigen Kriegsführung« zu üben.

Die wörtliche Wiedergabe der Wortmeldungen lässt die Stimmung bei dieser Besprechung erahnen:

Pg. Schmidt: Er kritisierte an dem Beispiel des Reichsredners Davids aus Kiel, dass die große Menge der Redner sich vollkommen auf Dr. Goebbels einstellte und bei ihren Ausführungen lediglich auf Beifall und Aktualität einging. Er stellt die Forderung der Ausrichtung der Reichsredner durch unsere Dienststelle.
Pg. Otto: Unserer Propaganda fehlt jede Beständigkeit. Daher Einschaltung der Dienststelle Rosenberg zur Überwachung.
Dr. Gross: Die Propagandaredner erhielten als Material die sogenannten Schnell-Informationen. Diese wären meistens außerordentlich dürftig. So würde z.B. jetzt im zweiten Jahr des Krieges gegen Russland die antibolschewistische These besonders herausgestellt. Mit diesem Thema könne man allerdings nicht mehr eine Parteiversammlung ausfüllen.
Dr. Stellrecht: Die Parteigenossenschaft verlangt Substanz, nicht Parolen.
Pg. Schneider: Falsch sei die andauernde Herausstellung des Führers, da er dadurch zwangsläufig auch für die Fehler verantwortlich gemacht würde.
Reichsleiter: Eine Kritik in dieser Richtung könne leicht missverstanden werden und müsse besser unterlassen werden.
Pg. Schneider: Es müsse erreicht werden, dass der Einsatz des Volkes in diesem Schicksalskampf auch ohne besonders ausgesprochenen Befehl erreicht wird.

Anprangerung der Übertreibung der Parole »Führer, befiehl – wir folgen dir«.

Reichsleiter: Das Propagandaministerium hat während des ganzen Krieges noch niemals die Partei eingeschaltet.

Dr. Stang: Der wichtigste Punkt des schlechten Eindrucks der Goebbels-Rede sei die falsche Behandlung des Volkes. Der Mittelstand werde durch die neuen Maßnahmen zerschlagen und bekommt dazu noch obendrein Fußtritte und hämische Witze. [...] Niemals dürfe man die Aussicht auf eine bessere Zukunft dem Volke nehmen. Dies sei besondere Aufgabe des Rundfunks, der jetzt nur noch ein seichtes amüsierendes Organ wäre. [...] Rundfunk und Film sind die moralisch heruntergekommensten Instrumente unserer Kriegsführung. Der Film bestimmt weitgehend die Schwarzhandelspreise.

Reichsleiter: Der Rundfunk dürfe keineswegs zu einer Moralanstalt werden, sondern er müsse ein nach allen Seiten gut abgewogenes Programm bringen.

Pg. Otto: In der Zeit vor 1933 hätten wir gute Kampf- und Arbeitslieder gehabt. Bei dem jetzigen Schicksalskampf des Volkes würden in offiziellen Staatsveranstaltungen Lieder gesungen wie »Es geht alles vorüber«, »Unter der Laterne« oder »Wovon kann der Landser denn schon träumen«. Das sei für die Lage unserer Propaganda symptomatisch. [...]

Dr. Haiding: Unsere Propaganda liegt zurzeit rassisch völlig falsch. Man könnte meinen, sie würde für Süditaliener gemacht. Bei der Kunst sei es ähnlich. Westische Typen geben auch hier den Ton an.

Pg. Scholz: Der Einfluss der fremden Welt durch die ausländischen Arbeitskräfte auf uns sei viel stärker, als wir es jetzt wahrhaben wollten. So habe man jetzt auch noch die Unmöglichkeit begangen, 15.000 Pariser Zuhälter zum Arbeitseinsatz nach Deutschland zu bringen. [...]

Reichsleiter: Es wurden einzelne Beispiele aus der Rede von Dr. Goebbels herausgegriffen z.B. das Wettern gegen das Reiten und die Fragebogenseuche. Die Kritik am Reiten wirke besonders komisch, da Dr. Goebbels ja noch vor wenigen Jahren einen Privatfilm von seiner Familie in allen deutschen Kinos habe vorführen lassen, in dem seine Familie beim Reitunterricht gezeigt wurde. [...]

Dr. Gross: Die Propaganda sage zwar ab und zu auch etwas Wahres, aber das wirke dann besonders niederschlagend. So sei z.B. in Dithmarschen von einem Reichsredner in einer Versammlung in der augenblicklichen Zeit die Frage diskutiert worden, ob nach dem Kriege die Dialekte verboten würden oder nicht. Die Abschaffung der Dialekte nach dem Kriege wurde als ein Wunsch und Befehl des Führers hingestellt. [...]

Reichsleiter: Die falsch verstandenen Tischgespräche des Führers seien von besonderem Übel. Genauso gut könne man hier partikulare Äußerungen des Führers anführen wie z.b., dass man den Tiroler Bauern ihre althergebrachten Waffen lassen sollte, die sie zu ihren Trachten tragen.[23]

Aus alledem wird ersichtlich: Rosenberg hatte sich seine eigene Welt zurechtgelegt. Er fühlte sich allen anderen intellektuell überlegen und ließ sie das auch spüren. Die für ihn schmerzliche Tatsache, dass er zu keiner Zeit von Hitler ein Amt erhielt, das ihm wirkliche Macht verliehen hätte, kompensierte er mit einem Übermaß an eitler Selbstdarstellung. Hierfür nutzte er die zahlreichen Medien – von Zeitungen bis zu Schulungsbriefen –, die der Öffentlichkeit suggerieren sollten, er sei – wenn schon nicht Hitler überlegen – doch dessen Kronprinz. In seinen Tagebüchern wird dies noch deutlicher. Rosenberg weigerte sich, seine Scheinwelt zu verlassen, als die reale Welt um ihn herum längst in Trümmern lag.

Unbeirrt bis in den Tod

Mehr noch als sein Handeln als »Beauftragter des Führers«, als Leiter des organisierten Kunstraubs in den besetzten Ländern oder als Reichsminister für die besetzten Ostgebiete sind Rosenbergs Verhalten und Aussagen als Angeklagter vor dem Militärtribunal in Nürnberg hinsichtlich seines Denkens und seiner Psyche von Aussagekraft.

Angesichts des Galgens wird Rosenberg möglicherweise sich selbst Rechenschaft abgelegt haben. Selbst Massenmörder wie der KZ-Kommandant von Auschwitz, Rudolf Höß, oder SS-Obergruppenführer Oswald Pohl, Chef des SS-Wirtschafts-Verwaltungshauptamtes, fanden kurz vor dem Tod zurück in den Schoß der Kirche. Nicht so Rosenberg. Bis zum letzten Atemzug war er der Überzeugung, richtig gehandelt zu haben, kamen in ihm keinerlei Zweifel auf, weder an seinen abstrusen, menschenfeindlichen Rassentheorien, an seinem Hass auf das Judentum oder die Kirche. Fast trotzig lehnte er auf seinem letzten Gang jeden priesterlichen Trost ab.

Wie Millionen anderer Deutscher wusch Rosenberg sich nach dem Untergang des NS-Regimes die Hände in Unschuld. Dabei hielten ihm die Ankläger der Alliierten ausreichend Beweise für sein Wissen, seine Mittäterschaft und damit für seine Schuld vor.

Sir Hartley Shawcross, britischer Hauptankläger in Nürnberg, stellte am 27. Juli 1946 fest:

> Rosenbergs Schuld als Philosoph und Theoretiker, der den Boden vorbereitete für den Samen der Nazi-Politik ist außer Zweifel, und man kann unmöglich glauben, dass er als Reichsminister für die besetzten Ostgebiete nichts von der Zerstörung der Ghettos und den Operationen der Einsatzkommandos wusste und sie nicht unterstützte. Im Oktober 1941, als die Operationen dieser Kommandos den Höhepunkt erreicht hatten, schrieb ein Ministerialabteilungsleiter Rosenbergs an den Reichskommissar in Riga und teilte ihm mit, dass sich das Reichssicherheitshauptamt darüber beschwert habe, dass er die Hinrichtung der Juden in Riga verboten habe, und bat um einen diesbezüglichen Bericht. Am 15. November trifft dann der an den Reichsminister

für die besetzten Ostgebiete adressierte Brief ein: »Ich habe die wilden Judenerschießungen in Libau untersagt, weil sie in der Art ihrer Durchführung nicht zu verantworten waren. [...] Selbstverständlich ist die Reinigung des Ostlandes von Juden eine vordringliche Aufgabe, ihre Lösung muss aber mit den Notwendigkeiten der Kriegswirtschaft in Einklang gebracht werden«.[1]

Eine derartige »Reinigung« aber bedeutete Deportation und nicht selten den Tod. Rosenberg war völlig unglaubwürdig, wenn er in Nürnberg immer wieder betonte, nichts von dem Massenmord gewusst zu haben – schließlich war er einer der hierfür verantwortlichen Reichsminister.

Rosenberg versuchte alle Beweise, die ihm über die Bedingungen in den besetzten Ostgebieten vorgelegt wurden, zu widerlegen oder wenigstens zu relativieren. Er führte die harten Maßnahmen gegen die sowjetische Zivilbevölkerung auf das »Verhalten unserer Feinde« zurück und lehnte jede moralische Verantwortung für die Taten der Deutschen ab.[2] Bei einem Verhör am 5. November 1945 erhielt er noch eine Chance, die vom Regime, dem er gedient hatte, begangenen Verbrechen zuzugeben und zu ihnen Stellung zu beziehen. Rosenberg drehte den Spieß um:

> Warum hat die Welt zwanzig Jahre lang, seit 1919, nicht auf die Leiden und Beschwerden des deutschen Volkes gehört? [...] Menschlichkeit hätte auch in der Behandlung des deutschen Volkes geübt werden sollen. Die Tatsache, dass Deutschlands Beschwerden nicht wahrgenommen wurden, führte zu der aufgewühlten Haltung des deutschen Volkes. Wenn Verbrechen begangen wurden, so muss auch eine Strafe ausgesprochen werden, aber nicht nur gegen die Deutschen, sondern gegen alle, die dafür verantwortlich waren.[3]

Rosenberg blieb seiner rassistischen Ideologie treu. Er stritt jegliches Wissen um die Vernichtungspolitik ab und wies die Verantwortung dafür weit von sich. Als er im Verhör auf seine Ansichten über die Judenfrage angesprochen wurde, gab er immerhin zu, dass er immer eine umfassende antisemitische Politik befürwortet habe.

> In der Vernehmung [am 22. September 1945] wurden ihm folgende kurze Auszüge einer während des Kriegs in Frankfurt gehaltenen Rede vorgehalten: »Deutschlands Antwort auf das jüdische Problem wird erteilt sein, sobald

der letzte Jude das Gebiet Großdeutschlands verlassen hat. ... Deutschlands Entschlossenheit, den gesamten Kontinent vom jüdischen Schmarotzertum zu befreien.« Auf die Frage seines Vernehmers Thomas Hinkel, ob dies seine Worte seien, erwiderte Rosenberg: »Das leugne ich nicht.« Auf die anschließende Frage: »Und Sie stimmen inhaltlich mit diesen Worten überein?«, sagte Rosenberg ungeduldig: »Ja, ja.« Als ihm einige Minuten später zu verstehen gegeben wurde, dass er eine gewisse Verantwortung für die Gräueltaten trage, die im Osten begangen wurden, weigerte er sich nicht nur zu akzeptieren, dass er irgendetwas mit den Maßnahmen zu tun hatte, die »in den Händen der Polizei« lagen, sondern stritt auch fast jegliches Wissen darüber ab, was die Polizei tat. Er gab äußerstenfalls zu, Gerüchte gehört zu haben, dass Juden von der einheimischen Sowjetbevölkerung verfolgt wurden und das »gewisse Deutsche einige Juden« erschossen hatten. Er stritt jede Kenntnis über das Lagersystem ab und behauptete, von der Ausrottung der Juden erst durch ausländische Rundfunksendungen erfahren zu haben.[4]

Der amerikanische Gerichtspsychologe Gustave M. Gilbert hatte Gelegenheit, die vor dem Nürnberger Militärtribunal Angeklagten zu beobachten, in ihren Zellen zu besuchen und lange Gespräche mit ihnen zu führen. In seinem *Nürnberger Tagebuch* hat er ein Gespräch festgehalten, das der Historiker und ehemalige Leiter des Reichsinstituts für Geschichte des neuen Deutschlands, Walter Frank, mit Rosenberg führte. Frank hatte sich in der Mittagspause des 23. November 1945 an Rosenberg gewandt und ihn gefragt: »Sagen Sie mir, Rosenberg, war diese ganze Zerstörung und dieses ganze Elend nötig? War das überhaupt der Sinn dieser ganzen Rassenpolitik?« Rosenberg antwortete: »Selbstverständlich erwarteten wir nicht, dass es zu solch schrecklichen Geschehnissen wie Massenmord und Krieg führen würde. Ich suchte lediglich eine friedliche Lösung des Rassenproblems.«[5]

Über das Verhältnis von Rosenberg zu Frank hatte der Philosoph Hans Grunsky am 19. Oktober 1959 Auskunft geben können:

Mit Rosenberg stand Frank zwar äußerlich 1935 noch gut, innerlich hat er Rosenberg jedoch stets abgelehnt. Er hat Rosenberg immer als typischen Journalisten bezeichnet, der von der Wissenschaft keine Ahnung hatte. Auch in der Zeit, als Frank Hauptlektor für Geschichte bei Rosenberg war, hat er stets über ihn gespottet: z.B. einmal über einen Anruf Hagemeyers, es sei ebenso eine Geschichte der Päpste von einem Ranke erschienen, er, Frank, möchte sie sich doch einmal ansehen, man habe im Amt Rosenberg das Gefühl, dass das Buch verboten werden müsste. Spott hatte Frank von Anfang an über Rosenbergs Chiemsee-Projekt einer »Hohen Schule«: Sie projektierten den Bau, wo aber wären die Leute dafür? [...] Frank war schon deshalb Rosenbergs Antipode, da er bis zu seinem Ende religiös geblieben ist. Die Bibel, einschließlich des Alten Testaments, war für ihn immer eine große Sache. Rosenberg war daher für ihn ein Nihilist, seelisch substanzlos.[6]

Am Wochenende vom 15./16. Dezember 1945 besuchte Gilbert Rosenberg, der auf ihn einen verwirrten Eindruck machte. Auf die Frage, was er zu sagen habe, antwortete er: »Natürlich, es ist schrecklich, unbegreiflich, die ganze Geschichte. Ich hätte mir nie träumen lassen, dass es eine solche Wendung nehmen würde. Ich weiß es nicht. Schrecklich! – bei einem solchen Ausmaß muss Hitler die Befehle gegeben haben, oder Himmler tat es mit Hitlers Zustimmung.«[7] Dass er selbst zu den entscheidenden Wegbereitern des Holocaust gehörte, kam Rosenberg einfach nicht in den Sinn.

Was er nun über Hitler und das NSDAP-Parteiprogramm denke, wollte Gilbert wissen:

Rosenberg schwieg ungefähr eine Minute lang. Er verkrampfte die Hände, schaute zu Boden und zuckte die Achseln. Schließlich antwortete er: »Ich weiß es nicht. Ich glaube, ich wurde einfach mitgerissen. Wir dachten am Anfang nicht daran, jemanden zu töten. Das kann ich Ihnen versichern! Ich trat immer für eine friedliche Lösung ein. Ich hielt vor 10.000 Leute eine Rede, die dann gedruckt und in großen Mengen verteilt wurde, in der ich für eine friedliche Lösung eintrat. Die Juden sollten lediglich aus ihren einflussreichen Positionen heraus, das war alles. Anstatt 90 Prozent Juden unter den Ärzten in Berlin zu haben, wollten wir sie auf 30 Prozent oder so ähnlich beschränken, was dann auch noch eine großzügige Zahl gewesen wäre. Ich hatte keine Ahnung, dass es zu solch grauenvollen Dingen wie Massenmord führen würde. Wir wollten nur das Judenproblem friedlich lösen. Wir ließen sogar 50.000 jüdische Intellektuelle über die Grenze gehen. So, wie ich Lebensraum für Deutschland wollte, fand ich auch, die Juden sollten ihren eigenen Lebensraum haben – außerhalb Deutschlands. Es hatte keinen Sinn zu versuchen, sie nach Palästina zu schicken, denn das bedeutete 800.000 Araber mit britischer Bajonette [sic] aus dem Gebiet zu jagen.[8]

Auf die Nachfrage, wo die Juden denn seiner Ansicht nach hätten angesiedelt werden können, gab sich Rosenberg unwissend und beleidigend blauäugig:

> Nun, ich wusste, man transportierte sie in den Osten, und hörte, dass sie in Lagern mit ihrer eigenen Verwaltung untergebracht wurden und sich schließlich irgendwo im Osten niederlassen würden. Ich weiß nicht. Ich hatte keine Ahnung, dass es zur Ausrottung im buchstäblichen Sinn des Wortes führen würde. Wir wollten sie nur aus dem politischen Leben Deutschlands haushaben. Viele Juden erwarteten schon gleich zu Anfang drastische Maßnahmen, doch als sie sahen, dass nichts Derartiges geschah, kehrten einige von denen, die emigriert waren, wieder zurück.[9]

Am 15. April 1946 hatten die alliierten Richter vormittags KZ-Kommandant Rudolf Höß vernommen und anschließend Alfred Rosenberg. Dieser beschwerte sich über diese Reihenfolge, denn er sah darin einen »üblen Trick«, der ihn natürlich in eine schwierige Lage brächte, wenn er seine Philosophie verteidigen wolle.[10] In der Verhandlung begann Rosenberg »mit dem üblichen Wirbel abstruser historischer Überlegungen«. Er musste vom Gericht, von der Anklage und sogar von seinem eigenen Anwalt häufig unterbrochen und aufgefordert werden, zur Sache zu kommen. Rosenberg hatte seiner Aussage zufolge immer nur eine »ritterliche Lösung des jüdischen Problems, ja sogar eine Art Förderung ihrer Emanzipation« befürwortet:

> Sicher, 12.000 deutsche Juden waren im Ersten Weltkrieg an der Front gefallen, aber es bedurfte trotzdem einer »Verständigung«. Am Abend machte er seinem Anwalt Vorwürfe, weil er ihn unterbrochen hatte, und sein Anwalt versuchte darauf hinzuweisen, dass das Gericht an der Geschichte der Philosophie nicht interessiert sei. Rosenberg drehte sich zu mir um und sagte: »Nun, wenn Sie unbedingt einen Verbrecher-Prozess daraus machen wollen, warum beschränkt sich die Anklage dann nicht auf verbrecherische Handlungen, statt meine Ideologie anzugreifen?«[11]

In der Nachmittagsverhandlung des darauffolgenden Tages verteidigte Rosenberg »seine Tätigkeit als Kommissar [sic] für die Ostgebiete, indem er behauptete, dass er die Grausamkeiten nicht billigte, aber nicht viel dagegen tun konnte. Was die Konzentrationslager betraf, so hätte er keins gesehen; er hatte sich in der Tat geweigert, welche zu sehen. Er gab zu, ›sehr starke Worte‹ über die Juden gebraucht und etwas von der Vernichtung gesagt zu haben, aber diese ganze Propaganda sollte nicht wörtlich genommen werden. Es wäre auch nicht seine Absicht gewesen, dass das Führerprinzip die persönliche Freiheit einschränken sollte. Die Dinge entwickelten sich ganz einfach anders.«[12]

Thomas J. Dodd, amerikanischer Ankläger in Nürnberg, nahm Rosenberg am 17. November 1946 ins Kreuzverhör. Gilbert hielt in seinen Aufzeichnungen fest, er habe »ein gut Teil Heuchelei hinter Rosenbergs Unschuldsmaske [enthüllt], besonders im Hinblick auf seine Verantwortung für die Deportation von Zwangsarbeitern und die Terrorherrschaft im Osten«. Verschiedene Dokumente hätten bewiesen, »dass Rosenberg sich nicht damit begnügte zu philosophieren, sondern als Gouverneur [sic] der besetzten Ostgebiete rücksichtslos die Nazi-Ideologie in die Praxis umsetzte«.[13]

Am Nachmittag desselben Tages hatte Rosenberg Fragen des sowjetischen Anklägers Roman Rudenko zu beantworten. Er störte den Verhandlungsablauf, indem er sich über die Übersetzung beschwerte und andere hinhaltende Taktiken anwandte, wenn ihm die gestellten Fragen zu unangenehm wurden. Es seien Rosenbergs »aufsässige Untergebene gewesen, die für die Grausamkeiten im Osten« verantwortlich waren«, er selbst habe immer versucht, mäßigend zu wirken.

Zu Aussagen, Deutschland sei angesichts des Massenmordes an den Juden »auf 1000 Jahre entehrt« erklärte Rosenberg in der Vernehmung vom 19. bis 22. April 1946, das gehe doch nun wirklich zu weit. »Aber finden Sie nicht, es war an der Zeit, dass jemand seine Schuld zugibt und das Kind beim Namen nennt?«, fragte Gilbert.

»Diese Massenmorde sind das Fürchterlichste, das je in der Geschichte der Menschheit stattgefunden hat.« Rosenberg hielt mit dem Auf- und Abschreiten in seiner Zelle inne und dachte über die Frage nach, dann flüchtete er sich wieder zu seiner üblichen historischen Defensivbeweisführung.

»Sie können sich selbst einen Teil der Schuld zuschreiben. Wegen Ihres

Führerprinzips und Ihrer eigenen Propaganda, die stets Hass erzeugte, statt nach Versöhnung zu streben.« Rosenberg krümmte und wandte sich, gab Begründungen und machte Gegenangriffe. Es wäre sicherlich nicht seine Schuld, dass der Krieg ausbrach und die Dinge sich so ins Extreme entwickelten. Es wäre der Versailler Frieden und die bösen, rachsüchtigen Franzosen und die imperialistischen Engländer und die Bedrohung durch die kommunistische Weltrevolution usw. usw.[14]

Sich selbst treu geblieben ist Rosenberg auch in seinem Schlusswort vor dem Nürnberger Tribunal, das ein Paradebeispiel für die Unbeirrbarkeit ideologischen Denkens ist:

> Ich weiß mein Gewissen völlig frei von einer Beihilfe zum Völkermord. Statt die Auflösung der Kultur und des nationalen Gefühls der Völker Osteuropas zu betreiben, bin ich eingetreten für die Förderung ihrer physischen und seelischen Daseinsbedingungen, statt ihre persönliche Sicherheit und menschliche Würde zu zerstören, bin ich nachgewiesenermaßen gegen jede Politik gewaltsamer Maßnahmen mit ganzer Kraft eingetreten und habe mit Schärfe eine gerechte Haltung der deutschen Beamten und eine humane Behandlung der Ostarbeiter gefordert. In Deutschland habe ich in Vertretung meiner weltanschaulichen Überzeugungen Gewissensfreiheit verlangt, jedem Gegner zugebilligt und nie eine Religionsverfolgung veranlasst. Der Gedanke an eine physische Vernichtung von Slawen und Juden, also der eigentliche Völkermord, ist mir nie in den Sinn gekommen, geschweige denn, das ich ihn irgendwie propagiert habe. Ich war der Anschauung, dass die vorhandene Judenfrage gelöst werden müsse durch Schaffung eines Minderheitenrechtes, Auswanderung oder Ansiedlung der Juden in einem nationalen Territorium in einem jahrzehntelangen Zeitraum.
>
> Völlig anders als meine Auffassung war die hier im Prozess erwiesene Praxis der deutschen Staatsführung im Kriege. Adolf Hitler zog in steigendem Maße Personen heran, die nicht meine Kameraden, sondern meine Gegner waren. Zu deren unheilvollen Taten habe ich zu erklären: Dies war nicht die Durchführung des Nationalsozialismus, für den Millionen gläubiger Männer und Frauen gekämpft hatten, sondern ein schmählicher Missbrauch, eine auch von mir zutiefst verurteilte Entartung.[15]

Und in der Urteilsbegründung hieß es:

Er war der anerkannte Parteiphilosoph, der in dem von ihm herausgegebenen *Völkischen Beobachter* und den *NS-Monatsheften* sowie in zahlreichen von ihm verfassten Büchern die Nazi-Lehren entwickelte und verbreitete. [...] Als Leiter des APA befehligte er eine Organisation, deren Agenten in allen Teilen der Welt Nazi-Intrigen betrieben. In seinen eigenen Berichten behauptete er zum Beispiel, dass der Beitritt Rumäniens zur Achse im Wesentlichen auf die Tätigkeit des APA zurückzuführen sei. Als Leiter des APA spielte er eine wesentliche Rolle bei der Vorbereitung und Planung des Angriffs auf Norwegen. [...] Rosenberg trägt einen großen Teil der Verantwortung für die Planung und Ausführung der Besatzungspolitik in den besetzten Ostgebieten. Er wurde bereits am 2. April 1941 von Hitler über den bevorstehenden Angriff auf Moskau unterrichtet und erklärte sich bereit, in der Eigenschaft als politischer Berater seine Dienste zur Verfügung zu stellen. [...] Am 17. Juli 1941 ernannte Hitler Rosenberg zum Minister für die besetzten Ostgebiete und übertrug ihm offiziell die Verantwortung für die Zivilverwaltung. [...] Er hat bei der Formulierung der Germanisierungs-, Ausbeutungs- und Sklavenarbeiterpolitik mitgeholfen, sowie bei der Ausrottung der Juden und der Gegner der Naziherrschaft, und er schuf die Verwaltung, die sie durchführte. [...] Rosenberg wusste Bescheid über die brutale Behandlung und den Terror, denen die Völker des Ostens ausgesetzt waren. Er verfügte, dass die Haager Regeln über die Landkriegführung in den besetzten Ostgebieten nicht anwendbar seien. Er wusste Bescheid über die Entblößung der Ostgebiete von Rohmaterialien und Nahrungsmitteln, die nach Deutschland gesandt wurden, und beteiligte sich aktiv daran. Er erklärte, dass die Ernährung des deutschen Volkes auf dem ersten Platz seiner Liste der an den Osten zu stellenden Forderungen stehe und dass das Sowjetvolk darunter leiden werde. Seine Anweisungen sahen die Absonderung der Juden, und zwar als Endziel in Ghettos vor. Seine Untergebenen begingen Massenmorde an Juden, und seine Zivilverwaltung im Osten war der Ansicht, dass es notwendig sei, den Osten von Juden zu reinigen. [...] Der Befehl vom 14. Juni 1944 für die Heuaktion, die Ergreifung von 40.000 bis 50.000 Jugendlichen im Alter von 10 bis 14 Jahren zum Abtransport ins Reich, trägt seine Genehmigungsunterschrift.

Der Gerichtshof hat Rosenberg nach allen vier Anklagepunkten für schuldig befunden.

Urteil: Tod durch den Strang.[16]

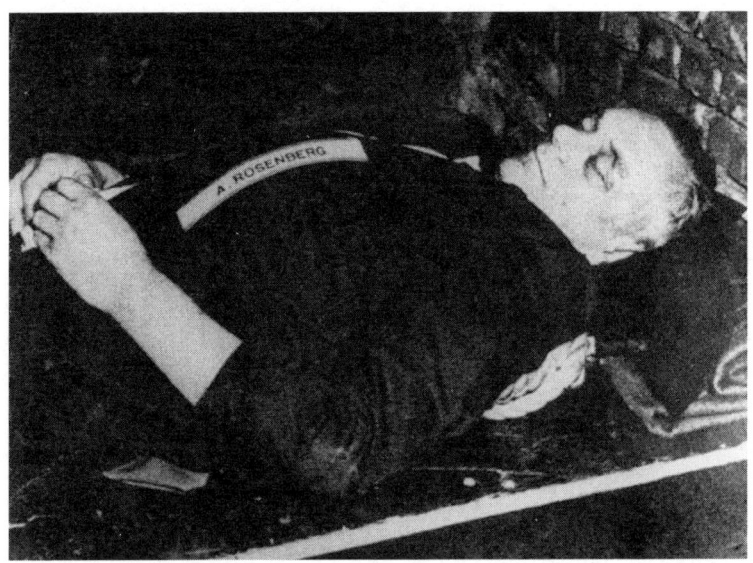

Rosenberg wurde mit neun weiteren Verurteilten am 16. Oktober 1946 in Nürnberg erhängt. Seinen Grundüberzeugungen von 1919 ist Rosenberg bis zu seiner Hinrichtung treu geblieben. Was nicht ins Bild passte, verstand er umzudeuten. Mit diesem Vorgehen hat Rosenberg über seinen Tod hinaus bis heute Erfolg. Nicht er, sondern Hitler, Himmler und all die anderen stehen für das NS-Regime und seine Verbrechen. Dabei war Rosenberg als geistiger Brandstifter verantwortlich für das, was andere dann in mörderischer Weise umsetzten.

Anhang

Abkürzungen

APA	Außenpolitisches Amt der NSDAP
BArch	Bundesarchiv, Berlin-Lichterfelde
BStU	Bundesbeauftragter für die Unterlagen der Staatssicherheit der ehemaligen DDR
DAW	Deutsche Ausrüstungswerke
DNVP	Deutschnationale Volkspartei
DWB	Deutsche Wirtschaftsbetriebe (WVHA)
Geb. Kom	Gebietskommissar
Ge. Insp.	Generalinspekteur
Gen. Kdo.	Generalkommando
Gen. Kom.	Generalkommissar
Gestapa	Geheimes Staatspolizeiamt
Gestapo	Geheime Staatspolizei
GG	Generalgouvernement
GGr.	Generalgouverneur
Gruf.	Gruppenführer
HStuf	Hauptsturmführer
IfZ	Institut für Zeitgeschichte, München
IMG	Internationaler Militärgerichtshof
IMT	Internationales Militärtribunal (Nürnberg)
Kdo	Kommando
KdF	Kraft durch Freude
Kdt.	Kommandant
Kdtr.	Kommandantur
KfdK	Kampfbund für deutsche Kultur
Kgf.	Kriegsgefangene
KL	Konzentrationslager
Kp.	Kompanie
KZ	Konzentrationslager
MdR	Mitglied des Reichstags
NSBO	Nationalsozialistische Betriebszellenorganisation
NSDAP	Nationalsozialistische Deutsche Arbeiterpartei
NSK	Nationalsozialistische Parteikorrespondenz
NSR	Nationalsozialistischer Soldatenring
NSV	Nationalsozialistische Volkswohlfahrt

Nürnb. Dok.	Nürnberger Dokumente
Oberf.	Oberführer
OGruf	Obergruppenführer
OKH	Oberkommando des Heeres
OStubaf.	Obersturmbannführer
OStuf	Obersturmführer
Pol.Abtlg.	Politische Abteilung
Pol.Fü	Polizeiführer
PVH	Polizeivorbeugehaft
RFSS	Reichsführer SS
RGBl	Reichsgesetzblatt
RSHA	Reichssicherheitshauptamt
SA	Sturmabteilung der NSDAP
SD	Sicherheitsdienst
Sipo	Sicherheitspolizei
SS	Schutzstaffel der NSDAP
VB	Völkischer Beobachter
VGH	Volksgerichtshof
VOMI	Volksdeutsche Mittelstelle

Zitierhinweis

Zitate sind in der Originalform, jedoch in der heute verbindlichen Rechtschreibung wiedergegeben. Ergänzungen bzw. Erläuterungen des Autors sowie Auslassungen sind durch eckige Klammern gekennzeichnet.

Anmerkungen

Einleitung
1 Dietrich, Otto: *12 Jahre mit Hitler*. Köln 1955, S. 129.
2 Alfred Rosenberg: *Die Tagebücher 1934 bis 1944*, hrsg. von Jürgen Matthäus und Frank Bajohr. Frankfurt a.M. 2015.

Hüter der NS-Weltanschauung und geschmähter Intellektueller
1 Der englische Schriftsteller Houston Stewart Chamberlain war strikt antisemitisch. *Die Grundlagen des neunzehnten Jahrhunderts* (1899) gehörten zu den Standardwerken des rassischen und ideologischen Antisemitismus in Deutschland.
2 BArch, NS 8/5, Lebenslauf Alfred Rosenberg, undatiert.
3 1923 wurde die Ehe geschieden, 1925 heiratete Rosenberg in zweiter Ehe Hedwig Kramer, mit der zwei Kinder hatte: einen Sohn, der als Säugling starb, und eine Tochter.
4 Staatsarchiv München, PolDir 6712, Landgericht München I, Protokoll der Vernehmung vom 7.6.1924.
5 Baeumler, Alfred: *Alfred Rosenberg und der Mythus des 20. Jahrhunderts*. München 1943, S. 5ff.
6 Gemeint ist die Tänzerin Edith von Schrenck, Frau des baltischen Emigranten Otto von Kursell, Maler und Grafiker
7 Rosenberg, Alfred: *Letzte Aufzeichnungen. Ideale und Idole der nationalsozialistischen Revolution*. Göttingen 1955, S. 66ff.
8 Ebenda, S. 72.
9 Ebenda, S. 74.
10 BArch, NS 8/20, undatiert.
11 Plewnia, Margarete: *Auf dem Weg zu Hitler. Der »völkische« Publizist Dietrich Eckart*. Bremen 1970, S. 36f.
12 Hanfstaengl, Ernst: *Zwischen Weißem und Braunem Haus. Memoiren eines politischen Außenseiters*. München 1970, S. 105.
13 Ebenda, 34ff.
14 Angeblich hatte Rosenberg doch schon am Vorabend seines Verlassens von Reval gesprochen.
15 Rosenberg, Alfred: *Letzte Aufzeichnungen. Ideale und Idole der nationalsozialistischen Revolution*. Göttingen 1955, S. 78.
16 Ebenda, S. 91f.
17 Ebenda.

18 Rosenberg, Alfred: *Schriften und Reden, Bd. II: Schriften aus den Jahren 1921– 1923. Wesen, Grundsätze und Ziele der Nationalsozialistischen Deutschen Arbeiterpartei. Das Programm der Bewegung*. München 1943, S. 113ff.
19 Ebenda, S. 147f.
20 Reichsgesetzblatt, 1935, Nr. 100, S. 1146.
21 Rosenberg, Alfred: *Kampf um die Macht. Aufsätze von 1921–1932*, hrsg. v. Thilo von Trotha. 11. Aufl., München 1943, S. 241f. Anmerkung v. Thilo von Trotha zu dem Artikel »Unser Wille, unser Weg, unser Ziel« vom 29.8.1923.
22 Deutsches Historisches Museum, https://www.dhm.de/lemo/kapitel/ weimarer-republik/innenpolitik/voelkischer-beobachter.html (letzter Zugriff: 06.06.2016).
23 Hanfstaengl, Ernst: *Zwischen Weißem und Braunem Haus*, a.a.O., S. 65.
24 BArch, NS 8/290, Vertrag zwischen dem *Völkischen Beobachter*, vertreten durch Max Amann und Rosenberg, München, 4.4.1925.
25 BArch, NS 8/250, Vertragsnachtrag, München, 26.10.1926.
26 Riess, Curt: *Joseph Goebbels. Eine Biographie*. Baden-Baden 1950, S. 30.
27 Picker, Henry (Hrsg.): *Hitlers Tischgespräche im Führerhauptquartier 1941– 1942*. Berlin 2003, Eintrag vom 15.4.1942, S. 425.
28 Rosenberg, Alfred: *Schriften und Reden, Bd. I: Schriften aus den Jahren 1917– 1921*. München 1943, S. XVII (Einleitung von Alfred Baeumler).
29 BArch, NS 8/290, Schreiben von Boepple an Rosenberg, München, 11.11.1925.
30 Ebenda.
31 BArch, NS 8/290, Schreiben von Rosenberg an Boepple, München, 14.11.1925.
32 Baeumler, Alfred: *Alfred Rosenberg und der Mythus des 20. Jahrhunderts*, a.a.O., S. 16.
33 Staatsarchiv München, PolDir 6712, Aussage von Streicher vor der Münchener Staatsanwaltschaft, 7. Juni 1925.
34 Hanfstaengl, Ernst, *Zwischen Weißem und Braunem Haus*, a.a.O., S. 126f
35 Ebenda, S. 143.
36 Ebenda, S. 148f.
37 Vierer-Herrschaft.
38 Staatsarchiv München, PolDir 6712, Landgericht München I, Protokoll der Vernehmung vom 7.6.1924.
39 Staatsarchiv München, PolDir 6712, Protokoll der Vernehmung von Alfred Rosenberg, München, 6.6.1924.
40 BArch, NS 8/250, Erklärung von Emil Gansser, München, 13.5.1924.
41 Versalien im Original.
42 Staatsarchiv München, Justizvollzugsanstalten 15162/28.
43 Schaub, Julius: *In Hitlers Schatten. Erinnerungen und Aufzeichnungen des persönlichen Adjutanten und Vertrauten 1925–1945*. Stegen 2010, S. 55

44 BArch, NS 8/143, Schreiben von Kreisleiter Mannheim an die Parteileitung, Herrn Rosenberg, Mannheim, 29.5.1924.
45 Gestützt auf die Zustimmung Hitlers, den er am 4. Juni in seiner Landsberger Haft besuchte, übte Klotz Parteifunktionen auf Landesebene aus. Am 20. Juli 1924 nahm er an der »Nationalsozialistischen Vertreterversammlung« in Weimar teil.
46 Hervorhebung im Original.
47 BArch, NS 8/143, Schreiben Rosenbergs an Strasser, München, 24.2.1927.
48 BArch, NS 8/290, Schreiben Rosenbergs an Hitler, München, 1.3.1926.
49 Ebenda.
50 BArch, NS 8/290, Schreiben Rosenbergs an Hitler, München, 18.8.1926.
51 BArch, NS 8/250, Schreiben der NSDAP an Rosenberg, München, 8.8.1927.
52 BArch, NS 8/250, Schreiben Rosenbergs an Hitler, München, 11.8.1927.
53 Hanfstaengl, Ernst: *Zwischen Weißem und Braunem Haus,* a.a.O., S. 128.
54 Ebenda, S. 124f.
55 *Völkischer Beobachter,* 29.8.1933.
56 BArch, NS 8/115, Dienstanweisung an die Herren Schriftleiter des *Völkischen Beobachters,* München, 29.11.1933.
57 BArch, NS 8/15, Anordnung Rosenbergs an den stellv. Hauptschriftleiter und den Chef vom Dienst der norddeutschen Ausgabe, Berlin, 13.6.1934.
58 BArch, NS 8/115, Schreiben Rosenbergs, München, 1. Dezember 1934.
59 BArch, NS 8/115, Schriftstück des RA Landsberg in der Privatklagesache Rosenberg./. Schiff, an das Amtsgericht München, 12.2.1931.
60 BArch, NS 8/115, Beschluss des Amtsgerichts München , München, 17.2.1931.
61 Das Republikschutzgesetz vom 21. Juni 1922 stellte u.a. die Beschimpfung und Herabwürdigung der demokratischen Staatsform unter Strafe.
62 BArch, NS 8/37, Der Chef des Amtes »Das Außenpolitische Amt der NSDAP«, Berlin, 24.1.1934.
63 Ebenda.
64 Der Bund Deutscher Osten (BDO) vereinigte den Deutschen Ostmarkenverein u.a. mit dem »Heimatbund Ostpreußen«, der Jungpreußischen Bewegung und dem Reichsbund der Schlesier. Zusammen mit dem Verein für das Deutschtum im Ausland (VDA) wurde er durch eine Verfügung des »Stellvertreters des Führers«, Rudolf Heß, am 3. Februar 1939 Himmlers Volksdeutschen Mittelstelle (VoMi) unterstellt.
65 BArch, NS 8/37, Der Chef des Amtes »Das Außenpolitische Amt der NSDAP«, Berlin, 24. Januar 1934.
66 Ebenda, undatiert.
67 Ebenda, undatiert.

68 Das 1875 eröffnete exklusive Hotel Kaiserhof befand sich in unmittelbarer Nachbarschaft der Reichskanzlei. Das obere Stockwerk des Hotels wurde 1932 zur provisorischen Parteizentrale der NSDAP und zugleich Wohnsitz Adolf Hitlers.
69 Spitzname von Hanfstaengl.
70 Metcalfe, Philip: *Berlin 1933. Das Jahr der Machtergreifung. Lebensläufe zu Beginn des Nationalsozialismus*. Stuttgart 1989, S. 33.
71 Hanfstaengl, Ernst: *Zwischen Weißem und Braunem Haus*, a.a.O., S. 301.
72 Ebenda, S. 289.
73 Ebenda, S. 317.
74 Ebenda, S. 319.
75 Metcalfe, Philip: *Berlin 1933*, a.a.O., S. 147.
76 Rosenberg, Alfred: *Die Tagebücher 1934 bis 1944*, a.a.O., Eintrag vom 12. März 1935, S. 175f.
77 Ebenda, Eintrag vom 13.7.1934, S. 39f.
78 BArch, NS 8/147, Schreiben Rosenbergs an die Hausverwaltung, Tiergartenstr. 8, Berlin, 9. Oktober 1933.
79 https://www.dhm.de/lemo/kapitel/der-zweite-weltkrieg/kriegsverlauf/besetzung-von-norwegen-1940.html (letzter Zugriff: 06.06.2016).
80 Rosenberg, Alfred: *Letzte Aufzeichnungen*, a.a.O., S. 169.
81 BArch, NS 8/130, Schreiben Rosenbergs an Lammers, Berlin, 14. August 1942.
82 BArch, NS 8/130, Schreiben Rosenbergs an Lammers, betr.: Norwegen, 10.6.1944.
83 Ebenda.
84 Domarus, Max: *Hitler. Reden 1932–1945. Kommentiert von einem deutschen Zeitgenossen*, Bd. I bis IV. Wiesbaden 1973, Bd. I, Erster Halbband, 31.12.1933, S. 339.
85 Rosenberg, Alfred: *Die Tagebücher 1934 bis 1944*, a.a.O., Eintrag vom 14.5.1934, S. 119ff.
86 Ebenda, Eintrag vom 2.8.1934, S. 150ff.
87 Hervorhebung im Original.
88 Ebenda, S. 152.
89 Rosenberg, Alfred: *Schriften und Reden, Bd. II: Schriften aus den Jahren 1921–1923*. »Deutschlands Führer«, 20. April 1923, S. 670f.
90 Gilbert, Gustave M.: *Nürnberger Tagebuch. Gespräche der Angeklagten mit dem Gerichtspsychologen*. 14. Aufl. Hamburg 2012, S. 101.
91 Ebenda.
92 Rosenberg, Alfred: *Schriften und Reden, Bd. I: Schriften aus den Jahren 1917–1921*, Einleitung von Alfred Baeumler, S. XXIIf.

93 Rosenberg, Alfred: *Die Tagebücher 1934 bis 1944*, a.a.O., Eintrag vom 20.10.1936, S. 211f.
94 Ebenda, Eintrag vom 20.10.1936, S. 212.
95 Rosenberg, Alfred: *Die Tagebücher 1934 bis 1944*, a.a.O., »Nach dem Parteitag 1937«, S. 242ff., Hervorhebungen im Original.
96 Urban, Gotthard, Geschäftsführer des Kampfbunds für deutsche Kultur, Stabsleiter im Amt Rosenberg und enger Mitarbeiter Rosenbergs.
97 Carl Georg Röver, NSDAP-Gauleiter Weser-Ems; Rosenberg hatte ihm – mit nur zwei anderen – das Du angeboten. »Die Einzigen in der Partei.« Alfred Rosenberg. *Letzte Aufzeichnungen*, a.a.O., S. 144.
98 Ebenda, S. 243 Hervorhebungen im Original.
99 Ebenda, S. 244, Hervorhebung im Original.
100 *Die Tagebücher von Joseph Goebbels 1924–1945. Sämtliche Fragmente*, hrsg. von Elke Fröhlich. München 1987–2008. Teil I, Bd. 3, S. 186.
101 Ebenda, S. 213.
102 Karl Gerland war Leiter des Amtes für Ehrengäste der Reichsparteitage.
103 Ebenda, S. 236.
104 Ebenda, S. 252.
105 Ebenda, S. 253.
106 Ebenda, S. 256.
107 Rosenberg, Alfred: *Die Tagebücher 1934 bis 1944*, a.a.O., Eintrag vom 26.12.1934, S. 163.
108 BArch, R 43 I/160, Schreiben der Deutschen Botschaft beim Heiligen Stuhl an das AA, Rom, 14.2.1934.
109 Picker, Henry (Hrsg.): *Hitlers Tischgespräche im Führerhauptquartier 1941–1942*, a.a.O., Eintrag vom 11.4.1942, S. 300f.
110 Ebenda.
111 Dietrich, Otto: *12 Jahre mit Hitler*, a.a.O., S. 170.
112 Domarus, Max: *Hitler. Reden 1932–1945*. Bd. II, Erster Halbband, 8.1.1940, S. 1446.
113 Rosenberg, Alfred: *Die Tagebücher 1934 bis 1944*, a.a.O., Eintrag vom 11.12.1936, S. 226.
114 Ebenda.
115 BArch, NS 8/40, Rosenberg, »In eigener Sache«, III. 35.
116 Zitiert in: Heydecker, Joe / Leeb, Johannes (Hrsg.): *Der Nürnberger Prozess*. Köln 1958, S. 294.
117 BArch, NS 8/4, »Künder des neuen deutschen Menschen. Zehn Jahre *Mythus des 20. Jahrhunderts*«, 8. Jg., Folge 44, 2.11.1940.
118 Gilbert, Gustave M.: *Nürnberger Tagebuch. Gespräche der Angeklagten mit dem Gerichtspsychologen*, a.a.O., S. 339.

119 Ebenda, S. 344.
120 BArch, NS 8/143, Zentralverlag der NSDAP, Franz Eher Nachf., Honoraraufstellung für Rosenberg, München 14.3.1935.
121 BArch, NS 8/143, Zentralverlag der NSDAP, Franz Eher Nachf., Anlage zur Honoraraufstellung für Rosenberg, München 14. März 1935.
122 BArch, NS 8/250, Schreiben des Verlags R. Oldenbourg an Rosenberg, München 1.7.1927.
123 BArch, NS 8/250, Schreiben des J. F. Lehmanns Verlag an Rosenberg, München, 28.2.1927.
124 BArch, NS 8/250, Schreiben Amanns an Rosenberg, München, 8.12.1925.
125 BArch, NS 8/250, Schreiben des Eugen Diederichs Verlag an Rosenberg, Jena, 20.1.1928.
126 BArch, NS 8/250, Schreiben von K. F. Koehler an Rosenberg, Berlin, 11.11.1925.
127 BArch, NS 8/250, Schreiben der Deutschvölkischen Verlagsanstalt, Arthur Götting, an Rosenberg, Hamburg, 4.12.1925.
128 BArch, NS 8/250, Schreiben des J. F. Lehmanns Verlag an Rosenberg, München, 9.12.1927.
129 BArch, NS 8/250, Schreiben Münchener Buchgewerbehaus an Rosenberg, München, 21.1.1927.
130 Rosenberg, Alfred: *Die Tagebücher 1934 bis 1944*, a.a.O., Eintrag vom 23.2.1935, S. 171, Hervorhebung im Original.
131 *Die Tagebücher von Joseph Goebbels 1924–1945*, a.a.O., Eintrag vom 10.9.1936, S. 675f.
132 Ebenda, S. 676.
133 Rosenberg, Alfred: *Die Tagebücher 1934 bis 1944*, a.a.O., Eintrag vom 17.9.1936, S 204f.
134 Ebenda, S. 205, Hervorhebung im Original.
135 Speer, Albert: *Erinnerungen*. Berlin 1969, S. 139.
136 Nicht zu verwechseln mit Hitlers Sportpalast-Reden vom 10.2.1933 bzw. 30.1.1940.
137 Rosenberg, Alfred: *Die Tagebücher 1934 bis 1944*, a.a.O., Eintrag vom 22.5.1934, S. 129, Hervorhebungen im Original.
138 *Die Tagebücher von Joseph Goebbels 1924–1945*, hrsg. von Elke Fröhlich, a.a.O., Teil I, Bd. 3, S. 505.
139 Ebenda, S. 526.
140 Ebenda, S. 582.
141 Ebenda, S. 644.
142 Ebenda, S. 668.
143 Ebenda, S. 702.

144 Ebenda„ S. 713.
145 Ebenda, S. 260.
146 Ebenda„ S. 392.
147 Ebenda, S. 422.
148 Rosenberg, Alfred: *Die Tagebücher 1934 bis 1944,* a.a.O., S. 253.
149 Gotthard Urban, Stabsleiter im Amt Rosenberg.
150 Karl Hanke, Gauleiter von Niederschlesien.
151 Name nicht identifiziert.
152 Ebenda„ S. 271.
153 Walther Darré – Reichsminister für Ernährung und Landwirtschaft.
154 Bernhard Weiss (1880–1951), Jurist und Polizist, seit 1927 als Berliner Vizepräsident Opfer von Goebbels' Diffamierungskampagnen. Wegen seiner jüdischen Herkunft nannte ihn Goebbels »Isidor«.
155 Rosenberg, Alfred: *Die Tagebücher 1934 bis 1944,* a.a.O., S. 271f.
156 Ebenda, S. 283.
157 Ritter, Karl (1888–1977), Regisseur und Filmproduzent im Sinne der NS-Ideologie.
158 Rosenberg, Alfred: *Die Tagebücher 1934 bis 1944,* a.a.O., S. 302f.
159 Ebenda, S. 310.
160 Ebenda, S. 218.
161 Ebenda, S. 221f.
162 Ermessen, Theodor R. (Hrsg.): *Aus Görings Schreibtisch. Ein Dokumentenfund.* Berlin 1990, Dokument Nr. 29, Schreiben Rosenbergs an Hitler, Berlin 6.2.1938.
163 Goebbels, Joseph: *Tagebücher 1924–1945 in fünf Bänden,* hrsg. von Reuth, Ralf Georg. 3. Aufl. München 2003, Bd. 5, S. 2047.
164 Heydecker, Joe / Leeb, Johannes (Hrsg.): *Der Nürnberger Prozess,* a.a.O., Bd. 11, S. 557f., Aussage vom 16.4.1946.
165 Ebenda.
166 Schepmann, Wilhelm (1894–1970), 1933 Polizeipräsident von Dortmund, 1936 Regierungspräsident von Dresden, 1943 Stabschef der SA.
167 Rosenberg, Alfred: *Die Tagebücher 1934 bis 1944,* a.a.O., S. 237f.
168 Ebenda, S. 246, Hervorhebungen im Original.
169 Ebenda, S. 248.
170 Ebenda, S. 252.
171 Domarus, Max: *Hitler. Reden 1932–1945,* a.a.O., Bd. I, Zweiter Halbband, 12. Januar 1938, S. 777.
172 Ebenda, Bd. II, Erster Halbband, 12. Januar 1939, S. 1037.
173 Ebenda, Bd. II, Zweiter Halbband, 10. Januar 1943, S. 1973.

174 Rosenberg, Alfred: *Die Tagebücher 1934 bis 1944*, a.a.O., S. 467f., Hervorhebungen im Original.
175 Ebenda, S. 259.
176 BArch, R 6/34, Werner Koeppen, Bericht Nr. 28, Führer-Hauptquartier, Sonntag, 7.9.1941.
177 Bräutigam, Otto: *So hat es sich zugetragen ... Ein Leben als Soldat und Diplomat*. Würzburg 1968, S. 310f.
178 Ebenda, S. 499.
179 Rosenberg, Alfred: *Die Tagebücher 1934 bis 1944*, a.a.O., S. 484ff., Hervorhebungen im Original.
180 BArch, NS 15/628, Schreiben Rosenbergs an Bormann, Berlin, 6.1.1944.
181 BArch, NS 8/130, Schreiben Rosenbergs an Bormann, Berlin, 1.10.1943.
182 BArch, NS 8/130, Schreiben Bormanns an Rosenberg, betr.: Zuständigkeit zur Bearbeitung politisch-konfessioneller Angelegenheiten, Führerhauptquartier, 3.5.1944.
183 BArch, NS 8/227, Schreiben Koeppens an Stellrecht, 7.9.1944.
184 BArch, NS 8/130, Schreiben von Lammers an Rosenberg, betr.: Kampf um Europa, Berlin, 10.8.1944.
185 Rosenberg, Alfred: *Die Tagebücher 1934 bis 1944*, a.a.O., S. 513f., Hervorhebungen im Original.
186 Ebenda, S. 516f.
187 BArch, NS 8/130, FS von Lammers an Rosenberg, Berlin, 13.11.1944.
188 Rosenberg, Alfred: *Die Tagebücher 1934 bis 1944*, a.a.O., S. 519.
189 Ebenda, S. 520f., Hervorhebungen im Original.
190 Goebbels, Joseph: *Tagebücher 1924–1945 in fünf Bänden*, a.a.O., Bd. 5, S. 2159.

Der Dogmatiker des Antisemitismus

1 BArch, NS 8/5, Philipp Douglas: »Alfred Rosenberg der Revolutionär und Philosoph, Bericht über einen der bemerkenswertesten und umstrittensten Führer des heutigen Deutschlands«, in: *Anglo-German Review*, März 1938 (Übersetzung).
2 BArch, NS 8/6, »Rosenbergs Schriften zur Judenfrage«, –Rd.–, *V.B.*, undatiert.
3 Bundeszentrale für politische Bildung, Wolfgang Benz: »Antisemitismus im 19. und 20. Jahrhundert«, http://www.bpb.de/politik/extremismus/antisemitismus/37948/19-und-20-jahrhundert (letzter Zugriff: 06.06.2016).
4 Heydecker, Joe / Leeb, Johannes (Hrsg.): *Der Nürnberger Prozess*, a.a.O., Bd. 18. S. 81, Verhandlung vom 9.7.1946.
5 Gilbert, Gustave: *Nürnberger Tagebuch*, a.a.O., S. 344.
6 Rosenberg, Alfred: *Letzte Aufzeichnungen*, a.a.O., S. 286.

7 Ebenda, S. 4.
8 Hanfstaengl, Ernst: *Zwischen Weißem und Braunem Haus*, a.a.O., S. 47.
9 BArch, NS 8/7, Gauleiter Martin Mutschmann: »Alfred Rosenberg. Persönlichkeit und Werk. Zum 50. Geburtstag des Mitkämpfers des Führers«, in: *Völkischer Beobachter*, 9.1.1943.
10 Deutsches Historisches Museum, https://www.dhm.de/lemo/kapitel/ weimarer-republik/antisemitismus/protokolle-der-weisen-von-zion.html (letzter Zugriff: 06.06.2016).
11 Rosenberg, Alfred: *Schriften und Reden. Bd. II: Schriften aus den Jahren 1921– 1923*, »Die Protokolle der Weisen von Zion und die jüdische Weltpolitik«, a.a.O., S. 250ff.
12 BArch, NS 8/4, »Die Protokolle der Weisen von Zion und die jüdische Weltpolitik«, in: *Völkischer Beobachter*, 29.8.1923.
13 BArch, NS 8/293, Schreiben von *Welt-Dienst* an Koeppen, Frankfurt a.M., 21.4.1944.
14 Karlheinz Rüdiger: »Gegen Verfall und Anarchie. Alfred Rosenbergs Kampf gegen Judentum und Bolschewismus«, in: *Rheinische Blätter*, 15. Jg., Heft 7, Köln, Juli 1941.
15 BArch, NS 8/5, Philipp Douglas: »Alfred Rosenberg der Revolutionär und Philosoph ...«, in: *Anglo-German Review*, März 1938 (Übersetzung).
16 Siehe BArch, NS 8/5, Lebenslauf Alfred Rosenberg, undatiert.
17 Rosenberg, Alfred: *Schriften und Reden. Bd. I: Schriften aus den Jahren 1917– 1921*, a.a.O., »Der Jude und der Deutsche«, S. 88ff
18 Ebenda, S. 223ff.
19 Hervorhebung im Original.
20 BArch, NS 8/21, Auszug aus der Wochenschrift *Auf gut deutsch*, München, 23.10.1919.
21 *Süddeutsche Zeitung*, »Brief belegt Judenhass des jungen Hitler«, 8.6.2011.
22 BArch, NS 8/37, Entwurf für Schulungsbriefe der NSDAP, undatiert.
23 BArch, NS 8/26, Aufsatz von Rosenberg: »Der Kampf um die Weltanschauung«, 20.1.1936.
24 Rosenberg, Alfred: *Letzte Aufzeichnungen*, a.a.O., S. 292.
25 Ebenda, S. 295.
26 BArch, NS 8/26, »Der Kampf um die Weltanschauung«, Zeitungsartikel von Alfred Rosenberg, 1936/37.
27 BArch, NS 8/7, Gauleiter Martin Mutschmann: »Alfred Rosenberg. Persönlichkeit und Werk. Zum 50. Geburtstag des Mitkämpfers des Führers«, in: *Völkischer Beobachter*, 9.1.1943.
28 Rosenberg, Alfred: *Schriften und Reden. Bd. II: Schriften aus den Jahren 1921– 1923*, a.a.O., »Der staatsfeindliche Zionismus«, S. 8f.

29 BArch, NS 8/37, Rosenberg, Alfred: »Die Krise des nationalen und sozialen Gedankens«, undatiert.
30 Rosenberg, Alfred: *Schriften und Reden. Bd. II: Schriften aus den Jahren 1921–1923*, a.a.O., »England und der deutschfeindliche Zionismus«, S. 25.
31 Ebenda, S. 109ff.
32 BArch, NS 8/21, Auszug aus der Reichsparteitagsrede Rosenbergs 1935.
33 Bernhard Rust, Reichsminister für Wissenschaft, Erziehung und Volksbildung, zuvor Gauleiter von Lüneburg-Stade.
34 Fritz Sauckel, Gauleiter von Thüringen.
35 Carl Roever, Gauleiter von Weser-Ems.
36 Rosenberg, Alfred: *Die Tagebücher 1934 bis 1944*, a.a.O., S. 199, Hervorhebung im Original.
37 Prozess um Arthur Schnitzlers Bühnenstück *Reigen*, das 1920 in Berlin uraufgeführt wurde und den Beischlaf zum Inhalt hatte.
38 Geleitwort zu *Die Weltfront*, herausgegeben vom Institut zum Studium der Judenfrage, Berlin 1935, S. 7.
39 Rosenberg, Alfred: *Die Tagebücher 1934 bis 1944*, a.a.O., S. 172, Hervorhebung im Original.
40 BArch, NS 8/41, Rede von Alfred Rosenberg vom 18.8.1935 in Heiligenstadt im Eichsfeld.
41 BArch, NS 8/37, Alfred Rosenberg: »Die Krise des nationalen und sozialen Gedankens«, in: *Weltfront*, Sammlung von Aufsätzen antisemitischer Führer aller Völker, hrsg. von Hans Krebs.
42 BArch, NS 8/7, »Weltjudentum und Bolschewismus«, Rede Rosenbergs über die weltzerstörende Kraft der jüdischen Rasse, Köln, 13.9.1935.
43 Rosenberg, Alfred: *Der Mythus des 20. Jahrhunderts*. München 1935, S. 456ff.
44 Ebenda, S. 642.
45 Poliakov, Leon / Wulf Josef (Hrsg.): *Das Dritte Reich und seine Diener*. Frankfurt a.M. 1983. »Die Judenfrage als Faktor der Außenpolitik im Jahre 1938«, Dokument CXXVII b-75.
46 BArch, R 43 II/684, Vortrag des Reichsministers Rosenberg beim Führer am 17.11.1943.
47 BArch, NS 8/131, Aktennotiz von Ebert für Rosenberg, Berlin, 30.4.1943.
48 BArch, NS 8/130, Vermerk über ein Telefongespräch mit Reichsleiter Bormann, Berlin, 26.6.1944.
49 BArch, NS 8/130, Schreiben Bormanns an Rosenberg, betr.: Krakauer Kongress, Führerhauptquartier, 22.6.1944.
50 BArch, NS 8/130, Schreiben Rosenbergs an Eugen Fischer, Berlin, 22.6.1944.
51 BArch, NS 8/130, Resolution, Entwurf, 14.6.1944, Hervorhebung im Original.

52 Heydecker, Joe / Leeb, Johannes (Hrsg.): *Der Nürnberger Prozess,* a.a.O., Bd. 1, S. 606, Zitat Mr. Dodd, 17.4.1941.
53 Ebenda, Bd. 11, S. 552, Aussage vom 16.4.1946.
54 IfZ, 753/53, Aussage von van der Milwe.
55 Schreiben Bräutigams an das Auswärtige Amt, Berlin, 19.5.1942, in: Poliakov, Leon / Wulf Josef (Hrsg.): *Das Dritte Reich und seine Diener,* a.a.O.
56 BArch, 8/215, Schreiben Rosenbergs an Amann, 2.6.1944.
57 BArch, NS 8/215, Schreiben Amanns an Rosenberg, München, 7.6.1944.
58 BArch, NS 8/215, Schreiben Rosenbergs an Amann, 13.9.1944.
59 Heydecker, Joe / Leeb, Johannes (Hrsg.): *Der Nürnberger Prozess,* a.a.O., Bd. 11, S. 577, 17.4.1946.
60 Gilbert, Gustave: *Nürnberger Tagebuch,* a.a.O., S. 354.
61 Ebenda, S. 122f.
62 Ebenda, S. 339.
63 Ebenda, S. 344f.
64 Ebenda, S. 273f.
65 Heydecker, Joe / Leeb, Johannes (Hrsg.): *Der Nürnberger Prozess,* a.a.O., S. 478f.
66 Ebenda, S. 494.

Der »Beauftragte des Führers«

1 Martin Bormanns jüngerer Bruder.
2 Friedländer, Saul: *Das Dritte Reich und die Juden. Verfolgung und Vernichtung 1933–1945.* Bonn 2006, S. 61.
3 BArch, NS 8/128, Rundschreiben Rosenbergs Nr. 11, an alle Gauleiter, Berlin, 11.10.1935.
4 BArch, NS 8/128, Vorläufiger Aufbau der Dienststelle des Beauftragten des Führers für die gesamte geistige und weltanschauliche Erziehung der NSDAP, Berlin, undatiert.
5 BArch, NS 8/128, Rundschreiben Rosenbergs Nr. 10, an alle Gauleiter, Berlin, 11.10.1935.
6 BArch, NS 8/15, Schreiben Rosenbergs an Berchtold, München, 16.5.1935.
7 BArch, NS 10/32, Denkschrift von Rosenberg für Hitler, Kulturgestalt und kulturelle Organisation, Denkschrift an den Führer über das Grundsätzliche der kulturellen Lage, Berlin, undatiert.
8 BArch, NS 8/183, Denkschrift zu Punkt III eines Erlasses des Führers für die nationalsozialistische Weltanschauung, Berlin, 10.2.1940.
9 Rosenberg, Alfred: *Die Tagebücher von 1933 bis 1945,* a.a.O., S. 262.
10 BArch, NS 8/227, Umlauf, Berlin, 24.1.1939.

11 BArch, NS 8/183, Schreiben Rosenbergs an Heß, Berlin, 5.1.1940.
12 BArch, NS 8/183, Schreiben Rosenbergs an Heß, 8.2.1940, Hervorhebungen im Original.
13 BArch, NS 8/183, Schreiben Bormanns an Göring, Himmler, Rust, München, undatiert.
14 BArch, NS 8/183, Schreiben Rosenbergs an Bormann, betr.: Beilegung der Angelegenheit Bouhler, Berlin, 28.2.1940.
15 BArch, NS 10/62, Reichsleiter Rosenberg an Reichsleiter Buch, München, 7.10.1936.
16 Ebenda.
17 BArch, NS 8/129, Vermerk Leys über das dienstliche Verhältnis zu Rosenberg, Berlin, Februar 1936.
18 BArch, NS 10/62, Schreiben Leys an Rosenberg, Berlin, 26.11.1936.
19 Ebenda.
20 BArch, NS 10/62, Schreiben Rosenbergs an Wiedemann, Berlin, 30.11.1936.
21 BArch, NS 10/62, Schreiben Leys an Rosenberg, Berlin, 2.12.1936.
22 BArch, NS 10/63, Schreiben Rosenbergs an Ley, 7.1.1937.
23 BArch, NS 10/62, Schreiben Rosenbergs an Adjutant Wiedemann, Berlin, 30.11.1936.
24 BArch, NS 10/63, Schreiben Rosenbergs an Schaub, Berlin, 8.1.1937.
25 BArch, NS 10/550, Schreiben Schirachs an Hitler, Berlin, 14.1.1937.
26 Rosenberg, Alfred: *Die Tagebücher 1934 bis 1944*, a.a.O., S. 288, Hervorhebungen im Original.
27 Bräutigam, Otto: *So hat es sich zugetragen ... Ein Leben als Soldat und Diplomat*, a.a.O., S. 618.
28 BArch, NS 8/276, Vorschläge an den Führer von Reichsleiter Rosenberg und Botschafter von Ribbentrop, Berlin, 19.9.1937.
29 BArch, R 43 II/1200, Vermerk von Lammers, Berlin, 17.1.1938.
30 BArch, R 43 II/1200, Schreiben Rosenbergs an Lammers, 24.1.1938.
31 BArch, R 43 II/1200, Schreiben von Lammers an Rosenberg, Berlin, 5.2.1938.
32 BArch, R 43 II/1200, Vermerk von Lammers, betr.: Beauftragter zur Sicherung der nationalsozialistischen Weltanschauung, Berlin, 20.11.1939.
33 BArch, R 43 II/1200, Schreiben Rosenbergs an Heß, Berlin 25.11.1939, Hervorhebungen im Original.
34 BArch, NS 8/183, Stellungnahme von Reichsleiter Rosenberg zu den eingesandten Gutachten der beteiligten Reichsdienststellen zum Entwurf über die Einsetzung eines Beauftragten zur Sicherung der nationalsozialistischen Weltanschauung, Berlin, 8.1.1940.
35 Ebenda.
36 *Die Tagebücher von Joseph Goebbels 1924–1945*, a.a.O., Teil I, Bd. 3, S. 661.

37 Ebenda, S. 673.
38 BArch, R 43II/1200, Schnellbrief von Rust, betr.: Einsetzung eines Beauftragten zur Sicherung der nationalsozialistischen Weltanschauung, Berlin, 23.12.1939.
39 BArch, R 453 II/1200, Schreiben von Kerrl an Lammers, betr.: Einsetzung eines Beauftragten zur Sicherung der nationalsozialistischen Weltanschauung, Berlin, 23.12.1939.
40 *Die Tagebücher von Joseph Goebbels 1924–1945*, a.a.O., Teil I, Bd. 4, S. 30.
41 Ebenda, S. 33.
42 Ebenda, S. 39.
43 Ebenda, S. 43.
44 Ebenda, S. 49.
45 Ebenda, S. 50.
46 BArch, NS 8/183, Schreiben Bormanns an Rosenberg, Berlin, 18.1.1940.
47 BArch, NS 8/183, Schreiben Rosenbergs an Heß, betr.: Weltanschauliche Jugenderziehung, 2.2.1940.
48 BArch, NS 25/628, Schreiben Rosenbergs an Bormann, betr.: Verfügung über den neuen Einsatz frei werdender Politischer Leiter, Berlin, 13.9.1944.
49 BArch, NS 15/628, Schreiben Friedrichs, Partei-Kanzlei, an Stabsleiter Stellrecht, betr.: Verbreitung der Urteile des Volksgerichtshofs im Führungsbrief der Dienststelle Rosenberg, München, 4.1.1944.
50 BArch, NS 19/2008, Schreiben Bergers an Himmler, Berlin, 28.7.1942.
51 BArch, NS 15/628, Schreiben Bormanns an Rosenberg, betr.: Übergabe des Kulturpolitischen Archivs zur Ausmerzung aller Verräter und Defaitisten, Führerhauptquartier, 31.10.1944.
52 BArch, NS 8/215, Schreiben der Verlagsleitung Zentralverlag der NSDAP an Rosenberg, Berlin, 8.8.1944.
53 BArch, NS 8/215, Schreiben Rosenbergs an Amann, Berlin, 11.8.1944.
54 BArch, NS 8/227, Schreiben Koeppens an Stellrecht, Berlin, 19.9.1944.
55 BArch, NS 8/227, Entwurf eines Briefes an Reichsleiter Bormann, Berlin 1944, keine genaueren Datumsangaben.
56 BArch, NS 15/628, Schreiben Rosenbergs an Bormann, betr.: Kunst im Deutschen Reich, 28.12.1944.

»Hohe Schule« und »Einsatzstab Reichsleiter Rosenberg«

1 Rosenberg, Alfred: *Die Tagebücher von 1934 bis 1944*, a.a.O., S. 472f.
2 Heydecker, Joe / Leeb, Johannes (Hrsg.): *Der Nürnberger Prozess*, Bd. 11, S. 515f, Aussage Rosenbergs vom 16.4.1946.
3 Ebenda, S. 640, Aussage Rosenbergs vom 17.4.1946.

4 BArch, NS 8/260, Schreiben des Chefs des OKW, Keitel, an den Oberbefehlshaber des Heers und den Wehrmachtsbefehlshaber in den Niederlanden, Berlin, 5.7.1940.
5 BArch, NS 8/260, Schreiben des Chefs des OKW an den Oberbefehlshaber des Heeres für die Militärverwaltung im besetzten Frankreich, Berlin, 17. September 1940.
6 Rosenberg, Alfred: *Die Tagebücher 1934 bis 1944,* a.a.O., Eintrag vom 6.9.1940, S. 336.
7 *Die Tagebücher von Joseph Goebbels 1924–1945,* a.a.O., Teil I, Bd. 4, S. 307.
8 BArch NS 8/230, Aktennotiz für Utikal, Berlin, 14.3.1943.
9 Rosenberg, Alfred: *Die Tagebücher 1934 bis 1944,* a.a.O., Eintrag vom 2.2.1941, S. 356f.
10 BArch, NS 8/227, Vermerk des Amtes Musik an Stabsleiter Stellrecht, betr.: Verhältnis der Pariser Botschaft zu unserer Dienststelle, Berlin, 4.11.1943.
11 BArch, NS 8/265, Aufbaudienst für die Bibliothek der Hohen Schule, Schreiben für Rosenberg, Berlin, 15.2.1940.
12 Ebenda.
13 Karolingische Bilderhandschrift, die zwischen 781 und 783 in der Hofschule Karls des Großen an der Aachener Königspfalz entstand.
14 Ältestes Lied in deutscher Sprache, das den Sieg der Westfranken 881 über die Normannen besingt.
15 Friedländer, Saul: *Das Dritte Reich und die Juden. Verfolgung und Vernichtung 1933–1945,* a.a.O., S. 409f.
16 BArch, NS 8/20, Einsatzstab Rosenberg, Aktenvermerk für den Reichsleiter, betr.: Fragen des Kunstschutzes in Italien, Berlin, 15.11.1943.
17 Grau, Wilhelm, Kleine Weltkampfbücherei, Die Erforschung der Judenfrage. Aufgabe und Organisation, München 1943, S. 48f.
18 Rosenberg, Alfred: *Die Tagebücher 1934 bis 1944,* a.a.O., Eintrag vom 2.2.1941, S.363.
19 BArch, NS 8/175, Die »Hohe Schule« der NSDAP und ihre Aufgaben, Berlin, Juni 1937.
20 BArch, NS 15/334, Denkschrift über die Aufgaben der Hohen Schule, Berlin, 1.9.1938.
21 Rosenberg, Alfred: *Die Tagebücher 1934 bis 1944,* a.a.O., Eintrag vom 11.12.1937, S. 250.
22 Fritz Reinhardt, Staatssekretär im Reichsfinanzministerium.
23 BArch, NS 8/179, Schreiben Bormanns an Rosenberg, betr.: Zweckverband »Hohe Schule«, Obersalzberg, 28.6.1938.
24 Ludwig Siebert, seit 1933 bayerischer Ministerpräsident.

25 BArch, NS 15/334, Vereinbarung über die Errichtung der Hohen Schule, München, 18.1.1939.
26 BArch, NS 8/265, Anordnung über die Errichtung von Außenstellen der Hohen Schule, Berlin, 30.10.1940.
27 BStU, MfS HA IX/11, FV Nr. 143/69, Bd. 6, Besprechung mit Dr. Leibbrandt, Gedächtnisniederschrift, oD.
28 BArch, R 43II / 1200a, Verfügung, betr. Errichtung der Hohen Schule der NSDAP, Berlin, 29.1.1940.
29 BArch, NS 8/130, Schreiben Rosenberg an Keitel, betr.: Einsatzstab für die besetzten Gebiete, Berlin, 7.2.1942.
30 BArch, NS 8/130, Schreiben Keitels an Rosenberg, betr.: Errichtung einer Zentralstelle zur Erfassung und Bergung von Kulturgütern in den besetzten Ostgebieten, Feldhauptquartier, 26.6.1942.
31 BArch, NS 8/260, Sonderstab der Zentralbibliothek der Hohen Schule in Vorbereitung, betr.: Ergebnis der Informationsreise zur Hauptarbeitsgruppe Ostland des Einsatzstabes Reichsleiter Rosenberg, 23.2.1942.
32 BArch, NS 8/129, Vereinbarung zwischen dem Stabschef der SA, Viktor Lutze und Reichsleiter Alfred Rosenberg betreffend »Akademie der wehrgeistigen Forschung und Erziehung«, Berlin, Januar 1941.
33 BArch, NS 8/265, Bibliothek der »Hohen Schule«, Meldung, Berlin, 6.6.1941.
34 BArch, NS 8/259, Der Beauftragte des Chefs der Sipo und des SD Frankreich und Belgien, Paris, 29.7.1940.
35 BArch, NS 8/276, Schreiben Rosenbergs an Himmler, Berlin, 11.2.1939.
36 BArch, NS 8/265, Bericht über die Arbeiten des Instituts für Biologie und Rassenlehre der »Hohen Schule« in Norditalien im Juni 1944, Schelklingen, 23.7.1944.
37 BArch, R 6/491, Schreiben von Lammers an Rosenberg, betr.: Erlass des Führers vom 1.3.1942 über die geistige Bekämpfung der weltanschaulichen Gegner des Nationalsozialismus, Berlin, 1.6.1942.
38 BArch, R 6/491, Schreiben Himmler an Lammers, betr.: Erlass des Führers vom 1.3.1942 über die geistige Bekämpfung der weltanschaulichen Gegner des Nationalsozialismus, Berlin, 29.5.1942.
39 Benannt nach dem Chef der Einheit, SS-Obersturmbannführer Eberhard von Künsberg.
40 BArch, NS 8/229, Aktenvermerk für den Reichsleiter, 22.12.1942.
41 BArch, NS 8/260, ERR, Sonderstab Bibliothek, Bericht über die Ergebnisse der Fahrt nach Dorpat (4.–7.2.1942), Riga, 10.2.1942.
42 BStU, MfS HA IX/11, FV 143/69, Bd. 6.
43 BArch, NS 8/263, Kurzer Bericht über die Tätigkeit von Dr. Benecke im Kaukasusgebiet, Berlin, 2.10.1942.

44 BArch, NS 8/276, Schreiben Rosenbergs an Frick, betr.: »Hohe Schule« und beschlagnahmte wissenschaftliche Archive und Bibliotheken, Berlin, 28.3.1940.
45 BArch, NS 8/183, Schreiben Rosenbergs an Heß, Berlin, 20.2.1940, Hervorhebung im Original.
46 BArch, NS 8/259, Schreiben Einsatzstab für die westlichen besetzten Gebiete und die Niederlande an Adjutantur, Koeppen. Paris, 28.9.1940.
47 BArch, NS 8/259, Schreiben von Ebert, Leiter Einsatzstab, an die Adjutantur des Chefs des Amtes, Berlin, 14.10.1940.
48 BArch, NS 8/259, Befehl von Göring, Paris, 5.11.1940.
49 BArch, NS 8/263, Auftrag an Reichsleiter Alfred Rosenberg, Berlin, 2.4.1941.
50 BArch, NS 8/154, Führererlass, Führerhauptquartier, 1.2.1942.
51 BArch, NS 8/260, Anordnung von »Einsatzstab Reichsleiter Rosenberg« für die besetzten Gebiete, der Stabsführer, betr.: Organisation des Einsatzstabes – Sonderregelung über die Sicherstellung von Kunstschätzen, Berlin, 21.3.1943.
52 Overy, Richard: *Verhöre. Die SS-Elite in den Händen der Alliierten 1945*. Berlin 2005, Dokument Nr. 5, S. 281f.
53 Hervorhebungen im Original.
54 Friedländer, Saul: *Das Dritte Reich und die Juden. Verfolgung und Vernichtung 1933–1945*, a.a.O., S. 381.
55 BArch, NS 8/263, Aktenvermerk für den Reichsleiter, betr.: Zuweisung von Einrichtungsgegenständen aus der Möbel-Aktion, Berlin, 9.7.1943.
56 BArch, NS 8/131, Protokoll der Dienstleiterbesprechung, Berlin 15.3.1943.
57 BArch, NS 8/131, Stichwort-Protokoll über die Unterredung beim Reichsleiter am 15.3.1943, Berlin, 1.3.1943.
58 Heydecker, Joe / Leeb, Johannes (Hrsg.): *Der Nürnberger Prozess*, a.a.O., Bd. 11, S. 523, Aussage Rosenberg vom 16.4.1946.
59 BArch, NS 8/230, Schreiben Bereichsleiter Utikal an Koeppen, betr.: Beschaffung von Möbeln und Einrichtungsgegenständen für Bombengeschädigte Ihres Amtes, Berlin, 20.1.1944.
60 Ältestes Zisterzienserkloster in Deutschland bei Burghausen, Oberbayern.
61 BArch, NS 8/274, Schreiben »Hohe Schule«, Sachgebiet Musik an das Verwaltungsamt der Dienststellen des RL Rosenberg, Berlin, 26.1.1944.
62 BArch, NS 8/156, Schreiben Rosenbergs an Karl Kaufmann, Berlin, 21.4.1944.
63 Rosenberg, Alfred: *Die Tagebücher von 1934 bis 1944*, a.a.O., Eintrag vom 28./29.5.1944, S. 503, Hervorhebung im Original.
64 BArch, NS 8/230, Aktenvermerk für den Reichsleiter, betr.: Sozialinstitut in Amsterdam, 29.6.1944.
65 BArch, NS 8/230, Aktenvermerk von Utikal für Bereichsleiter Dr. Koeppen, 11.10.1944.
66 BArch, NS 8/252, Schreiben Dienststelle Westen an Koeppen, Paris, 11.7.1944.

67 BArch, NS 8/252, Schreiben Koeppens an Oberstfeldführer von Behr, 14.7.1944.
68 BArch, NS 8/230, Aktenvermerk für den Persönlichen Referenten des Reichsleiters, Pg. Dr. Koeppen, Berlin, 23.2.1944.
69 BArch, NS 8/227, Reichsamtsleiter Dr. Bernhard Payr: »Zehn Jahre Dienststelle Rosenberg«, Berlin, undatiert.
70 BArch, NS 8/259, Aktenvermerk von Utikal für Rosenberg, betr.: Arbeit des Einsatzstabes in den durch Italien und Ungarn besetzten Gebieten Jugoslawiens, Berlin, 17.4.1941.
71 BArch, NS 8/259, Schreiben Rosenbergs an Utikal, betr.: Sicherstellung von Kulturgütern in den besetzten Ostgebieten, Berlin 3.10.1941.
72 Schreiben Rosenbergs an Koch, betr.: Sicherstellung von Kulturgütern in den besetzten Ostgebieten.
73 BArch, NS 8/131, Schreiben von Chef OKW Keitel an Rosenberg, betr.: Errichtung einer Zentralstelle zur Erfassung und Bergung von Kulturgütern in den besetzten Ostgebieten, F.H.Qu., 26.6.1942.
74 BArch, NS 8/229, *Nachrichten des Einsatzstabes, Mitteilungs- und Führungsblatt,* Heft 1, 1943.
75 Ebenda.
76 BArch, NS 8/262, »Einsatzstab Reichsleiter Rosenberg« für die besetzten Gebiete, Bericht über die aus dem Operationsgebiet der Heeresgruppe Nord geborgenen Kunstwerke, Riga, 28.4.1944.
77 BArch, NS 8/229, Mitteilungs- und Führungsblatt des RMfdbO, 1943/Heft 1, Teil C.
78 BArch, NS 8/262, Einsatzstab, Hauptgruppe Ostland, Bericht über den Einsatz in Narwa im Februar 1944, Riga, 28.3.1944.
79 BArch, NS 8/262, Kurzbericht über die Sicherungsmaßnahmen der Hauptarbeitsgruppe Ukraine bei den Absatzbewegungen der Wehrmacht.
80 BArch, NS 8/131, Aktenvermerk, Aussprache beim Reichsleiter am 26.2.1943.
81 BArch, NS 8/131, Schreiben Rosenbergs an Bormann, Berlin, 5.4.1943.
82 BArch, NS 8/156, Schreiben Rosenbergs an Uiberreither, Gauleiter Steiermark, 24.2.1944.
83 BArch, NS 6/398, Schreiben des Luftgaukommandos VII, Der Chef des Stabes an Verwaltung der staatl. Schlösser Gärten und Seen, betr.: Tarnung Schloss Neuschwanstein, München, 31.7.1942.
84 Rosenberg, Alfred: *Die Tagebücher 1934 bis 1944,* a.a.O., S. 496.
85 BArch, NS 6/398, FS Bormanns an Rosenberg, betr.: Schutz der Bergungsorte, Führerhauptquartier, 6.2.1944.
86 BArch, NS 15/628, Schreiben Rosenbergs an Bormann, Berlin, 8.5.1944.
87 Heydecker, Joe / Leeb, Johannes (Hrsg.): *Der Nürnberger Prozess,* a.a.O., Bd. 11, S. 5553.

Das lang ersehnte Ministeramt
1   Riess, Curt: *Joseph Goebbels,* a.a.O., S. 289.
2   Rosenberg, Alfred: *Die Tagebücher von 1934 bis 1944,* a.a.O., Eintrag vom 2.4.1941, S. 372, Hervorhebungen im Original.
3   Ebenda, Hervorhebung im Original.
4   Ebenda, S. 373, Hervorhebungen im Original.
5   Ebenda, Eintrag vom 6.5.1941, S. 383.
6   http://www.ifz-muenchen.de/archiv/zs/zs-0400_1.pdf (letzter Zugriff: 06.06.2016).
7   Heydecker, Joe / Leeb, Johannes (Hrsg.): *Der Nürnberger Prozess,* a.a.O., Bd. 11, S. 525, Aussage Rosenbergs am 16.4.1946.
8   BArch, NS 19/3974, Ernennung Rosenbergs, Führer-Hauptquartier, 20.4.1941.
9   Monologe im Führerhauptquartier, 20. April 1941, S. 112f.
10 BArch, NS 19/3874, Ernennung Rosenbergs, Berlin 8. Mai 1941.
11 Domarus, Max: *Hitler. Reden 1932–1945,* a.a.O., Bd. II, Zweiter Halbband, 20.4.1941, S. 1693.
12 BArch, R 6/21, Schreiben von Lammers an Rosenberg, Berlin, 21.4.1941.
13 BArch, R 6/21, Schreiben von Lammers an Funk, Berlin, 21.4.1941.
14 BArch, R 6/21, Schreiben von Lammers an Graf Schwerin von Krosigk, Berlin, 5.5.1941.
15 BArch, R 6/21, Schreiben Rosenbergs an Lammers, Berlin, 2.5.1941.
16 BArch, R 43 II/1419b, Schreiben von Lammers an Speer, betr.: Unterbringung der Dienststelle des Reichsleiters Rosenberg, Führer-Hauptquartier, Mai 1941.
17 BArch, R 43 II /1419b, Schreiben von Lammers an Rosenberg, Berlin, 19.7.1941.
18 BArch, R 6/21, Schreiben von Lammers an Rosenberg, betr.: Personalbedarf des Instituts für kontinental-europäische Forschung, Berlin, 11.7.1941.
19 BArch, R 6/21, Schreiben von Lammers an Ribbentrop, Berlin, 5.5.1941.
20 Vernehmung Heinrich Lammers, 5.11.1946, IfZ ZS 0353_1.
21 Rosenberg, Alfred: *Die Tagebücher von 1934 bis 1944,* a.a.O.,, Eintrag vom 11.4.1941, S. 378.
22 Bräutigam, Otto: *So hat es sich zugetragen ...,* a.a.O., S. 380ff.
23 http://www.ifz-muenchen.de/archiv/zs/zs-0106_1.pdf und http://www.ifz-muenchen.de/archiv/zs/zs-0106_2.pdf (letzter Zugriff: 06.06.2016).
24 IfZ, AZ 753/52.
25 Bräutigam, Otto: *So hat es sich zugetragen ...,* a.a.O., S. 303ff.
26 Angehöriger des Konsulats in Baku.
27 Ebenda, S. 150.
28 Ebenda, S. 298.

29 Ebenda, S. 300.
30 Ebenda, S. 304f.
31 IfZ, ZS 400/1-3, 1007 54.
32 Bräutigam, Otto: *So hat es sich zugetragen ...*, a.a.O., S. 330ff.
33 Ebenda, S. 334.
34 BArch, R 6/21, Erlass des Führers über die Verwaltung der neu besetzten Ostgebiete, 17. Juli 1941.
35 Vgl. dazu Deutsche Biographie, http://www.deutsche-biographie.de/sfz54110.html (letzter Zugriff: 06.06.2016).
36 Rosenberg, Alfred: *Die Tagebücher von 1934 bis 1944,* a.a.O., Eintrag vom 20.7.1941, S. 398, Hervorhebung im Original.
37 Ebenda, S. 399.
38 Ebenda.
39 Bräutigam, Otto: *So hat es sich zugetragen ...*, a.a.O., S. 311f.
40 Ebenda, S. 312.
41 Rosenberg, Alfred: *Die Tagebücher von 1934 bis 1944,* a.a.O., Eintrag vom 28.12.1941, S. 417, Hervorhebungen im Original.
42 BArch, R 6/4, Vermerk über eine Besprechung beim Führer am 29.9.1941 im Führerhauptquartier, Berlin, 2.10.1941.
43 BArch, R 6/4, Bezüge und Dienstbezeichnungen der planmäßigen Amtsträger bei den Dienststellen in den besetzten Ostgebieten.
44 Als Rosenbergs Stellvertreter war Meyer verantwortlich für die drei Hauptabteilungen Politik, Verwaltung und Wirtschaft.
45 BArch, NS 19/2090, Schreiben Bergers an Himmler, betr.: Besprechung mit Reichsschatzmeister Schwarz am 1.7.1941, Berlin, 2.7.1941.
46 Rosenberg, Alfred: *Die Tagebücher von 1934 bis 1944,* a.a.O., Eintrag vom 20.4.1941, S. 380.
47 Manfred Gailus in: *Die Zeit*, Nr.8 vom 15.2.2007.
48 IfZ, Akz 3365/64 Best. ZS 1887.
49 Himmler, Heinrich: Der Dienstkalender 1941/42, Eintrag vom 25.5.1941, S. 161, Original: BArch, NS 18/3874.
50 BArch, NS 19/3874, Schreiben Himmlers an Bormann, Berlin, 25.5.1941.
51 BArch, NS 19/2803, Schreiben Himmlers an Rosenberg, Berlin 24.6.1941.
52 Ebenda.
53 Ebenda.
54 Friedländer, Saul: *Das Dritte Reich und die Juden. Verfolgung und Vernichtung 1933–1945,* a.a.O., S. 255f.
55 Himmler, Heinrich: Der Dienstkalender 1941/42, Anm. 12, S. 184.
56 BArch, R 43 II/684 a, Schreiben Rosenbergs an Lammers, Berlin, 7.8.1941.
57 BArch, R 43 II/684a, Vermerk von Lammers, Führer-Hauptquartier, 11.8.1941.

58　BArch, R 43 II/684a, Schreiben Himmlers als Reichskommissar für die Festigung deutschen Volkstums an Rosenberg, betr.: Sicherung deutschen Vermögens im Baltikum, Berlin, 19. August 1941.
59　BArch, R 43 II/684 a, Schreiben Rosenbergs an Himmler, betr.: Sicherung deutschen Vermögens im Baltikum, Berlin, 23.8.1941.
60　BArch, R 43 II/684 a, Schreiben Rosenbergs an Lammers, Berlin, 23.9.1941.
61　BArch, R 43 II/684 a, Schreiben Rosenbergs an Himmler, Berlin, 13.8.1941.
62　BArch, R 43 II/684 a, Schreiben Rosenbergs an Göring, Berlin, 13.8.1941.
63　BArch, R 43 II/684 a, Schreiben Rosenbergs an Lammers, Berlin, 13.8.1941.
64　BArch, R 43 II / 684 a, Schreiben Rosenbergs an Lammers, Berlin, 27.8.1941.
65　BArch, NS 19/1704, Schreiben Rosenbergs an Himmler, Berlin, 28.9.1942.
66　BArch, NS 19/3863, Schreiben Bergers an Himmler, betr.: Besprechung mit Reichsleiter Rosenberg, Berlin, 27.7.1943.
67　Speer, Albert: *Der Sklavenstaat. Meine Auseinandersetzungen mit der SS.* Stuttgart 1996, Anhang VIII, Machtbestrebungen der SS im Ostministerium, S. 436ff.
68　BArch, R 43 II/684 a, Schreiben Stabsleiter RFSS an Pers. Stab Himmler, Berlin, 19.1.1943.
69　BArch, NS 19/3373, Schreiben Bergers an Himmler, Berlin, 2.9.1941.
70　BArch, NS 19/1738, Schreiben Bergers an Himmler, Berlin, 26.11.1942.
71　Rosenberg, Alfred: *Die Tagebücher von 1934 bis 1944,* S. 470, Hervorhebung im Original.
72　BArch, NS 19/1704, Reichsführer-SS, Verbindungsführer, Vermerk, betr.: Hereinnahme des SS-Gruppenführers Berger als Staatssekretär in RMdbO, Berlin, 23.1.1943.
73　Rosenberg, Alfred: *Die Tagebücher von 1934 bis 1944,* a.a.O., S. 471.
74　Ebenda.
75　BArch, NS 19/1704, Aktenvermerk Berger, betr.: Besprechung mit Gauleiter und Reichstatthalter Meyer im Reichsostministerium am Freitag, 14.8.1942, Berlin, 17.8.1942.
76　Als Chef der Zivilverwaltung forcierte er die wirtschaftliche Ausbeutung dieser Gebiete für die deutsche Kriegführung. Die sog. Ostland GmbHs übernahmen dabei auch die großen sowjetischen Wirtschaftskomplexe und organisierten sie mit der Industrie der baltischen Staaten zu einem Kartell, an dessen Spitze das Reichskommissariat stand. L.s Sorge im Zusammenhang mit den Massenmorden der deutschen »Einsatzgruppen« galt lediglich der Frage, inwiefern die Opfer als Arbeitskräfte für die deutsche Rüstung hätten gebraucht werden können. Vgl. Deutsche Biographie, http://www.deutsche-biographie.de/sfz54110.html (letzter Zugriff: 06.06.2016).

77 BArch, NS 19/1738, Schreiben Bergers an Himmler, betr.: Ostministerium, Berlin, 21.11.1942.
78 BArch, NS 19/3863, Schreiben Bergers an Himmler, betr.: Bericht über die Lage in den besetzten Ostgebieten Berlin, 14.1.1943.
79 *Goebbels Tagebücher aus den Jahren 1942–43,* hrsg. von Louis P. Lochner. Zürich 1948, S. 237.
80 BArch, NS 19/3863, Schreiben Bergers an Himmler, betr.: Reichsleiter Rosenberg, Berlin, 18.5.1943.
81 *Goebbels Tagebücher aus den Jahren 1942–43,* a.a.O., S. 509.
82 BArch, NS 19/3928, Schreiben Bergers an Himmler, betr.: Reichsministerium der nicht mehr besetzten Ostgebiete, Berlin, 20.12.1944.
83 BArch, NS 19/3928, Schreiben von Brandt an Berger, betr. Frage der russlanddeutschen Umsiedler, Feld-Kommandostelle, 31.12.1944.
84 Die Stiftung sollte anfangs dazu dienen, den Verlag der *Preußischen Zeitung* in Königsberg, dessen Geschäftsanteile Koch gehörten, dem Zugriff von Hitlers Pressebeauftragten Max Amann zu entziehen, der im Auftrag Hitlers die Verlage aller Gauorgane im Eher-Verlag in München zusammenführen und unter die zentrale Kontrolle der NS-Führung bringen sollte. Um dem zu entgehen, gründete Koch eine Stiftung, die sich auf die »Erziehung, Förderung und Ausbildung von Nationalsozialisten, insbesondere die Aufgaben Ostpreußens« fokussieren sollte. Vorstand auf Lebenszeit war Koch selbst. Somit verfügte Koch über die Verwendung der Stiftungserträge. Die Stiftung wuchs zu einem gigantischen Mischkonzern, der im Verlauf des Kriegs riesige Vermögenswerte zum Teil durch Raub und Rechtsbruch anhäufte.
85 http://ermland-masuren-journal.de/ipn-hat-testament-von-erich-koch-erworben/ (letzter Zugriff: 06.06.2016).
86 BArch, NS 19/2695, Schreiben Rosenbergs an Lammers, betr.: Antwort auf die Denkschrift des RKU, Ende März 1943.
87 Rosenberg, Alfred: *Die Tagebücher von 1934 bis 1944,* a.a.O., Eintrag vom 28.12.1941, S. 427f.
88 BArch, R 43II/690 b, Schreiben Rosenbergs an Koch, nachrichtlich an Lohse, betr.: Verhalten der deutschen Behörden und die Stimmung der ukrainischen Bevölkerung, Berlin, 13.5.1942.
89 BArch, R 43II/690 b, Schreiben Kochs an Rosenberg, Zichenau, 2.6.1942.
90 Heiber, Helmut (Hrsg.): *Lagebesprechungen im Führerhauptquartier: Protokollfragmente aus Hitlers militärischen Konferenzen 1942–1945.* Stuttgart 1962, S. 114ff.
91 Ebenda, S. 114ff.
92 BArch, NS 19/2303, Schreiben Bormanns an Rosenberg, persönlich, Führerhauptquartier, 23.7.1942.

93 BArch, R 6/491, Schreiben Rosenbergs an Lammers, betr: Schulbücher für die besetzten Ostgebiete, Berlin, 20.10.1942.
94 Bräutigam, Otto: *So hat es sich zugetragen ...*, a.a.O., S. 315f.
95 BArch, NS 19/2695, Schreiben Bergers an Himmler, betr.: Gauleiter Koch, Berlin, 3.4.1943.
96 BArch, NS 19/2695, Meldung an den Führer, betr.: Betragen des Reichskommissars für die Ukraine Erich Koch, 25.3.1943.
97 BArch, R 6/34, Werner Koeppen, Berichte Nr. 32–41, Führer-Hauptquartier, 19.9.1941.
98 Julius Schaub, Hitlers Chefadjutant.
99 Rudolf Schmundt, Chefadjutant der Wehrmacht bei Hitler.
100 *Goebbels Tagebücher aus den Jahren 1942–43,* a.a.O., Eintrag vom 11.3.1943, S. 138f.
101 Für jeden sichtbar.
102 Ebenda, Eintrag vom 16.4.1943, S. 301.
103 Ebenda, Eintrag Anfang Mai 1943, S. 188f.
104 BArch, NS 19/2695, Schreiben Rosenbergs an Lammers, betr.: Antwort auf die Denkschrift des RKU, Ende März 1943.
105 BArch, NS 19/1704, Schreiben Bormanns an Hitler, Berlin, 14.4.1943.
106 BArch, NS 19/1704, Schreiben Bergers an Himmler, Berlin, 16.4.1943.
107 *Goebbels Tagebücher aus den Jahren 1942–43,* a.a.O., Eintrag vom 14.2.1942, S. 86.
108 BArch, R 58/1005, Bormann-Besprechungsprotokoll, Berlin, 10.6.1943.
109 Ebenda.
110 BArch, NS 19/1704, Schreiben Bergers an Himmler, betr.: Politische Verhältnisse im Reichsministerium für die besetzten Ostgebiete – Zuständigkeitsstreit Rosenberg–Reichskommissar Koch.
111 Axmann, Artur: *»Das kann doch nicht das Ende sein.« Hitlers Reichsjugendführer erinnert sich.* Koblenz 1995.
112 Leopold Gutterer, Staatssekretär im Propagandaministerium.
113 *Die Tagebücher von Joseph Goebbels 1924–1945,* hrsg. von Elke Fröhlich, a.a.O., Teil I, Bd. 4, S. 729.
114 Ebenda, S. 731.
115 BArch, R 6/11, Schreiben Rosenbergs an Goebbels, Berlin, 10.7.1941.
116 BArch, NS 18/358, Vorlage Tießler für den Herrn Minister, betr.: Ausländische Filme, Berlin, 12.2.1943.
117 BArch, NS 18/358, Vermerk Tießler, betr.: Ausländische Filme, Berlin, 17.3.1943.

118 BArch, NS 18/558, Schreiben Einsatzstab Reichsleiter Rosenberg für die besetzten Gebiete, Stabsführer Utikal, an Reichspropandaleitung, Hauptamt Reichsring, Tießler, betr.: Ausländische Filme, Berlin, 12.3.1943.
119 BArch, NS 19/3758, Schreiben von Goebbels an Lammers, Berlin, 12.12.1942.
120 BArch, NS 19/3758, Schreiben von Lammers an Rosenberg, betr.: Zuständigkeit des Reichsministers für Volksaufklärung und Propaganda in den besetzten Ostgebieten, Berlin, 22.12.1942.
121 BArch, R 6/491, »Führerinformation Nr.0145 über die Propaganda im Arbeitsbereich des Reichsministeriums für die besetzten Ostgebiete«, Berlin, 10.12.1942.
122 BArch, NS 19/2687, Schreiben Bergers an Himmler, Berlin, 29.1.1943.
123 BArch, R 6/491, Schreiben von Goebbels an Lammers, betr.: Propaganda in den besetzten Ostgebieten, Berlin, 1.2.1943.
124 Ebenda.
125 BArch, R 6/491, Eingabe Rosenbergs an Hitler, betr.: Ostpropaganda, Berlin, 12.7.1943.
126 BArch, R 6/491, Schreiben von Lammers an Rosenberg, betr.: Ostpropaganda, Berlin, 21.8.1943.
127 BArch, R 6/491, Beglaubigte Abschrift der »Anordnung des Führers«, Feldquartier, 22.8.1943.
128 Dienststelle Vineta, zentraler Übersetzungsdienst des RMf VuP in Krakau.
129 BArch, R 6/491, Niederschrift über eine Besprechung zwischen Ministerialdirigent Zimmermann und Ministerialrat Dr. Taubert am 19.7.1943.
130 BArch, R 6/11, Der Chef des Führungsstabes Politik, Vermerk betr.: Besprechungspunkte anlässlich des Abendessens bei Gauleiter Meyer mit Obergruppenführer Berger und Staatssekretär Dr. Naumann, Berlin, 25.5.1944.
131 BArch, R 6/22, Aktennotiz für den Führer, Berlin, 23.4.1942.
132 BArch, R 6/22, FS von Lammers an Speer, Führerhauptquartier, 14.5.1942.
133 BArch, R 6/22, Erlass des Führers über den Einsatz der Technik in den besetzten Ostgebieten, 9.6.1942.
134 BArch, R 6/22, Schreiben von Lammers an Rosenberg, betr.: Einsatz der Technik in den neu besetzten Ostgebieten.
135 BArch, R 6/11, Schnellbrief Rosenbergs an Goebbels, betr.: Anpassung des Reichsministeriums für die besetzten Ostgebiete an die gegebene Lage und an die Forderungen des totalen Kriegseinsatzes, Berlin, 3.8.1944.
136 Goebbels, Joseph: *Tagebücher 1924–1945 in fünf Bänden,* hrsg. von Reuth, Ralf Georg, a.a.O., Bd. 5., Eintrag vom 18.3.1945, S. 2159.

Der Kampf gegen die Kirche
1 Reichsbischof Ludwig Müller.
2 Rosenberg, Alfred: *Die Tagebücher von 1934 bis 1944*, a.a.O., Eintrag vom 19.8.1934, S. 154f., Hervorhebungen im Original.
3 Ebenda, Eintrag vom 26.12.1934, S. 163f., Hervorhebung im Original.
4 Nicht zu verwechseln ist die Deutschgläubige Bewegung mit den »Deutschen Christen«: Diese hatten sich eng an den Nationalsozialismus angelehnt, das Führerprinzip eingeführt und teilweise die sogenannten Arierparagrafen des NS-Systems übernommen.
5 BArch, NS 8/154, »Das Christentum muss verschwinden!«, Rosenberg in einem nicht öffentlichen Vortrag vor der Reichskulturkammer im Oktober 1938.
6 Picker, Henry (Hrsg.): *Hitlers Tischgespräche im Führerhauptquartier 1941–1942*, a.a.O., S. 596.
7 Rosenberg, Alfred: *Die Tagebücher von 1934 bis 1944*, a.a.O., Eintrag vom 24.2.1935, S. 171.
8 Ebenda, Eintrag vom 24.2.1935, S. 172f., Hervorhebungen im Original.
9 Ebenda, Eintrag vom 11.8.1936, S. 189, Hervorhebung im Original.
10 Ebenda, Eintrag vom 12.2.1937, S.239f., Hervorhebung im Original.
11 Ebenda, Eintrag vom 18.1.1937, S. 234, Hervorhebungen im Original.
12 BArch, NS 8/183, Schreiben Rosenbergs an Heß, betr.: Vorschlag des Reichsministers Kerrl für einen Erlass zur Sicherung der religiösen Freiheit der Deutschen, Berlin, 4.3.1940, Hervorhebungen im Original.
13 BArch, NS 8/183, Schreiben Rosenberg an Heß, betr.: Vorschlag des Reichsminister Kerrl für einen Erlass zur Sicherung der religiösen Freiheit der Deutschen, Berlin, 4.3.1940, Hervorhebungen im Original.
14 Rosenberg, Alfred: *Die Tagebücher von 1934 bis 1944*, a.a.O., Eintrag vom 14.12.1941, S. 416, Hervorhebeungen im Original.
15 BArch, NS 8/150, offener Brief, Münster, 28. Mai 1935.
16 Bormann hatte erwogen, von Galen hängen zu lassen, während sich Goebbels für den Mord nach dem »Endsieg« aussprach, weil er sonst Unruhen im Münsterland befürchtete. Von Galen starb am 22.6.1946 in Münster.
17 Rosenberg, Alfred: *Die Tagebücher von 1934 bis 1944*, a.a.O., Eintrag vom 14.12.1941, S. 414f.

Personenkult um den »Hüter der Idee«

1. Rosenberg, Alfred: *Die Tagebücher von 1934 bis 1944,* a.a.O., Eintrag vom 18.10.1938, S. 261.
2. Heydecker, Joe / Leeb, Johannes (Hrsg.): *Der Nürnberger Prozess,* a.a.O., S. 293.
3. *Nordland,* 8. Jg., Folge 44, 2.11.1940.
4. BArch, NS 8/5, *Frankfurter Zeitung,* 12.1.1943.
5. *National Zeitung,* 12.1.1943.
6. BArch, NS 8/6, Aufsätze und Manuskripte, 1937–1941, Die Betrauung Alfred Rosenbergs.
7. Ebenda.
8. Rosenberg, Alfred: *Kampf um die Macht. Aufsätze von 1921–1932,* hrsg. von Thilo von Trotha. 11. Aufl., München 1943, S. 13.
9. BArch, NS 8/129, Anordnung, München, August 1932. NSBO = Nationalsozialistische Betriebszellenorganisation.
10. BArch, NS 8/29, Übersicht über die Reden Rosenbergs.
11. BArch, NS 8/6, Einfluss auf die Erziehung, Aufsatzmanuskripte, 1937–1941.
12. Ebenda.
13. BArch, NS 8/6, »Hüter der Idee« Aufsatzmanuskripte, 1937–1941.
14. BArch, NS 8/6, »Einfluss auf die Erziehung«, Aufsatzmanuskripte, 1937–1941.
15. Übersetzung aus der *Anglo-German Review,* Philipp Douglas: »Alfred Rosenberg, der Revolutionär und Philosoph, Bericht über einen der bemerkenswertesten und umstrittensten Führer des heutigen Deutschlands«, März 1938.
16. Ebenda.
17. BArch, NS 8/226, NSK, Folge 6, Alfred Rosenberg, Persönlichkeit und Werk, Berlin, 9.1.1943.
18. BArch, NS 8/7, *Völkischer Beobachter,* »Düsseldorf ehrt Reichsleiter Rosenberg«, 3.6.1938.
19. BArch, NS 8/7, *Völkischer Beobachter,* »Feierliche Überreichung des Ehrenbürgerrechts an Reichsleiter Alfred Rosenberg, 27.4.1939.
20. BArch, NS 8/7, *Völkischer Beobachter,* »Überreichung des Ehrenbürgerbriefes der Stadt Münster an Reichsleiter Rosenberg«, 17.1.1939.
21. BArch, NS 8/7, *Völkischer Beobachter,* »Ein Schmied der Idee, Der SA-Mann«, 9.12.1938.
22. BArch, NS 8/7, *Völkischer Beobachter,* »Vorkämpfer für Hitlers Reich«, 12.1.1939.
23. BArch, NS 8/131, Stichwortprotokoll über die Amtsleiterbesprechung mit dem Reichsleiter am 4.3.1943, Berlin, 5.3.1943.

Unbeirrt bis in den Tod

1. Heydecker, Joe / Leeb, Johannes (Hrsg.): *Der Nürnberger Prozess. Der Prozess gegen die Hauptkriegsverbrecher,* a.a.O., Bd. 19, S. 579, Plädoyer von Sir Hartley Shawcross, 27.7.1946.
2. Overy, Richard: *Verhöre. Die SS-Elite in den Händen der Alliierten 1945,* a.a.O., S. 155, Aussage Rosenbergs am 5.11.1946 vor dem Alliierten Militärgericht in Nürnberg.
3. Ebenda.
4. Ebenda, S. 169f.
5. Gilbert, Gustave M.: *Nürnberger Tagebuch,* a.a.O., 23.11.1945, S. 47f.
6. IfZ, ZS 1874 – 2; AZ 3857/67, Aussage Hans Grunsky in Siebichhausen, 19.10.1959.
7. Gilbert, Gustave M.: *Nürnberger Tagebuch,* a.a.O., 15./16. Dezember, Wochenende im Gefängnis, S. 77.
8. Ebenda.
9. Ebenda.
10. Ebenda, S. 258.
11. Ebenda, S. 259.
12. Ebenda, S. 263.
13. Ebenda, S. 263ff.
14. Ebenda, S. 273.
15. Heydecker, Joe / Leeb, Johannes (Hrsg.): *Der Nürnberger Prozess. Der Prozess gegen die Hauptkriegsverbrecher,* a.a.O., Bd. 19, S. 458.
16. Ebenda, S. 435f.

Ausgewählte Literaturhinweise

Alexander, Edgar: *Der Mythus Hitler*. Zürich 1937.

Axmann, Artur: *»Das kann doch nicht das Ende sein.« Hitlers Reichsjugendführer erinnert sich*. Koblenz 1995.

Baeumler, Alfred: *Alfred Rosenberg und der Mythus des 20. Jahrhunderts*. München 1943.

Brachmann, Wilhelm: *Alfred Rosenberg und seine Gegner. Zur Auseinandersetzung mit den »Protestantischen Rompilgern«*, 2. Aufl., München 1938.

Bräutigam, Otto: *So hat es sich zugetragen ... Ein Leben als Soldat und Diplomat*. Würzburg 1968.

Dietrich, Otto: *12 Jahre mit Hitler*. Köln 1955.

Domarus, Max: *Hitler. Reden 1932–1945. Kommentiert von einem deutschen Zeitgenossen*. Bd. I bis IV. Wiesbaden 1973.

Ermessen, Theodor R. (Hrsg.): *Aus Görings Schreibtisch. Ein Dokumentenfund*. Berlin 1990.

Feuersänger, Marianne: *Im Vorzimmer der Macht. Aufzeichnungen aus dem Wehrmachtsführungsstab und Führerhauptquartier 1940–1945*, 2. Aufl., München 1999.

Florin, Wilhelm: *Rosenbergs Mythus und evangelischer Glaube*. Gütersloh 1935.

François-Poincet, André: *Als Botschafter im »Dritten Reich«*. Mainz 1980.

Friedländer, Saul: *Das Dritte Reich und die Juden. Verfolgung und Vernichtung 1933–1945*. Bonn 2006.

Gilbert, Gustave M.: *Nürnberger Tagebuch. Gespräche der Angeklagten mit dem Gerichtspsychologen*. 14. Aufl. Hamburg 2012.

Goebbels, Joseph: *Goebbels Tagebücher aus den Jahren 1942–43,* hrsg. von Louis P. Lochner. Zürich 1948.

Ders.: *Tagebücher 1924–1945 in fünf Bänden*, hrsg. von Reuth, Ralf Georg. Bd. 4 und 5, 3. Aufl., München 2003.

Ders.: *Die Tagebücher von Joseph Goebbels 1924–1945. Sämtliche Fragmente,* hrsg. von Elke Fröhlich. München 1987–2008.

Grau, Wilhelm: *Die Erforschung der Judenfrage. Aufgabe und Organisation*. München 1943.

Hanfstaengl, Ernst: *Zwischen Weißem und Braunem Haus. Memoiren eines politischen Außenseiters*. München 1970.

Hart, F. Th. *Alfred Rosenberg. Der Mann und sein Werk*. München/Berlin 1939:

Heiber, Helmut (Hrsg.): *Lagebesprechungen im Führerhauptquartier: Protokollfragmente aus Hitlers militärischen Konferenzen 1942–1945.* Stuttgart 1962.

Heydecker, Joe / Leeb, Johannes (Hrsg.): *Der Nürnberger Prozess. Der Prozess gegen die Hauptkriegsverbrecher.* Köln 1958.

Internationaler Militärgerichtshof Nürnberg (Hrsg.): *Der Prozess gegen die Hauptkriegsverbrecher vor dem Internationalen Militärgerichtshof: 14. November 1945–1. Oktober 1946.* Amtlicher Text. Fotomechanischer Nachdruck der Ausgabe Nürnberg 1947–49. München 1989.

Kempner, Robert M. W.: *Das Dritte Reich im Kreuzverhör. Aus den unveröffentlichten Vernehmungsprotokollen des Anklägers in den Nürnberger Prozessen.* München 2005 (1. Aufl. 1969).

Ders.: *SS im Kreuzverhör.* München 1964.

Klee, Ernst: *Das Personenlexikon zum Dritten Reich.* Frankfurt a.M. 2003.

Krebs, Hans / Engelhardt, Eugen von (Hrsg.): *Die Weltfront, Stimmen zur Judenfrage.* 1. Folge, Berlin/Leipzig 1935.

Krosigk, Lutz Graf Schwerin von: *Memoiren.* Stuttgart, 1977.

Lang, Serge / Schenck, Ernst von: *Portrait eines Menschheitsverbrechers nach den hinterlassenen Memoiren des ehemaligen Reichsministers Alfred Rosenberg.* St. Gallen 1947.

Ley, Michael / Schoeps, Julius H. (Hrsg.): *Der Nationalsozialismus als politische Religion.* Bodenheim 1997.

Loock, Hans-Dietrich: *Quisling, Rosenberg und Terboven.* Stuttgart 1970.

Metcalfe, Philip: *Berlin 1933. Das Jahr der Machtergreifung. Lebensläufe zu Beginn des Nationalsozialismus.* Stuttgart 1989.

Noller, Sonja / Kotze, Hildegard von (Hrsg.): *Faksimile. Querschnitt durch den »Völkischen Beobachter«.* München/Bern/Wien 1967.

Overy, Richard: *Verhöre. Die SS-Elite in den Händen der Alliierten 1945.* Berlin 2005.

Pätzold, Kurt /Weißbecker, Manfred (Hrsg.): *Stufen zum Galgen. Lebenswege vor den Nürnberger Urteilen.* Leipzig 1996.

Picker, Henry (Hrsg.): *Hitlers Tischgespräche im Führerhauptquartier 1941–1942.* Berlin 2003.

Piper, Ernst: *Alfred Rosenberg. Hitlers Chefideologe.* München 2005.

Plewnia, Margarete: *Auf dem Weg zu Hitler. Der »völkische« Publizist Dietrich Eckart.* Studien zur Publizistik, Bremer Reihe, Deutsche Presseforschung, Bd. 14, hrsg. von Elger Blühm. Bremen 1970.

Poliakov, Leon / Wulf Josef (Hrsg.): *Das Dritte Reich und die Juden. Dokumente und Aufsätze*. Berlin 1957.

Dies. (Hrsg.): *Das Dritte Reich und seine Diener*. Frankfurt a.M. 1983.

Riess, Curt: *Joseph Goebbels. Eine Biographie*. Baden-Baden 1950.

Rosenberg, Alfred: *Das Verbrechen der Freimaurerei. Judentum, Jesuitismus, Deutsches Christentum*, 2. Aufl., München 1922.

Ders.: *Die Protokolle der Weisen von Zion und die jüdische Weltpolitik*. München 1923.

Ders.: *Kampf um die Macht. Aufsätze von 1921–1932*, hrsg. von Thilo von Trotha. 11. Aufl., München 1943.

Ders.: *Der Mythus des 20. Jahrhunderts*. München 1935.

Ders.: *Protestantischer Rompilger. Der Verrat an Luther und der Mythus des 20. Jahrhunderts*. München 1937.

Ders.: *Schriften und Reden. Bd. I: Schriften aus den Jahren 1917–1921*. München 1943.

Ders.: *Schriften und Reden. Bd. II: Schriften aus den Jahren 1921–1923*. München 1943.

Ders.: *Letzte Aufzeichnungen. Ideale und Idole der nationalsozialistischen Revolution*. Göttingen 1955.

Ders.: *Die Tagebücher 1934 bis 1944*, hrsg. von Jürgen Matthäus und Frank Bajohr. Frankfurt a.M. 2105.

Schaub, Julius: *In Hitlers Schatten. Erinnerungen und Aufzeichnungen des persönlichen Adjutanten und Vertrauten 1925–1945*. Stegen 2010.

Seraphim, Hans-Günther: *Das politische Tagebuch Alfred Rosenbergs aus den Jahren 1934/35 und 1939/40*. Göttingen 1956.

Speer, Albert: *Erinnerungen*. Berlin 1969.

Ders.: *Der Sklavenstaat. Meine Auseinandersetzungen mit der SS*. Stuttgart 1996.

Ueberschär, Gerd R. / Vogel Winfried: *Dienen und verdienen. Hitlers Geschenke an seine Eliten*. Frankfurt a.M. 1999.

Volz, Hans: *Daten der Geschichte der NSDAP*, 11. Aufl., Berlin 1943.

Personenregister

A

Amann, Max, Verlagsleiter des *Völkischen Beobachter*, Reichsleiter, Präsident der Reichspressekammer 21ff., 26, 30, 32, 39, 61, 67, 69, 75, 93, 115f., 122, 139

Amen, John H., amerikanischer Staatsanwalt, leitete beim Nürnberger Kriegsverbrecherprozess die Vernehmungen der Angeklagten und Zeugen 180

Axmann, Artur, letzter Reichsjugendführer 246

B

Backe, Herbert, Staatssekretär im Ministerium für Ernährung und Landwirtschaft 121, 234

Baeumler, Alfred, Dienstleiter des Amtes Wissenschaft des »Beauftragten des Führers für die Überwachung der geistigen Schulung und Erziehung der NSDAP«, Verbindungsmann Rosenbergs zu den Universitäten, Dienstleiter des Aufbauamtes »Hohe Schule« 23, 25, 54

Bajohr, Frank, wissenschaftlicher Leiter des Zentrums für Holocaust-Studien am Institut für Zeitgeschichte in München 9

Behr, Kurt von, Oberstfeldführer, Leiter der Dienststelle Westen, maßgeblich am NS-Kunstraub und an der M-Aktion beteiligt 183, 185

Berchtold, Joseph, erster Reichsführer-SS, Chef vom Dienst des *Völkischen Beobachter* 126

Berger, Gottlob, SS-Obergruppenführer, Chef des SS-Hauptamtes, Verbindungsmann Himmlers im Reichsministerium für die besetzten Ostgebiete 155, 213, 222–231, 237f., 242f., 245, 250, 254

Bier, August, Chirurg, Mitbegründer der Hochschule für Leibesübungen 73

Böckel, Otto, Bibliothekar, Gründer der Antisemitischen Volkspartei, die ab 1893 Deutsche Reformpartei hieß 92

Boepple, Ernst, Verleger vom Weltkampf, Mitbegründer der Deutschen Arbeiterpartei 24f., 38

Bömer, Karl, Hauptstellenleiter Presse in der Dienststelle Rosenberg (auch für das Außenpolitische Amt der NSDAP) 125

Bormann, Albert, Martin Bormanns jüngerer Bruder, Chef von Hitlers Privatkanzlei 122

Bormann, Gerda, geb. Buch, Martin Bormanns Ehefrau 84

Bormann, Martin, Leiter der Partei-Kanzlei der NSDAP, »Sekretär des Führers« 8f., 23, 44, 54, 61, 83–89, 111f., 119, 133ff., 153–157, 166f., 191f., 212, 215ff., 222, 235ff., 240, 242dd., 248, 251f., 255, 272, 279

Bouhler, Philipp, Präsident der Polizeidirektion München, Chef der Kanzlei des »Führers« 37, 85, 99, 122, 130ff.
Brauchitsch, Walther von, Generalfeldmarschall, Oberbefehlshaber des Heeres 211
Bräutigam, Otto, Abteilungsleiter im Reichsministerium für die besetzten Ostgebiete 82f., 115, 143, 196, 202, 205ff., 211f., 232, 237
Brückner, Wilhelm, Führer des SA-Regiments München, später Hitlers Chefadjutant 27
Buch, Walter, Vorsitzender des Obersten Parteigerichts der NSDAP, Schwiegervater von Martin Bormann 44, 135

C

Chamberlain, Houston Stewart, Verfasser zahlreicher populärwissenschaftlicher Werke mit pangermanischer und antisemitischer Einstellung 11, 67, 94, 96

D

Danehl, Franz, Musiker, Mitbegründer der DSAP, frühes NSDAP-Mitglied, Mitglied der Thule-Gesellschaft 18
Darré, Walther, Reichsminister für Ernährung und Landwirtschaft 72, 74, 121, 213f.
Deitz, Werner, APA, Leiter Abteilung III, Außenhandel und Südosteuropa 43f.
Dietrich, Otto, NSDAP-Pressechef 58, 60, 247
Dodd, Thomas J., amerikanischer Ankläger beim Nürnberger Militärtribunal 113, 300
Domarus, Max, Historiker 52, 61, 198
Drexler, Anton, Mitbegründer der Deutschen Arbeiterpartei 27, 29
Duckwitz, Ferdinand, APA, Leiter Abteilung Süd-Osten 44
Dülfer, Helmut, Leiter der Dienststelle Ostland des Reichsführers-SS, Reichskommissar für die Festigung deutschen Volkstums 218f.

E

Ebert, Georg, Reichshauptstellenleiter, Leiter des Einsatzstabes der Dienststellen des Reichsleiters Rosenberg für die westlichen besetzten Gebiete und die Niederlande 111, 172, 178
Eckart, Dietrich, Verleger, früher Anhänger der NSDAP 13, 15f., 18, 27, 52, 55, 80, 96, 278
Eichmann, Adolf, SS-Obersturmbannführer, Leiter des für die Deportation der Juden zuständigen Referats im Reichssicherheitshauptamt 8, 91
Esser, Hermann, früher Hitler-Anhänger, 1920 Schriftleiter des Völkischen Beobachters, 1939–1945 Staatssekretär im Reichsministerium für Volksaufklärung und Propaganda 26, 30, 32f., 35ff.

F

Faulhaber, Michael von, Erzbischof von München und Freising 60, 70, 126, 264
Feder, Gottfried, NS-Wirtschaftstheoretiker 23, 32, 93
Filchner, Wilhelm, Forschungsreisender 58, 73
Fischer, Eugen, Mediziner, Anthropologe und »Rassenhygieniker« 112
Frank, Hans, Generalgouverneur des besetzten Polen, »Schlächter von Krakau« 13, 118
Frank, Walter, Historiker, ab 1935 Präsident des Reichsinstituts für Geschichte des neuen Deutschlands 124, 297f.
Frauendorfer, Max, Hauptamtsleiter Schulung in der Dienststelle Rosenberg 124
Frick, Wilhelm, Reichsinnenminister 17, 46, 121f., 150, 176
Friedländer, Saul, Historiker 123, 163, 181, 217
Funk, Walther, Reichswirtschaftsminister 122, 199
Furtwängler, Wilhelm, Dirigent 57

G

Galen, August Graf von, Bischof von Münster 270f.
Gansser, Emil, Hitler-Unterstützer, erfolgreicher Spendensammler für die frühe NSDAP 30
Gerland, Karl, Amtsleiter in der NSDAP Partei-Kanzlei
Gilbert, Gustav M., amerikanischer Gerichtspsychologe 54, 63, 93, 116ff., 297f., 300
Goebbels, Joseph, Reichsminister für Volksaufklärung und Propaganda 9, 23, 35, 37, 45ff., 53f., 57, 70ff., 74f., 77, 79, 82, 89, 111, 119, 121, 123, 128, 150ff., 156, 163, 195, 228, 230, 241ff., 247ff., 253f., 258, 260, 272f., 275, 289ff.
Göring, Edda, Tochter von Hermann Göring 261
Göring, Hermann, Reichsmarschall, Oberbefehlshaber der Luftwaffe, Gründer der Gestapo und der ersten Konzentrationslager 7, 9, 17, 27, 45, 74, 76f., 79ff., 119, 121f., 133, 142, 162, 175, 178, 180, 197, 199, 210f., 217f., 220, 228, 235, 237, 241, 261, 273
Götting, Arthur, Leiter der Deutschvölkischen Verlagsanstalt 68
Graefe, Albrecht von, Vorsitzender der Deutschnationalen Freiheitspartei 33
Graf, Ulrich, Hitlers Leibwächter 27
Greiser, Arthur, Gauleiter in Posen 231
Grunsky, Hans, NS-Philosoph 297
Gürtner, Franz, bayerischer Justizminister 17, 28
Gutterer, Leopold, Abteilungsleiter im RMfVuP, später Staatssekretär

H

Hagemeyer, Hans, Hauptstellenleiter Schrifttumspflege 124, 297
Hanfstaengl, Ernst, Freund und Förderer Hitlers in den 1920er-Jahren und Auslandspressechef der NSDAP in den 1930er-Jahren 15f., 22, 26f., 30, 32, 35, 38f., 45ff., 94
Hanke, Karl, Gauleiter von Niederschlesien 74
Hänsel, Carl, Assistent der Verteidigung der als verbrecherische Organisation angeklagten SS und des SD 116
Hassel, Ulrich von, Diplomat 53
Heil, Walter, Hauptstellenleiter Verwaltung in der Dienststelle Rosenberg 125
Henrici, Ernst, antisemitischer Agitator, Mitbegründer des Deutschen Antisemitenbunds zusammen mit Wilhelm Pickenbach 92
Heß, Rudolf, Hitlers Stellvertreter 13, 47, 84, 122, 130f., 142, 149, 154, 177, 265
Heydecker, Joe, Historiker 119, 273
Heydrich, Reinhard, Leiter des Reichssicherheitshauptamtes, stellv. Reichsprotektor von Böhmen und Mähren 162, 216
Himmler, Heinrich, Reichsführer-SS, Chef der Deutschen Polizei, Reichsinnenminister 7f., 54, 61, 72, 86, 91, 98f., 119, 122, 133, 143, 146, 150, 155, 168, 171ff., 197, 212–231, 237, 241ff., 262, 268, 273, 298, 303
Hindenburg, Paul von, Reichspräsident 53
Hogg, Douglas, Lord Hailsham, britischer Kriegsminister 46
Höß, Rudolf, Kommandant des KZ Auschwitz 8, 91, 295, 299

J

Jacob, Hans, stellv. NSDAP-Vorsitzender und Mitbegründer der Großdeutschen Volksgemeinschaft 31ff.

K

Kahr, Gustav von, bayerischer Generalstaatskommissar 27
Kaufmann, Karl, Hamburger Gauleiter und Reichsstatthalter 184
Keitel, Wilhelm, Generalfeldmarschall, Chef des Oberkommandos der Wehrmacht 81, 87, 157, 168f., 187, 198f., 201, 214, 217, 230, 233, 239
Kerrl, Hans, Reichsminister für kirchliche Angelegenheiten 53, 61, 122, 152f., 265, 267f., 270
Klitzsch, Ludwig, Generaldirektor UFA 127
Knauer, Erwin, APA, Leiter der Geschäftsführung 44
Knilling, Eugen Ritter von, bayerischer Ministerpräsident 28
Koch, Erich, Gauleiter, Reichskommissar Ukraine 82, 119, 186,

204, 210f., 221, 224ff., 229, 231–243, 245
Koeppen, Werner, SA-Standartenführer, persönlicher Adjutant Rosenbergs, dann Leiter der Kanzlei Rosenberg   44, 82, 86, 156, 162, 177f., 185, 238
Kube, Wilhelm, Gauleiter Brandenburg   43f., 176, 221

L

Lammers, Heinrich, Reichsminister, Chef der Reichskanzlei   50,76ff., 87ff., 122f., 141, 145, 147, 149, 153, 174, 181, 199ff., 208, 212f., 217ff., 227, 230f., 238, 242, 244, 248ff., 252, 254f., 257
Leeb, Johannes   119, 273
Lehmann, Julius Friedrich, Münchener Verleger, früher Förderer Hitlers   66ff.
Leibbrandt, Georg, Leiter der Abteilung Naher Osten   44, 82f., 167, 206, 237
Ley, Robert, Reichsleiter, Leiter der Deutschen Arbeitsfront Stabsleiter der Parteiorganisation   9, 135–142, 150, 153, 155f., 166f., 243
Lohse, Hinrich, Gauleiter in Schleswig-Holstein, Reichskommissar für das Ostland   197, 210, 220f., 226f.
Lord Hailsham siehe Hogg, Douglas
Ludendorff, Erich, General, Teilnehmer am Hitler-Putsch 1923   26, 32

Lüdtke, Franz, APA, Leiter Abteilung IV, Bund deutscher Osten   43
Lutze, Viktor, Stabschef der SA, zusammen mit Rosenberg Gründer einer »Akademie für wehrgeistige Forschung und Erziehung«   150, 155, 169, 171, 268
Lüw, Otto, Staatsarchivdirektor in Reval   17

M

MacDonald, James Ramsay, britischer Premierminister   46
Massow, Ewald von, General, Leiter des Amtes für akademische Auslandsarbeit   44
Matthäus, Jürgen, Direktor der Forschungsabteilung am Jack, Joseph and Morton Mandel Center fpor Advanced Holocaust Studies des United States Holocaust Memorial Museum in Washington   9
Maurice, Emil, Hitlers Fahrer und Vertrauter   32
Mayer-Mader, Andreas, Major   114
Meissner, Otto, Chef der Präsidialkanzlei des »Führers«   122
Mengele, Josef, SS-Hauptsturmführer, Humangenetiker, führte medizinische Experimente an Häftlingen durch   8, 91
Meyer, Alfred, Gauleiter des Gaus Westfalen-Nord, später Staatssekretär im Reichsministerium für die besetzten Ostgebiete   197, 201, 213, 222, 225, 254

Milwe, Anatol van der, Ministerialdirigent im Ostministerium 114f., 203

Monneray, Henry, Hilfsankläger der französischen Regierung 160

Mussolini, Benito, ital. Faschistenführer 9, 42

Mutschmann, Martin, Gauleiter Sachsens 100

N

Neurath, Konstantin von, bis 1938 Reichsaußenminister, Reichsprotektor in Böhmen und Mähren 17, 45f., 121, 142, 201

O

Obermüller, Horst, APA, Leiter Referat England und Ferner Osten 44

Otto, Dietrich, Reichspressechef der NSDAP, SS-Obergruppenführer und Staatssekretär im Reichsministerium für Volksaufklärung und Propaganda 9, 291f.

P

Paltzo, Joachim, Leiter der Hauptabteilung Volksaufklärung und Propaganda im Reichskommissariat Ukraine 241

Papen, Franz von, 1932 Reichskanzler, 1933–1934 Vizekanzler im Kabinett Hitler 53

Payr, Bernhard, Bereichsleiter Amt Zentrallektorat im Hauptamt Schrifttum 186

Pickenbach, Wilhelm, Mitglied des Deutschen Reichstags und Mitbegründer des Deutschen Antisemitenbunds zusammen mit Ernst Henrici 92

Picker, Henry, Hitlers Stenograf, Herausgeber von Hitlers Tischgesprächen 23, 60, 263

Plewnia, Margarete, Historikerin 15

Pohl, Oswald, SS-Obergruppenführer, Chef des SS-Wirtschafts-Verwaltungshauptamtes 295

Q

Quisling, Vidkun, Chef einer provisorischen norwegischen Regierung 49ff., 114, 242

R

Raeder, Erich, Oberbefehlshaber der Reichs- bzw. Kriegsmarine 49f.

Reinerth, Hans, Archäologe, Leiter des Reichbundes für deutsche Vorgeschichte 124

Ribbentrop, Joachim von, ab 1938 Reichsaußenminister 76ff., 121, 142ff., 197, 201, 206, 212f.

Roever, Carl, Gauleiter von Weser-Ems 103

Röhm, Ernst, SA-Führer, im Kabinett HitlerReichsminister ohne Geschäftsbereich 44, 122

Römer, Karl, APA, Leiter der Presseabteilung und des Archivs 44

Rosenberg, Hilda, geb. Leesmann, Ehefrau von Alfred Rosenberg 11

Rudenko, Roman Andrejewitsch, sowjetischer Hauptankläger beim Nürnberger Militärtribunal 78f., 300

Runte, Ludwig, SA-Oberführer, Ministerialdirektor im Reichsministerium für die besetzten Ostgebiete 225

Rust, Bernhard, Reichsminister für Wissenschaft, Erziehung und Volksbildung, zuvor Gauleiter von Lüneburg-Stade 73, 103, 121, 134, 151, 153f., 213

S

Sauckel, Fritz, Gauleiter von Thüringen 103, 197, 231

Sauerbruch, Ferdinand, Chirurg 57f., 73

Schacht, Hjalmar, Reichsbankpräsident bis 1939 122

Schaub, Julius, Chefadjutant Hitlers 32, 71, 81, 88, 239f.

Scheidt, Hans-Wilhelm, Reichsamtsleiter APA-Schulungshaus 51, 114f., 124

Schepmann, Wilhelm, Stabschef der SA 79

Scheubner-Richter, Max Erwin von, Deutsch-Balte, Diplomat, beim Hitler-Putsch umgekommen 26, 28

Schickedanz, Arno, APA, Leiter Abteilung II, Allgemeine Ost-und Personalfragen, APA-Personalchef 43f., 197, 237

Schirach, Baldur von, Reichsjugendführer 63, 72, 93, 117f., 129f., 141, 264, 268, 273

Schmundt, Rudolf, Oberst, Adjutant Hitlers 240

Scholz, Robert, Kunsthistoriker, Leiter im Amt Bildende Kunst in der Dienststelle Rosenberg 124, 181, 292

Schubert, Karl von, deutscher Botschafter in Rom 42f.

Schultz, Wolfgang, Hauptstellenleiter Arische Weltanschauung und Volkskunde 124

Schumann, APA, Leiter Abteilung I, Organisation 43

Schwarz, Franz Xaver, Reichsschatzmeister 166, 213

Shawcross, Sir Hartley, britischer Chefankläger beim Nürnberger Militärtribunal 295

Siebert, Ludwig, bayerischer Ministerpräsident 167

Smith, Bradley, Historiker 119

Solms, Ernstotto, Graf von Kunstschutzoffizier der Heeresgruppe Nord 188

Speer, Albert, Generalbauinspekteur, Reichsminister für Rüstung und Kriegsproduktion 71, 122, 200, 222, 254ff.

Stang, Walter, Amtsleiter Kunstpflege in der Dienststelle Rosenberg 124, 292

Stellrecht, Helmut, Stabsleiter im Amt Rosenberg, Lehrplanung und

Lehrmittel 86, 155f., 163, 182, 222f., 226, 291

Stolzing-Cerny, Josef, Musikkritiker und Hauptschriftleiter des Völkischen Beobachters 36

Strasser, Gregor, Reichsorganisationsleiter der NSDAP 32ff., 38

Strasser, Otto, Verleger 41f.

Streicher, Julius, NSDAP-Gauleiter von Franken, Herausgeber des Hetzblattes Der Stürmer 25f., 32f., 63, 273

Szell, Franz, Journalist 16

T

Taubert, Eberhard, Ministerialrat im Reichsministerium für Propaganda und Aufklärung, leitete die Abteilung »Aktivpropaganda gegen die Juden« 253f.

Terboven, Joseph, NSDAP-Gauleiter von Essen, dann Reichskommissar für Norwegen 50

Tießler, Walter, Leiter Reichsring für nationalsozialistische Propaganda und Volksaufklärung, Verbindungsmann der Partei-Kanzlei zur Reichspresseleitung 248

Todt, Fritz, Reichsminister für Munitionsbeschaffung, Leiter der Organisation Todt (OT) 122, 150, 178, 245

Troost, Paul Ludwig, Architekt 57

Trotha, Thilo von, APA, Hauptstellenleiter Nordische Frage in der Dienststelle Rosenberg 44, 125

Urban, Gotthard, Stabsleiter im Amt Rosenberg 57, 74, 124, 215

Utikal, Gerhard, Reichshauptstellenleiter im Amt Rosenberg 154, 182f., 186, 248

W

Weidemann, Hans Jakob, Reichskultursenator und Vizepräsident der Reichsfilmkammer 127

Wichtl, Friedrich, österreichischer deutschnationaler Politiker, Verfasser von Schmähschriften gegen das Freimaurertum 68f.

Wiedemann, Fritz, Adjutant Hitlers 139

Wirth, Herman, niederländischer Geisteswissenschaftler, Mitbegründer der Forschungsgemeinschaft »Deutsches Ahnenerbe« 262

Z

Zeitzler, Kurt, Generaloberst, Generalstabschef des Heeres 198, 228, 233

Ziegler, Matthes (vor 1933 und nach 1945 Matthäus), Leiter Allgemeine weltanschauliche Fragen und Archiv in der Dienststelle Rosenberg 125, 214f.

VOLKER KOOP
RUDOLF HÖSS
DER KOMMANDANT VON AUSCHWITZ
EINE BIOGRAPHIE

Über eine Million Menschen wurden in Auschwitz ermordet, die meisten davon Juden. Dreieinhalb Jahre lang befehligte Rudolf Höß dieses größte Vernichtungslager des »Dritten Reichs« und setzte als Himmlers Helfer die geplante »Endlösung der Judenfrage« um: Ab 1942 begann er mit der systematischen Ermordung von Menschen mit dem Giftgas Zyklon B und rühmte sich, Giftgas sei eine »vernünftige« und »hygienische« Verbesserung des Massenmordes.

Höß war autoritätshörig, ehrsüchtig und seelisch abgestumpft. Er gehorchte Befehlen blind und bedingungslos, Unrechtsbewusstsein war ihm fremd. Seine Dienstbeflissenheit bei der Erteilung und Ausführung der unmenschlichen Befehle kontrastiert mit seiner Selbstwahrnehmung in seinen »Autobiographischen Aufzeichnungen«, in denen er sich als durchaus sensiblen Menschen beschreibt.

Dieser Titel liegt auch für eReader, iPad und Kindle vor.

2014. 338 S. 15 S/W-ABB. GB. MIT SU. 135 X 210 MM.
ISBN 978-3-412-22353-3 [BUCH] | ISBN 978-3-412-21811-9 [E-BOOK]

VOLKER KOOP
„WER JUDE IST, BESTIMME ICH"
„EHRENARIER" IM NATIONALSOZIALISMUS

In den „Nürnberger Rassengesetzen" hatten die Nationalsozialisten ihre rassischen Wahnideen festgeschrieben. Immer wieder aber machte Hitler von seinem „Gnadenrecht" Gebrauch und erklärte jüdische Wissenschaftler, Unternehmer, Soldaten, Beamte, aber auch beliebte Film- und Bühnenstars zu „Ehrenariern", wenn sie für das System wichtig waren. Das vorliegende Buch ist die erste Gesamtdarstellung dieser Praxis der „Gleichstellung mit Deutschblütigen", wie es in der nationalsozialistischen Diktion hieß.
Dieser Titel liegt auch als EPUB für eReader, iPad und Kindle vor. Die Anmerkungen, Weblinks und das qualifizierte Personenregister sind in diesem zitierfähigen eBook interaktiv.

2014. 354 S. 19 S/W-ABB. GB. MIT SU. 135 X 210 MM
ISBN 978-3-412-22216-1 [BUCH] | ISBN 978-3-412-21723-5 [E-BOOK]

BÖHLAU VERLAG, URSULAPLATZ 1, D-50668 KÖLN, T: +49 221 913 90-0
INFO@BOEHLAU-VERLAG.COM, WWW.BOEHLAU-VERLAG.COM | WIEN KÖLN WEIMAR

VOLKER KOOP
MARTIN BORMANN
HITLERS VOLLSTRECKER

Martin Bormann (1900–1945) war einer der am meisten gehassten NS-Funktionäre. Als Leiter der Partei-Kanzlei der NSDAP im Rang eines Reichsministers und Privatsekretär Hitlers wurde er von Ministern, Gauleitern, Beamten, Richtern und Generälen gefürchtet. Bormann identifizierte sich mit Hitlers Vorstellungen von Rassenpolitik, Judenvernichtung und Zwangsarbeit und machte sich als sein Vollstrecker für die Detail- und Schmutzarbeit unentbehrlich. Eiskalt entschied er über das Schicksal von Millionen Menschen. Nach Hitlers Selbstmord verlor sich zunächst Bormanns Spur. Im Oktober 1946 wurde er vom Internationalen Militärgerichtshof in Nürnberg in Abwesenheit schuldig gesprochen und zum Tod verurteilt. 1972 wurde in Berlin sein Skelett gefunden. Er wurde offiziell für tot erklärt. Inzwischen wurde nachgewiesen, dass Bormann am 2. Mai 1945 zur Giftkapsel gegriffen hatte. Zahlreiche, erst seit Kurzem zugänglich gewordene Dokumente ermöglichen es jetzt, die Biographie von Hitlers treuestem Vasallen neu zu schreiben. Volker Koop führt dem Leser die Machtfülle und Skrupellosigkeit des im Schatten des »Führers« operierenden zweitmächtigsten Mannes im Dritten Reich vor Augen.

2012. 374 S. 22 S/W-ABB. GB. MIT SU. 135 X 210 MM | ISBN 978-3-412-20942-1

BÖHLAU VERLAG, URSULAPLATZ 1, D-50668 KÖLN, T:+49 221 913 90-0
INFO@BOEHLAU-VERLAG.COM, WWW.BOEHLAU-VERLAG.COM | WIEN KÖLN WEIMAR

JOHANNES KOLL
ARTHUR SEYSS-INQUART UND DIE DEUTSCHE BESATZUNGSPOLITIK IN DEN NIEDERLANDEN (1940–1945)

Arthur Seyß-Inquart steht für eine außergewöhnliche Karriere: Innerhalb kurzer Zeit stieg der Wiener Rechtsanwalt zu einem einflussreichen Funktionär des NS-Regimes auf. Besonders in seiner Funktion als Reichskommissar trug er zwischen 1940 und 1945 die Verantwortung für die Nazifizierung und Gleichschaltung der Niederlande. In diesem Buch wird zum ersten Mal seine Politik in Den Haag umfassend analysiert. Welche Handlungs- und Entscheidungsspielräume hatte Hitlers Statthalter in den Niederlanden? Wie gelang es diesem Aufsteiger, seine Position innerhalb des NS-Regimes bis Kriegsende zu festigen? Und wie lässt er sich unter den nationalsozialistischen Tätern einordnen? Letztlich kann anhand von Seyß-Inquart die Bedeutung von »Zwischeninstanzen« für das NS-System deutlich gemacht werden.

2015. 691 S. 28 S/W-ABB. GB. 170 X 240 MM | ISBN 978-3-205-79660-2

BÖHLAU VERLAG, WIESINGERSTRASSE 1, A-1010 WIEN, T:+43 1 330 24 27-0
INFO@BOEHLAU-VERLAG.COM, WWW.BOEHLAU-VERLAG.COM | WIEN KÖLN WEIMAR